永康文獻叢書

應廷育集

【明】應廷育 著

盧敦基 整理

圖書在版編目(CIP)數據

應廷育集 /(明)應廷育著 ；盧敦基整理. -- 上海 ：
上海古籍出版社，2025. 5. --（永康文獻叢書）.
ISBN 978-7-5732-1624-3

Ⅰ. Z424.8

中國國家版本館 CIP 數據核字第 2025A9J870 號

永康文獻叢書

應廷育集

〔明〕應廷育　著

盧敦基　整理

上海古籍出版社出版發行

（上海市閔行區號景路 159 弄 1-5 號 A 座 5F　郵政編碼 201101）

（1）網址：www.guji.com.cn

（2）E-mail：guji1@guji.com.cn

（3）易文網網址：www.ewen.co

浙江新華數碼印務有限公司印刷

開本 710×1000　1/16　印張 31　插頁 8　字數 388,000

2025 年 5 月第 1 版　2025 年 5 月第 1 次印刷

印數：1—2,300

ISBN 978-7-5732-1624-3

Ⅰ·3924　定價：198.00 元

如有質量問題，請與承印公司聯繫

永康文獻叢書編纂成員名單

指導委員會

主　任　　　　　胡勇春　鄭雲濤

副主任　　　　　施禮幹　胡文建　何麗平　盧　軼

委　員　　　　　呂明勇　施一軍　杜奕銘　朱林平　陳紹東　應巍燁

辦公室主任　　　施一軍

副主任　　　　　徐湖兵

成　員　　　　　應　蕾　朱　丹　陳有福　楊　晶

顧問委員會

主　任　　　　　胡德偉

委　員　　　　　魯　光　盧敦基　盧禮陽　朱有抗　徐小飛　應寶容

編輯委員會

主　編　　　　　李世揚

委　員　　　　　朱維安　章竟成　林　毅　麻建成　徐立斌

乾隆五十一年丙午暮春三月族孫正祿識

復贅云

佚不傳如此至是書之名義則辭詳之茲不

之責也鈔錄阮竣因其詳公之述并惜其散

才□不廢爲傳抄以延一綫之緒幸是則後學

□寶不重正□與顧亡者已矣幸其僅存

周易經解卷之上

周易上經

周易周之易也夏易連山首艮商易歸藏首坤

周易首乾易變易也其字從日從月日者陽也

月者陰也陰陽剛柔屈伸相變易而天道行矣

勁靜摉益相變易而人道成矣經猶徑也織之

直者也其橫曰緯聖人所作謂之經言其經徑

直而可以常行也上經首乾坤而終於坎離下

經首咸恒而終於既未濟其分次第則序卦詳

《周易經解》書影

求廬應廷育輯

道學傳九七人

呂祖謙　徐僑　何基　王栢
金履祥　許謙　章懋

語曰君子學以致其道夫天地設位而道學立焉聖人
所以教天地而為三者亦道焉耳矣是故道學也者
聖學也孟子所謂由堯舜湯文至于孔子其所聞而
知之者此也及孟子沒而其傳泯焉更兩漢三國六
朝唐五季寥寥千數百年道術將為天下裂矣至宋

周程張朱者出然後道學之傳復續當時忌者或沮
斮取其名用為詆訶排擯之地而不知此適所以為
借譽之深也其後元人纂修宋史固遂以道學立傳
而表章之是何以見夫理之在人心雖或暫晦或一
時而弗能終擡於萬世矣吾婺道學倡自東萊呂先
生寔與朱子及南軒張子為友右徐毅齋則嘗親及
朱子之門而何北山又得朱子再傳之學於勉齋黃
氏授諸王魯齋金仁山許白雲論者咸謂呂朱張為
南宋斯文影峰而以何王金許為朱學之世遠且赩

吾郡曰小鄒嘗不其諒哉夫四海之廣千歲之遠寥
寥絕響者而乃肩聯踵接壹見於一郡百數十年之
閒可謂盛矣今特考論其世併以我
朝楓山章先生續焉述為道學傳冠于諸傳之首蓋
子有言去聖人之世若此其未遠也近里人之居若
此其甚也然而無乎爾則亦無乎爾蘭吾黨吾侏以
無聞為俱恥也

呂祖謙字伯恭金華人宋尚書右丞好問之孫本
其郡望東萊學者因稱來萊先生其上世文靖公亮

之熟二年耐

嘉諟善

蘭居壽州至石泛從金南渡始居金華祖謙之學本
諸家庭既又支張栻朱熹講索益精南宋語道學者
朝竄游閌祖謙薄與吕栻為得其宗天下共推
英威於乾淳閌補入官後畢進士復中博學宏詞科調南
外宗學教授明招山四方之士爭趨焉除
太學博士待次添差教授嚴州尋復召為博士兼國
史院編修實錄院檢討官輪對勸孝宗當置聖學言
陛下所當曾意者夫旦鉛槧傳註之閌斂宅心刷事

《金華先民傳》書影

永康應延𡐩著

學校

虞夏商周之學其見於周禮禮記者大畧可考矣如周禮則曰大司樂掌成均之法以治建國之學政而合國之子弟焉凡有道有德者使教焉死則以爲樂祖祭於瞽宗禮記王制則曰有虞氏養國老於上庠養庶老於下庠夏后氏養國老於東序養庶老於西序殷人養國老於右學養庶老於左

《經濟要略》書影

南京刑部志卷之一

惟茲刑部建自
太祖肇基厥後
成祖乘興此征部院諸司惟舊其置于此者皆曰
行在永樂十九年正月加於南京二字於刑部之上洪熙元年四月復去之正統六年閏十月
英宗以北都既定乃別之是爲南京刑部云今志凡

四篇共二十有二目

原刑篇

一曰稽乾象

二曰審坤儀

傅訪隨得一舊稿義前任江西司郎中應廷育草創未
成之書也閱其仔錄者欲書得體頗精惜其稿多
散逸亦且收錄夫備本職再加採輯漸有條理但一人之
見識有限各司之事體未周相應偏行查取及照類冊既
繁篇目旁午必得學識生員一人頗曉字義者二人協
同本職綜理庶得授意編摩就稿謄校況自恭事之初以
至謄梓成書之日凡百用常亦滇料理俱未敢撮便議
別條款于後燔爲轉呈裁奪等因備關到司准此擬合就
行爲此案呈
本部裁奪批行司務廳輯行十三司施行滇至蕪旱者
計開

《南京刑部志》書影，該書乃據應廷育"草創未成"的舊稿編成

總　　序

永康歷史悠久，人文薈萃。

據南朝宋鄭緝之《東陽記》載，永康於三國赤烏八年（245）置縣。建縣近 1800 年來，雖經朝代更替，然縣名、治所及區域，庶無大變，風俗名物，班班可考，辭章文獻，卷帙頗豐。

魏晉南北朝至隋唐，是中國經濟重心由北向南轉移的準備階段，永康的風土人情漸次載入各類典籍。北宋以降，永康即以名賢輩出、群星璀璨而著稱婺州。名臣高士，時聞朝野；文采風流，廣播海內。本邑由宋至清，載正史列傳 20 餘人，科舉進士 200 餘名。北宋胡則首開進士科名，爲官一任，造福一方；徐無黨受業於歐陽修，深得良史筆意，嘗注《新五代史》，沾溉後學。南宋狀元陳亮創立永康學派，宣導事功，名播四海；樓炤、章服、林大中、應孟明位高權重，憂國憂民，道德文章，著稱南北。元代胡長孺安貧守志，文采斐然，名列“中南八士”。明代榜眼程文德與應典、盧可久，先後講學五峰書院，傳播陽明之學，盛極一時；朱方長期任職府縣，清廉自守，史稱一代廉吏；王崇投筆從戎，巡撫南疆，功勳卓著；徐文通宦游期間與當時文壇鉅子交往密切，吟咏多有佳作。清初才女吳絳雪保境安民，壯烈殉身，名標青史；潘樹棠博聞强記，飽讀詩書，人稱“八婺書櫥”；晚清應寶時主政上海，對申城拓展、繁榮卓有貢獻；胡鳳丹、胡宗楙父子畢生搜羅鄉邦文獻，刊刻《金華叢書》，嘉惠士林。民國呂公望，早年投身辛亥革命，曾任浙江督軍兼省長，公暇與程士毅、盧士希、應均等人結社唱酬，引領一代文風。抗戰期間，方巖成爲浙江省政府臨時駐地，四方賢俊，匯聚於此，文人墨客，以筆代口，爲抗日救亡而吶喊，在永康文化史上留下濃重一筆。

據粗略統計，本邑往哲先賢自北宋到民國時期，所撰經史子集各類著作及裒輯成集者，360餘家，近千種。惜年代久遠，迭經兵燹蟲蠹、水火厄害，相當部分已灰飛烟滅，蕩然無存。現國内外公私圖書館藏有本邑歷代著作僅百餘部，其中收入《四庫全書》及存目、《續修四庫全書》者20餘部。這是歷代先賢留給我們的寶貴精神財富，也是我們傳承文化基因、汲取歷史智慧的重要載體，更是一座有待開發的文化寶藏。

爲整理出版《永康文獻叢書》，多年以來，我市有識之士不懈呼籲，社會各界紛紛提議，希望開展此項工作。新時代政治清明，百業興盛，重教崇文。爲弘揚優秀傳統文化，拓展我市文化内涵，提升城市文化品位，推進永康文化建設，永康市委市政府因勢利導，決定由市委宣傳部牽頭，文廣旅體局組織實施，啓動《永康文獻叢書》出版工程。歷經一年籌備，具體工作於2021年3月正式展開。

整理出版《永康文獻叢書》，以新時代中國特色社會主義思想爲指導，以中共中央《關於整理我國古籍的指示》爲指針，認真貫徹國務院《關於進一步加强古籍保護工作的意見》，繼承與發揚永康學派的優良傳統，着眼永康文化品位、學術氛圍的營造與提升，系統梳理傳統文化資源，讓沉寂在古籍裏的文字鮮活起來，努力展示本邑傳統文化的獨特魅力，積極推進永康文化建設。現擬用八至十年時間，動員組織市内外專業人士和社會各界力量，將永康文學、歷史、哲學、法學、經濟學、社會學、教育學諸方面的重要古籍資料，分批整理完稿；遵循"精選、精編、精印"的原則，總量在50部左右，每年五至六部，分期公開出版，並向全國發行。

《永康文獻叢書》原則上只收録永康現有行政區域内，自建縣以來至中華人民共和國成立之前的文獻遺存。注重近代檔案及其他文史資料的收集整理。在永康生活時間較長，或産生過較大影響的外邑人士的著作，酌情收入。叢書的採編，以搶救挖掘地方文獻中的刻本以及流傳稀少的稿本、抄本爲重點；優先安排影響較大、學術價值較高、原創性較强的著作；對在永康歷史上産生過重大影響的家族譜牒，也適當篩選吸收。

本次叢書整理，在注重現存古籍點校的同時，突出新編功能。一些重要歷史人物的著述已經完全散逸，但尚有大量詩文見諸他人著作或志牒之中，又屢屢被時人和後人提及，則予以輯佚新編。一些歷史人物知名度不高，但留存的詩文較多，以前從未結集，酌情編輯出版。宋元以來，我邑不少先賢，雖無著述單行，但大多有零散詩文傳世，爲免遺珠之憾，也擬彙總結集。

歷史因文化而精彩，文化因歷史而厚重。把永康發展的歷史記錄下來，把永康的文獻典籍整理出來，把優秀傳統文化傳承下去，關乎永康歷史文脉的延續，關乎永康精神的傳承，關乎五金文化名城軟實力的提升。因此，整理出版工作必須堅持政府主導、社會支援、專家負責的工作方針，遂分別建立指導委員會、顧問委員會、編輯委員會，各司其職，相互配合，以確保叢書整理出版計劃的全面落實與高品質實施。

《永康文獻叢書》整理出版的品質，在很大程度上取決於編纂人員的學識、眼光、格局，也取決於編纂人員的工作態度和敬業精神。爲此，編纂團隊將懷敬畏之心、精品意識、服務觀念、奉獻精神，抱着"爲古人行役"的理念，以"功成不必在我"的境界和"功成必定有我"的歷史擔當，甘於寂寞，堅守初心，知難而進，任勞任怨，將《永康文獻叢書》整理好、編輯好、出版好。

《永康文獻叢書》是永康建縣 1800 年來，首次對本邑古籍文獻進行系統整理，是一套"千年未曾見，百年難再有"的大型歷史文獻，是對永康蘊藏豐富的文化資源的深入挖掘、科學梳理和集中展示,是構築全國有影響的文化高地的有效途徑,對於推進永康文化的研究、開發和傳播,有着不可估量的可持續發展潛力。它是一項永康傳統文化的探源工程、搶救工程,是一項功在當代、惠及千秋的傳承工程、鑄魂工程,是一項永康優秀傳統文化的建設工程、形象工程。我們要在傳承經典中守好文化根脉,在扎根本土中豐富精神內涵,在相容並濟中打響文化品牌,爲實現永康經濟社會發展新跨越,爲打造"世界五金之都,品質活力永康",提供强大的精神動力和文化支撑。

《永康文獻叢書》編委會

2021 年 10 月

前　言

応廷育,字仁卿,人稱晉菴先生。浙江永康人。生於明弘治七年(1494),卒於萬曆六年(1578)。其事跡收入康熙十一年、三十七年《永康縣志》"人物·名賢",道光、光緒《永康縣志》"人物·儒林",唯康熙後志全襲前志,光緒志全襲道光志,而道光志記応廷育事蹟遠富於前,兹錄道光志中応廷育傳全文如下:

応廷育,字仁卿。年二十七,登嘉靖癸未進士。或勸增年以需科道之選,笑謝曰:"欲求事君,而先欺君乎?"卒不赴選,授刑部河南司主事。時方爭大禮,廷育援歐陽文忠《濮議》,以禮律尚有三父八母,何況所生!第當弗干大統耳。實之本有者,絲毫不可減;名之本無者,絲毫不可增。今議者已曲狥其所本無,而爭者乃強奪其所固有,胥失之矣。於時廷論未有合者,因乞便養,改南刑部福建司。既而丁外艱,服除,仍乞補南刑部,轉江西司員外郎。凡三入刑曹,明習法律,每讞獄,孜孜爲囚求生,暇則讀律,因著《讀律管窺》。會巨俠滕泰犯大辟,主部者欲賞其死,廷育堅執不少貸,主部者銜之,憚廷育才名,不敢動,乃俾修《南京刑部志》。志成,推明律例十事,蒙上採擇施行,以此益重其忌,中以蜚語落職。同知荊門,檄署穀城事,頴以德惠民,政平訟簡,日未午而庭空無人。乃詣學舍,談道講德,剖析隱微。又毀淫祠,建爲書院,以處學者。在縣凡十月,還署州事。爲政大較如

1

在穀城，日惟講學於象山書院，生徒向風奔附，戶外之履常滿。秩滿，升道州知州。州數被苗寇侵掠，莫敢禦，寇益猖獗。一日，聞苗掠永明，即勒州衛兵，同熟苗追之，斬獲無算。苗人由是大創，不復出。擢福建按察司僉事。既入閩，以患病力請致仕。疏三上，乃得就里，時年甫四十有二。既歸，闔門守靜，唯以問學爲務，而所在喜與人研究名理。其在外與胡九峰、吳泉亭輩講《周易》，其說不專尚占，大要以十翼爲主，分言動、制器、卜筮爲聖人繫《易》之道四；又與朱適齋、陳練塘、葉旗峰輩講《周禮》，務駁正鄭注，不溺讖緯之説。其在家與程松溪文德、周峴峰桐會聚講學。其論學有曰：程子云，知如識路，行如行路，其取喻極親切，蓋必目之所識到此，斯足之所行到此。足之所行既到，斯目之所識益前，而足之所行亦益前矣。是則知之淺者，常在行前；而知之深者，常在行後。畢究歸於知前行後相續以成功也。生平無所營求，孜孜述作，垂四十年。雖年踰八旬，手不釋卷。其著作甚富，論者謂其創成一家言，與子長、孟堅馳騁上下，君子不以爲過。部使者節行薦舉，皆不就。所著書，在官，有《讀律管窺》、《南京刑部志》；在家，有《中庸本義》、《周禮輯釋》、《周易經解》、《四書説約》、《郊祀考義》、《金華先民傳》（是書載《四庫全書總目》）、《永康縣志》（是書曾梓於縣尹吳安國）、《經濟要略》、《禮記類編》、《史鑑纂要》、《明詩正聲》、《字類釋義》、《卮言録》、《訓儉編》、《自叙編》凡十七種。末年又有《皇明文武名臣録》，未就而卒，年八十二。人稱晉菴先生。萬曆間，崇祀鄉賢。

由此可知，應廷育於 1523 年虛歲廿七時中進士，少年得志。授刑部河南司主事。因爭大禮，不合，改南刑部福建司，又轉南刑部江西司員外郎。"三入刑曹，明習法律"，著《讀律管窺》《南京刑法志》。推明律例十事，蒙皇帝采擇施行，因被人忌，以傳聞落職，後任荊門同知,檄屬穀城事十月,有治績,還署荆門州事,升道州知州。因平苗有功,擢福建按察司僉事。三上請,得致仕歸家,時年四十二。在家讀書著書四十年,著書共十七種。除上述律書外,尚有《中庸本義》等十五種。惜大部分已佚,今存本集收錄之《周易經解》《金華先民傳》《經濟要略》三種。另《永康縣志》一種,明永康知縣吳安國曾於萬曆九年(1581)刻印,康熙年間兩次修志均以此作重要參考,而康熙十一年志推崇應志爲甚。道光修志時,應志未見引用,顯然已佚,但康熙十一年志中襲用應志甚夥。是以下文略述此四書大略,以置本集卷首。

(一) 周易經解

應廷育平生著書凡十七種,多已不傳。至清乾隆時,《周易經解》僅存抄本數册。族人應正禄聞族某有此抄本,急借閲抄,並在乾隆五十一年(1786)刊刻,使之流傳於世。該本今藏浙江圖書館。此次整理,依據該書影印本進行。卷首、卷末均有漫漶不清處,但卷中狀態尚佳。

《周易》一書,跟其他上古重要著作一樣,其來源很難確指。一般認爲,《周易》成書有一個複雜的叠加過程。現在通行的看法是,《周易》的文本確由先後不同時代的人著成,但作者是誰則没有定論。在應廷育的時代,則通常認爲是伏羲畫卦,文王作卦辭,周公作爻辭,孔子作《十翼》以解經。應廷育在此書的序言中寫道:"四聖相授守一道,豈務爲異哉!"即《周易》一書表達的是一個連貫、清晰的道理,豈有意立異、自相矛盾?

應廷育説這段話看起來很有邏輯:四位聖人,表達的都是真理,而且是唯一的真理。不過,即使是跟應廷育同時代的人,也未必完全贊同他的説法。因爲他一筆抹煞了易學研究古而有之的其他派别。《四庫總目提要·易類》明言:"聖人覺世牖民,大抵因事以寓教。《詩》寓於風謡,《禮》寓於節文,《尚書》《春秋》寓於史,而《易》則寓於卜筮。故《易》之爲書,推天道以明人事者也。"所以解《易》,一直來有兩大派,即象數派與義理派。每派又分爲三宗,象數派有漢儒卜筮、京房和焦延壽的機祥、陳摶和邵雍三宗;義理派有王弼以老莊説《易》、胡瑗和程頤以儒理説《易》、李光和楊萬里以史事説《易》三宗。應廷育是屬胡瑗和程頤一宗。何況世上真理,變動不居,難以固定,道明匪易。不過這是今人的常識,在儒學獨佔主導地位的古代中國,要理解這個常識還是有相當難度的。

所以這部《周易經解》,斷然摒棄象數學:"象數,占驗之小術,非聖人之心學也。"應廷育承認象數在一定範圍内有相當效用,即借此決疑。"修之終身而弗達,措之以用而弗利,然後稽之卜筮以決其疑。"但這屬於輔助性的功效。"聖人豈以卜筮先天下,欲民相率而聽於神哉!"強調人的理性,相信人自身的努力,確也是中國儒家的真精神了。

應廷育自述作《周易經解》的本意,大抵是爲科舉而作,有點類似於今天的教輔書。《明會典》卷二十七云:洪武十七年(1384)頒行科舉成式:第一場試《四書》義三道、經義四道。而經義中的《易》,用的就是程頤的《周易程氏傳》和朱熹的《周易本義》。應廷育感歎,在當下這個時候,應付科舉之人喜走捷徑,讀程、朱之書的人已經很少了。他"閒居學《易》,沉潛有年",自覺心有所得,所以來寫一部以先聖之經解《易經》、闡釋《周易》儒道的書,書名所以也取《周易經解》。

《易》先有八卦,任兩卦組合成一,成六十四卦,每卦又有六爻,共三百八十四爻。《周易經解》按各卦各爻,分別解説。應廷育解《易》爲"從日從月",此説從許慎《説文解字》而來,很有可能是從後代的字形分析入手而誤讀了字義。他進一步解釋説:"八卦所以列三才之道,六十四卦所以盡萬事之變也","《易》以六十四卦盡天下之事,又以六爻盡六事之變。蓋所居不同位,所遇不同時,所與不同人,則其事亦因之不同。就其不同之變而處之各當,所以爲《易》之道也"。這就是應廷育《周易經解》的主旨。

《周易經解》推崇自強不息,強調人的自身努力的重要性,同時推崇理性精神,不相信先天後天的各種神異力量;但又非常重視時、地的變化,主張在不同的時候、不同的地位,人們應該採取不同的生活策略,其實也就是達則兼濟天下,窮則獨善其身,但堅持直道而行的原則是不變的。應廷育代表的是中國的真儒家,有着爲國爲民的抱負,堅持原則,寧願退隱也不犧牲原則,而求内心光明,别無掛礙。全書言君道、臣道,亦言生活之道。在以政治爲首要之事的傳統中國,這種認識和寫法也是很順理成章的。當今社會複雜,情勢與古代畢竟大不相同了,生活的範圍也有很大的延展,有些古老的認識確實需要做很大的改變了。

(二) 金華先民傳

在應廷育衆多的著作中,《金華先民傳》是較爲重要的。《四庫全書總目提要》卷六十一《史部十七・傳記類存目三》,收録了這部《金華先民傳》,叙云:

> 《金華先民傳》十卷(浙江巡撫采進本)
>
> 明應廷育撰。廷育字仁卿,永康人,嘉靖癸未進士,官至按察司僉事。是書取金華歷代人物,自漢迄明,各爲之傳,分《道學》《名儒》《名臣》《忠義》《孝友》《政事》《文學》《武功》《隱逸》《雜傳》爲十類。自正史外,並參以諸家文集及家狀碑記。於每傳之下,各注明用某書,蓋仿金履祥《通鑑前編》之例。所據舊籍共四十餘種,而其大概則本諸《敬鄉録》《賢達傳》《金華府志》三書云。

應廷育自述此書作意説:金華爲浙東名郡,號稱"小鄒魯",可追孔孟之鄉,名人衆多,入國史者也不少。但存世文獻卷帙浩繁,翻檢不易,再説有些當地人的評價,國史也不可能寫入。歷世漸遠,傑出之人事隨之湮滅,豈不可惜?其實以前已有此類書,如吳師道《敬鄉錄》,但其只止於宋末,且因文及人,遺漏了不少人才。鄭柏的《金華賢達傳》也很不錯,但説當下之事多,而疏其以往。成化《金華府志》,其人物大多襲自鄭著。所以應廷育以此三書爲本,"參以歷代史傳及諸大家文集,並采近世名賢家狀碑誌而附益之,於是因人而詳著其事,因事而核定其人"。書分十類,文皆實録,引用古今書籍四十七種。其寫作時間,始於嘉靖三十二年(1553)夏,終於三十七年(1558)之春,凡五易其稿而成。

應廷育以金華爲"小鄒魯",其實金華文化的崛起,還是應該歸功於南宋政治中心遷至杭州,因此北方文化人便多定居於政治中心附近的城鎮,最典型的便是出過多個宰相的吕家從北方遷移到武義,吕祖謙在明招山居住講學,與朱熹、張栻並稱於世,爲"東南三賢"。其後學脈不絶,且使儒學紮根廣播,到宋末至元代,金華出了北山四先生何基、王柏、金履祥、許謙,所謂道門正宗是也,所以《金華先民傳》首卷"道學"收的七人,除上述五人外,爲徐僑、章懋。這七人被應廷育看成聖賢典型。

《史記》設《孔子世家》《仲尼弟子列傳》《儒林列傳》,《漢書》以斷代爲限,僅有《儒林傳》,後代因之。到寫就於元代的《宋史》,則新立道統,突出周、程、張、朱的儒學地位,自謂上接千載失傳之道緒,下開儒家理想政治之新路,標誌着儒家思想的進一步意識形態化,於是儒生便分化成以講道明理爲主的道學及其他形態的儒生這兩類。至於名臣、忠義等,皆列其後。而孝友第五,又在政事第六之前,以喻修身重於立功。而武功向爲重文抑武的傳統所抑,只能排列第八了,排在舞文弄墨的文學第七之後。第九隱逸,承認文人尚有獨立放逸、自潔其身的精神。其他可傳但難以分類者,統歸雜傳。

應廷育這部《金華先民傳》,材料幾乎都來自於現有的文獻,即他在篇首交代過的四十多種書籍。如果説此書有缺憾,當在應廷育没有寫入自己親見親聞而現成文獻中没有的内容，也就是説，他採用的全是他人所述，而没有自己新作，止於編輯而已。當年他的鄉先賢陳亮，也曾編著過類似書籍七部：《高士傳》《忠臣傳》《義士傳》《謀臣傳》《辯士傳》《英豪録》《中興遺傳》。這些書現在全佚亡了，僅各序言尚存。從序言中得知，前面六部書都是抄纂古書而成，所以佚亡並不會令人太過痛惜。而第七部《中興遺傳》，序言中記載了龍伯康、趙次張兩位異人的異事，這些故事都是陳亮的伯樂周葵平常跟他細説的。因爲没有别的材料，陳亮没有將此二人寫入正文，僅存於序中，結果書已散失，序言獨存，這兩個人反而在歷史上留下來了。所以《中興遺傳》應該有不少陳亮親聞的人事，也就是説這本書的散亡是最讓人惋惜的。應廷育的《金華先民傳》，如果多一點陳亮的眼光和胸懷，多記録一些自己的親見親聞，價值當會更大，説不定就不會讓四庫館臣"僅存其目"，而是進入《四庫全書》的正編了。但從另一方面論，應廷育服從孔子"述而不作"（《論語·述而》）的要求編著，雖然不入己文，但從選目、繁簡取捨同樣體現了編者的觀點與學養，對作品的價值應該没有太大的影響。

此書按胡宗懋《續金華叢書》本整理。

（三）經濟要略

《經濟要略》凡四卷。黄靈庚先生主編之《重修金華叢書》收入殘本，僅一卷，即卷三。《永康文獻叢書》編委會遍加訪求，竟於天津圖書館得其全書。書得完璧，欣喜何之！編委會功不可没！

現存該書刻於嘉慶二年（1797），前有應曙霞《刻晉菴先生〈經濟要略〉序》。光緒《永康縣志》"人物"卷云："應曙霞，號梧垞。嘉慶戊午（1798）舉人。"後任甘肅大通縣知縣，因軍功升任甘肅秦州直隸州知州。退休後回鄉居住。

《經濟要略》的刊行跟《周易經解》一樣，都來源於一個特殊的契機,那就是乾隆年間開四庫館,向天下徵求遺書。浙江守臣遵旨搜訪上獻,應廷育之著作也隨即現身。《周易經解》刊行在前,十一年後,由族人應曙霞等主持校刊的《經濟要略》始得問世。

《經濟要略》共四卷。卷一爲天文、地輿、封建;卷二爲職官、銓選、考課、田賦、漕運、錢幣;卷三爲學校、經史、貢舉;卷四爲郊祀志、宗廟、兵制、河防。其中"職官"内分吏、户、禮、兵、刑、工六部,刑部後殘闕。

《經濟要略》所指的經濟,不是今天所説的經濟學,但它比經濟學範圍還要廣。在古代,經濟指的是經國濟世,治理國家。所以《經濟要略》一書,講的是治理國家、經世濟用的基礎知識,因此包括天文地理、官員選用、賦税貨幣、學校教育、祭祀禮節、兵制河防等國家治理的犖犖大者。一部不算大的書,要介紹諸多軍國大事,勢必只能抓取重點,刪繁就簡,撮取其要。不過應廷育此書有一個明顯的特點,就是不滿足於純粹的介紹,會在關鍵處加一些自己的評論,有些評論還十分精彩所以應曙霞序中評此書説:"是書也,識前言往行之多,論上下古今而確。自天地而兵農錢穀廿八宿,耿若羅胸;由虞夏而唐宋元明三千載,示若指掌。有類書之詳贍,而議論爲精;無會典之拘牽,而見聞尤當。"不過,全書仍以介紹爲主,議論爲輔。所以如果要將此書歸類,個人以爲還是應該放在"類書"一目之下,即廣收各門各科資料之書也。但應曙霞之凡例又强調説:"是書與類編、會典相近而實不同。類編、會典諸書,供詩文、論策驅使而已。是書自天文至河防,雖各以類相從,而先稽古典,次參經制,折衷於道,而定矩焉。經世石畫皆具於是,勿第作尋常彙典觀。"這倒也道出了此書的最大特點,就是跟其他爲寫作提供各種資料的類編等等不一樣,盡管寫的還是各類知識,但稽考古事,參照經典與制度,以道指引規範,達到治國之目的。所以它可以看成一部官員士子認識中國的一部簡明教科書。尤其購買攜帶均爲不易的古代,這部《經濟要略》則收羅了治國方略中的種種大的知識,翻檢閱讀較易,可以説是一部實用之書。

下以"經史"爲例,看一看應廷育如何介紹中國重要文獻:

"經史"篇,顧名思義,是介紹經、史兩大類著作。所以應廷育從《易》開始,次第介紹《書》、《詩》、《春秋》(包括三傳)、《禮》(包括三禮)、《孝經》、《論語》、《孟子》、《爾雅》,而議論《爾雅》,説它只不過是一部字書,把它列於"伏羲、堯、舜、禹、湯、文、武、周公、孔、孟之列,則亦過矣"! 這一句話就是議論。史部,則總叙後,介紹《史記》至五代史各部正史,續以《漢紀》《唐曆》《資治通鑑》《通鑑綱目》《通鑑前編》和實錄。而實錄內容不少來自"臣僚之行狀碑誌",認爲此類"多出於門生故吏之所爲,虛詞溢美,不足取信。然則修實錄者不其難哉"! 寥寥數語,批郤導窾,頗爲精當。

《經濟要略》一書,材料大多採用正史、政書、會典及各類權威書籍,題材廣博,事實可靠,足見作者有着較廣的閲讀面及較科學的識見。間有訛誤,應多爲鈔手刻工所致。

(四) 永康縣志

應廷育編著的這部《永康縣志》,萬曆九年(1581)曾由永康知縣吳安國作序刊行。今已不存。特別要説明的是,應廷育未見此書印行,因爲他在此書刊行的三年前已經去世了。

問題隨之來了:爲什麽一本現已佚失的書,還需在此專門予以介紹?

回答是,此書今天雖没有完整的文本流傳,但其實我們可以看到它的大概狀況。因爲其後九十一年刊行的康熙十一年(1672)《永康縣志》,整體延襲了應廷育的這部《永康縣志》(以下簡稱"萬曆志")。所以也可以説它基本上是留存下來了。

編纂方志,撇開組織、經費上的種種運作,僅以寫作角度來考慮,主要爲兩件大事:一是確定寫作的體例,尤其是確定篇章結構;二是增補上次修纂以來至今發生的新的有價值的事。從這兩個方面來看,萬曆志確實成績卓著,稱得上較爲優秀的縣志了。

萬曆志繼正德《永康縣志》(下簡稱正德志)而修纂,印行時間相距六十年左右。我們試着從上述兩方面來探討一下萬曆志新做了些什麼。

首先看看卷數及各卷内容。正德志共八卷,萬曆志爲十卷,增加了兩卷。這兩卷的内容,正德志也有,但皆僅爲卷中一目。萬曆志將"風俗"升格爲卷,可見應氏對此把握比前人要深廣許多。其中原來一卷的貢賦、戶役,在此也單列成卷,表明作者對經濟和百姓負擔的重視。而且正德志八卷,每卷沒有總目,只有一些小標題,如卷二下爲"公署、學校、壇廟、廬舍";萬曆志則將每卷的主旨斷然標出,即此可見作者高強的概括能力,如卷二則爲"建設篇",而將人爲建設的"縣治、行屬、學校、壇廟、驛遞、武備、惠政、津梁"全部包括在内。萬曆志十卷,分別爲地理、建設、貢賦、戶役、風俗、秩官、選舉、人物、藝文、遺事,條理清晰,分類恰當。康熙十一年志的凡例劈頭就稱讚萬曆志"例分十則,嚴正簡括",所以本志"因悉仍舊",一體沿襲。

再來看看新創部分。最爲顯明的是"風俗"卷。正德志也有"風俗"條,寥寥三百來字。萬曆志則首創爲卷,字數則擴至十倍。其内容也十分精彩,今日讀之,仍覺活靈活現!關鍵是此卷文字幾乎全部保存在康熙十一年志中。康熙十一年志"凡例"中明言:"風俗篇。舊志亦云詳該,今雖積習變遷,稍有異轍,姑從舊文。至於俗尚相延曩昔未錄者,綴附篇末。"

本人以爲,"風俗"中最爲精闢的一段,是指出永康境内的風俗也有所不同,其原因是其接壤的各縣風俗不同,所以受外縣影響嚴重:"且縣之内,四境之俗,亦復不同:縣東邊東陽,南邊括,西邊武義,北邊義烏。東陽之俗文,其弊也飾。括之俗武,其弊也悍。武義之俗質,其弊也野。義烏之俗智,其弊也黠。"這裏對臨近四縣風俗的概括,僅各用了一個字,即使是今日來看,也覺精當難易!

風俗卷記載了永康人民的日常經濟和生活狀況,還記錄了各種節日禮儀的進行情況，描敘貼切，栩栩如生，可以想像這種狀態，放之永康上下千年也不失準確。我們這一代經歷過前工業化時期的永康人，讀來仍覺親切。而卷末指出的永康八大惡俗，則隨着時代的變化大有改張矣！

萬曆志的其他記載，比起正德志來要豐富詳實一些，此不具贅。而反過來説，它有所不爲的舉動，也同樣值得大贊。我指的是古代中國常見的以當地配天文的説法，即地上某處對應天上某星宿。正德志云：永康，"天文爲女宿分野"。此語爲康熙十一年志所删。以前我以爲是康熙志編纂者所爲，此次仔細閲看，方知爲應廷育首創。"以吾邑而上當元象，此杪忽之餘也，兹不贅"。康熙十一年志還叙述自見萬曆志此段的心境："至其不載星野，始焉疑之。"（康熙《永康縣志》卷一"山川"末）。而應廷育删去以地理配天象的故言，可以得知他有相當的天文地理知識了，推測他接觸過近代西方自然科學之説，恐非穿鑿。

應廷育一生正直，謹守禮法，當爲政不愜於心，就毅然退歸，閉門讀書著書，保持了一個讀書人的正直本色。而其所著，摒除妄説，唯求可信，可以説有相當的科學精神。不過，其所著述，多限於述而不作，尤注重於文獻中搜羅排列，雖有修纂之勞，少見獨創之功，所以《四庫全書存目》只收其撰著一種。至於縣志，本也難入四庫書目，除非特別優異。思來想去，應氏那部《南京刑部志》，作於任内，應該熟諳内情，以他負責任的態度兼謹嚴筆法，該書應有可觀，然此書從未刊刻，早已散失。

恰在本集刊印前夕，編委會覓得嘉靖三十四年（1555）龐嵩主編之《南京刑部志》。原來此書竟在應氏舊稿的基礎上擴展而成。龐嵩在爲修志打的申請報告中説："嘗與升任湖廣司郎中顧允揚講求博訪，隨得一舊稿，蓋前任江西司郎中應廷育草創未成之書也。閲其所存錄者，叙事得體，書法頗精，惜其稿多散逸，亦且收錄未備。"《修南京刑部志凡例》云："舊志稿有《聖諭》《官制》《職掌》《法典》等篇。惟總《職掌》最善。今用其意，而悉廣之，餘易從新。"所以看來應廷育本未完成全書。新的志書便在此舊稿的基礎上進行。今天存世的《南京刑部志》，其大綱篇目也與應廷育原稿有較大區別，爲原刑、司刑、祥刑、明刑四篇。從字面上看，第二、三、四篇應該都採納了應之部分原稿。

對應廷育，鄉論有以司馬遷、班固擬之。此自是過頭之譽。不過，鄉論以司馬遷、班固擬之，自是過高之譽。不過，如以鄉人觀之，僅憑他被全部保留下來的永康縣志中的風俗一節，也足以被歷史銘記了。

盧敦基

2024 年 5 月 27 日寫畢

2025 年 4 月 18 日改定

目　　録

經 濟 要 畧

周 易 經 解

周易經解題辭

　　《易》之爲書也，伏羲畫卦，文王、周公繫辭，孔子作翼，更四聖而其義始備。文王、周公之辭，所以明伏羲之畫；孔子之翼，又所以明文王、周公之辭也。四聖相授守一道，豈務爲異哉？是故《十翼》，學易者之門户也。言《易》而不本於《十翼》，象數占驗之小術，非聖人之心學也。夫《易》，文字之祖，五經□原也。學者言必稱孔氏，而於《易》或多悖焉，可□□□□□《易》聖人所以順性命之理，類萬□□□□□□□道者也。是故有聖人之道□四，以言者尚其辭，以動者尚其變，聖人之所□□身也。以制器者尚其象，聖人之所以致用也。以卜筮者尚其占，聖人之所以稽疑也。修之於身而弗達，措之於用而弗利，夫然後稽諸卜筮以決其疑。聖人豈以卜筮先天下，欲民相率而聽於神哉！其序可知矣。且伏羲之時，耕稼之利未之興，而民尚艱於食；衣服之制未之備，而民尚缺於禮；觀象畫卦以前民用而顧於卜筮焉先，君子弗謂知務也。是故《易》之爲道廣矣大矣，以言乎遠則不禦，以言乎邇則靜而正，以言乎天地之間則備矣。卜筮，聖人之一術，烏足以冒《易》道之全哉！伏讀我太祖洪武十七年欽定科舉格式，《易經》兼用程傳及朱子《本義》。我成祖欽纂《大全》，亦遵用之，未嘗不仰嘆聖識之宏深也。今學者樂趨簡易，知肆程傳而好焉者寡矣，孰知本《十翼》以明文王、周公之辭，本文王、周公之辭以探伏羲之畫，而會四聖於一道者乎！閒居學《易》，沉潛有年，陰若有以啓其衷者，□敢會而通之，以推明我二祖定纂之□□□

大旨□□□翼其枝辭蔓說，淺近不飾□□□童蒙之講□也，信古君子或當有同好焉。□必以俟後世之子雲哉！即其以經解經，故題曰《經解》云。

晉菴應廷育題

周易經解後序

　　右《周易經解》上、下二卷，十一世族祖晉菴公之所著也。公姓應，諱廷育，字仁卿，明嘉靖癸未進士，仕至福建僉事。年四十有二即謝事，優游林下四十年。生平著述甚富，在官有《刑部志》、《讀律管窺》；在家有《中庸本義》、《周易經解》、《四書説約》、《周禮輯釋》、《郊祀考義》、《經濟要略》、《金華先民傳》、《永康縣志》、《禮記類編》、《史鑑纂要》、《明詩正聲》、《字類釋義》、《卮言録》、《訓儉編》、《自叙編》。末年又有《皇明文武名臣録》，未就而卒。論者稱其創成一家言，與子長、孟堅馳騁上下，惜□時諸書俱未梓行，百餘年來，散佚殆盡。禄嘗訪求公之遺書，見本邑《儒學志》有《經解》、《輯釋》兩序，訊之前輩，俱云其書已佚。又《輯釋》與《中庸本義》，曾載朱竹垞《經義考》，而目列未見。至《經解》及《説約》、《類編》諸種，亦繫經義，而朱氏弗之載焉。《縣志》嘗刻於縣尹吳公安國，顧迭經修續，而原本殘闕不全。《先民傳》亦見《明詩綜》詩話，而《經義考》中所引應廷育曰云云，即傳中文也，乃東陽王虎文先生作《金華徵獻略》，於吳禮部之《敬鄉録》，鄭清逸之《賢達傳》，童廷式之《文獻録》，董東湖之《金華淵源録》，吳賜如之《婺書》，姜子發之《婺賢言行録》，皆爲詳叙，獨不及《先民傳》。近朱笠庭《金華詩録》，又以《先民傳》爲《縣志》，混二書爲一，則是書吾郡流傳亦鮮矣！幸今天子開四庫館求遺書，浙江守臣搜討上獻，是書藉以不朽，而其他之散逸者竟無從裒集也。禄昔年得《經濟要略》草本於從兄彦功，今歲聞族某有《周易經解》二卷，亟假讀之，俾及門分抄而珍藏之。夫前人著作之心苦矣，乃或未成書，或成□□□傳，傳而又□，使當時孜孜撰述之意，隱□□□寧不重可□與。顧亡者已矣，幸其僅存者，可不廣爲傳抄以延一綫之緒乎！是則後學之責也。鈔錄既竣，因具詳公之著述，并惜其散佚不傳如此，至是書之名義，則題辭詳之，茲不復贅云。

乾隆五十一年丙午暮春三日族孫正禄識。

周易經解卷之上

周易上經

《周易》，周之《易》也。夏《易》《連山》，首艮。商《易》《歸藏》，首坤。周《易》首乾。易，變易也，其字從日從月。日者陽也，月者陰也，陰陽剛柔屈伸相變易，而天道行矣；動靜損益相變易，而人道成矣。經，猶徑也，織之直者也，其橫曰緯。聖人所作謂之經，言其道徑直而可以常行也。上經首乾、坤而終於坎、離，下經首咸、恒而終於既、未濟。其分次第，則《序卦》詳。

乾爲天，☰乾下乾上　乾，元亨利貞。

☰者，伏羲所畫之卦。元亨利貞，文王所繫之彖辭也。天地之間，一陰一陽而已。太極生兩儀，—陽 - - 陰之謂也。兩儀生四象，陰陽之上又各生陰陽，⚎太陽、⚍少陰、⚌少陽、⚏太陰之謂也。四象生八卦，太陽之上又各生陰陽，則☰乾☱兌成矣；少陰之上又各生陰陽，則☲離☳震成矣；少陽之上又各生陰陽，則☴巽☵坎成矣；太陰之上又各生陰陽，則☶艮☷坤成矣。由是重之，而六十四卦成焉。蓋八卦所以列三才之道，六十四卦所以盡萬事之變也。乾，健也，陽剛而陰柔，乾純陽，故剛而健也。元亨利貞，天之四德，其于人則仁義禮智，君道之全也。陽之成象，莫大于天，域中之大，莫尊于君，是故純陽之卦，其象爲天，而因之以訓爲君之道也。元，大也，始也，生意之始也，于人則爲仁焉。

仁也者，所以長人也。亨，通也，生意之通也，于人則爲禮焉。禮也者，所以嘉會也。利，遂也，生意之成也，于人則爲義焉。義也者，所以利物也。貞，正而固也，生意之歸□也，于人則爲智焉。智也者，所以幹事也。天道□其健也，故備元亨利貞之四德，而能生萬物。君德惟其健也，故體天之撰，亦備仁義禮智之四德，而能生萬民。程子云：有天德，便可語王道。正此謂也。

初九：潛龍勿用。

初九卦之下爻，“潛龍勿用”，周公所繫之爻辭也。《易》以六十四卦盡天下之事，又以六爻盡每事之變，蓋所居不同位，所遇不同時，所與不同人，則其事亦因之不同。就其不同之變而處之各當，所以爲易之道也。初之爲言始也。卦有六爻一、二、三、四、五、六者，其數也。初、終、中者，其時也。上、中、下者，其位也。言初則上爲終可知矣，言上則初爲下可知矣。言二、三、四、五則初爲一、上爲六可知矣。九者，老陽之數也。老陽位一，其數九。少陰位二，其數八。少陽位三，其數七。老陰位四，其數六。《易》用老者以紀爻，故陽稱九、陰稱六也。潛，藏也。龍，陽物也。乾者天之象，以爻則天不可分而六也，故取物之屬陽而靈變不測亞于天者，象之龍焉，其在人則神聖之德也。爻有三才，初、二爲地，三、四爲人，五、上爲天。初在地下則陽之□□之潛，而聖人之隱于下位者也。勿，戒辭。用者，用于時也。初九隱而未見，故行而未成，是以君子當順時晦養，而不可輕於自用，若舜居深山之中，而飯糗茹草若將終身焉是已。

九二：見龍在田，利見大人。

九陽爻，二自下而上第二位也。田，地上也。二爲下卦之中，人臣之位，蓋已出潛離隱而興于位矣，故爲“見龍”。利見，猶言快覩也。大人,大德之人,即九二也。龍見地上,則雲行雨施,而萬物潤澤,聖人修身,見于世,則德溥化廣,而天下文明,是故人皆快覩之也,若舜之元德升聞是已。

九三:君子終日乾乾,夕惕若。厲,無咎。

君子,有德有位之通稱。乾乾,健行不息也。九三下乾終而上乾繼之,故有乾乾之象。夕,日向晦也。惕,警懼也。日言其事則曰乾,夕言其心則曰惕,合外內之道也。厲,危也。三處下卦之上,以下則不在田,以上則不在天,卦以大人攝君之政而身處危疑之地者也。咎,過也。君子處危疑,而能進德修業,乾乾兢惕,日行其道,是故在臣之上而不驕,在君之下而不憂,動與時偕,雖危無咎矣。此舜、禹之居攝時也。

九四:或躍在淵,無咎。

或者,或然或不然,未定之辭也。躍,跳也。淵,水之深處,龍所潛也。四居上卦之下,與五相近。五,天位也。龍潛在淵,躍則飛而向乎天矣。聖人或退而下則為淵潛,或進而上則為天飛,其變化亦猶龍耳。九四當改革之際,故其象如此。夫順時進退,所以從道也,何咎之有?若舜避堯之子於南河之南是已。

九五:飛龍在天,利見大人。

九五,卦之主爻也。乾天象,五天位,故乾主五焉。九五剛健,備乾之德,又以陽居陽為得其正,又在上卦中爻為得其中,又所與皆同體不雜有純粹之義,所謂剛健中正純粹而精焉者,乃聖人之德也。五,天位,中而不過位,得其時,乃天子之位也。以聖人之德作而在天子之位,故為飛龍在天之象。人,人也。聖人,人之大者也。仁義禮智之德,人與聖人所同具也。聖人行此四德,以首庶物,則萬國咸寧而天下治矣。天下有弗快覩者乎!此舜為天子而四方風動時也。

上九：亢龍有悔。

上者，卦之第六爻也。位稱上，時稱初，各舉所貴焉耳。亢，極也。悔，事過而自咎也。上九，居上處終。居上，則位之極也。處終，則時之極也。又自初而上，所利見者在于九五，而與上無應，人心變矣，勢之極也，故爲亢龍。於此知進而不知退，知存而不知亡，知得而不知喪，則盈不可久，而凶災及之，能無悔乎！惟聖人知進退存亡之道，故能通其變于未窮，使不至于極，若堯老而舜攝，舜亦以命禹，庶幾不失其正，而悔可免矣。此易道之所以爲無窮也。

用九：見羣龍無首，吉。

用九，用乾也。一陰一陽之謂道，卦惟乾爲純陽，坤爲純陰，故言其所以用之者如此，欲其陰陽相濟以成德耳。若他卦陰陽之雜，則隨其所值而吉凶自見，不必復言其用矣。羣龍，謂諸陽也。乾六爻皆陽，故爲見羣龍之象。無首，無爲首也，猶言不爲物先之意，善而與福會也。人君之德，固以剛健爲主，及其用之，必當虛己以盡天下之情，審幾以順天下之勢，然後動無過舉，而天下順焉。若好剛自用，恃其賢智以先人，其究未有不爲天下僇者也。觀于漢之文帝、唐之德宗，其效俱可見矣。老子知雄守雌、知白守黑之論，意亦若此。

乾六爻皆君道也，初時未至故潛，上勢已極故亢。二、五皆中而得位，二在下故見，五在上故飛。三、四皆危疑之地，三在下之上故惕，四在上之下故疑。而或之蓋處下不可以易，而處上不可以偪也，各惟其時而已。

坤爲地，☷坤下坤上。　坤，元，亨，利牝馬之貞。君子有攸往，先迷後得主。利西南得朋，東北喪朋。安貞吉。

坤，順也。陽剛陰柔，坤純陰，故柔而順也。以陰成象而配天者，莫大於地；以順效職而輔君者，莫要於臣。故純陰之卦，其象爲地，而因之以訓爲臣之義也。天地一氣耳。天施地生，其元亨利貞，混合而相成者也。君臣一道耳，君令臣行，其行義禮智，亦混合而相成者也。馬地類而健行，牝則又其性之順者，猶坤順承天時行而合德無疆也。天地之性情於貞見焉。貞言牝馬，則元亨利皆然，可知有攸往謂有所行也。先之言倡也，後之言和也。利之言遂也。爲臣之義，先君以倡，則迷而失道；後君而和，則順而得常。但代君以遂事而无敢于造始，皆以陰從陽之意也。西南，陰之所起；東北，陽之所生。朋，黨類也，以陰從陰，徒能得其黨類而已；以陰從陽，則能喪其黨類而終有慶也。蓋陰從陽則成生育之功，臣從君則成康濟之業。狗私而植黨，固爲臣之大戒也。安貞，安守其正也。凡後得主利而喪朋者，皆坤順之貞也，必安于是而常久不變，則可以永終慶之吉矣。乾坤，易之本也。乾爲天，坤爲地，而萬物生焉。乾爲君，坤爲臣，而萬事行焉。天地萬物之父母也，君臣萬事之紀綱也。

初六：履霜，堅冰至。

六，老陰之數，故以紀陰爻焉。履，在下之象；霜，初陰之象；堅冰，上六陰極之象。初六陰柔，不中不正而在下，蓋小人之始進者也。陰氣始凝而爲霜，甚微也，馴致其道，則有堅冰之變。小人始進而在下，甚微也，馴致其漸，則有龍戰之禍。惟君子辨之于早，故履霜則知堅冰至，見小人之始進而決其終爲弑奪之階也。陽剛而陰柔，陽明而陰暗，陽生而陰殺，故《易》每取爲君子小人之譬。

六二：直、方、大，不習，无不利。

乾之德莫盛于九五，坤之德莫盛于六二。五天位，三地位，各從其類也。六二坤之主爻，柔順而中正，故以坤之全德言之。氣承天而時行,直也;質載物而無疆,方也;合直與方,其道大矣!君子敬以直內,義以方外,合敬與義,其德盛矣!德盛則大本立,而達道行,沛然何所疑之,有是以不待學習而無不利也。

六三:含章,可貞,或從王事,无成有終。

六三,下坤之終,順之極也。含萬物而化光者,坤德也。人臣而能體坤之德,包含章美,不露其才,則上无僭逼之嫌,下无忌嫉之意,乃臣道之貞正而可以常守者也。或時發其章美以從王事,則亦不敢專命以制其成,而惟奉職以代其終耳。

六四:括囊,无咎无譽。

六四,處重坤之間,天地閉塞之時也。括,猶結也。括囊,謂結其囊,日而不出也。天地閉則賢人隱。六四柔順得正,故能若時隱遯而不輕出,君子明哲保身之道也,故无咎。然亦不足濟世之功,故无譽。

六五:黄裳,元吉。

六者臣之道,五者君之位,臣處君位,居攝之任也,伊尹、周公近之矣。黄,中色。裳,下服。元,善之大也。六五柔順而得中,順以居體,而爲臣之義章,猶裳之施於下也。中以通理,而相君之業著,猶裳而飾以黄也。是故有蓋世之功,无震主之勢,臣道莫盛於斯矣,善孰大焉!吉孰加焉!六五處變而不失其常,視六二爲尤難,故以元吉贊之。

上六:龍戰于野,其血玄黄。

龍戰,陽與陰戰也。陰極而與陽抗,故戰不言陰者,諱之也。蓋由初六履霜之漸而馴致此耳。野,空曠之地,在外之象也。血,戰傷而血出也。玄,天色,陽也。黄,地色,陰也。戰而陰陽並傷之象也。戰則並傷,其爲戒也深矣!

用六：利永貞。

用六，用坤也。坤純陰，故言其所以用之者如此。永貞，常永。貞，固也，爲陰柔不足于守，欲其濟以陽之剛耳。

坤六爻，皆臣道也。初、上皆不中正。初始進則爲邪臣，上勢已極，則爲逆臣，未有邪臣而不逆者也，在早辨而謹之耳。二、五皆中而得位。二，臣之正位也，故爲大臣。五，君位也，故爲攝政之臣。三、四在兩卦之間。三，下坤之終，順之極也，故爲純臣；四，上坤之初，重陰閉塞之時也，故但爲知幾之臣而已。

水雷䷂震下坎上。　屯，元亨，利貞。勿用有攸往，利建侯。

屯之爲言難也。物始生而未通之意，故其字于古文象屮穿地始出而未申也。爲卦，震下而坎上，震一陽動于二陰之下，其德爲動，其象爲雷。坎一陽陷于二陰之間，其象爲水，爲雨，爲雲，其德爲陷，爲險。以乾之初，交坤之初，而成震，陰陽始交之義也，前遇坎險，難生之象也。陰陽始交而難生，則其氣鬱滯而生物未暢，猶亂極將治之初，其於致治之勢有甚難者，故爲屯。元亨利貞，乾坤之四德也，屯亦具之。蓋屯卦所生，在于初九一陽。震，陽生之初元也。震動于坎險之中，亨也。以九居初，爲得其正，貞也，而利在其中矣。勿用，以言毋用意也。居屯之時，須有所往而能濟，但當慶時審勢，以俟天命，不可用意于必往耳。若他言"不利有攸往"，則是終不可往也。建侯，立君也。屯者，亂極將治之初、天造草昧之時也。夫撥亂者必須聖賢之君，而初九方興于下，又有克君之德，故利於建侯，以濟屯也。

初九：磐桓。利居貞。利建侯。

初九，屯卦之主爻。凡卦陽少陰多則主陽，陰少陽多則主陰。九五陽陷而不振，初九陽動而方興，故屯主初九也。磐桓，猶磐旋，行難進之貌。方屯之初，未可遽進，而初九剛明，自能慶時審勢，以制行止之宜,故不輕進而磐桓也。以九居初,貞也。以正自居,斯可推以濟屯。蓋雖不輕進,而求爲可進之具者,不敢忽也。陽,君也,貴者也。陰,民也,賤者也。初九以震之長男爲屯之主,又其貴者也,而能以陽下陰,以貴下賤,此固民所欲戴而君焉者,故利建以爲侯,而成其濟屯之功也。

六二:屯如邅如,乘馬斑如,匪寇,婚媾。女子貞不字,十年乃字。

凡陰陽皆以情而相取者也。自遠而相取曰應,自近而相取曰比。其比則有所承,有所乘。初與四應,初、四皆下爻;二與五應,二、五皆中爻也。三與上應,三、上皆終爻也。此所謂應也。在我之上爲承,承者下而奉之也;在我之下爲乘,乘者上而駕之也,此所謂比也。屯主初九、九五二陽,六二下乘初九而上應九五,以其震體動而上行,故其情之所取在五而不在初也。邅,猶廻也。乘馬,四馬。斑如,分布不進之貌。寇,賊;媾,合也。男女之家相謂曰婚姻,婚媾之合曰媾。女子,處女未嫁之稱。字,許嫁也。《記》曰:女子許嫁,笄而字。十,數之終也。凡《易》稱五年、三年、八月、七日,皆以其遠近約爲之數耳。六二處屯難之時,志在應五,而初奪其志,故乘馬斑如,邅廻而不能進。然初非與二爲寇也,乃求爲婚媾耳。志苟未定,惑而從之,不難矣。惟六二柔順中正,猶女子之貞一无貳,故能守志不字,遲至十年之久,理極反常,然後得其正應而字之,終不爲妄求者所奪也。若漢竇融近舍隗囂而遠從光武,始近之矣。

六三:即鹿無虞,惟入于林中,君子幾不如舍,往吝。

即鹿,猶逐鹿也。六三柔不中正,動而貪于所求之象。虞,虞人。凡田獵者,必有虞人爲之向道。無虞,六三上无正應之象,林中坎險在前之象,即鹿无虞,則必入于林中。六三貪于所求而无應援,則亦徒自取困而已。幾,見幾也。吝者,執而不知悔也。君子見幾,不如舍鹿弗即以全其身,若往而不舍,則以吝忘悔,而林中之困弗可免矣,若陳勝、項籍是已。

六四:乘馬斑如,求婚媾。往吉,无不利。

六四上比九五而下應初九,坎性下陷,其志蓋舍五而應初者也。求婚媾,男求女、陽求陰也。六四處屯難之時,陰柔才弱,不足自濟,故乘馬斑如而不能進,以其順而得正,猶知擇其所輔,故因初九上求婚媾而往從之,是能識真主于方興,而克順夫天命之所歸者也。濟屯之功,于是而可與共成矣,故吉,无不利。

九五:屯其膏,小貞吉,大貞凶。

九五以陽剛而居尊位,其膏澤可以遠施者也。因其陷于二陰之中,雖有膏澤而不得施,故爲屯其膏之象。小,小人。大,大君也。夫屯難之時,必有大賚以慰衆望,而後可濟。而乃屯膏如此,此在小人,爲君守財,則出納之吝,乃其常職,故得正而吉。若大君以財聚人,雖行度外之賞,以濟非常之功,不爲過也,而可察察于當與不當與之間,以自失其機會乎?故雖正亦凶。

上六:乘馬斑如,泣血漣如。

屯極可以濟矣,而上六陰柔,本無能濟之才,且與初九、九五不相應援,又不能擇其共濟之主,是以乘馬斑如而不能進,徒自憂懼泣血,坐待其亡而已。大抵屯難之世,才可以濟則爲主;不可以濟,則擇其所從而爲輔。不能主不能輔,雖欲無亡,不可得已。

屯六爻,皆就建侯取義。九五、初九,陽剛,君也。其餘四陰,皆臣也。九五居尊,而在險中,舊君也。初九方興于下,新君也。二舍初而應五,則爲忠臣。四舍五而從初,則爲智士。是雖所趣不同,然皆得其所輔者也。六三才弱志剛,故不自度量,妄爲而困于險。上六才志俱弱,故不自勉強無爲,而淪於亡。

山水䷃坎下艮上。　蒙,亨,匪我求童蒙,童蒙求我。初筮告,再三瀆,瀆則不告。利貞。

　　蒙者，昧而未明也。蒙，猶冒也，物有所冒則昧，去其冒則明全矣。蓋指人之童穉而靈明未發時也。爲卦坎下艮上。艮一陽，止于二陰之上，其德爲止，其象爲山。山下有險，未達之象，內險外止，中闇而外罔之意也，故曰蒙。四陰爻皆爲蒙，二陽爻皆發蒙之主，陽明而陰暗耳。蒙，亨，六五柔中，蒙有自亨之理。九二剛中，發蒙者，又有致亨之道，本其所自亨者，而以時中發之，此蒙之所以能亨也。我，我，九二也。童蒙，童子之蒙，蓋所謂不失其赤子之心者，指六五也。《禮》：聞來學，不聞往教。是匪我求童蒙，童蒙求我也。本六五柔中，故能巽而知求如此。筮，揲蓍叩神以決疑也。初筮告誠以聽也，苟不信而再筮、三筮，則煩瀆而不誠于聽矣。凡發蒙者，必待其誠至而後告之，故初筮告，而再筮、三筮則不告也。本九二剛中，故能發而當其可如此。人之蒙也，天德具焉，所謂貞也。凡發蒙者，利在以蒙而養其貞正之德，則可以成作聖之功。若引之以機智，附之以見聞，患其無識，而求多于蒙之外，非善養蒙者也。

初六：發蒙，利用刑人，用説桎梏，以往吝。

　　初六以柔居下，民之蒙也。蒙初未甚，又能承順九二，聽于發蒙之主，故其蒙可發。利用刑人，《記》所謂夏、楚二物收其威也。説脱同。桎，足械；梏，頸、械。皆犯重辟者所用。凡發蒙者，必正法以禁之于初，使民畏而遷善遠罪，以无陷于重辟，是則夏楚之威，乃所以脱其桎梏之苦也。然發蒙者亦惟身先以爲之本，刑特其輔焉耳。若恃刑以逞，往而不返，是亦可羞吝也。

九二：包蒙，吉。納婦，吉。子克家。

　　九二，蒙卦之主爻，發蒙者也。凡陰暗爲蒙，陽明者以先覺而發之，則不困於蒙矣。夫陽明者固有發蒙之才，若過剛不中，亦鮮含洪之度，非中養不中、才養不才與敷教在寬之意也。九二剛而得中，故能包涵羣蒙，有教無類，其道化之所及廣矣。婦陰屬，其性難化，以喻蒙之甚者，蓋指六三也。蒙之爲類，其性不齊，不可一概取必，雖蒙甚而難化如六三者，亦且納而教之，斯可以稱包蒙之度耳。六五，君也。九二，臣也。治教皆人君之事，九二以大臣而任發蒙之責猶爲子而克承其家者也。國之忠臣，家之孝子，其道一而已矣。

六三：勿用取女，見金夫，不有躬。无攸利。

六三居下之上，士之蒙也。金夫，謂上九也。六三柔暗，不中不正，處險之極。上九雖其正應，然止而不下，非能求之者也。三不勝其邪僻之私，見其勢盛，而遂從之，乃爲士者邪暗貪昧，以狥爵祿，而卒至于毀節辱身不自知也，其與女子不能保身而妄説金夫者何以異乎？諺云：入朝郎，倚門娼，甚賤之之辭也。

六四：困蒙，吝。

凡陰爻皆蒙，必就陽明之主發之，則蒙亨矣。故初之發蒙，以承二也。五之童蒙，以應二也。六四應初、承五、乘三，所與皆陰，獨與九二陽明相遠，是不能隆師親友，以求開發其聰明，而困于昏蒙者也。《語》曰：困而不學，民斯爲下矣。吝孰甚焉。

六五：童蒙，吉。

六五柔順得中，位乎天德，以應九二。柔順則心虛，而能受；得中則性純，而不偏。位乎天德，則良知良能全而不喪，所謂不失其赤子之心者也。故爲童蒙如是，而聽于九二發蒙之主，則蒙以養正，作聖之功所由成也，其吉大矣！

上九：擊蒙。不利爲寇，利禦寇。

擊，攻擊也。上九陽剛，亦治蒙之主，然剛極不中，止而不下，是責望太過，攻治太嚴，不能俯就羣蒙養而化之者也，故爲擊蒙。

寇,害;禦,止也。夫蒙性不齊,不可一槩取必。蒙未甚者,尚猶可化,而我遽擊之,是我反爲彼之害也。惟蒙甚者,縱爲邪僻,而害于人,則擊之以止其害,乃爲利耳。爲寇、禦寇,其語脉猶孟子云爲暴、禦暴之意。

蒙六爻,二陽爻皆發蒙者也。二剛中,故能包蒙。上剛極,故至于擊蒙。四陰爻,皆蒙者也,惟親就陽明,則蒙可發。五應二,故童蒙吉。初承二,故發蒙利。四遠二,故困蒙吝也。三雖乘二應上,而不中正,故无攸利。蓋所謂下愚之不移,雖聖人不能化而入者耳。

水天▤▤乾下坎上。　需有孚,光亨。貞吉。利涉大川。

需也者,有所待也。爲卦乾內而坎外。乾以剛健之才,前遇坎險,爲能待時而動,而不輕進以陷于險,需之義也。孚,信也。坎體中實之象,需而有孚,前定乎誠,求所以爲濟險之具也。誠積于中,則光輝發越,遇險而能亨矣。貞,九五得正之象。人固有心存誠信不合正理者,故必得正乃吉也。大川,坎水在前之象。大川至險,惟需,故利涉也。凡阻水者,需而後涉,則無傾覆之虞;遇難者需而後進,則无困窮之患。

初九:需于郊,利用恒,无咎。

國外曰郊,人所居而安也。初最遠險之象,恒,常也。初九,陽剛得正而能固守之象。郊,夷地也。需而于郊,則未嘗犯險矣。夫夷,常也。險,變也。利在恒于其所,而不得輕動,則險終不及,而勿失其常,乃无咎也。

九二:需于沙,小有言,終吉。

沙,瀕水之地,視郊雖爲未安,視泥猶可暫止。二,漸近險之象也。言語之傷,災之小者,言曰小有,又其小者也。近險非可久居,而二適值之,故不免小有言語之傷。若不能需,而冒險輕進,則其傷又有大焉者矣。惟九二剛中寬而能需，俟其時至險平，然後求濟，是以今雖罹小有言之傷，而終得其吉也。

九三：需于泥，致寇至。

土濡曰泥，迫于水之地也。二已近坎之象，然險猶在外也。惟九三，剛過健極，輕進犯險，以自取困，故又有致寇之象。若能敬慎，需時而不輕進，則雖不免塗泥之辱，亦可以逭寇戎之難矣。孔子嘗阨陳、蔡之間，而以微服免於宋魋，其敬慎也如此。

六四：需于血，出自穴。

坎爲血，處險，故傷而見血也。坎爲穴，上下空也。凡需，在險外，則貴其剛，所以安常也。在險中，則貴其柔，所以免難也。四已入險，非初二、三尚在險外之比，故爲需于血之象。以六居四，柔而得正，能自巽順以免於難，故又爲出自穴之象。需于血者，其時也，雖君子不能免。出自穴者，其才與德也，在君子固可以自致矣。

九五：需于酒食，貞吉。

酒食，日用之常也。五，君位至尊無難，故不取坎陷之義。其所需者，亦惟需時以有爲耳。時之既至，雖聖人不能違；時之未至，雖聖人不能強。其所以爲需者，亦惟安其日用之常而已耳。九五陽剛中正，蓋有孚守正而能安常者也，光亨利涉而能濟變者也。故曰需于酒食，貞吉。

上六：入于穴，有不速之客三人來，敬之終吉。

上六險，終无所復需，故爲入于穴之象。速，猶召也。客也者，非朋非寇，无善无惡之人也。下乾三陽；需極並進，故爲不速之客三人求之象，如人在險難，適遇意所不期之人，其善惡未有定也。待之善，則客化爲朋，而我賴其助；待之不善，則客變爲寇，而我罹其殃。顧所以待之者何如耳。上六柔順得正，故能敬之，而獲終吉也。

需六爻皆遇險而有所待之義，惟九五君位無難，故需於酒食，貞吉。蓋需之主，爻象所謂位乎！天位以正中者也。餘五爻在險外者，惟剛則能圖守，而剛不欲過，故初无咎，二終吉，而三致寇也。在險中者，惟柔則能巽免，而柔欲得正，故四出穴，而上終吉也。君子所以處險難者，其道備於此矣！

天水，☰☵坎下乾上。　訟，有孚窒惕，中吉，終凶。利見大人，不利涉大川。

訟也者，爭而言于公也。乾剛健而坎險，上剛則恃力以淩下，下險則役智以傾上，訟之所以搆也。內險則智足以起爭，外健則力足以競勝，訟之所以成也。故爲訟有孚。九二中實之象，窒塞惕懼。坎爲加憂之象，兇惡而與禍會也。大人，九五陽剛中正之象。大川，坎險之象。凡訟者有孚則理直而不誣，窒惕則心懼而知戒，如是而又得中，則惟務求直而不務求勝，所以吉也。若終極其訟，求勝不已，久則喪身亡家之禍從之，所以凶也。凡訟者，利見大人，則其辨明而事得宜。若行險僥倖，或納賂以買直，或挾詐以取勝，譬則乘危涉川而自取覆溺者也，何利之有？需，乾內而坎外，臨流之象也；訟，乾上而坎下，馮河之象也。

初六：不永所事，小有言，終吉。

事，訟事。言，人言也。初六柔順卑下，不爲訟端，然以其對九四，好剛而與之敵，故其勢不能无訟。即其柔順卑下，居訟之初，則雖訟而能不永所事，是以小有言語之傷而終獲吉也。

九二：不克訟，歸而逋其邑人三百戶，无眚。

逋，逃也。邑人三百戶，邑之小者。語曰：奪伯氏駢邑三百。眚，災也。天災爲災，人災爲眚。九二陽剛，爲險之主，本欲訟者也。然居柔得中，猶知自制，又以其對九五，居尊不敵，故安分而不克訟,退避小邑,而以寡約自處,則不至于犯上取禍,而可以無眚矣。

六三:食舊德,貞厲,終吉。或從王事,無成。

食舊德,猶言食舊禄,本其以德而食禄,故舍禄而曰德也。以六居三,本非得正,而曰貞者,訟以柔順無爭而爲正也。厲者,處羣訟之間,故危也。六三居下之上,有位者也。凡無位之所爭,恒以貨財;有位之所爭,恒以爵禄。六三柔順,不與人爭,故但食舊德,而不求益禄,安分如此,可謂貞矣。雖處羣訟之間,其勢則危,然以我之不爭,容而消之,故終吉也。或從王事无成,亦柔順之效,不爭之道也。

九四:不克訟,復即命渝。安貞吉。

九四陽剛健體,亦本欲訟者也。以其處柔,剛而不過,且其對初六柔順而不與之爭,故自知其義之不可,而不克訟。復,反也。即,就也。命,天理也。渝,變也。夫訟本非循理者也,本非守正者也,九四既不克訟,則是能勝其利欲之私而反于天理,變其忿戾之志而安於貞正矣,所以吉也。九二之不克訟,勢也;九四之不克訟,理也,故吉與无眚不同。

九五:訟元吉。

九五,聽訟之主,有陽剛中正之德,即象所謂大人者也。陽剛則明,明則能審誠僞之情;陽剛則果,果則能致決斷之用;中正則理,理則能盡公平之道。如是則無情者不得盡其辭,循理者不至蒙其寃,刑清訟簡,而民服矣,故大善而吉也。

上九:或錫之鞶帶,終朝三褫之。

或者,不必然之辭。錫,予也。鞶帶,大帶,命服之飾也。褫,奪也。上九剛禍健極,居訟之終,終訟之凶人也。縱其善訟能勝,或受命服之錫,然非道而得之,亦且非道而失之,故終朝三見褫奪也。不言凶,不假言,而凶可知耳。

訟六爻,惟九五爲聽訟之主,餘五爻皆訟者也。凡訟,剛者訟,柔者不訟。故初六不永所事,六三食舊德而貞也。剛訟者,惟剛極則終,剛不過者不終,故九二處中,不克訟而歸逋。九四處柔,不克訟而復即命,而終訟之凶,獨在上九也。凡爲訟者,可以監矣。

地水,☷☵坎下坤上。　師,貞,丈人吉,无咎。

師者,衆也。陽君而陰民。陰也者,衆也。凡卦,一陰而五陽,則主一陰;一陽而五陰,則主一陽。師惟九二一陽得位于下,而五陰皆從之。居下而統衆者,將帥之象也,故爲師。貞,正也。六五命將出師之主,而柔順得正,乃興師以正不爲兵端者也。丈人,長老之稱,若《詩》所謂"方叔元老,克壯其猶"者,指九二也。凡爲將之道,"威克厥愛允濟,愛克厥威允罔功"。九二剛中,則威足以畏敵,而有丈人之才矣。行師之道,順人者雖寡必勝,違衆者雖强必衂。九二,師之主爻,兼兩體之德。兵,險道也,而以順行之,則順足以附衆,而有丈人之略矣。如是而六五以柔中應焉,是任將得其人也。師出以正,而又將得其人,故毒民而民无不從,制敵而敵無不服,在事爲吉,而於義則无咎也。

初六:師出以律,否臧凶。

師出,師初之象。律,法也。初六,順承九二而聽其節制之象。否,不律也。行師之道,以節制爲本。苟無節制,則將貳而權分,衆渙而無統,雖則正,興師而敗可必矣。是雖善猶凶也,況其非善者乎?

九二:在師中吉,无咎,王三錫命。

九二,師之主爻,故爲在師中之象。吉无咎,與象同辭者,九二剛中以爲師主,即象所謂丈人是也,故備成卦之善。王三錫命,五應之也。

六三：師或輿尸，凶。

興之言衆也，尸之言主也。師或輿尸，謂主之者衆，事无統壹也。六三陰柔，非師之主，而陟乘九二，蓋以偏裨。而分主將之權者，是故軍令二三，衆聽疑惑，而覆軍殺將之禍所由基也，其凶決矣。

六四：師左次，无咎。

左，猶退也。古人尚右，故以左爲退。次，舍也。師止宿爲次。凡克敵者，以剛爲本，六四陰柔，雖无克敵之功，然即其柔而得正，故能審己量力，退舍以完其師，是亦善用其柔者也。夫見可而進，知難而退，師之常也，何咎之有？

六五：田有禽。利執言，无咎。長子帥師，弟子輿尸，貞凶。

五，君位，興師任將之主也，故因言所以興師任將之道。田，田獵也。除田之害，故曰田。執言，執其非而聲之也。君曰執言，臣曰奉辭。六五柔順得中，不爲兵端。其興師也，敵加于己不得已而後應之耳，如禽獸爲田之害而因除之也。是則興師有名，而利于執言，以聲其罪矣，何咎之有？長子，大將，九二也。弟子，裨將，三、四也。任將者專一則有功，二三則致敗，既使長子帥師，當使長子制禽可也，而以弟子衆主之，則將權分而衆職惑，敵且得乘其隙矣。雖則興師以正，然亦不免覆敗之凶也。五柔，或不足於斷，故爲之戒云。

上六：大君有命，開國承家，小人勿用。

上，師之終，論功行賞之時也。大君，五也。命，賞功之命也。開國，命爲諸侯；承家，命爲大夫也。小人，即上六也。師行之初，使貪使詐，取濟吾事而已，固無暇於君子小人之擇。若功成論賞，使之罰國承家，則惟九二之君子爲可用耳。小人如上六而冒用之，未有不凶于而家害于而國者，但優之以金帛可也。漢高天下初定，盡王韓、彭、英、盧，而竟以反誅。斯足鑒矣。

師六爻,五君位,興師之主;二臣位,帥師之將也。興師者,以順爲正。帥師者,以剛爲威。故五利而二吉。三、四皆偏裨之任也。三柔不中正,故以輿尸致凶;四柔而得正,故以左次免咎。初,師之始也,故言其出;上,師之終,則言其論功行賞而已。

水地,☷☵坤下坎上。　比、吉。原筮,元永貞,无咎。不寧方來,後夫凶。

比,親輔也。其字于古文,兩相順則爲比,兩相戾則爲北。比者,背之反也。卦惟九五一陽居得尊位,而五陰皆順而從之,以一人而親萬邦,以四海而輔一人之象也,故爲比。夫有天下者,以得人心爲本,人心親輔則天下安,故比有吉道也。原,本。筮,卜也。本諸身而自卜其德也。元者善之長,貞者事之幹。九五陽剛中正,故其天德之始終如是,能有是德,乃可以當人之親輔而无咎矣。寧,安也。方,四方也。卦爻初爲東,三爲南,四爲西,上爲北,有四方之象焉。天之立君以安人耳,人之戴君以求安耳。九五以德比天下,而四方之不獲其安者皆來親輔之,理也,亦勢也。後之言背也。凡人向我爲面,後我爲背。夫陽謂九五,後夫斥上六也。卦爻自下而上,上在五外,是背之而去也。人皆比君以求安,而上獨背之,則防風後至之戮不能免矣,所以凶也。

初六:有孚,比之无咎。有孚盈缶,終來有他,吉。

凡卦爻,中實爲孚,謂有誠也;中虛爲孚,謂无僞也。初六非中,何以亦爲有孚?蓋本其以柔順之德,居比之初,是乃素志順從,而率先衆人,以比其上,非有所慕勉而爲之者也,故无咎。缶,瓦器,中虛之象也。盈缶,謂滿其坤順之量也。終來,將來也。他吉,外至之慶,非意所及者。比之有孚,固可以无咎矣。若積其孚誠以滿坤順之量,則或可以順君而蒙賞,或可以輔君而成功,且不止于无咎,而將來又有他吉也。蓋比道,貴先不貴後,貴誠不貴飾,而初六備之,故其善如此。

六二：比之自內，貞吉。

　　自內，猶言由中也。二，居中而虛之象。貞六居二，得正之象。六二柔順中正，以應九五，蓋本其忠信之誠，而親輔其上，固非外飾以市交，亦非枉道而求合者也，可謂守正而不自失矣，是以吉也。

六三：比之匪人。

　　六三陰柔，不中不正，雖知親比九五，而不以其道，故曰比之匪人，言其所爲非人道也。孟子曰："有事君人者，事是君則爲容悅者也。"其六三之謂乎！比之時，諸陰皆以陽應，故不取應上爲義，且以否之匪人例之，其語意亦當爾耳。

六四：外比之，貞吉。

　　四之位，應初而承五，初內而五外也。比之時，諸陰皆與陽比，故六四之所比者在五，而不在初，是外比之也。九五陽剛中正，以居尊位，語德則賢也，語位則上也，而六四比之，其所比者正矣。即其以六居四，順而无邪，其所以爲比之道亦正矣。以正道而比正人，其吉不亦宜乎！

九五：顯比，王用三驅，失前禽，邑人不誡，吉。

　　九五，陽剛中正，爲比之主，是能顯明其道，以比天下，而不爲私邪，即象所謂"原筮，元永貞"者是也。王用三驅，猶《禮》云天子不合圍，謂圍其三面而開其一面也。前禽，前去之禽，上六之象。邑人，國人，下四陰在內之象。誡，告也。蓋王者之道，內中國而外四夷。其外四夷也，未嘗勤兵以擾之也。干紀內侵如禽獸爲田之害者，則逐之出境，而不務窮追，猶田獵者圍其三面而開其一面，其禽獸有順我而前去者，皆免矣，安務必取以爲功乎？其內中國也，未嘗違道以干之也，漸之以仁，摩之以義，其致理成化之功，固有出于區區文告之外者，是以不待戒令之要約而自相順從也。此皆順天之理而无私，因人之情而不拂，所謂顯比之道然也。馴致其盛,固有萬邦協和,四夷咸賓,而無思不服者矣。何吉如之!

上六:比之无首,凶。

初六,先衆陰而比,五比之首也。上六,比終而背五,乃比之不能爲首者,即象所謂後夫是也。王者固不重蘄天下之必服,亦不輕貰天下之不服,若上六者,其能免于後至之誅乎?是以不保其終而有凶也。

比六爻,九五,比之主也。五陰爻皆當比五者也。比道貴先不貴後,貴誠不貴飾,故初六有孚,吉,六二自内,吉;而上六无首,凶也。比道貴正不貴邪,故六四外比,吉,而六三比之匪人,爲可傷也。凡比之道,大略亦可見矣。

風天,☰乾下巽上。　小畜,亨,密雲不雨,自我西郊。

小畜,小者,陰也;畜者,止也。以陰止陽,其爲畜者,小也。爲卦,乾下巽上。巽以一陰仗于二陽之下,其德爲巽,爲仗,爲入;其象爲風,爲木。卦體,六四一陰得位,而五陽皆應之。一陰而畜五陽,以小畜大也。臣畜君,妻畜夫,小人而畜君子之象也,故爲小畜,亨,謂陽也。陽先陰者,其常也;陰加陽者,其變也。未有變而不復其常者,況二五以剛中之才、乾健之德,又能與時消息而巽出之,其所以自處者善矣。故其志行而可亨也。密雲,六四當位之象。西郊,陰方。六四以陰先陽之象。凡雲興自東,陽倡則陰和,故其氣畜固而成雨;雲興或自西,陰倡則陽不和,故其氣尚往畜不固而無雨。猶君子當位而用小人,則成致治之功;若小人當位而用君子,未有能致治者也。於陽而幸其可亨,於陰而咎其不雨,聖人致嚴于陰陽之辨蓋如此。

初九:復自道,何其咎,吉。

復,反其所也。自,由也。陽在上者,其常也。初九陽剛得正,雖處小畜之時，而其志在上進，不爲陰畜，乃由其道而復者也，君子以正自守而不爲小人所羈縻之義也。復而自道，何其咎乎？自道而復，不其吉乎！聖人所以深爲君子幸也。

九二：牽復，吉。

牽復，謂牽連而復也。下乾三陽，其志皆在上進，而九二介居其中，能牽連初三與之同復，蓋非六四所得而畜者也，猶君子當小人用事之時，能自引其君子之類與之共濟，則終可以勝小人之勢而消弭之矣。象傳所謂"剛中而志行，乃亨"是也，吉孰尚焉。

九三：輿説輻。夫妻反目。

輿，車箱也。説，脱同。輻，車轑所以爲輿者。輿有輪則能行，脱其輪則不能行矣。九三陽剛，本足有爲，以昵于六四而畜之，故其象如此。夫陽謂三，妻陰謂四。反目，怒而目見白也。三雖昵于四而爲之畜，然本其陽剛之志，則又時不能平而與之爭，故其象如此，猶君子毀節以昵小人，爲其所用，後雖醜之，而立異同，然已不可悔矣。

六四：有孚，血去惕出，无咎。

由卦，則六四以一陰而畜五陽，小人畜君子之象也。由爻，則六四居得其正，不可槩以小人目之，故舍畜乾而特取畜五爲義。五，君也。四，臣也。以臣畜君而得其正，乃大臣以道而畜其君者也。有孚，六四陰爻，巽體，積其忠誠而漸入之之義也。血，傷。惕，懼也。人君之尊如天，其威如雷霆，儻未信而遽諫，且將以爲謗己，而觸怒取禍矣。故畜君者必積其忠誠而漸入之，則下无取名之累，上无賣直之嫌，言之者无罪，聞之者足以戒，是以血去惕出而无咎也。孟子曰：畜君何尤？畜君者好君也。其六四之謂乎！

九五：有孚攣如，富以其鄰。

小畜，陰畜陽之卦也。五尊位，非六四所得而畜，故不取臣畜爲象,而以畜臣爲義。有孚,五中實也。攣,拘也,言其孚誠相固結,若手攣之也。富亦陽實之象,以者,能左右之也。《書》曰"臣哉鄰哉",謂下三陽也。九五有陽剛中正之德,而與下乾三陽同德相應,其孚信之誠若攣結而不可解,是以推其爵禄之富而與共之,則隨所左右无不爲其效用也,固可以畜天下之君子,而不爲小人之所畜矣。然小人猶在也。故不言吉。

上九:既雨既處,尚德載。婦貞厲。月幾望,君子征凶。

上九,畜極而成矣。陰之不雨者,既和而雨矣。陽之尚往者,既止而處矣。載,滿也。由崇尚其陰德至于滿盈,故能畜陽如此,言非一日之積也。婦,謂陰也。陽倡陰者,其常也;陰畜陽者,其變也。婦若貞固守此而無改圖,乃危道也。幾,近也。曰陽象,其體常盈;月,陰象,未望、既望常虧,惟近望而盈。月幾望,則陰盛而與陽均敵矣。征,行也。君子處此,當見幾退避,以免患害。若不量而有所征行,亦取凶之道也。

小畜六爻,六四,畜之主也。臣畜君,妻畜夫,小人而畜君子之象也。即其正而無邪,故但取畜君爲義。初、二皆與四遠,不爲其所畜,乃君子而不受畜於小人者也。三近四,而爲其所畜,乃夫而受畜於其妻者也。上九畜極矣,妻畜其夫,君子畜于小人,故兼曰婦貞厲,君子征凶也。惟九五中正,以居尊位,故別取人君畜天下爲義,而不敢以臣加之也。

天澤,☱兌下乾上。　履虎尾,不咥人,亨。

履者,行而不處也。爲卦兌下乾上。兌以一陰見于二陽之上,其德爲説,其象爲澤,凡陰從陽者也。兌陰在三,前近乾剛,履而就之,行之義也,故爲履以陰配乾之卦。坤之外,巽、離、兌而已。巽陰在初爲姤,姤者,遇也,言始出而與乾遇也。離陰在二,爲同人,言既遇,而與乾同也。兌陰在三,爲履則與乾較近,履而就之矣。虎，猛獸，乾象。咥，齧也。虎性前往不回顧，人能順其後而履之，雖猛不齧也，惟逆之而犯其前，斯齧人耳。人之處世，亦猶是也。當理而順乎人心，則无患；違理而逆乎人心，則生災矣。履以兌説應乎乾剛，蓋履虎尾而不逆其性者也，虎豈能齧之乎？是故走危機而不觸，遭多難而不傷，亨之道也。

初九：素履往，无咎。

卦言履世之道，則貴其和説；爻言所以履世之道，則貴其剛健。蓋惟剛健者爲能盡道也。初九陽剛得正，居履之下，履其爲下之素，而無慕乎外者也。夫人必能不屈節于貧賤，而後能不溺志于富貴，是故可以往而无咎矣。若不能安其貧賤之素，則其往也，貪躁而動求去乎貧賤耳。既得富貴，則驕溢從之。未有不致凶咎者也。

九二：履道坦坦，幽人貞吉。

坦坦，平易也。九二剛中，以道自守，而无行險僥倖之私，故其象如此。幽人，幽獨之人，恬于勢利者也。六三，陰邪得時之盛，九二雖近，而未嘗惑之，故其象如此。以九居二，本非得正中，故正也。凡中正二字，正者未必中，中則無不正矣。九二所以能守道而安于幽獨者，由其中存貞正，而不以勢利自亂其心故也。所履如此，吉可知矣。

六三：眇能視，跛能履，履虎尾，咥人，凶。武人爲於大君。

以六居三，才弱志剛，不中不正，以此履世，必蹈危機者也。眇，目小也；跛，足蹩也，皆才弱之象。能者不能而自許爲能也。志剛之象，眇而自許能視而不足與明，而禍機有所不察矣。跛而自許能履則不足與行，而畏途有所不擇矣。以此道而履虎尾，未有不至咥人而取凶者。通一卦，則兌以和説而爲履，履之善者也。分六爻，則六三以柔不中正而爲履，履之不善者也，故凶與亨不同如此。武人,陰類而猛大君,三以一陰而主五陽之象,武人而爲于大君亦才智不足而强欲舉事之過也,其不能順履而遠到可知矣。

九四:履虎尾,愬愬,終吉。

虎,指五也。五,人君操威福之柄,喜則生,怒則殺,其可畏猶虎耳。四居近君之地,故有履虎尾之象。愬愬,畏懼貌。以九居四,才剛志柔。才剛所以申守己之節,志柔所以存恭上之心,故有愬愬之象。履虎尾而知畏懼,則不至于怒虎取噬矣。事君而知畏懼,則不至於犯上取禍矣。此所以志行終吉也。

九五:夬履,貞厲。

夬,剛決也。九五剛健中正,以居尊位,下又以兌說而應之,是人君負有爲之才,據可爲之勢,而人臣又皆惟其言而莫予違者也,故有夬履之象。夫聖不自聖,所以成其聖;尊不自尊,所以久其尊。以聖先人,則人莫之先也;以尊尚人,則人莫之尚也。是雖所履得正,亦危道也。象貴其德,故言其光明;爻戒其傷於所恃,故言其厲。

上九:祖履考祥,其旋元吉。

上者,履之終也。以九居上,剛健之極,終其所履而道無不盡者也。祥,休祥也。旋,周旋也。人之休咎,惟視所履何如耳。上九履盡其道,周旋无虧,是以有元吉之慶也。

履六爻,皆履世之義。履初欲安,故素履无咎。終欲盡,故視履元吉。二遠則裕,故坦坦。四近則畏,故愬愬。而皆吉也。三不量才,故以妄履致凶。五恃才之過,故以夬履取厲。凡履之道,大略具于此矣。

地天䷊乾下坤上。　　泰,小往大來,吉,亨。

泰,通也。爲卦乾下而坤上。天尊地卑者,兩儀之定位也。乾降坤升者,二氣之交感也。二氣交感,則萬物通暢,故其卦爲泰,其在于人,則君忘勢以下接,臣守道以上交,是其義也。小,謂陰。往,往而在外也。大謂陽。來,來而居内也。君子居内而道長,小人在外而道消,則將泰而能致其盛,既泰而能防其衰,而永保夫有道之長矣,故吉亨也。上下交者,君恭而臣直,上與下皆君子之道也。上下不交者,君驕而臣諂,上與下皆小人之道也。是故君子居内,則以君子之道輔其君而上下交矣;小人居内,則以小人之道輔其君而上下不交矣。其理勢互相成者也。

初九:拔茅茹以其彙。征吉。

茅,草屬。茹,根之相連者。彙,猶類也。征,進也。初泰之始,君子可以進而有爲之時。乾體三陽,志在並進,而初九又其最先進者,一君子進則衆君子皆以類而並進,猶拔茅者拔其一則其根之相連者,皆以彙而竝起也。夫乘時之可爲,而引類以並進,則可以長君子之道,而成天下之泰矣,所以征吉也。

九二:包荒,用馮河,不遐遺,朋亡,得尚于中行。

初,泰之始;三,泰之極;惟九二爲泰之盛,是泰之時莫如九二也。初,中未及;三,中已過;惟九二爲得其中,是泰之德亦莫如九二也。故極言其所以保泰之道如此。荒,遠也。包荒者,量之寬也。馮,乘也。馮河者,勇之極也。包荒用馮河,《書》所謂"敦大成裕,明作有功"是也。是故政不傷于苛急,事不懈于因循,而寬猛得其中矣。遐,遠。遺,棄也。不遐遺,恩之及乎遠也。朋、黨類也。朋亡,義之嚴于近也,孟子所謂"不忘遠,不泄邇",是故愛不靳于所忽,情不牽于所昵,而恩義得其中矣。凡治之道,執中爲難。治之所以不能長久者,弊皆起于其偏耳。而不偏,則久而無弊,此保泰之要術也。

九三:無平不陂,無往不復。艱貞无咎。勿恤其孚,于食有福。

三,泰之極也。泰極則將反于否矣。陂,險也。無平不陂,泰將

墮也。无往不復，否將反也。艱者知其難，而不以爲易也。恤，
憂也。孚，謂往復必至之運也。食，猶享也。福，泰之福也。世
雖无常安之理，然君子則有保泰之道。以九居三，剛健之極，即
其奮勵有爲之志、堅忍不拔之操，足與保泰者也。故能艱難其思
慮，而防患之有方，正固其施爲，而致患之寡釁。其自處者既盡
善而无咎矣，是以將來之否无憂其必至，而見在之泰則可以常
享也。

六四：翩翩，不富以其鄰，不戒以孚。

四，泰過中而否將復之時也。翩，疾飛貌。三陰相連，故言翩翩。
不富，陰乏也。鄰，謂五上二陰也。君子遇泰則同升，小人見否
則競進，故六四與五上二陰皆翩翩內向，不待富利而自相從，不
待告戒而自相信，蓋本其中心之所欲故也。是故進一小人，而眾
小人皆聚矣。君子可无慎其初乎！此聖人之深戒也。

六五：帝乙歸妹，以祉元吉。

五，君位，治泰之主也。以卦則乾、坤爲天地之交，以爻則二、五
爲君臣之合，故以五生泰，而不以陰巽之也。帝乙，商賢王也。
《書》曰：“自成湯至于帝乙，罔不明德。”歸妹，嫁女也。帝乙蓋始
制帝女下嫁之禮也。祉，福也。六五柔順得中，下應九二，人君
能謙己以任其賢臣，而不以勢位加之，譬則帝女下嫁，而不挾貴
以驕其夫家者也。君能忘勢以下接，則臣得守道以上交，而致治
之功可成矣，故足以受泰祉而獲大善之吉也。

上六：城復于隍，勿用師，自邑告命。貞吝。

上，泰之終也。隍，城下池也。掘隍之土以築城之墮則復于隍
矣，猶傾時之否以成泰，泰之終則反于否矣。方否之時，人心已
去，故勿可用師也。但自其國邑之近而以命令告戒馴服之，則猶
可爲也，然恩不足以懷，威不足以制，而徒取煦嫗于空言之末，亦

可吝矣。

泰六爻,六五君位,故爲保泰之主。餘五爻,内陽皆君子也,所以成泰者也;外陰皆小人也,所以毀泰而致否者。初,泰之始,君子向進之時,故征吉。四,否之萌,小人將反之漸,故翩翩。三,泰之極,保之爲難,故艱貞无咎。上,否之成,救之无策,故以告命致吝。惟九二,泰之盛,保泰之道實具焉,故包荒得尚于中行也。

天地 ䷋ 坤下乾上。　　否之匪人。不利君子貞。大往小來。

否,閉塞也。爲卦坤下而乾上,陽亢而不下,陰滯而不升,天地不交,故其氣閉塞而萬物不通也。君驕而自尊,臣諂而自卑,君臣不交,故其治閉塞而萬事不理也,故爲否。匪人,言非人道也。君驕則不君矣,臣諂則不臣矣,皆失其所以爲人之道也。方否之時,不利君子之正道,以其陽往在外,而君子之道消;陰來居内,而小人之道長。君子固當順時退避,自免於小人之難,而不可以依違取禍也。

初六:拔茅茹以其彙。貞吉,亨。

初,否之始;初六,小人始進而在下者也。進一小人則衆小人皆以彙而進,猶拔一茅則其根之相連者,莫不以彙而起也。君子在上而爲政,小人在下而趨事,分之常也。是故小人在下,亦知忠君以自效。及乎志得意滿,而後敢於害正耳。初六小人始進而在下,乃小人之安分而不失其正者,固无害其爲小人之吉,而于否猶可以亨也。聖人深懼小人之上逼,故盛爲之勸如此。

六二:包承,小人吉,大人否。亨。

包,猶含也。大人,謂九五也。否者,不交之義。六二柔順得中,以應九五,乃小人包其承順以事君子而未敢于害正者。就其所爲,固小人之吉道也,然其害正之心豈遂忘哉?君子倘因其承順而輕與之,則惑亂于小人之羣,而後日之事不可保矣。惟能拒之以正,而不與之交,庶幾可以漸消小人之黨而得其亨通耳。

六三:包羞。

三,否極矣。六三柔邪,居下之上,蓋小人之乘亂逞志而果于爲惡者也。夫小人之爲惡,豈不自知其非乎?特因其勢之馴致而有所不容已耳。是故含汙忍垢,有覥面目,而冒爲之者固多矣,此包羞之謂也。

九四:有命,无咎,疇離祉。

命,天命也。疇,類。離,附也。否泰相仍,天之運也。四否過中,而泰將復之時,君子有天命矣,而以九居四爲能,以其剛健之才乘時上進,所以志行而无咎也。然君子進則必引其類以共濟,是以五上二陽亦得以附離並進,而蒙其道長之福也。

九五:休否,大人吉。其亡其亡,繫于苞桑。

休否,休息其否也。五否將傾之時,可以休矣。而以九居五,剛健中正,又有休之之德,故能休息天下之否,以挽回天下之泰,處否之吉者也。苞桑,叢生而固。其亡其亡,懼其危也。繫于苞桑,得其安也。蓋君子之類雖進而未甚盛,小人之黨雖退而未甚消,懼其危則可休否而爲泰,玩其安且將毀泰而入于否矣。故必有其亡其亡之懼,而後有繫于苞桑之固,聖人之深戒也。

上九:傾否,先否後喜。

上否之終,可以傾矣,而九陽剛健,又有傾之之才,故能傾否爲泰而有喜也。此天時人事交相系焉者也。

否六爻,內三陰皆小人也,所以成否者也。外三陽皆君子也,所以消否而致泰者也。小人宜下不宜上,宜順不宜逆。初在下,故貞吉;二中而順,故包承;三居下之上,故包羞也。君子之消否,則恒視其時。四否過中,故有命无咎。五否將衰,故休否,吉。上否終矣,故傾否而有喜也。

天火，☲☰離下乾上。　　同人于野，亨。利涉大川。利君子貞。

同人，同乎人也。爲卦離下而乾上。離，一陰麗于二陽之間，其德爲麗，爲文明；其象爲日，爲火，爲電。卦惟六二一陰，得位得中，上應乾陽，而與之同，得其所同者也，故爲同人。同人于野，言大同也。同于家者，家之外則異矣。同于國者，國之外則異矣。野則曠遠之地，无内外近遠之限者也。乾，天德也，本其應乾而行，故如天之无私而能大同如此。凡人相合則情通，相異則志暌，故同人亨也。相合則相助于艱，相异則相擠于險，故同人利涉大川也。卦德内離明而外乾健，卦體六二、九五以中正而相應，凡此皆君子之貞也。明以燭理，則知无私蔽，而能審同人之機；健以克己，則量无私累，而能善同人之道。中正以相應，則情无私昵，而能合同人之交。君子修此三者，故可與通天下之志，而人莫不同矣。

初九：同人于門，无咎。

六二，同人之主，衆陽之所欲同也。初九以近相得其交先，固而莫或間之，乃出門而得其所同者也。三之戎可以无伏，四之墉可以无乘，五之大師亦可以无克矣。超然兵争之外，而坐獲夫同心之利，是同人之善道也，故无咎。

六二：同人于宗，吝。

宗，猶主也。同人于宗，言同于其所私主而不能廣也。通一卦而觀之，則六二以一陰而同五陽，同人之公者也。分六爻而觀之，則二五居相應之地，舍衆陽而獨與五同，同人之私者也。五以陽剛中正而居尊位，固爲可同之主，然衆陽之交，亦豈可盡舍而弗顧乎？可者與之，其不可者拒之，此子夏之論所以見非于子張也。揆之于理，固有愧夫于野之量，商之以利害，亦伏戎、乘墉之争所由起也，可吝甚矣。

九三：伏戎于莽，升其高陵，三歲不興。

戎，兵也。莽，草茂盛而莽莽然也。大阜曰陵，興起也。六二、九五以正相同，而九三介居其間，恃其近也，欲攘二而有之，又懼五之攻也，故伏戎于莽以備之，升其高陵以望之。然九五勢强理直，非九三之所敢當，是以至于三歲之久而兵終不敢起也。三、四皆不得其所同，故舍曰同人。

九四：乘其墉，弗克攻，吉。

墉，城墻也。《詩》曰："崇墉言言。"九四居二、五之間，其志亦欲攻五，以要二而同之者，故以兵而乘其墉，將俟彼往來之過，已而因取之耳。然五直而强，既非其所敢敵，又以其居柔，則亦非蔑理而不知反者，是以終自知其義之不可而弗克攻也，兵未出而遽以義解，故稱吉以勸之。

九五：同人，先號咷而後笑，大師克，相遇。

號咷，大呼也。遇，合也。九五陽剛中正，以居尊位，六二以柔順中正而上應之，其義貞，其交密矣。而以三、四介居其間，爲之阻隔，九五自謂理直而奪于邪，故其初不勝其憤而至于號咷。然五之直既非三、四之邪所可奪，且二之貞亦非人之所能間而奪之也，故用大師以克之，則其交終必得合，而後笑人患不同心耳。豈有同心而見奪于人者乎？

上九：同人於郊，无悔。

國外曰郊，是邦域之中也。夫同人者，以與人相同爲義，而人皆以同。二爲功，上九獨與二遠，蓋无所與同而慎固邦域以自守者，故曰同人于郊，言自同于國而已。是雖未獲夫同盟之邦，然伏戎、乘墉之爭亦可免，故无悔。

同人，統六爻而言之，大同之道也。以六爻而分之，則有同有不同。六二，同人之主也，五陽皆欲同二，而獨與五同，故于宗吝。

其與之者，初九以近而相得，故于門无咎。九五以正應而有所閒，故大師克相遇。三、四雖近而不相得，故伏戎、乘墉而爭。上九以遠而无與同，故于郊无悔。然皆異乎大同之道矣。

火天，☲離上乾下。　大有，元亨。

大有，大者，陽也。以陰有陽，其所有者大也。爲卦乾下離上，六五柔中，以居尊位，而上下五陽皆應之，人君恭己執中而富有四海之象也，故爲大有。卦德內乾健而外離明，卦體六五以中而應乎乾。內健則剛，足以決而不遷于欲；外明則智，足以察而不惑於理。應乾則順天之道，而舉无失時，是以能保其所有之大而元亨也。比九五以貴而統賤，則得衆之義也。大有六五以虛而致實，則有財之義也。聖人之所取精矣！

初九：无交害，匪咎，艱則无咎。

无交，謂无應也。初九當大有之始，處最下之位，未能有者也，蓋由其與上无交，故害于貧如此。然非所以爲咎也。貧者士之常，安貧者義之正，艱難自守而不敢援上以求當，乃處下之道當然耳，則亦誰得而咎之？

九二：大車以載，有攸往，无咎。

六五大有之主，九二以剛中而上應之，人臣以才德而任天下之重者也。車小而重載，則有傾仆之虞；才小而重任，則有困踣之患。九二具剛中之德，猶大車之堪以重載也，是可以任天下之重而利於攸往矣。何咎之有？

九三：公用亨于天子，小人弗克。

公，外臣之尊者。九三居下之上，公侯之位也。亨，通也。大有諸爻，皆與六五爲應。亨于天子，謂應五也。公侯受命天子，以爲藩屏。其人民，天子之有也，則蕃育之以待其調發；其土地，天子之有也，則疆理之以待其徵賦。蓋以奉上之義當然耳。若小人不知此義,輕則私之以自肥,重則擅之以爲逆,故以弗克而爲害也。

九四:匪其彭,无咎。

彭,盛也。《詩》曰:"出車彭彭。"九四當大有之時,而近六五柔中之主,假令自見其盛滿而以逼上取禍,非善居有者也。以其離體處柔,故能識盈虛之機,執謙約之道,去盛滿之勢,遠僭逼之嫌,而可以无咎矣!

六五:厥孚交如威如,吉。

六五,大有之主也。履柔執中,以居尊位,其至誠之德,足以啓發天下之志而使應之。厥孚交如,而莫之或貳,此其所以能大有也。然无虞之時,人心玩忽,則防患之道疎,必濟之以威嚴,然後儆戒知備,而大有之盛可常保耳。五柔或不足于威,故以是歆之。

上九:自天祐之,吉,无不利。

上九居大有之終,盛滿之極也,而能降志以應六五。六五,有孚信也,而上知順而助之;有大賢也,而上知尊而從之。是能居高而不危,滿而不溢,寵極人臣,而忠義之志愈篤者也。豈惟衆之所與,天且鑒之矣。故曰自天祐之,吉,无不利。

大有六爻,致其有者六五也,任其有者九二也,未有而不求有者初九也,極其有而不居者上九也,有而能用其有者九三也,有而不露其有者九四也。君子所以處有之道,其大指蓋可知矣!

地山,䷎艮下坤上。　謙,亨,君子有終。

謙,遜讓也。爲卦艮下而坤上,九三以一陽而主五陰,有功之義也,而能止於其下,遜陰以處,其上有功而能下人之義也。又内止則無淫志,外順則無驕色,故其卦爲謙。天道惟其下濟也,故其氣亨而光明;地道惟其卑也,故其氣亨而上騰。人能以謙下自處,則後人而人先之,下人而人上之,此其所以亨也。蓋謙者,天地之所助益，鬼神之所福祐，而人情之所愛好也。第恐其勉而不樂，飾而未誠，則謙不能久，而亨或无終耳。惟君子久於其謙，則以之居尊也，雖自晦而人莫之掩，其德益光明矣；以之處卑也，雖自下而人莫之踰，其道益尊尚矣。此其所以常亨而有終也。

初六：謙謙君子，用涉大川，吉。

初六陰柔處下，謙之至也，故曰謙謙君子，言謙而又謙也。凡涉險濟難，必資衆助。謙者衆情之所同與，故可用之以涉大川，而動无不吉也。

六二：鳴謙，貞吉。

六二柔順居中，蓋謙德之積中者也。積于中則發於外，凡其見于聲音笑貌之間，无往而非謙矣，故曰鳴謙。既非外飾以欺人，亦非邪佞以爲悅，是以於道爲貞，而在事則吉也。

九三：勞謙，君子有終，吉。

九三，謙之主爻也。有功曰勞。九三以一陽而主五陰，有功者也。止于其下，遜陰以處其上，有功而能下人者也，故曰勞謙。汝惟不矜，天下莫與汝爭能；汝惟不伐，天下莫與汝爭功。是以衆陰率從而萬民咸服，君子所以居其位之道也，故曰有終吉。

六四：无不利，撝謙。

撝之爲言揮也，所以發揮于外者也。凡謙存于其心，發于其容，宣于其言，存于其心，而言與容從之，合內外之道也。然發於其容，宣於其言，而未必存諸心者，亦有之矣。六二居內，存于其心者也；六四居外，發于其容者也；上六則益外矣，宣于其言者也。夫言，矢口而成，固可僞也。若於容，則有退遜之度焉，有損約之節焉，固可以飾而不可以盡僞也。六四之撝謙，雖未必其悉存諸心也，然盡飾而行遠，則亦足以感人而裕己矣，其於貞吉之道，則未之盡也。

六五：不富以其鄰,利用侵伐,无不利。

　　不富,陰乏也。兵无鐘鼓曰侵,有鐘鼓曰伐。凡用兵之道,在于得人而已。聚人之道,在於財以贍其欲、德以結其心而已。六五居尊,能柔順而執謙,有德者也,故雖不富而能以其鄰,用之侵伐,而无不利也。昔者益贊禹曰:“惟德動天,無遠弗屆。謙受益,滿招損。時乃天道。”“至誠感神,矧茲有苗。”禹乃班師,“舞干羽于兩階,七旬,有苗格。”

上六：鳴謙,利用行師征邑國。

　　上六,卦之外,謙之見於外者也;六二,居內,其鳴謙也。由中而發,上六居外,其鳴謙也,但飾于其外耳。夫其能謙,固異于驕矜者矣。然謙而不誠,則近或可邀而不能以及遠,暫或可偷而未必其有終,故惟利用行師征邑國而已。邑國而用□□,亦異乎勞謙君子萬民咸服者。

　　謙六爻,六五,人君之謙也;九三,謙之主,有功而能謙者也;初六處下,謙之至也;六二處內,謙之由中而達外者也;六四處外,謙之見于其容者也;上六,外之外也,則謙之見于其言者而已。是以內三爻皆曰吉,外三爻皆曰利。

雷地,☷☳坤下震上。　豫,利建侯行師。

　　豫,和樂也。人心和樂,以應其上也。爲卦,坤下震上。九四□陽爲主,有順動之德,而衆陰和樂以應之,爲得中之義,故爲豫。夫順動者,順理而動,順時而動,順人心而動之謂也。建侯,立君也。行師,用兵也。建侯以統衆,必順動而後其衆歸之;行師以用衆,必順動而後其衆從之。豫順以動,而人心皆和樂矣,有弗利于建侯行師者乎?

初六：鳴豫,凶。

　　豫,通一卦則爲衆樂樂之公也;分六爻,則爲自樂樂之私也。九四爲豫之主,而初六應之,乃小人援上以爲樂而至于志得意滿者也,故不勝其豫而以自明,其縱恣之情可想見矣。夫君子乘時以自樂猶戒其過也,況竊人之樂以爲樂乎!又況不知其樂非己有而矜之以自鳴乎!由是則樂極而悲生,寵過而禍起,適所以自召其凶而已。

六二:介于石,不終日,貞吉。

介,分辨也。石者,言其堅也。九四,豫之主也,初應之則以鳴而致凶,三承之則以盱而取悔,皆溺志于豫而不能自守者也。六二雖居初、三之間,然有中正之德,其介辨如石之堅,故能先見其吉凶悔吝之幾,不待終日而決去之,固不上詔于三而同其盱,亦不下瀆于初而同其鳴也。其自守中正有如此,則既不溺于豫,而亦可以不滯于悔、不蹈于凶矣。何吉如之!

六三:盱豫,悔,遲有悔。

盱,上視也。九四爲豫之主,而六三承之,其德不中不正,失於自守之義,故上視於四,矜其光寵之餘而以自豫,是則且將因豫而生災矣,其能免於悔乎!若能如六二之介,不待終日而作,固可以无悔也,然六三豈及此哉!必至遲廻不決,終入於悔而後已耳。

九四:由豫,大有得,勿疑。朋盍簪。

由豫,卦之所以成豫,由九四也。勿疑,猶言勿貳爾心也。以九居四,志不免疑,故因戒之。朋,類也。下坤雖非陽類,然與四皆臣也。盍,合也。簪,聚也。簪也者,笄也。笄所以聚髮使不散也。九四有陽剛之才,居近五之位,五失其權而四收之,以其順動之德而致人心之說,乃衆陰之所由以成豫者也。是故可與建侯,可與行師,而大得其志矣。然人心之所服者以誠,不以僞。僞或可偷於一時,而誠則可與之持久。但能勿貳其順動之德,而要之以至誠,則朋類自相合而聚之,孰有遠越者乎?

六五：貞疾，恒不死。

貞疾，猶言痼疾也。六五以柔而乘九四之剛，凡威福之柄四已執之，臣民之心四已收之，其萎靡之疾反覆沉痼蓋至此，已非醫藥之所能救療矣。以其處中，猶足終其天年而恒不死，若涵之以麴蘗，投之以烏喙，未有不至于反促其生者也。何進之召董卓，崔胤之召朱溫，豈非自促其生者哉！然則欲其身之强壯而无疾，亦慎之于初焉耳。

上六：冥豫，成有渝。无咎。

冥，猶昏也。上以陰柔居豫之終，昏冥於豫而不知返者也。夫悦樂者，悲之所由生；寵禄者，禍之所由起，豫成則凶隨之矣。惟能覺而知變，庶可以免咎耳。此與冥升利于不息之貞意同，皆聖人因事而爲之戒，非上六之才所及也。

豫六爻，九四豫之主也，居四而由豫，其爲道也舛矣，故六五乘之，則爲貞疾，蓋奪于四而自失其豫也。初六應之，則爲鳴豫之凶；六三承之，則爲盱豫之悔；上六與之同體，則爲冥豫之渝，皆欲其不溺于四之豫也。夫惟六二中正自守，介然不同，其豫者爲至矣。

澤雷䷐震下兑上。　隨，元亨，利貞，无咎。

隨，從也。人己交相從也。卦體震剛在下兑柔在上，是以剛而下柔，以貴而下賤，我之所以從乎人也。卦德震動而兑説，是有所動，而人説之，人之所以從乎我也，蓋以從人而因以得人之從者也，故其卦爲隨。動者，元也。説者，亨也。二五以中正而相應，乃利貞也。有所隨而具此四德，則无咎矣。聖人隨時而天下歸之者以此。

初九：官有渝，貞吉，出門交有功。

官猶主也。陽者陰之主也。渝，變也。蓋初九，從二者也。陽爲陰主而反從陰，是爲變其常也。然以九居初，以六居二，皆爲得正，其所從者正矣，如此則雖變而不失其常，是以吉也。況初二以近而相得，則出門得其交矣。又以正而相從，則其交且有功矣。豈有不吉者乎？

六二：係小子，失丈夫。

係，猶戀也。小子，初也。丈夫，五也。初雖正而位下，自五視之，則固爲小子矣。凡人之相從，一則專，二則疑。六二下乘初九而上應九五，其志蓋欲兼而與之者也，然既分其心于初，則不得一其誠于五矣，是係小子而失丈夫也，豈相隨之道哉？

六三：係丈夫，失小子，隨有求，得，利居貞。

丈夫，四也。小子，亦初也。六三上乘九四，而下與初九无應，是係丈夫失小子也，亦可謂得其所隨矣。夫九四以陽剛居近君之位，有可以富貴人之權，而三隨之，固有求而必得者也。然爲三之計，則豈爲求得而隨人哉？要必割其柔邪之私而居正以自守，乃可以无失己焉耳。蓋六三自處不中不正，雖以近得其所隨，而所以隨之之道則未盡也。

九四：隨有獲，貞凶。有孚在道，以明，何咎？

九四陽剛居上，而其下二陰皆從之，是隨而有獲者也。夫九四居近君之位，而乃私獲人心之歸如此，則有植黨之嫌而取逼上之禍矣。雖使得正，亦凶道也。必其中心之誠惟在乎臣道之正，取其所獲者效之於君而不以爲己私，則庶幾乎明哲保身之義，隨雖有獲而不足以爲咎矣！豫四所承者六五也，故有得而志行。隨四所承者九五也，故有獲而貞凶。明君在上，則權臣亦安得而逞志哉！

九五：孚于嘉，吉。

九五，隨之主也，蓋天下莫不隨之矣。然本其有中正之德，則其志之所孚,亦惟在乎六二之中正,若六三之求有得者,固不得而惑之也。夫于衆所共隨之中而篤于與善有如此,則君子日進于前,而詭隨之徒无自以干其間矣。何吉如之?

上六:拘係之,乃從維之,王用亨于西山。

拘,手執之也。維,繩繫之也。王,文王。西山,岐山也。岐山在鎬京之西。上六隨之極篤于隨者也,其下隨九五之志,若拘之以手而又繫之以繩,纏綿而不可解矣。蓋岐山之人其歸文王之德有如此,故用之以亨其王業,而大建三分有二之基也,所謂大亨貞无咎,而天下隨時者,觀于五上可見矣。

隨六爻,九五,隨之主也。其餘五爻,大率以陰陽近而相隨者也。是故初有從正之吉,以隨二也。二有小子之係,以隨初也。三係丈夫而求有得,以隨四也。四隨有獲而凶,以隨三與二也。上拘係之,而王用亨于西山,以隨五也。觀其所隨,而吉凶之情見矣。

山風䷑巽下艮上。　蠱,元亨。利涉大川,先甲三日,後甲三日。

蠱,壞也,其字從虫從皿,物壞而虫生之之義也。爲卦巽下而艮上,上剛則驕以棄善,下柔則諂以從君,治之所由壞也。內巽則懦而不立,外止則惰而无爲,事之所由壞也。故爲蠱。蠱者亂極之時,其漸將反于治矣,所以有元亨之理也。蓋如蠱之才,固爲與亂而同事;然如蠱之時,實乃爲治而開先耳。利涉大川,人惟偷惰而不事事,所以致蠱。故幹蠱者必反之而奮勵有爲,險者使之平,危者使之安,而後元亨之機可乘也。甲者,事之端也。三日云者,卦有六爻,中分之則爲三也。先甲三日,自今而推之于先,以遡其蠱之由始。後甲三日,又自今而推之于後,以逆其蠱之再三。遡其蠱之由始,則所以救亂者得其術矣。逆其蠱之再生,則所以防患者盡其方矣。治蠱之最要者也。甲先三日,辛也。辛者,自新也。甲後三日,丁也。丁者,丁寧也。前事將壞,則可自新以爲後事之端；後事方始，更當丁寧以戒前事之失，治蠱之道也。

初六：幹父之蠱，有子考无咎，厲終吉。

初六陰柔，何以謂有子也？蓋蠱者前人已壞之緒，幹蠱者亦反其前人之所爲而已。二在初上，初之父也。九二以剛致蠱，而初六以柔幹之，是乃代虐以寬之義也，固可以蓋前人之愆而使之无咎矣，非賢子而能若是乎！其迹若涉于改父之嫌，而其志實欲以承考之緒，是以始雖有危，而終得其吉也。

九二：幹母之蠱，不可貞。

九二與六五相應，以賢臣而幹柔君之蠱者也，故借喻于母以明其義焉。六五以柔懦而致蠱，則九二以剛明而幹之，固爲得其正矣。然而母性柔暗，不可以易曉也，吾欲以正矯之，而遽反其所爲，則彼將以拂意致嫌，而吾且以效忠獲罪矣。故當委曲以開其蔽，舒徐以格其非。苟得其從，則雖有所遷就，而无害於義也。蓋惟取於濟吾之事而已。

九三：幹父之蠱，小有悔，无大咎。

四在三上，三之父也。六四以柔致蠱，而九三以剛幹之，是以强勵而變偷惰之習，以奮發而振頹弛之風者也，亦可謂善幹矣。但九三過剛不中，未免有其直己之嫌而蒙改父之悔。然父之愆因之以蓋，父之緒因之以立，亦終不害其爲繼述之孝也。夫何大咎之有？

六四：裕父之蠱，往見吝。

裕，謂益之也。五在四上，四之父也。六五以柔致蠱，而六四又以柔承之，則偷惰之習積而益成，頹弛之風漸而益靡，而其緒且大壞不可支矣，故曰裕父之蠱。循是而往，適以自包其羞吝耳，亦何取于繼承之義哉？

六五：幹父之蠱，用譽。

上者，五之父也。上九以剛暴致蠱，而六五以寬柔承之，且其爲德中而不偏，則既有克幹之才，而又有善反之德，不惟足以蓋前人之愆，亦且可以增前人之光矣。若宣王承厲王之虐，而丕著勞來安集之勳，是以《鴻雁》興歌，《無羊》作頌，而大有譽于天下也。幹蠱之美，孰有過此者哉！

上九：不事王侯，高尚其事。

上九居卦之外，上无所承，乃王侯所不臣，而無與於幹蠱之責者也。夫蠱壞之世，當其事者固不可以辭難，非其任者則无害于獨善。若上九者，復何爲哉，亦惟高尚其事以自求志而已！蓋君子之道，進則以之救民，退則以之修己，固无一時而可以自諉也。蠱六爻，無適爲主。若以位，則六五其主也。凡治蠱者在于承前人之壞，則亦當反前人之道。初承二，五承上，皆以柔而承剛；二承五，三承四，皆以剛而承柔，是爲善反者也，故皆曰幹蠱。幹者，立也，謂立其成也。四承五，以柔而承柔，是不知反者也，故曰裕蠱。裕者，益也，謂益其壞也。惟上九居外而無所承，是當不治蠱之任者，故曰高尚其事而已。

地澤▤兌下坤上。　臨，元亨，利貞。至于八月有凶。

臨，涖也。爲卦兌下而坤上。二陽浸長，始出當位而涖事也。復雖二陽來反，然無位而微。至于二陽，乃始有位有與而可以涖事矣，故爲臨。蓋君子進而用事之義也。元者，剛始長也。卦德說而順，所以致亨也。卦爻九二剛中而六五應之，乃利貞也。元亨利貞，天之四德，臨爲天德之方長，故亦具之也。有此四德，而後可出以涖事矣。八月，四陰之月，二陽長于下而爲臨，十二月之卦也。二陽消於上而爲觀，八月之卦也。自臨而至八月，則長於下者復消于上，故有凶也。復、臨皆陽長之時，于復則原其始，而曰七日來復;于臨則要其終,而曰至于八月有凶。聖人惓惓扶陽之心,其至矣!

初九:咸臨,貞吉。

咸,皆也。初九與九二同德相合,而皆進以涖事也。蓋初不得二則無位,二不得初則無與,故以同德相合而皆進如此。初九雖居下,然有剛正之德至於行正者也,是可以振君子之道而助消小人之勢矣,何吉如之!

九二:咸臨,吉,无不利。

九二與初九同德皆進,故亦曰咸臨。二有剛中之德,始進得位,志應六五,而又援初以爲之助,蓋有其德、有其位、有其主、有其與者也。此以臨事,則内可以集君子之朋,外可以弭小人之黨,上可以格君心之非,下可以成天下之治矣!故吉,无不利。

六三:甘臨,无攸利。既憂之,无咎。

甘,猶説也。物之甘者,人所説也。六三以柔邪乘二陽之上,其心固有所不安者,本其兑體好説,故務爲甘説以臨之,蓋將以適君子之心而求其恕己耳。然君子不可以苟説,則亦徒爲失己而已,何利之有?夫乘陽,小人之咎也,即其以甘説而求免,亦既知憂之矣,其視否三之包羞、履三之尾虎而迷不知反者,猶爲此善于彼也,則又可以无咎矣。

六四:至臨,无咎。

至臨,言其臨之至不可以有尚也。六四以順正之德,居近君之位,而能下應初九剛正之賢,與之臨事。夫求賢,大臣之道也。以正而求賢,又其道之善者也。其于臨之義爲至矣,故无咎。

六五:知臨,大君之宜,吉。

君以求賢爲明,臣以任職爲良,是故明主勞於求賢而逸於任人,由其知之大也。六五以柔中之德，謙己无爲，而下應九二剛中之賢，與之臨事，則以天下才治天下事，己不勞而功成矣，其知不亦大乎！此固大君之道所當然也，何吉如之！

上六：敦臨，吉，无咎。

敦臨，厚于臨也。上六以順正之德，處臨之終，而其志在內應，不忘於求賢之誠，是任賢之有終者也，可謂篤厚于臨而不替其初矣，故吉且无咎。或疑上六與陽無應，何以爲志在內？蓋凡陰陽錯居者，則取其位之應；陰陽順序者，則陰之情皆求陽，陽之情皆求陰，不拘于位也。五與二應，上近五而從之，則亦不可謂無與矣。復卦陽在初，四與初應，五近四而從之，則亦謂之敦復，猶敦臨之義也。惟復上去陽太遠，故迷於復而爲凶耳。

臨六爻，二陽爻，臨之主也，故初、二皆咸臨吉。四陰爻，以應陽爲善，以乘陽爲逆。四應初，故至臨无咎；五應二，故知臨吉；三乘二，故甘臨无攸利；上雖與陽无應，然極而內反，則亦從陽者也，故敦臨，吉，无咎。

風地☷☴坤下巽上。　觀，盥而不薦，有孚顒若。

觀者，爲人之所觀法也。其卦坤下而巽上，九五以陽剛居至尊之位，上無陰邪之累，其巽順足以道民，其中正足以範俗，而自四以下羣陰皆觀而法之，故爲觀。觀者，陽消之卦也，然五本君位，陽本君道，自四以下本臣之位，陰本臣道，爲合于君臣之正，其視陰長陽消之義又有大焉，故舍彼取此。盥，洗手也，其字從兩手掬水，而皿下承之。薦，猶進也。宗廟之祭，有薦腥，有薦熟。顒，猶大也，言其威儀顒顒然大也。人君以巽順中正之德，恭己而爲法，于上則不待勸而民自善，不待威而民自懲，猶祭祀者竭其孝敬之誠，方盥手以自潔，而未舉薦腥、薦熟之禮，然羣臣之與祭者已孚而化之，亦莫不以孝敬自竭，而見諸威儀之表者顒顒然其可仰矣,此其感通之妙,夫豈指揮號令之所能及哉!《中庸》曰:"不顯惟德,百辟其刑之。"故君子篤恭而天下平,其斯之謂歟!

初六:童觀,小人无咎,君子吝。

觀六爻,惟二陽爲觀之主,四陰爻皆觀人者也。觀之道以高爲明,而卑則有所不及睹;以近爲親,而遠則有所不及詳。初六處至卑之地,而去五最遠,是欲以卑近之見而窺高遠之德,譬諸童子之觀物,豈能詳睹之哉!小人,細民也。夫民可使由之,不可使知之,則安于卑近,而日用不知者乃其分之常也,故可以无咎。若君子,則以希聖爲功,以見道爲期,而所見卑近如此,其可羞吝甚矣!

六三:闚觀,利女貞。

闚,竊視也,自門内而視外也。闚從門,窺從穴,皆竊視之義。二之位比初則漸高矣,然在内卦之中,而居内以觀外,不能出以從上而親炙其盛德之光輝也,則亦豈足以盡大觀之蘊哉!蓋唯婦人無門外之事,則深居閨闥以養其柔順之德,雖有所闚而不敢出門,乃其道之正也。若丈夫則以四方爲志,而欲區區自安于一室之中,不亦可醜也哉!

六三:觀我生,進退。

生,猶動作也。我生,謂我之所自作爲者。六三居下之上,所見已高,然即其居上之下,則亦未能自信其盡无毫髮之疑也。已信則進,未信則退,惟在觀其所自作爲之實而制其行止之宜耳。此其信與未信之幾,夫豈他人所能與哉!子使漆雕開仕,對曰:"吾斯之未能信。"則亦開自知之而已。

六四:觀國之光,利用賓于王。

國之光,謂國家之禮樂法度,皆王者盛德之光輝也。賓,猶賓興之賓,王所賓禮之也。六四上承九五,親近大觀之主,而觀見其道德之光,其所處高所見明矣,故利于進而從仕,爲王者之所賓禮也。夫行道乃君子之本心，而六四又有可行之道，則其進豈竊位者哉！

九五：觀我生，君子无咎。

九五，觀之主，衆陰之所觀也。夫欲爲觀于民，必當反觀于己。蓋民之效法，惟視我之躬行何如耳。九五有陽剛中正之德，觀其所行，莫非君子之道，而足以立觀民之本者也，則以之帥天下，而民從之，夫何咎之有！

上九：觀其生，君子无咎。

其生，猶我生也。五觀之主，據其自觀而言則曰我；上五之輔，由人觀彼而言，則曰其而已。上九處无位之地，蓋君子之既老而退閒者也。夫君子進則思爲法于朝廷，退則思爲法于鄉里，其心豈嘗一日而自暇哉！上九以陽剛之德，居退閒之地，觀其所作，固莫非君子之道，而可以爲法于人者也。位雖不及，而道行焉，何咎之有！

觀六爻，五、上皆爲觀者也，初、二、三、四皆觀人者也。爲觀者以陽剛爲善，故五、上皆君子而无咎。觀人者以高爲明，以近爲親，初最卑而遠，故童觀吝；二漸高而猶遠，故闚觀醜；三在高卑遠近之間，故進退无咎；四最高而又近之，故觀光而利賓也。然而二不以得中爲美，三亦不以失正爲非者，蓋觀惟從目所見，故但取爻位高卑遠近爲差，而无取其他耳。

火雷䷔震下離上。　噬嗑，亨。利用獄。

噬嗑，噬者，齧也；嗑者，合也。爲卦震下離上。其形外陽中虛如頤，而中虛之中又以一剛間之，爲頤中有物之象。頤中有物必噬之而後合，故爲噬嗑。賁不爲噬嗑者，賁得頤之上止，噬嗑得頤之下動，非動則不能噬也。頤中有物，爲頤之梗，必噬去之，而後咽吻通利，猶强暴之人梗王治者，必以刑噬之，而後德教流行，故噬嗑而亨也。獄謂罪附于刑，繫獄以待斃者。治獄之道，太剛則猛，太柔則廢。卦體三陰三陽，均而不偏，則剛柔得其中矣。動而不明，刑戮或濫于君子；煦而不威，赦宥或縱于小人。卦德内動外明，則明足以審其動之施而不濫。卦象電雷合而章，則雷足以威其電之照而不縱矣。此皆有司治獄之道也。然有司固以執法爲義，天子自以好生爲仁，六五柔中居尊，爲治獄之主，則又能仁恕以求情，而好生之德洽于民心者矣，利用獄也。

初九：屨校滅趾，无咎。

屨者，着之于足如屨也。校，獄之械也，在足曰桎。滅趾，没其趾也。今犯徒罪者用鐐，蓋其遺制。通一卦，則以九四爲梗而初上噬之；分六爻，則自二至五皆有位而初九无位。夫无位而好噬，則所謂非司寇而刑人殺人者，又王法之所不貸也，故初、上皆取受刑之義。初九以剛居噬之初，乃小人之肆欲妄行而害于良民者也，故屨校于足而滅其趾，蓋懲其妄行之罪，深恥之耳。然小人之情，不利則不勸，不威則不懲，小懲而大戒，俾无陷于滅耳之凶，則猶爲小人之福也，故无咎。

六二：噬膚滅鼻，无咎。

膚，腹下肉，易噬者也。滅鼻，噬之深也。六二居下，其所治蓋鄉遂之獄，獄之小者，故如膚之易噬。然其所乘乃初九之剛，獄雖小，而其情之怙則有甚焉，是故不以爲小而深噬之，所謂刑故无小，雖治之深而不嫌于過刻也，何咎之有？六二中正，故能斟酌淺深而得其宜如此。

六三：噬腊肉遇毒，小吝，无咎。

腊肉，小物全體骨而乾之者，其噬難于膚矣。六三居下之上，蓋士師之職也，所治之獄，比二爲大，是以難耳。遇毒，六三柔不中正，失正己之道，故刑人而不服，或遭其反噬之變。然己雖不正，

而所刑者乃上九極惡之人，固王法之所當加者也。雖小吝，而亦
无大咎矣。

九四：噬乾胏，得金矢。利艱貞，吉。

乾胏，附骨肉，其噬又難于腊矣。四居近君之位，蓋司寇之職也，
所治之獄，比三爲尤大，故益難耳。金，物之堅者。矢，物之直
者。古者以兩造禁民訟，入束矢於朝，然後聽之；以兩劑禁民獄，
入鈞金，三日乃致于朝，然後聽之。九四剛明之才，善于治獄，而
人服焉，是以得金矢也。艱貞，艱難守正也。以九居四，猶有未
正之嫌，故利于艱而弗之忽，則无得情而喜之心；利于貞而弗之
撓，則无倚法以削之弊。如是而後可以得其吉矣。若徒恃其才
而不知囏貞之道，亦非善之至也。

六五：噬乾肉得黃金。貞厲，无咎。

六五所治，乃人君之獄，蓋司寇以其獄成而來上者也。其傳爰論
鞫，夫既或治之矣，故其治比二爲難，而比三、四爲易。四言金
矢，五言黃金。人君罔使兼于庶獄，故止聽其獄而不聽其訟耳。
六五柔中，文明之主也。以此道而求民情之中，民豈有弗服者
乎！是以得黃金也。貞者，柔仁以治獄，乃人君之正道也。厲
者，不敢以獄爲易而危視之。柔以爲正，則無深入之刑；危以視
獄，則无妄加之罪。如是乃可以全天子好生之德矣，何咎之有？

上九：何校滅耳，凶。

何，荷通，負之也。校，負于頸，曰桎。滅耳，沒其耳也。今犯大
辟者，用長枷，即其遺制。上九无位好剛，居噬之終，乃小人之罪
大惡極而不可解者，故加以大辟之刑。何校于頸而沒其耳，蓋罪
其始聽之不聽，謂小惡爲無傷，而積漸以至此也。然悔已无及
矣，凶何如之！

噬嗑六爻，初、上皆无位而噬，以噬爲犯者也。初處下，其惡未

甚,故屢校无咎。上居終,其罪已深,故何校凶。中四爻皆有位
而噬,以噬爲亨者也。二,士也,獄小而治之易,故爲噬膚。三,
士師也,獄稍大而治之難,故爲噬腊。四,司寇也,獄又大而治之
愈難,故爲噬肺,然有司以執法爲公,故二、三之柔,皆不若四剛
之爲吉也。五者,人君之獄,以好生爲德,故以柔而得黃金,又同
于四剛之得金矢矣。剛柔之用,各惟其宜而已。

山火**䷕**離下艮上。　　賁,亨。小利有攸往。

賁,文飾也。爲卦離下艮上。以卦體言之,下本乾也,柔來而文
之則成離;上本坤也,剛上而文之則成艮。剛柔交錯,天之文也。
以卦德言之,内離明而外艮止。文明而各止其所,則事有節,而
文當物,人之文也,故爲賁。夫天下之道,文質而已矣。一則爲
質,二則爲文。實則爲質,虛則爲文。是故剛者質也,柔者文也。
質勝則鄙,鄙則濟之以文,故文也者所以文其質也;文勝則浮,浮
則捄之以質,故質也者所以質其文也。然而質者本也,文者末
也。柔來而文剛,懼質之鄙而文濟之。蓋本立而末從,此天下之
正理,可以通行而無弊者也,故亨。剛上而文柔,患文之浮而質
捄之,蓋末窮則反本,此補偏捄弊之權,宜不得已而通之者也,故
小利有攸往。

初九:賁其趾,舍車而徒。

趾,足之趾也,在下之象。徒,徒行也。在上者以備物爲制,在下
者以守素爲分,是故上之所以賁其趾者,則車而已耳;下之所以
賁其趾者,則徒而已耳。初九以剛在下,居賁之初,是尚質而不
尚文者也,故能義弗乘車而舍之以徒行,安守其爲下之分而不敢
越也,如是則可謂善賁其趾矣。

六二:賁其須。

須,鬚同。須者,附頤之物,隨頤而動者也,猶文者附質之物,隨

質而行者也。六二,陰柔,文也,然居下賁之中,未以文勝爲弊,而離中之陰,又本麗陽以爲安也,故上附九三剛實之質而行之,則文得其所附,而不至于浮,斯可以通行而無弊矣。

九三:賁如濡如,永貞吉。

九三剛實,質也,其上、下比于二、四之柔,皆文也,且居兩卦之間,又文質得中之時也。以質爲主,而文濟之,故其文物光澤,濡如其盛,而亦未嘗過也。賁之爲道,莫有善是者矣。然過此以往,斯文勝之弊滋多,又必永其陽剛常貞,使其質常厚而足以爲文之麗,則其文雖盛而不至爲質之陵,是乃文質彬彬,不鄙不浮,而君子之道也,何吉如之!

六四:賁如皤如,白馬翰如,匪寇,婚媾。

六四,陰柔,文也。而賁已過中,文將勝之時也。文勝則當反于質以捄之。皤,白也,賁而无色也。白馬,謂九三也。九三剛實爲質,故白耳。翰,疾飛也。六四居近君之位,當化民成俗之職,而其時文已過中,六四又爲好文之臣,苟不返本而循其質,則文勝之流弊不可止矣。故當下比九三,以白爲賁,而九三亦視四之過文欲往救之,其上進之急,猶白馬之翰如也。四患三之矯己,故有爲寇之疑,然三之志則欲矯四之過而歸于中耳,乃婚媾,而非爲寇也,則亦終何尤哉!

六五:賁于丘園,束帛戔戔,吝,終吉。

丘,高也。園,野外之地。丘園,上九高而在外之象也。束帛,儷帛爲端,五端爲束,孤、卿所執贄也。戔戔,淺小之意。賁五居人君之位,當文過之時,而以六處之,又爲好文之主,非反本而從質,无以救天下之文弊也。上九以剛居外而无位,蓋野人之質樸者,捄文之弊莫如野,故六五當觀上九樸野之俗,求之以自賁,而過其文弊之流,則雖矯枉過正,而无害其爲救世之權宜也。故以人君之尊,降謙示約,而俯從孤、卿之禮,亦其時適當然而已,是以事若小者而終得其吉也。若聽其文弊日滋,往而不返,將如天下之俗何哉!

上九:白賁,无咎。

上者,賁之終。剛者,物之質。賁終則文勝,文勝則反其本以救之而從質。上九剛居賁終,蓋能反從本質以救文勝之弊者,故不以色賁,而但以白賁,所以厚賁之終而不使之過也,是可以无咎矣。

賁六爻,剛者,質也;柔者,文也。初賁之下,以无文爲安;上賁之終,以反本爲正,故皆貴其剛也。三賁之盛,當文質適中之時,故貴其剛柔濟也。二賁之將中,文雖未過,而不可以无質。四、五,賁之過中,文已勝質,而不可以忘本。故二、四皆欲其從三之剛,而五則欲其從上之剛也。無質,則文將安所附哉!

山地䷖坤下艮上。　　剝,不利有攸往。

剝,猶落也。陰長侵陽而至于消落也。爲卦坤下艮上,五陰一陽,陽將盡而消落,故曰剝。天地之間,六陰六陽,互爲變易而已。陽進則陰退,陰長則陽消,是故陽消而將盡,猶陰剝而落之時也。方剝之時,小人之勢盛而極,君子之迹孤而危,天下之事不可以復爲矣。是故君子觀剝之象,則當順時自止,而不利于攸往也。

初六:剝牀以足,蔑,貞凶。

牀者,人所藉以爲安也。人君藉君子以爲安,亦猶人之藉牀焉耳。剝牀以足,則牀且有傾欹之變矣。初六,小人始進而剝夫在下之君子者也。蔑,無也,猶言滅也。滅至于盡則無矣。初雖始剝于下,然其勢漸侵滅于君子之正道,非滅盡而至于無不止也。蓋天下之亂,實醞釀于斯焉,豈但君子災而已乎?其凶大矣!

六二:剝牀以辨,蔑,貞凶。

辨者,上下分隔之處,謂牀笫也,不止于足矣。二之位,漸進而上之象也。二、五居相應之地，君所諉信之臣也。六進而居二，則君子爲君所委任者亦剝而去之矣，此又剝之漸逼也。蔑貞之凶，其能免乎？

六三：剝之，无咎。

六三居剝之時，獨與上九爲應，是處羣剝之間，而能不阿其黨，猶知順承君子，未遽至于侵逼者也。使羣剝而皆然，豈有蔑貞之患乎？此所以无咎也。

六四：剝牀以膚，凶。

膚，肌肉也。剝牀以膚，蓋于身爲近矣。四者，近君之位也。六進居四，則是君身左右莫非小人，剝其君子，而皆去之矣。所未剝者，獨君身耳。此則已蔑于正而不必復言者也，凶何如哉！

六五：貫魚以宮人寵，无不利。

貫，猶串也。魚，陰物，羣陰之象也。宮人，陰類之尊者，六五之象也。六五下乘羣陰而統之，上承一陽而順之，即其統乎羣陰也，若魚之在貫，即其統乎羣陰而以順其一陽也。若以宮人而承寵于其君，是蓋小人之居高位，而猶知尊重君子，以爲望于天下者也。方剝之時，天下所倚賴者獨上九耳。上九而在，則君子猶有再進之機。而推其所原，莫非六五之承順爲之也。如是豈有弗利者乎！

上九：碩果不食，君子得輿，小人剝廬。

碩，大也；果，木實也，高在木杪可種而復生者。上九，一陽獨存之象也。輿者，人所載也。羣陰在下，以載一陽之象也。廬者，人所覆也，一陽在上以覆羣陰之象也。天下恒所倚賴者，君子而已。君子用則天下治，小人用則天下亂。是故小人雖忌而君子剝之，至于勢極而亂作，則天下非君子莫能定，而小人非賴君子之有亦終莫能保其富貴也。方剝之時，上九一陽獨存，猶碩大之果不見食，有可種而復生之理，此固天下之治脉賴之以不絶者也。是故君子處之則天下之人莫不望治于君子，而君子亦載之以爲安。若使小人處之，則必至盡剥君子以成天下之亂，而小人亦終无以自庇矣。然則小人之剥君子，乃其所以自剥也，可不戒哉！

剥六爻，五陰皆剥陽者也，惟六三應陽則无咎，六五承陽則无不利，蓋居剥而不剥者也。初遠陽，則剥足；二漸進，則剥辨；四益近陽，則剥膚，蓋剥之而轉甚也。上一陽，被陰剥者也，不剥則陽得其載，剥盡則陰失其覆，蓋剥極而不可以再剥也。小人欲剥君子者，觀此不亦可戒哉！

地雷☷☳震下坤上。　復，亨。出入无疾。朋來无咎。反復其道，七日來復。利有攸往。

復，反也。陽反也。爲卦震下坤上，陽窮于上始反，而復生于下也。陰者肅殺之本，陽者生育之德，陽反則始而必亨矣。君子之始進，固亦泰和之漸也。出，謂陽已生而出于上也。入，謂陽始反而入于下也。君子始進而居位，謂之入；既進而行事，謂之出。疾，猶惡也。朋，陽之類也。卦德震動而坤順，一陽始復于下，能以動而順行之，則其入也羣陰无以禦其來，其出也羣陰无以阻其往。由是而諸陽之朋皆得附之，以並進矣。君子不激壯趾之凶，而因獲疇離之祉，其道亦猶是也，何咎之有！反復其道，陽退則陰進，陰消則陽長，其道反復相尋也。七日來復，自乾之純陽，消而爲坤之純陰，則陽辭于上而復生于下，于卦爻凡更七位也，復之來也。七更而後成，則其復有漸，而無悖于天行之常矣。所謂動而以順行者蓋如此。復者，陽生之始也。再往而二陽則爲臨，又再往而三陽則爲泰，四陽則爲壯，五陽則爲夬，乃純陽而爲乾，則陽道之大成矣。是以復則利攸往也。

初九：不遠復，无祗悔，元吉。

復者，陽生之始，所謂元者，善之長也，故六爻皆以復善爲義。初九陽剛得正，居復之初，最先復者也。復者，失而復得之名，復而能先，則失之不遠，而遂復矣。是故失于其意而不使失于其身焉，復于其心不待復于其事焉，乃所謂不遠之復也。祗，抵同，猶言至也。失之遠，故悔失之；不遠而能復，則何悔之有。此人欲之所以不萌，天理之所以无間，而顏氏之子所以爲庶幾也。善孰大焉，吉孰尚焉。

六二：休復，吉。

休之言美也。初九復之主，失之不遠而能復，乃復而爲仁者也。六二以柔中，而下比之，則知親賢取善以成其德而與之同仁矣，是以于復爲美，而在事則吉也。

六三：頻復，厲，无咎。

六三居不中正，當動之極，乃知復而不知固執者，是以頻失頻復，而其善無以有諸己也。夫即其頻復而失固，不免于有危，而要其頻失而復，則亦可无咎矣。蓋有過而能改，猶愈于吝過而必文者也。

六四：中行獨復。

六四居三、五二陰之間，而與初九陽剛爲應，是能介然中立，不惑于眾陰之類，而獨知親就有道求以自復其善者也。其視六二以近相得交，則後之而力愈難矣。《記》曰："中立而不倚，强哉矯！"六四有焉。

六五：敦復，无悔。

六二之休復，以比初也。六四之獨復，以應初也。六五雖與初九相遠，而有中順之德，則亦能中以自成而復于其善矣。是敦篤于復而不以淺近自安者也，夫何悔之有！蓋五天之位也，天德在我，豈假于外求哉！

上九：迷復，凶，有災眚。用行師，終有大敗，以其國君凶，至于十年不克征。

復者，陽復也。二、四皆從陽而復者也。六三與陽同體，雖失之而終知復者也。六五居天位而得中，雖遠于陽而能自復者也。上六以從陽則不如二、四，以得中則不如六五，以與陽同體則不如六三，而以陰柔居復之終，去陽最遠，乃終迷不復之人也。人欲肆而天理滅矣，安往而能善乎！是故語其行事，則有凶；語其居身，則有災眚；語其事君而用以行師，則大敗而凶。及其君至于十年不克征，而衆惡莫不萃之也。由其蔽于陰濁之私而不知復于陽剛之正，所以如此。三百八十四爻之中，其不吉莫有過於此者矣！

復六爻，初九陽剛，復之主也。其諸陰爻，以從陽爲美，以遠陽爲惡，六二比陽，故爲休復；六四應陽，故爲獨復；而四不若二之吉。六三于陽无與，故爲頻復；上六去陽最遠，故爲迷復，而三不若上之凶。惟六五雖遠于陽而位乎天德，則敦復而无悔，蓋不及者宜資于人，而自足者無假於外耳。

天雷䷘震下乾上。　无妄，元亨，利貞。其匪正有眚，不利有攸往。

无妄，至誠也。爲卦震下乾上，震以一陽而爲主於内心之實也，乾以三陽而居外事之實也，内外皆實，故爲无妄。六十四卦可當至誠之義者，惟乾與无妄耳。乾，天之道也；无妄，人之道也。陽爲主而動元也，動而能健亨也，剛中正而應利貞也，乾之四德，无妄具之矣。匪正，謂上九也。无妄何以有匪正？蓋心與事合者也，事與時合者也。中心无妄而事弗順，時亦匪正也。匪正而往則有眚矣，此所以不利也。

初九：无妄往，吉。

初九，无妄之主，象所謂剛自外來而爲主于内者也。中心无妄，其道可以往矣;而居无妄之初,則其時又可往矣。存不違道,動不失時,故往吉。

六二:不耕,穫;不菑,畬;則利有攸往。

六二以柔順中正而與九五剛健中正爲應,其所存所感皆无妄者也。以其陰柔,或牽于計利之私,故因其德而爲之戒,所以極明无妄之義也。耕與菑,當然之事也。耕則有穫,菑則有畬,必然之效也。廢耕菑而覬穫畬之效者,妄也。力於耕菑而穫畬之念未忘者,亦妄也。耕則耕耳,不於耕而覬穫;菑則菑耳,不於菑而覬畬。則所謂正其誼不謀其利,明其道不計其功,无妄之至者也。如是,則可以有攸往矣。

六三:无妄之災,或繫之牛,行人之得,邑人之災。

无妄六爻,皆无妄者也,然以六居三,處不當位,故或不免于災,蓋其所值之適然,而非己有以致之,是則所謂无妄之災也。如或繫牛于此,爲行人所牽以去,而其人與牛已無可踪跡矣,則未免以失牛之事而詰之居人,固其勢之所必至而實非居人自作之孽也,則亦安之而已矣。

九四:可貞,无咎。

无妄內三爻其時當行,外三爻其時當止,以九居四,不極其剛,能順時而止之者也。如九四之才以處无妄過中之時,其道可以貞固守之而无咎矣。

九五:无妄之疾,勿藥有喜。

九五剛健中正,而六二又以柔順中正應之,无妄之至者也,何至於有疾?蓋无妄之時已過中矣,世不能以常安而無事,人不能以常平而無疾,非必盡由其紀綱之失與調攝之過也,事勢偶爾相違,氣血偶爾相錯耳。靜以鎮之,則其事將自定;安以養之,則其疾將自除矣。若因事而改制,禍或生于制之煩;因疾而用藥,疾或成于藥之謬。是故无妄之疾，則勿藥，將自有喜，而藥不可以輕試也。无妄之疾，妄而藥之，是所謂匪正有眚，而不利有攸往者也。宋李沆爲相，當太宗、真宗之時，而四方奏請，一切報罷，庶幾知此義者。

上九：无妄行，有眚，无攸利。

无妄之終，不可以有行矣。无妄而災，其災不可務去也。无妄而疾，其疾不可務藥也。安常處順，聽天之命而已耳。上九之德固无妄者，然以其剛健之極，則未必能順時休息而果于有行矣。不可有行而行之，中雖无妄，其事則匪正而有妄也，故有眚而无攸利。

无妄六爻，其德皆无妄者也，然時位殊焉。初往吉，二往利，時至故宜行也。四可貞，五勿藥，上行有眚，時過故，宜止也。三以所居不當而災，則其位然耳。要其中心之无妄一也。

山天☲乾下艮上。　大畜，利貞。不家食吉，利涉大川。

大畜，以大畜也。以陽畜陽，其爲畜者大也。爲卦內乾外艮。乾之剛健，所以進德也；艮之篤實，所以爲己也。剛健以進德則畜之多，篤實以爲己則畜之固，此其所以光輝發越，其德日新，而所畜者大也。蓋大畜之功，由剛健而入，由篤實而成，故取以艮止乾爲義，而曰大畜。艮之所以止乾，由于其上一陽，以陽畜陽，爲得其正，故大畜之道，利于貞正，蓋聖學以仁義而爲畜，所謂正也。若俗學以權謀功利而爲畜，則失其正矣。不家食，謂仕而食祿于國也。上九以一陽成大畜之功，而六五又能尊而尚之，能大畜其道，固宜仕。遇尊賢之君，其時又可仕，是以不家食，吉也。大畜之所畜者，乾也。乾，天德也。以所畜之大應天而時行之，則可以往而濟難矣，故利涉大川也。

初九：有厲，利已。

大畜內三爻，畜德也；外三爻，畜人也。大畜之初，其畜未成，修己之時,非仕進之日也。初九剛健,則不能量時而果于進,所謂未能操刀而欲割者也,所以有危。已,止也。止而不進,則不入于危矣。

九二:輿説輹。

輹,所以轉軸者。車駕則設之,不駕則説之。夫車固所以任重致遠也,駕而不已,則勞而必敝,故輹有時而脱,所以養其車而待後日之用也。九二視初,則畜將成矣,可以仕、可以未仕之時也。而以九居二,剛而得中,故能審時量己而不輕進,輿説輹之義也,是可以无尤矣。

九三:良馬逐,利艱貞,曰閑輿衞,利有攸往。

九三內卦之終,畜德已成,而與上九同德合志,可以仕矣。三以剛健之才,乘時上進,猶良馬而可以馳逐也。然亦不可恃才而忽,故又利于艱難守正。曰,心自言也。閑,習也。輿,所以載也。衞,如戈矛之屬,所以輔也。馬良矣,而閑其輿,則可以載物。輿閑矣,而備其衞,則可以輔輿。輿不閑,衞不備,馬雖良,將安之乎?是故君子入必量其君,所以爲輿也;行必擇其友,所以爲衞也。是則所謂艱貞之道,而利于攸往矣。

六四:童牛之牿,元吉。

大畜外三爻,皆以畜人爲義。童牛,牛之未角者。牿,楅衡也,所以止觸。四與初,應畜初者也。初陽居下,微而易制,乘其微而畜之,是止惡於未萌,猶童牛而加之以牿也。其事豫,其力易,則爲速化矣,大善之吉也。

六五:豶豕之牙,吉。

豶者,壯豕而去其勢也。豕,剛躁之物,其牙善噬,而壯者爲甚。然豕之噬在牙,而剛躁之性在勢,去其勢則性柔緩,雖有牙而不能噬矣。猶人之爲惡也,或以言訟,或以力争,其爲惡之本則本乎其心耳。能以善道而化其心，使入于善，則訟者可止，爭者可息，由治之得其機故也。六五以柔中之德畜天下，蓋格人之心而因化其惡，猶去豶之勢而因制其牙者也。然不如六四之止於初者爲易，故止曰吉而已。

上九：何天之衢，亨。

何字於隸楷俱近向，或向字之訛也。衢，路也。空中日月所經，雲氣飛鳥所過，有路之義焉，故曰日有黃道，月有九行，即天衢之謂也。上九居畜之終，爲畜之主，而六五又尊其賢而尚之，蓋畜道大成，畜德畜人之極者也。譬則身向天衢之上，而雲行雨施，以澤萬物，以志則无不遂，以道則無不行矣，何亨如之！

大畜六爻，內三爻，畜德也。畜德者畜成而後進，故初利已，二說輹，俱不若九三之利往。外三爻，畜人也。畜人者，畜極而後通，故四有喜，五有慶，終不若上九之大行也。畜德者可不務其成乎！畜人者可不務其極乎！

山雷䷚震下艮上。　頤，貞吉。觀頤，自求口實。

頤者，養也。頤，口也。口所以食物而自養者也。爲卦震下艮上。上下二陽，中含四陰，外實中虛，上止下動，口之象也，養之義也，故爲頤。貞吉，言所養之道，得正則吉也。口實，口中之實，飲食是也。言欲觀其所養之正不正，又在自求其口中之實而已。若所以實口者，得其正味，而足爲養生之助，則正而吉矣。若失其正味，而反爲傷生之本，則不正而凶矣。人之養德，亦猶是也。養之以義理之正，則吉；養之以功利之私，則凶。皆其所自取者也。

初九：舍爾靈龜，觀我朵頤，凶。

初九與六四，爲應者也。爾，自四而命初。我，四自命也。靈龜，服氣自養，物之能不食者。朵，草木之花。朵頤，人欲食則頤動

63

而張,其狀如朵也。初九陽剛得正,爲頤之主,其德足以自貴而无求于外,猶靈龜之服氣可以不食,以其震體好動,志在援上,故觀于四之勢而急趣之,猶人之甘食者不勝其欲而至于朵頤也。是則棄天爵以狥人爵,而忘其有貴于己者矣,凶之道也。初迷于欲而不自知,故假四以命之。

六二:顛頤,拂經;于丘頤,征凶。

顛,反也,反求於初也。拂經,逆其常也。丘,地之高處。丘頤,謂上九也。卦之所以成頤,由于初、上二陽皆衆陰所求養也。然而自上求下,爲道義也;自下求上,爲利禄也。六二下比初九,而與上九无應,則初九其類也,反比初九而求道義以養德,乃常道也。上九非其類也,仰應上九,而求利禄以養身,則逆其常理矣。以其震體好動,故從欲逆理,而舍初以應上,失其類而不自知也。率是道而行之,凶其能免乎哉!

六三:拂頤,貞凶,十年勿用,无攸利。

拂頤,謂求養于上也。下求爲頤,上求爲拂。六三雖與上九正應,然上九艮體止而不下,六三以震體好動不能勝其柔邪之欲,故不待其求而先往應之,乃狥情利禄之人苟貪務得,而不顧其義理之當否者也。十,數之極。十年勿用,言終不可用也。夫貪得之人,其未得也患得之,其既得也患失之。小則吮癰舐痔,大則弑父與君,皆其所甘心而冒爲之者矣,是以无攸利而不可用也。

六四:顛頤,吉。虎視眈眈,其欲逐逐,无咎。

六四居近君之位,養人者也。下應初九,剛明之賢,而求以道義自養,能養德以養人者也。其德施光而養道普矣,是以吉也。眈眈,下而專也。逐逐,求而繼也。虎性視下不佗顧,其逐物也,未得不佗及。以狀四之求初,其專而有常如此,皆艮體篤實之象也。夫求利禄者,患其固,固則爲狥欲;求道義者,貴其專,專則爲篤志。四之求初，所謂求仁而得仁，又焉貪者也！夫何咎之有！

六五：拂經，居貞吉，不可涉大川。

六五以位則養人之主也，以德則陰賴陽以爲養，求養于上九者也。以養人之主而求養于人，蓋拂其常理矣。如太甲以不類而仰成于伊尹，成王以幼冲而委政于周公是也。由其知所委信，故以之居常守正則吉。由其才弱而不足以專斷，故以之涉險濟難，則不可也。三叔流言，周公居東，非有風雷之變，則成王終于不悟，而其事有不可支者矣。

上九：由頤，厲，吉。利涉大川。

上九，頤之主卦，所由以成頤者也。蓋頤之成卦在于初、上二陽，然初下則位卑，體動則德賤，僅取自養而未及于養人，則能薄，故頤之所主在上九也。如以聖賢之臣居師傅之任，輔其君以養乎天下，而天下之養皆由之，故曰由頤。據其位高而任重，其勢則危，由其德盛而業大，其道則吉也。利涉大川，往而濟難也。蓋有非常之任者，必當有非常之報。人君委天下以聽己，而輒辭其難，何足稱寵遇而輸忠蓋乎！故必擇險易而盡力以求濟，庶可以塞責耳。周公之相成王，孔明之輔後主，蓋近之矣。

頤六爻，內三爻皆主于自養，外三爻皆主于養人，內外體用之分也。當自養而求養于上，狗利之人也，故初朶頤，二拂經，三拂頤，皆凶。當養人而求養于賢，樂道之主也，故四顛頤，五拂經，皆吉。上九頤之主爻，能自養以養人者也，頤之德莫盛焉，故由頤大有慶也。

澤風䷛巽下兑上。　大過：棟橈利有攸往，亨。

大過，陽過也。爲卦巽下兑上，四陽二陰，陽多于陰，故爲大過。不曰壯者，大壯四陽自下而上，本其氣之盛，則曰壯。大過四陽

攝於二陰之間，故止較其數之多，曰過而已。蓋君子雖衆而未甚
得志之時也。棟者所以任重，四陽居中之衆。橈猶動也。初上
皆陰，本末弱矣，棟無所附，故不勝其重而至于橈也。君子上不
專秉政之權，下不當親事之任，而徒尸位伴食，寄迹其中，其勢之
危亦猶是耳。是故大過之時，君子雖衆，而所以處之之道爲甚難
也。然以卦體，二、五陽剛得中，又其德內巽而外說，夫有剛中之
才而以巽順和說行之，則內足以守正，而益長夫君子之道，外足
以審幾而不激夫小人之變，近則可救棟橈之患，而久則將回純陽
之慶矣。此所以利有攸往而能亨也。

初六：藉用白茅，无咎。

茅，柔物，陰象也。初六，小人之在下者。小人在下而承藉君子，
乃小人之道也。猥冗之職，煩辱之事，豈君子所宜親哉？其勢必以
小人御之，然後君子因之而責成焉。故以小人而承藉君子，所以重
君子也。猶物不錯諸地而藉之以茅，所以重物也。何咎之有？

九二：枯楊生稊，老夫得其女妻，无不利。

楊之爲木，感陰氣而生者也，時過故枯。稊，根也。女妻，女始嫁
人爲妻者。枯楊、老夫，謂二。稊與女妻，謂初也。九二剛中在
上，而初六以陰柔自下承之，君子居上而用小人之義也。楊雖枯
而生稊，則猶可活也。夫雖老而得其女妻，則猶可生育也。君子
雖不甚得志，而能服屬小人以爲之用，則猶可成駕馭之功也，故
无不利。

九三：棟橈，凶。

中四陽皆棟也，二、五則有比陰之累，故爻惟三、四仍取棟象。大
過，棟橈之世，剛過而中，巽而說行，君子所以處大過之道也。九
三以剛居剛，不得其中，雖无害其自守之嚴，然太剛絕物，羣情不
輔，或反以激小人之變。此非善處大過者也，故棟橈而凶。

九四：棟隆，吉。有他，吝。

隆，猶起也，謂不橈也。九四以剛居柔，剛而不過，可與處大過矣，故棟隆吉。然所以貴其居柔者，爲能順時觀變，无過激以起小人之禍而致橈敗焉耳，非眩于小人而從之也。若自信不篤，而有佗志，是亦可羞吝也。四應初，故爲之戒云。

九五：枯楊生華，老婦得其士夫，无咎无譽。

木榮于下爲稊，榮于上爲華。老婦，已嫁之婦。士夫，初婚之夫也。九五剛中以居上六之下，君子附當權之小人而因之以進用者也。楊枯而生華，雖榮不久也；士夫而贅其老婦，雖配不育也。君子而附小人以進用，雖得位而不足以立事也。本其剛中，則自處若可以无咎，即其比上之醜，則辱己毀節爲已甚矣，又安得而有譽乎！自昔固有循謹寡過而不能自援于小人之門者。

上六：過涉滅頂，凶。无咎。

涉，涉水也。滅頂，水沒頂也。澤水上溢，故有此象。上六，當權之小人履盛滿而不知止者也。夫富貴之溺人，猶水耳。涉水者不量其淺深之宜而過涉之，則至于淹沒而滅其頂者多矣。居富貴者，不度其進退之宜而冒居之，則至于陷溺而亡其身者多矣。其凶固自取之也，將誰咎乎？

大過六爻，皆取君子小人相與爲義。君子可以用小人，而不可爲小人用，故九二老夫得其女妻則无不利，九五老婦得其士夫則无咎无譽。小人可以承君子而不可乘君子，故初六藉用白茅則无咎，上六過涉滅頂則凶。至于君子之自處固貴于用剛而不可以過剛，故九三以剛居剛則棟橈凶，而九四以剛居柔則棟隆吉也。處君子小人交勝之會者，此亦足以觀矣。

坎爲水☵坎下坎上。　習坎：有孚維心，亨。行有尚。

習坎：習者，重也；坎者，險也，陷也。陽爲險，陰爲陷，上下皆坎，故曰習坎。乾、坤之外,以二卦而再重之者,始見于坎,故特加習字爲例,明離、震、艮、巽、兌皆然也。有孚,坎水行而有常之象。心亨,剛在柔中陷而不困之象。夫人處險陷,貴有孚,信守其道不易乎時,履其素无慕乎外,所謂孚也。有孚,則其心悠然,无入不自得,雖處險陷,而能亨矣。不然,非戚于險陷而不安,則怵於險陷而自阻,何以能心亨乎?行,謂往而濟險也。有尚,功可尚也。夫險陷非可居者也,不得已而遭之耳。由其有孚,則有居易俟命之道;由其心亨,則有順時觀變之方。是故可以往濟險陷而有功矣。水之行于坎也,足于此坎而後通于彼坎,有孚也。雖在坎中,而其流不息,心亨也;足此通彼,以達于海,行有尚也。君子所以處險陷之道,蓋亦觀于水而得之。

初六:習坎,入于坎,窞,凶。

窞,猶凹也。初在重坎之底,故曰習坎,陷而最深之象也。初六處陷方深,未可遽出,而陰柔不正,又无能出之才,蓋與有孚而心亨者异矣。適以轉益其陷,而入于坎窞耳,凶之道也。

九二:坎有險,求小得。

陰爲坎,空而陷也。陽爲險,實而峻也。九二以陽在二陰之間,爲居坎而又有險之象。九二剛中之才,所謂有孚而心亨者是也,宜可以出險矣。以其重坎方深,未可遽出,故但止于求小得而已。蓋居險而其才足以自衛,不爲所困者也。

六三:來之坎坎,險且枕,入于坎窞,勿用。

之,猶往也。枕,椅于後也。六三所居,坎也。前阻六四,亦坎也。故曰來之坎坎。後椅九二,險也,故曰險且枕。是其所值無非險陷之地也。以陰柔不中不正之才而值此,則何以望濟?益以入于坎窞而已。勿用,言不可往也。往亦无功,徒自取困。

六四:樽酒簋貳用缶,納約自牖,終无咎。

樽,所以盛酒。簋,所以盛食。貳,猶副也,謂益之也。《周禮》云:
"大祭三貳,中祭再貳,小祭壹貳。"缶所以貳,樽也,約要而結之
也。牖,牖下,尊者之處,所謂奧也。五居中而處險,四近五而處
陷,君臣同患之時也。六四柔順得正,上比五而承之,蓋不以患
難而廢君臣之禮者,故有此象,而其義爲无咎也。

九五:坎不盈,祇既平。无咎。

坎不盈,水未滿坎也,滿坎則行矣。九五方在坎中之象,謂其險
猶未出也。祇,讀作抵,至也。水抵于平,則滿坎,而行出于險
矣。五有孚而心亨,其行有尚之象,蓋九五在坎之上,其險方出,
而又以陽剛中正之才濟之,固不久而能出者也。是以今雖暫處
不盈之地,而終抵于平也,夫何咎之有?

上六:係于徽纆墨,寘于叢棘,三歲不得,凶。

徽、纆,皆索也。三股曰徽,二股曰纆。叢棘,獄也。凡獄圍之以
棘,如後世以大理爲棘寺,亦其義也。九五尊者之險其所以未出
者,由上六爲之難耳。坎終險平,寘其既往之罪,如上六者,將何
以免誅乎? 故係之于索,寘之于獄,至于三歲之久,終不得釋也。
言三歲者,《周禮》:上罪三年而舍,三年不舍則終不舍可知。四
承五,故爲自牖之納;上乘五,故有寘棘之凶。逆順之戒明矣。
坎六爻皆處險之義。凡處險者,剛則能濟,故九二求小得,九五
抵既平而无咎。柔則陷而不能濟,故初六入于坎窞,凶;六三入
于坎窞,勿用;上六寘于叢棘,而三歲不得也。惟六四柔而得正,
有順五之義,故能納約自牖而无咎焉。剛柔之德異,順逆之效
殊,皆處險者所當知也。

離爲火 ䷝離下離上。　　離:利貞。亨。畜牝牛吉。

離也者,麗也,一陰麗于二陽之間也。其德爲麗,爲文明。上下
皆離,君臣重明之象。凡物必有所麗,日月則麗乎天矣,百穀草

木則麗乎地矣，君臣重明以麗正位，乃所以參天地而成化也。利貞，凡所麗者，貴乎貞正。二、五柔順以麗中正，麗而得其道也，可以亨矣。牛性順，牝則又其順之至者。畜牝牛，謂養其柔順之德也。道之中正，人所麗也，必當遜志虛心，惟道之從，則麗得其中正而吉。若粗心銳氣，強探而力取之，則斯道之中正者不得而苟麗之矣。是故人之蹈道也以剛，而其求道也以順。

初九：履錯然，敬之，无咎。

履在下之象錯然，離之文也。天下之道，誠偽相感，遠近相取，愛惡相攻，其分以羣，其聚以類，而錯然其成文者，皆人之所履，而吉凶悔吝之所由生也。履得其道則麗于吉，履失其道則麗于凶。人處其間而欲恒吉无凶免于過咎，難矣！初九以剛正之德，居離明之初，其志一而不雜，其知明而不蔽，克敬者也。敬則定其心而萬物服，正其本而萬事理，而錯然者不得以亂之矣。此所以履无道而麗，無非吉也，夫何咎之有？

六二：黃離，元吉。

黃，中之色也。黃離，言麗而得其中正也。六二，蓋離之主爻，即象所謂"柔麗乎中正，故亨"者，此所以大善而吉也。

九三：日昃之離，不鼓缶而歌，則大耋之嗟，凶。

離象爲日，昃，猶夕也。缶，樂器。耋，老也。九三下離之終，日將没矣，故爲日昃之離。日朝則必昃，人始則必終，理之常也。天且弗違，而況于人乎？知其爲常，則能安而樂之，故鼓缶而歌。不知其爲常，則不能安而戚之，以大耋而爲嗟矣。生死之際，人之大事也。而不知所以自處如此，凶之道也。九三過剛不中，蓋昧于安常者。

九四：突如，其來如，焚如，死如，棄如。

離九四以剛而逼柔，父子之變也。坎上六以柔而乘剛，君臣之變

70

也。聖人之爲戒微矣！九四上離之初，繼承之際，離火炎上，性剛而逼，故突如其來如，舛之甚也。此適所以自禍耳，故焚如，死如，棄如，凶之極也同一九四也，乾以或而无咎，離以突而自焚，處繼承之際者所當深思也。

六五：出涕沱若，戚嗟若，吉。

五，君位也。以柔麗之爲非其正，而又介于兩强之間，其勢危矣。以其明體柔而得中，故能深思遠慮，恐懼不遑，悲而出涕，至于沱若，憂而興嘆至于嗟若，此固危而安之、亡而存之之道也，故吉。

上九：王用出征，有嘉折首，獲匪其醜，无咎。

有嘉，功可嘉也。首，魁首也。醜，類也。上九離終，剛明之極。其剛足以致威武之略，其明足以辨玉石之分。王者用此道以出征，則能殲厥渠魁，脅從罔治，而有嘉美之功矣，故可以无咎。

離六爻，二、五皆取麗爲義。二臣位，以柔麗之正也，故黃離，元吉。五君位，以柔麗之，則危矣，故至于戚涕而後吉也。初、上皆以明爲義。初，明之始，可與審幾，故屢錯，敬之无咎；上明之極，可以威遠，故出征折首而有嘉也。三、四皆取日象，而因以始終爲義。三不能安其終，故大耋之嗟凶；四不能順其始，則突如其來，而焚棄之禍乘之矣。

周易經解卷之下

周易下經

澤山 ䷞ 艮下兌上。　　咸，亨，利貞。取女吉。

　　咸，感也。感也者，皆也。其字從感去心，無心之感也。感而無心，則無所不感矣。故不曰感而曰咸，感之至也。爲卦艮下兌上。艮，陽也，而在下；兌，陰也，而在上，陰陽交感之義也，故爲咸。咸亨，感則必亨也。上下感則其志同矣，內外感則其情洽矣。又六爻皆以陰陽兩兩相與而交感，此咸之所以必亨也。利貞，咸之道，以正爲利也。上下以正感，則其志不越而同可久矣；內外以正感，則其情不瀆而洽可常矣。卦德內止而外說，嚴乎內而順于外者，正之道也。取女吉，如咸之義，則可以取女也。陽先陰，男求女者，婚姻之禮也。陰倡陽，女感男者，淫奔之俗也。卦象艮男在下，兌女在上，是其感以正而得婚姻之禮者，故取女吉也。

初六：咸其拇。

　　拇，足大指，在下之象。感人者上之道，感于人者下之道。初六陰柔在下，志應九四，從感而動者也。雖于感道爲淺，亦其爲下之分當然耳。

六二：咸其腓，凶。居吉。

　　腓，足肚拇之上，股之下也。腓之爲物，欲行則先自動，蓋躁妄不能固守者。二處應五之位，當勢利之塗，最人所易動也，故有此象。惟其以六居二,柔順得中為能静以居之而不輕動,是以雖凶反吉也。

九三:咸其股,執其隨,往吝。

股隨足而動,三以一陽比于二陰下而隨之之象。夫九三居下之上,有專斷之權而不能自持,及昵在下之陰而妄隨之,失其為上之道而不自知也。循是而往,可吝甚矣。君子惑志于左右之人不能裁之以正,而相狥以為非者,何以異此?

九四:貞吉。悔亡。憧憧往來,朋從爾思。

咸有人身之象,三、五皆有比陰之累,惟九四介居二陽之中,又有心之象焉,故因言人心所以感應之道如此。貞吉,悔亡,言感應之道,得正則吉,而其悔可亡也。蓋正者一也,天下同歸而殊途,一致而百慮,一以貫之而已矣。夫何思何慮哉!是故一則感,不一則不能感矣。以九居四,蓋不得其正者,其思慮憧憧然往來于其心未之得一也,是故由其心之所思慮者,則所感之物以其思慮之類而從之,非其思慮之所及,則不能感也。而天下之物其有遺于思慮之外者多矣,將何以同其殊途、一其百慮哉!是故君子感應之道,致一而已矣!

九五:咸其脢,无悔。

九五當至尊之位,以道感天下者也。而比于上六,則心有所繫,失其所以為感之道矣,故設為咸脢之象,而明其當然之義。脢,背肉也。背之反為面,凡人以面則見,以背則不見。心之有所繫,緣其有見于人己好惡之私也。咸其脢,則不見有人己好惡之私,而心无所繫,是故可以盡其感天下之道而無悔矣。咸也者,無心之感也。天惟無心,而後可以感天下,故曰天下何思何慮。

上六:咸其輔、頰、舌。

舌所以言者,連及輔、頰,則放言之意也。上六當兑口之處,故有此象。夫感人以行不以言也。感人以言而又務爲騰揚如此,其可鄙也甚矣!

咸六爻皆以人身爲象,而取感應之義。内三爻下體之象,感于人者也;外三爻上體之象,感人者也。感于人者常患其輕動,故二欲其居吉,而三戒其往吝。感人者常患其狥私,故四戒其憧憧,而五欲其咸脢也。一在下而咸拇,固爲下之分;六在上而咸其輔、頰、舌,則失爲上之道甚矣。

雷風䷟巽下震上。　恒,亨,无咎。利貞。利有攸往。

恒,常久也。爲卦巽下震上。震,陽剛也,其象爲雷,其德爲動。巽,陰柔也,其象爲風,其德爲巽。剛上而柔下者,天地之常位也。雷風相與者,造化之常候也。巽順以動者,人事之常道也。又六爻上下皆以剛柔而相應者,物感之常理也。有常則可以久矣,故爲恒。恒亨无咎,言人而能恒,則可以亨通而无咎也。蓋處己以恒,則無困跲之虞;與人以恒,則有感通之理。此亨也。亨則可以无咎矣。利貞,言人之所恒,又利于貞正也。蓋恒而得正,則爲久于其道,而恒可亨。恒不以正,而久非其道,且不可以恒矣。天地之道所以長久者,亦以其正而已。利有攸往,言恒之所以得正,而可亨者又利于有所往也。蓋天下之道不能體常,不足以盡變;不能知變,不可以體常。恒非一定之謂也,窮則變,變則通,通則久,此其所以能恒也。天地之化始必有終,終則復始,此其所以常久而不已也。人能達變化之理,以恒天地之正道,則亦可以如天地之常久而不已矣。

初六:浚恒,貞凶,无攸利。

浚,深也。事理有始終,人情有分量。初六居恒之始,蓋未可遽以常理深求于人也。以其巽體務入,故不能度其淺深之宜而浚求之,如未信而諫,不虞其謗己之嫌,未信而勞,不恤其厲己之怨，乃拘于常而不能知變者也。則在人且有弗堪之情，而在我亦非自安之計矣。雖其所行得正，亦凶道也。

九二：悔亡。

凡道之可恒者，中而已。蓋中則无過不及，而可以常行矣。九二居失其位，固宜有悔，然其所處得中不偏，而能恒之，則又可通行无弊者也，何悔之有？

九三：不恒其德，或承之羞，貞吝。

或者，不知其誰何之辭。承，奉也。以九居三，剛而得正，雖未合中，庶幾有其德者。然處巽之上，躁而不果，則雖有其德而不能恒矣。以內則不足以成己，以外則不足以感物，是故動輒取尤，故皆得以承之羞辱，而至無所自容也。正而不恒，猶爲可吝，況其非正者乎！

九四：田无禽。

九四居失其位，而又不中，恒而不以其正者也。是以隨其所事，皆無成功，猶田獵而不能以獲禽矣。在下者主于治己，故九三責其取辱；在上者主于治人，故九四咎其无功。

六五：恒其德，貞，婦人吉，夫子凶。

其德，柔之德也。貞婦人吉，據傳當作婦人貞吉爲正。六五柔順得中，下與九二剛中相應，是能恒其柔得者也。夫五至尊之位，將以其義制天下之從，故非剛德不可也，而可以柔從人哉？此惟婦人從一而終，則恒其柔德以聽于夫子，乃其道之正也，其吉宜矣。若夫子則以制義爲正，而欲以柔從自同于妾婦之道，凶之大者也。是故如六五之德，凡名丈夫猶不可恒也，而況于至尊者乎！

上六：振恒，凶。

振者，動之速也。上六陰柔，居恒之極，處震之終。恒極則不常，震終則過動，陰柔則失守，是以不能勝其躁急之私，輕舉妄動，而以振爲恒也。以此居上，則將徒以多事握天下而竟无成功矣，凶之道也。

恒六爻，鮮有盡善者。蓋恒者久于其道也，通一卦則有隨事從道之義，分六爻則拘于其事而病夫道之全矣，此其所以難于盡善也。初以拘常而病道，故爲浚恒。上以變常而病道，故爲振恒。四以失正而病道，故爲田无禽。二、五雖得中，而反易其位，故五夫子凶，二僅悔亡而已。惟九三得正，可恒而不能恒，則又或承之羞矣。恒之道，其難矣哉！

天山䷠艮下乾上。　　遯，亨。小利貞。

遯，退避也。爲卦艮下乾上，二陰侵長于下，有向盛之勢，陽因其逼而退避之，君子見幾以避小人之象，故爲遯。亨，謂陽也。小人侵長，而君子不去，狥之則有枉道之羞，忤之則有害身之患，惟能遯而去之，則身以完而道不屈，內外俱亨也。且九五當位而六二應之，小人猶未甚逼，故君子尚可見幾而遯。一失其時，將有不及遯者矣，所以必遯而後亨也。小利貞，謂陰也初居下而二得其中，其長以侵，未遽侵逼于陽，猶爲小人之貞也。若再長而爲否，又極長而爲剝，則剝廬之患仍之，非惟君子之禍益深，而于小人亦爲不利矣。

初六：遯尾，厲，勿用有攸往。

遯尾，遯而在後也。方遯之時，君子必遯，其留在後而不遯者則小人耳。夫君子以道而致治，乃小人之所恃以爲安也。君子既遯，則小人雖留，而失其所恃，其勢危矣。初六處下，猶未甚逼于上者，第能止而不往，亦庶幾可以少回君子之駕，其于國事猶可支也。若往逼君子，而致其必遯，求欲免危，得乎哉！

六二：執之用黃牛之革，莫之勝，說。

執，猶拘也，謂固結之也。黃，中色。牛，順物，其革可以拘束而爲固者。說，脫同。六二質雖陰柔，而有中順之德以應九五，乃小人猶知包承君子而深自託焉者也。是故如交之密，如拘束以牛革，而人莫之能解，亦庶幾其無侵逼之心矣，即所謂小利貞者是也。然在君子見幾而作，則豈可因其自託而遂輟吾浩然之志哉！

九三：係遯，有疾厲，畜臣妾吉。

係，猶戀也；疾，病也，言其病于猶豫也。臣，僕也。九三固有陽剛之德，緣其艮體性止，是以比於二陰而係戀之，不能決其必遯之志，以猶豫爲之病也。且將終罹反噬之禍，而因病以至憊矣，不其危乎！夫係戀之私，特可用之以畜臣妾爲吉耳。蓋僕妾朝夕給侍左右者也，不有以係戀之，則離其心而生怨。況其權制之在我，雖或係戀之，不虞其有他也。苟欲以此羈縻用事之小人，未有不至于反噬而不可禦者矣。

九四：好遯，君子吉，小人否。

好者，心欲之也。否，不然也。九四處遯之時，而初六應之人，固謂可以无遯者。四以陽剛健體，志在必遯，乃其素性耿介，而好遯以爲高，非有所勉强而爲之也。蓋惟君子守道愛身，不留情于富貴，故能如此，宜其有遯亨之吉矣。若小人則惟富貴之爲戀，故有斥之不肯去者，況能好遯以爲高哉！

九五：嘉遯，貞吉。

嘉，善也。九三係遯，遯而不反者也。九四好遯，遯而過之者也。以四之過，視三之不及，固不啻若天淵矣。槩以中道，則胥爲未合也。惟九五剛健中正，爲能與時偕行，而无意必固我之私，固不爲九三之不及，亦不爲九四之太過，遯之合乎中道而至善者也，故得正而吉。

上九：肥遯，无不利。

肥者，充裕之意。上九以剛健之德，居无位之地，與羣陰相遠，无係戀之私，而飄然于事外以自適，乃君子見幾最審，未常濡迹小人之間，而進退綽綽然其有餘裕者也。進無射彈之驚，退有優游之樂，若鳳凰翔于千仞之上，卓乎其不可及矣。故曰肥遯，无不利。

遯六爻，二陰皆逼陽者也。初處下則欲其弗往。二居中應五則喜其莫之勝説，所謂小利貞也。四陽皆逼于陰而遯者也。遯貴先，貴遠，而處之貴中。上最先遯，而又遠之，故曰肥遯。四雖莫之能先，而弗眷于陰，故曰好遯。三比于陰而遯又最後，故曰係遯。五居中，則處遯而能合道者也，故特殊之，而稱曰嘉遯焉。

雷天〓乾下震上。　大壯，利貞。

大壯，陽壯也。大者，陽也。爲卦乾下震上，四陽二陰，陽長過中，其氣壯也。乾剛震動，以剛而動，其德壯也，故爲大壯。二五皆未當位，何以言利貞也？陽大而陰小，陽正而陰邪，大者正而小者邪，此天地之道也。大壯下乾上震，皆陽卦也，陽長而兩卦皆陽者，惟大壯耳。君子之異于小人，亦以其大且正而已。君子而不大不正，將何以勝小人而弭之哉！

初九：壯于趾，征凶，有孚。

初九居位最下，欲以勝居高之小人，其德雖正，而勢則不敵，本其乾剛體健，則又用壯之過昧于審勢者也，故爲壯于趾。如是而征，且將爲小人之所乘，而取凶必矣。有孚，謂信然也。

九二：貞吉。

九二以剛中之德居大壯之時，上與六五爲應，其行已皆取中于道，而无矯激之非，其行事皆取命于君，而无專擅之咎，可以漸銷小人之衰，而永保其君子之壯矣。處大壯之善者也，故貞吉。

九三：小人用壯，君子用罔，貞厲。羝羊觸藩，羸其角。

罔，與網同。羝羊，羊之壯者。羊性好觸，而壯為甚。藩，藩籬也。羸，困也。九三過剛不中，以處大壯之時，用壯者也。夫君子任智，小人任力，則用壯乃小人之事耳。若君子而用壯，適所以自網也。其行雖正而亦危矣，如羝羊然，好觸不已，而至觸藩，則以之自羸其角而已。蓋君子自負其正，常忽而不備小人之患。小人自知其邪惡已積，而度君子之不恕己，則所以中傷君子者，每多方而不罷。以九三之用壯，當上六柔邪之小人，則三之術恒疏，而上之計益深，豈有不為其所中者哉！

九四：貞吉，悔亡。藩決不羸，壯于大輿之輹。

以九居四，何以為貞？處大壯之道，貴乎剛柔節耳。九四以剛柔相濟之德，處大壯之時，而上承六五以為之主，其道正矣。所以厚君子之備而消小人之勢者，實在于此，故吉而悔亡也。夫君子好觸而不知備，故小人得為藩以網之，誠知備矣，則所觸必決，豈至困于藩而羸其角哉！且以四之才无往不利，若輿大而壯其輹，足以任重遠到者也，又豈特不困于藩而已哉！

六五：喪羊于易，无悔。

羊，謂羣陽也。羣羊之志皆欲觸上六者。易、場同，疆場也。疆場之羊，乃我羊耳。六五居至尊之位，而與上六相比，使羣陽欲觸上六者盡喪其力而无用，不知羣陽皆我之忠賢也而自喪之。一旦小人禍成，咎將誰執，則亦无所悔矣。陳蕃、竇武欲誅王甫、曹節，而至殺身，此桓帝之喪羊也。

上六：羝羊觸藩，不能退，不能遂，无攸利，艱則吉。

遂，猶成也。觸而成為遂。上六內與六五為比，乃小人之有所憑藉不可苟觸者也。其為藩以網君子而欲困之，則既深于謀而无遺智矣。若羣陽用壯，惟一觸之為決，若九三所為者，適以入其藩中,退則不可,遂則不能,自罹羸角之困,而于小人初无傷也,何利之有?惟知其艱而詳于爲備,若九二、九四剛柔相濟,又善于六五以主之,則庶幾藩決不羸而可以得其吉矣。《易》爲君子謀,故備取諸陽爻以盡上六之義,見小人之不可輕觸也如此。

大壯六爻皆取君子去小人之義。君子之欲去小人者,无位則不能勝,故初九征凶。過剛則不必勝,故九三貞厲。惟剛柔相濟,而又得君以爲之主則勝,故九二、九四皆貞吉也。五尊位而與上六相比,則君子无必勝之機,而小人有難去之勢,故羊喪于五而藩成于上。此四陽之所以不易于用壯也。

火地 ䷢ 坤下離上。　晉,康侯用錫馬蕃庶,晝日三接。

晉,進也。爲卦坤下離上,日出地上升進之象也,故爲晉,蓋天下明盛之時也。康侯,安國之諸侯也。卦德下順而上明,以忠順之德上麗乎大明之主,乃諸侯之覲王而獻其功者也,故曰康侯錫予蕃盛。庶,多也。諸侯來覲王者,予以路車乘馬,旗旗鉤膺,莫不具焉,是所謂蕃庶也。三接,三見之也。覲禮,始入見爲一接,王親饗于廟爲再接,將去而辭爲三接。錫馬蕃庶,禮物之隆,晝日三接,恩意之洽也。六五以柔中而居尊位,故能加恩禮于諸侯如此。天下有尊王之義,上有禮賓之誠,則天下明盛之治可常保矣。

初六:晉如摧如,貞吉。罔孚,裕无咎。

摧之爲言抑也。當晉之時,下坤三爻,其志皆欲麗乎大明之主,則初六亦進而麗五者也。然以九四陽剛爲之阻隔,故晉如而摧如,未能遽達夫麗五晉之正也,應四非正也。初六能自摧抑而不苟合于四,可謂獨行其正者矣,何吉如之?雖則去五最遠,其貞順之誠未能孚,但寬裕以居之,以六五之大明,終必能鑒其誠,而非九四得爲之阻隔也,則亦何咎之有!

六二：晉如，愁如，貞吉。受兹介福于其王母。

介，大也。王母，謂六五也。六二以柔順中正之德，上應六五大明之主，因九四近五爲之阻隔，故晉如而愁如，懼其誠之不易孚也。然以二之中正與五相應，固非他人所得阻隔者，則可以受兹介福而終獲其吉矣。夫人臣患无中順之德耳，豈有中順而不獲于其君者乎？

六三：衆允，悔亡。

初六附庸也，六二列侯也，六三則方伯連帥之任矣。三以柔順之德，居坤之上，而近六五大明之主，爲能統率初、二，進以從五，而衆皆允之，得尊王之義者也。雖則晉易有悔，然衆允而進則莫爲之阻，而摧如、愁如之患可以免矣，悔其有不亡者乎！

九四：晉如鼫鼠，貞厲。

鼫鼠，大鼠也。方晉之時，下坤三爻皆晉麗乎六五大明之主，九四乃以剛不中正介居其間，爲之阻隔，使當晉者莫不摧抑憂愁，患于无以自達，如鼫鼠之貪殘，而人皆毒之也，其爲非據甚矣！雖使所行得正，亦危道也，況其非正者乎？

六五：悔亡，失得，勿恤。往吉，无不利。

六五大明之主，衆所順而麗焉者也。既其乘剛或至有悔，然本其以柔中接下，則雖有悔而能亡之矣。夫上有大明之主，下有效順之臣，所以共保四海明盛之治者，此其道也。第能忘其計較之私，而无以得失爲患，往則自有致治之慶，而吉无不利矣。斯義也，其成、康太平之世歟！

上九：晉其角，維用伐邑，厲吉，无咎，貞吝。

角在上，剛而好觸。上九剛居晉極，晉而過于亢者也。此其威嚴暴著，如角之剛而觸忤于物，豈足與論邦交之禮哉！維用以自伐其邑，則威之所加猶足整齊人心，使其畏附，雖有危厲，固可吉而无咎。然德教不加,而維威之逞,縱得其正,亦吝道也。

晉六爻,六五晉之主也,有大明之德而衆皆順之,故吉无不利。餘五爻,皆晉者也。凡晉以柔爲順,以剛爲拂,故初六、六二皆貞吉,六三則悔亡,而九四貞厲,上九貞吝也。蓋晉者朝覲往來之事,乃恭敬退讓所由行之地耳。

地火☲☷離下坤上。　明夷,利艱貞。

明夷,明者,日也;夷者,傷也。爲卦離下坤上,日入地中,其明傷也,故爲明夷,君子遭昏暗而蒙大難之義也。艱者晦其明而不露也,貞者保其明而不息也。日入地中,地上則暗,地下則明,而其明未嘗息也。明露則取人之忌,明息則喪己之節,故處明夷之道,利于艱難而守正也。

初九:明夷于飛,垂其翼。君子于行,三日不食。有攸往,主人有言。

初九,日入地之初,明夷之始也。于飛垂翼,鳥傷而未甚也,甚則不能飛矣。行者,往之所起,往者行之所到也。明夷之初傷而未甚,惟君子爲能見幾而作,以義自決而行去之,雖至三日不食,而无怨悔。然常人之智不能見遠,則未免有太遽之嫌,是以有攸往而主人有言也。在君子則亦自信而已,豈以人言爲行止哉!

六二:明夷,夷于左股,用拯馬,壯吉。

六二,地下之日,明夷之甚也。股言足也。凡手用右,足用左。夷于左股,則傷甚而不能行矣。拯,救也。馬壯,謂九三也。九三將出地之日,足以拯人于暗者。六二明夷雖甚,而以中順之德,上承九三南狩之主,若馬之壯,而其力足以拯之,股雖傷而求拯于馬,亦可以免難矣,吉之道也。

九三:明夷于南狩,得其大首,不可疾貞。

南狩,猶南征也。狩,冬田之名,圍而盡取之也。大首,渠魁也。不可疾貞,俟天人之應也。九三已出地之日,所以破長夜之幽而去之者也,故南狩而得其大首。蓋自此而重明麗正化成天下矣。然日之升也有漸,天命人心之應也有幾。三分天下有其二,則文王猶安于蒙紂之難。及孟津會諸侯,不期而至者八百,然後武王一戎衣而天下大定耳,亦豈可以疾速而正之哉!

六四:入于左腹,獲明夷之心,于出門庭。

明夷,下離爲明,上坤爲暗,六四亦與暗而同事者也。然在坤之始,其暗未甚,猶可爲見幾之智,故入于暗者之腹,探得其傷明之心,因遂出于門庭而遠去之,若微子之事是也。

六五:箕子之明夷,利貞。

六五承上六之暗而近之,其難在内而不可去,其暗愈甚而不可開,亦惟沉晦以自免而已,若箕子之事是也。然其上雖暗,而吾之明豈可息哉?故又利于自正其志,不可因其罷困无聊遂至于失守也。箕子雖稱佯狂,而《洪範》皇極之傳終耿耿焉,固非守正者不能及矣。

上六:不明,晦,初登于天,後入于地。

明夷之時,下明而上暗,上六在坤之上,則暗之主也。凡稱明夷者,謂本明而被傷也,若上六則不明而晦之甚矣。然其初亦豈非明者哉?固嘗升騰于天而照臨萬國,但今自失其道入于地耳。時之无常,命之不易,爲人君者可以鑒矣!

明夷六爻,下三爻,九三爲明之主,而初、二皆與明同事者也。初爲始入地之明,二爲地下之明,三則爲東升之大明矣。上三爻,上六爲暗之主,而四、五皆與暗同事者也。四暗之初,爲微子之去;五暗之甚,爲箕子之囚;上六則暗極,而爲紂之首懸太白者矣。然則明夷之事,其商、周之際乎!

風火☲離下巽上。　　家人,利女貞。

家人,一家之人也。爲卦離下而巽上,上九一陽居上,爲齊家之主,而自五以下陰陽皆正其位,則家齊之義也,故爲家人。既濟雖六爻當位,而以陰居上,義亦未正,故六十四卦之中,惟此可稱家人之名耳。上,父也。初,子也。五,夫也。二,妻也。五兄而三弟、四姊而二妹也,一家之人皆具六爻之内矣。女貞,六二女正位乎内也。齊家之道,以女貞爲本,蓋女子之性柔暗難化,離父子之親,間兄弟之愛,皆其爲之耳。故齊家者必修身,以刑于其妻,而歸之于正,則可以盡天地之義,全骨肉之恩,而立風化之基矣。

初九:閑有家,悔亡。

初,家之始也。閑,闌也,以木橫居門中闌人之出入者。凡處家之道,任法則傷恩,狥情則害義,悔之所由生也。初九以剛正之德,居有家之始,能及家人志意未變之初,而以道防閑之,不待其踰禮越法,然後知禁治也。是故有長善遏惡之功,无傷恩害義之失,而其悔可亡矣。

六二:无攸遂,在中饋,貞吉。

遂,成也。中饋,居内而主饋食也。婦人之義,行无專制,事无獨成,精五飯羃酒漿,職在饋食之間而已。六二居内卦之中,柔順而正,以從九五,所謂女正位乎内者也。其貞如此,夫安有弗吉乎!

九三:家人嗃嗃,悔厲吉;婦子嘻嘻,終吝。

家人内卦在下位者之家也,而三爲之主,故亦稱家人焉。嗃嗃,嚴切不堪之貌。婦謂二,子謂初,嘻嘻,笑樂无節也。九三以過剛之才,爲内卦之主,能嚴切以治其家,故人或不堪而至于嗃嗃,雖有傷恩之悔,離德之危,然而家道整齊,可以无失,亦不害其爲保家之吉也。若以寬柔縱之,聽其婦子嘻嘻,笑樂无節,不无一時和適之美,他日以淫敗德,以縱破義,傾家覆業之禍,終必由之,其爲可吝甚矣。

六四:富家,大吉。

六四大臣之家,自君以下富莫有過之者也,惟視所以守富之道何如耳。以六居四,順而得正,則所謂高而不危,滿而不溢,可永保其禄位之富,而不至于傾覆矣,吉孰大焉!

九五:王假有家,勿恤,吉。

假,至也,致之也,言感之而孚也。九五以剛中之德,正位乎外,而六二亦以柔中之德自内應之,乃王者以道齊家而化行乎宮闈者也,是可以正風化之本,而端王教之基矣。舉而措之天下,猶運之掌也,何用憂恤爲哉!其爲吉也大矣!

上九:有孚威如,終吉。

上九,家之終也。治家之道始終以嚴爲本,而所謂嚴者,豈在于繩約之煩、摧撻之苦哉,亦正己而已矣!上九以陽剛之才,居有家之終,是能反己自修,以立正家之本,誠敬孚于中,而威嚴著于外,其教不言而喻,其政不肅而成者也,故能永保厥家而終得其吉。家道于此乎大成矣!

家人六爻,大抵以剛正爲常,而惟爲臣爲婦者則以順正爲貴。初,家之始也,剛以成其終,故終吉。九五,王者之家也,以剛中而成刑于之化,故勿恤吉。九三,士庶人之家也,以過剛而致嚴切之治,故悔厲吉。自始以至終,自天子以至庶人,未有不以剛嚴爲本者矣。惟六四爲近君之臣,故取其順正而大吉。若以居三,則嘻嘻之吝也。惟六二爲主饋之婦,故取其柔中而貞吉。若以居五,則牝晨之凶,柔道豈治家之常哉?

火澤䷥兌下離上。　睽:小事吉。

睽,乖也。人相同則和,相異則乖。爲卦兌下離上,離火動而上炎,澤水動而下注,其性異也。中、少二女同居,而志不同行,其情異也。異故乖,而爲睽。凡濟大事者,以得人心爲本。睽乖之時,人心異矣,不可以大事也。然卦德下説而麗乎上之明,則猶得其所主也。六五柔中居上而應乎下之剛,則猶得其所輔也。是故以處小事,則亦可以望濟而得吉矣。

初九:悔亡。喪馬勿逐自復,見惡人无咎。

睽宜有悔,以初九處之善,故悔亡也。馬謂九四,惡人謂六三也。睽六爻,自二以上皆失位,而惟初九居得其正,蓋守正而不妄合,或至于睽,然非其行有以取絶于人,亦非其心故欲絶人以爲高也。是以正應九四,同德在上,始雖小乖,而其終必合,若喪馬者勿逐自復。至如六三,雖本惡人,而初九處己之正,彼不能浼,則時或見之以遜,故咎亦無害也。善者以正而須其合,惡者以權而借其交,此固君子所以同天下之道也,而何至于睽乖者乎!

九二:遇主于巷,无咎。

他卦皆以陰陽交相應爲合,惟睽之義則以同而合,以異而乖。然陰陽相應,理之正也。始雖睽而終亦合矣。巷,委巷,路之迂者。九二以剛中之才,上事六五柔中之主,其德不同,故五之心或未遂諒,而二之誠亦難遽達。苟以正而求之,未有不至拂逆而終成睽隔者也。必當乘其心之所明,而徐攻其所蔽,若孟子之告齊王,因其好貨而引之以公劉,因其好色而引之以太王,因其好勇而引之以文、武,則可以不逆其心而入吾之説,或遂翻然而相從矣。如人方行委巷之中,而吾乃求之大道之上,固無繇而相遇,亦當自委巷而求之可也。由是則剛柔相濟,君臣道合,睽乖以通,而守己之義亦無失矣,何咎之有!

六三:見輿曳,其牛掣,其人天且劓,无初有終。

曳,挽其後也。掣,牽其前也。天,當作而,古字形相近,謂髡髮也。劓,割鼻也。人惟欲人之同己,故異而爲乖。若知異之可以爲同，則不至于乖矣。是故人之剛者則病柔之合汙，人之柔者又病剛之絕物，皆以求同而致異也。六三，質之異者也，其心先疑剛者之病矣，故見二剛後之若曳其輿，四剛前之若掣其牛，上剛臨之若髡其髮而劓其鼻。夫剛者豈誠有是事哉？三疑于心，而眩于目，故見其若是耳。然而剛之爲道，實所以濟柔之不及者也。疑久而定，乖極而通，則邪見盡去，而深信夫剛者之益己矣。雖睽于初，豈有不合于終者哉！

九四：睽孤，遇元夫，交孚，厲，无咎。

元，始。夫陽謂初九也，九四以剛居二陰之間，無同德之鄰，故睽而孤。然有初九正應在下，同德相遇，其志交孚，固足與共成矣。即其所居之孤固不免危，而克遇同德相應，則又可以无咎。蓋大臣事柔主，處暗寮，知不可爲而能旁求俊乂以自助，亦善濟睽者也。

六五：悔亡。厥宗噬膚，往无咎。

六五始睽于二，固宜有悔，終與二合，則悔亡矣。宗，主也。以位則五君也，二，臣也。以道則二陽也，五陰也。陽者陰之主也。噬膚，噬而易合也。五雖柔而有中德，則非終迷不反者，故二噬之而易合也。二、五處睽乖之時，而其德不同，故始未能合。由二以剛中之才爲于巷之遇，求五之蔽而噬去之，五亦有柔中之德，其蔽易開，故噬之而遂合，若噬膚之易也，合則不至于睽乖矣。以此而往，則剛柔相濟，上下道同，而致治之功可成，夫何咎哉！

上九：睽孤，見豕負塗，載鬼一車，先張之弧，後說之弧，匪寇，婚媾。往遇雨則吉。

上九所乘所應，皆非同德，故睽而孤。塗，泥也。弧，弓屬。說，脫也。遇雨，陰陽合也。上九與六三本爲正應，因其睽極生疑，故見三之柔也，疑其污己，若豕之負塗；又見三之邪也，疑其崇己，若車之載鬼。遂張弧而欲射之，蓋懼其爲寇也。然而上本剛明，疑則易釋，乃徐察之而知其非爲寇也，則脫之弧焉。既又知其爲己之婚媾也，則往與之合焉，而羣疑于此乎盡亡矣。始雖暫睽，而終則能合，是以吉也。蓋人處同事之地，則雖小人有不可遽絶者。

睽六爻，以剛遇剛者，其合易，故初九喪馬弗逐自復，九四則遇元夫而交孚也。以剛遇柔者，其合由己，故九二遇主于巷，上九則往遇雨而羣疑亡也。以柔遇剛者，其合由人，故六三以遇剛而有終，六五以厥宗噬膚而悔亡也。然則合天下之睽者，其必由剛乎！

水山䷦艮下坎上。　蹇：利西南，不利東北。利見大人。貞吉。

蹇，難也，行之難也。其字從足塞爲義。爲卦艮下坎上，坎險在前，而以艮止居之。見險而止，行之難也，故爲蹇。凡卦配險而爲義者，莫窮于困，莫陷于坎，莫才于需，莫智于蹇。西南，坤也。東北，艮也。夫蹇非可久居者也，必有以濟之，然後蹇可舒耳。九五以剛往，而居坤之居爲得濟蹇之道，故利西南。九三以剛止二陰之上而爲艮，其道窮矣，故無取于濟蹇之義，而不利東北也。大人，謂九五也。九五以陽剛中正之德，爲蹇之主，乃蹇之所由以濟者，故利見大人，所以往而共圖濟蹇之功也。貞，謂自二以上卦爻皆正其位也。凡蹇之成，多起于失正耳。九五正位于上，而其下莫不歸于正焉，斯可與之正邦以濟蹇矣，此所以爲吉也。大抵處蹇之道，其初貴于能正，其究要于能濟。不正則有犯險之危矣，不濟則無出險之用矣。

初六：往蹇來譽。

上進爲往，內反爲來。初無所來，不往是也。上無所往，不來是也。初六居蹇之初，去險尚遠，宜待時而後濟者也。往則漸入于險，徒自取蹇而已。惟其柔順，止而不往，斯可以無犯險之危，而得見幾之譽，乃處蹇之善道也。

六二：王臣蹇蹇，匪躬之故。

六二與九五居相應之地，乃爲王之臣，而當濟蹇之責者也，故以其中順之德上輔于五，不遜艱險，而求以濟之。雖則其行蹇蹇，而有所不敢辭矣。蓋六二既以身任天下之重，則其蹇非爲一己之私將自比于見幾遠害之智，而于分固不可也。是雖成敗利鈍未之逆覩，然其義則何尤哉！

九三：往蹇來反。

九三陽剛之才，可與濟蹇者也。以其無應于五，則徒往不足以爲信，適以自取蹇困而已。惟六二在下，當濟蹇之任，而其才柔弱，喜得陽剛以爲之助，故三當反就于二，與之戮力，斯可以共成濟蹇之功矣。二得三而效其職，三因二而展其才，交相成之道也。

六四：往蹇來連。

六四任大臣之職，輔大蹇之主，而其才柔弱不足以濟，往則徒取困蹇而已。本其所居得正，故自知其不足，而來連九三之剛與之共濟，則亦可以塞其責矣。

九五：大蹇，朋來。

大，謂陽也。九五以陽剛中正之德而居蹇，故曰大蹇。無德而居蹇，則其智不足以盡人，而君子莫爲之用；有德而得蹇，則其道足以濟難，而賢者樂得其主矣。故凡天下之同蹇者，莫不利見大人而來致其助也，夫何蹇之不可濟哉！

上六：往蹇來碩，吉，利見大人。

上六，蹇終而可濟之時也。然濟蹇者不可以無與。上若往而不來,則是自失其與而卒困于蹇矣。惟來應九三,與之戮力,則乘其可濟之時,而盡吾共濟之道,庶幾其有碩大之功,而動無不吉耳。大人,九五也。九五爲大蹇之主,而上六順而比之,見大人之象也。利見云者,欲其挽三以趨五而同致夫朋來之助耳。

蹇六爻,九五大蹇之主也;六二當濟蹇之任者也;九三欲合二以濟五者也;六四、上六皆欲合三以濟五者也。其曰來反,來連,來碩,皆取濟蹇之義,第欲其無爲徒往而已。惟初六去五最遠,可以不同其蹇,故爲之來譽焉。

雷水**䷧**坎下震上。　　解,利西南。无所往,其來復吉。有攸往,夙吉。

解,猶散也,謂難散也。爲卦坎下而震上,處險能動而出乎險之外,則可以免險矣,是難散之義也,故爲解。西南,坤也。坤爲衆。凡解難者,必資衆助而後能濟。九四以剛動之才往,而居坤之下,有得衆之象,故解利西南也。无所往,謂難已盡解無可復爲。有攸往,謂難雖已解而餘患未盡,尚有所當爲也。來,猶內也,謂九二剛來而得中也。夙,早也。解難之初,撥亂世而反之正,雖煩擾非所得避。及難解之後,則當以安静而撫定之,不可復爲煩擾以滋民之困矣。故無所往,則當如九二來復于内,以中道而措天下之安;若尚有所往,則當如九四夙往于外,以剛動而弭天下之患。或往或來,惟在相時之宜,以爲區處,使斯民早獲安静之福而已。是乃處解之吉道也。

初六:无咎。

首天下之難者,小人也。解天下之難者,亦惟去其首難之人而事定矣。故解六爻,自六五之外,二陽爻皆以君子而解小人,三陰爻則皆小人之當解者也。然小人雖所當解,而其爲等則不同焉。上六集居高墉,小人之大悖者也;六三負而乘車,小人之非據者也,固莫辭于首難之責。若初六柔順居下,而上承乎九二之剛,則亦小人之常分耳，所謂白茅之藉，包承之吉也，于義蓋可以无咎矣，豈容橥以首難而責之哉！

九二：田獲三狐，得黃矢，貞吉。

狐者，邪媚之獸。三狐，初、三、上，陰柔之象。黃，中色。矢，直物。九二，剛而得中之象也。九二以剛中應五，而當解難之任，究其所以首是難者，在于三陰之邪媚，而田以獲之，固可措天下于安靜，而勿爲小人之所擾矣。然田獵之用在于矢，去小人之本在于德。九二有剛中之德以去小人，譬諸田獵而得黃矢者也，夫何所弗獲哉？此處己之貞而解難之吉也。苟無其德，田且无禽。君子之欲去小人者，亦反其本而已。

六三：負且乘，致寇至，貞吝。

負，負擔。乘，乘車也。負者小人之事，乘者君子之器。六三柔，不中正，居上之下，譬諸負擔之小人而冒乘君子之車，非其據也，是以人思奪之而寇且至矣。然則首天下之難者，非職六三爲之乎？雖其乘車由上之賜，固無不正，然處非其據，而爲人奪焉，亦可吝之甚也。

九四：解而拇，朋至斯孚。

通一卦，則解之爲解，由于九四之震動；分六爻，則九四居未當位，而又不中，是故當解之任者在二而不在四矣。而，汝也。拇，足大趾，初象也。朋謂九二也。九四以陽居陰，雖有君子之才，而其志猶未忘于小人之誘，是以下應初六而與昵焉，則亦不足取信于君子矣。然震動之體非不知變者也，聖人因設爲之辭曰：必解汝初六之拇，則九二之朋乃至而相孚耳。夫世豈有係小人而不失君子者哉！

六五：君子維有解，吉，有孚于小人。

解，解難也。孚，猶驗也。六五柔中居尊，爲解之主，而九二以剛中自下應之，君子合志以解天下之難者也，其吉宜矣。然而首天下之難者，小人也。解天下之難者，終于去小人則止矣，故以小人之去爲解之驗。苟小人之餘黨尚存，則君子之所以解難者未可遽謂其無事也。唐五王誅武氏而遺三思，惡能保其難之不復作哉！

上六：公用射隼于高墉之上，獲之，无不利。

公，謂五也。隼，鳥之鷙者，以比小人之殘害耳。隼在高墉，六居上之象也。小人據至高之位，其道悖矣，固君子之所務解也。況小人居解之終，而其勢且不久乎，是故公用射之而无不獲，則齮齕首難者莫不盡去，而天下之難夷矣，夫何所弗利哉！

解六爻，六五，君位，解之主也，故君子唯有解，吉。二陽爻，皆君子當解難之任者，二得中而應，五解道盡矣，故田獲三狐，貞吉。四居柔而應初，其德未光，故解而拇，然後朋至斯孚也。三陰爻皆小人之首難而在所當解者。上乘五，其道已悖，故爲高墉之隼。三乘二，其位非據，故有負乘之吝。惟初處最下而又承二，則猶可以无咎也，然則君子其可昵小人乎？小人其可乘君子乎？

山澤☶兌下艮上。　損，有孚，元吉，无咎。可貞。利有攸往。曷之用，二簋可用享。

損，咸損也，損下以益上也。爲卦兌下而艮上，下本乾也，乾實則贏；上本坤也，坤虛則乏。以上之乏，視下之贏，則有餘在下，不足在上矣，故損。下乾上畫之陽以益上坤上畫之陰，則上成艮下成兌，陰陽適均，而無有餘不足之患，是處不足者之道也，故爲損。有孚，謂其心誠在于哀多益寡，以濟一時之乏，非欲瘠彼肥此，以從一己之志也。損而有孚，則于事爲有得而無失，是元吉也。于理爲有是而無非，是无咎也。取諸人而不以爲貪，是可貞也。益于己而足以爲裕，是利往也，否則凶咎隨之，失其正而不可行矣。故損之道宜慎也。簋，盛食器。天子八，諸侯六，大夫四，士二。損者，不足之時也，與其損下以爲益，孰與約己以自裕乎。故雖以天子之尊，降而用士之器，亦其時宜之適然，而非故殺于禮也，則亦可以用享矣。萃用大牲，損用二簋，各惟其時而已。損者損其下之上富，故可損也；益者益其下之下貧，故當益也。

初九：已事遄往，无咎。酌損之。

已，止也。遄，速也。酌，猶酌酒以器，量而爲節也。初九以剛實居下，而上應于四，蓋民足而思以益其上者，是故止其所事而速往以應上之求，則有以盡其爲下之義而不失矣，夫何咎？然民情無常而不可索，民財易窮而不可盡，則在上者固當斟酌損之而毋爲過求可也。此上下交盡之道也。

九二：利貞。征凶，弗損，益之。

九二以剛實而應五之虛，蓋人臣之欲益其上者。夫民益其上則爲好義，臣益其上則爲掊尅。如九二惟當自守其中以爲貞耳。苟往而逢君之欲，未必不以掊尅而取凶也。是故臣之于君損己而益之，特益以貨財而已。若弗損之益乃益以仁義，益之大者也。漢武欲事匈奴，而卜式願輸財助邊，蓋不知弗損之益者。

六三：三人行則損一人，一人行則得其友。

六三蓋損之所以爲損者。下卦本乾而損其上以益坤，是三人行則損一人也。既損爲兑，而三上又得以陰陽相應，是一人行則得其友也。蓋相與之道，一則尚，三則疑，是故君子惟致一之爲貴也。

六四：損其疾，使遄有喜，无咎。

六四以虛自處，是不求益于下而能知自損者也。夫居上者以剝下爲疾，而四能損之，則下有速往之義，而上有遄體之仁，固足以

93

感人心而懷之矣，不其可喜也哉！又何咎之有！

六五：或益之十朋之龜，弗克違，元吉。

　　或者，不定其誰何之辭。朋，貨貝之合也。古者以龜、貝爲貨，合五貝而爲朋。十朋，貨之多也。違，辭去之也。六五柔中處虛，蓋人君約己以裕民而不求在下之益者也。則不惟其人順之，而天亦祐之矣，故或益之以十朋之龜，雖欲辭之而不可得也。如是則民力以完而國計愈固，王者所以祈天永命之道也，善孰大焉！吉孰尚焉！

上九：弗損，益之，无咎，貞吉，利有攸往，得臣无家。

　　上九受益之主，即象所謂“有孚，元吉，无咎可貞，利有攸往”者也。蓋上卦本坤之虛，由其弗損于下而致此不足耳，然在下者則因之而皆足矣，故自以其下之足益君之不足，而轉虛以爲實，非其有求而後得之也。是有孚之謂也，其无咎貞吉，利有攸往，豈非固有者乎！得臣无家，言得其羣臣之心，皆爲國計而无爲家計也。夫惟人君不爲國計，而後人臣皆无爲家計，人臣不爲家計，而後人君能受大益于天下矣。

　　損六爻，三上皆損之所以爲損者也。三以有餘而致損，故三人行則損一人。上以不足而受益，故弗損益之而无咎。初、二剛實，皆處有餘而思以益上者也。在初爲惟正之供，故无咎。在二爲掊尅之臣，故征凶也。四、五陰虛，皆處不足而不欲損下者也，故四損其疾而有喜，五或益之十朋而弗克違也。凡損之道，大略具于此矣。

風雷䷩震下巽上。　　益，利有攸往。利涉大川。

　　益，加益也，損上以益下也。爲卦震下而巽上，下本坤也，坤虛則乏；上本乾也，乾實則贏。以下之乏視上之贏，則有餘在上而不足在下矣，故損上乾下畫之陽以益下坤下畫之陰，則下成震，上成巽,陰陽適均,而无有餘不足之患,此處有餘者之道也,故爲益。利有攸往,九五有中正之德,爲益之主,以至誠之心益天下,則天下怀其益而皆歸之,有不足與建事者乎?利涉大川,震、巽皆木也,木之德仁也。以益之道仁天下,則天下悦其仁而皆助之,有不足與濟難者乎?夫損上益下則爲益,損下益上則爲損,觀此而損益之義可知已。

初九:利用爲大作,元吉,无咎。

大作,大役也。若師田之類。初九居下而受益于上者也,上好仁則下好義,故可用之爲大作。然人情莫不欲逸而惡勞,則亦不可厚事之矣。必所作者使以逸道而得大善之吉,然後雖勞不怨而可以无咎耳。

六二:或益之十朋之龜,弗克違。永貞吉。王用享于帝,吉。

六二,柔中虛己而不求益于上者。夫不求益則人皆思益之矣,所謂謙受益也,故或益之以十朋之龜,而弗克違。其受益之大有如此,然必永其中順之吉,不以苟得而變其所守,則益恒從之而可以得其吉耳,否則人有不思奪之者乎?此義非特利于人臣,亦利于王者。若王者能有柔中虛己之德,而不務求益,則上帝亦且鑒之而益以福禄矣。故王者用此道以享于帝,則爲吉也。以五爲君,則二爲臣。以五爲上帝,則二爲王者。各隨所取耳。

六三:益之用凶事,无咎。有孚中行,告公用圭。

凶事,水旱札瘥之類。圭,所以通信者。六三虛己居動之極,不求益己而果于益人者也。夫人臣之義,不以君市恩,不以己擅政。夫果于益人者,惟用之于凶荒之事,則權以濟變爲无咎耳。若尋常行之,是專君之恩,而私收人心于己也,豈人臣之義哉!雖則凶荒從權,亦必其心有孚,而不誣其事,酌中而不過,用圭告公,得請而後行之,可也。否則,亦不免于矯令之愆矣。

六四：中行告公，從，利用爲依遷國。

六四成卦之主，自損以益下者也。然以順正之德巽乎剛而承之，則又知尊君之命而不敢以自尚矣。是故斟酌所益之中，告公而得其聽從，然後行其益下之政，使受益者皆知其爲君之恩而非己也。依，猶因也。凡遷國者，必因世家大族所以爲固。《詩》云："因是謝人，以作爾庸。"九四能以君命而益下，民心之所保也，因之遷國，是盤石之宗矣，何弗利者乎！尹鐸請爲保障，而趙簡子以免晉陽之難，知此義者也。

九五：有孚惠心，勿問，元吉。有孚，惠我德。

惠心，益下之心也。若益下之政，蓋六四行之矣。惠我德，謂感我之德而以爲惠也。九五以剛中之德爲益下之主，下比于六四而從之，使得以大施其益下之政。凡六四之所以爲益者，皆五之心而四承其指耳，可謂誠有惠益之心而无所矯飾者也，豈待問之而知其元吉乎！蓋我以誠心而益人，則人亦以誠心而德我之益，居常則可與利往，居變則可與涉川，隨所用之而无不如志矣，其爲元吉，孰大于是！

上九：莫益之，或擊之，立心勿恒，凶。

上九以剛實居益之終，非能自損而反求益者也。夫求益，則人莫之益矣。豈惟莫益，又或有擊之者矣，放于利而行多怨故也。且居益之時，人皆以益下爲心，而反求益于下，豈立心有恒者哉！固宜人或擊之，而至于有凶也。

益六爻，以位則九五益之主也，以成卦則六四爲益之主也，初九受益者也。六四能順五之心而益人，故中行告公從。九五能以心順四而聽行其益之政，故有孚惠心而元吉。蓋君臣交相成者也。初九受益于四、五，故利用爲大作无咎，蓋上下交相感者也。六二處虛而不求益己，故或益之。上九處實而不能益人，故或擊之。蓋損益交相反者也。惟六三果于益人而或以尚上之恩，故益用凶事无咎，蓋人固可益而不可私也。凡益之道大略具于此矣。

澤天 ䷪ 乾下兑上　夬，揚于王庭，孚號。有厲，告自邑。不利即戎，利有攸往。

夬，決也，陰決陰也。爲卦乾下兑上，五陽盛而將極，一陰衰而已窮。陽決其陰而去之也，故爲夬。有乾健之才而以兑説行之，則決而不失其和矣，決之善者也。揚于王庭，告于王而正其罪也。上六以一陰而乘五陽，其罪已大而不可貰，九五又以陽德爲主，無私庇于小人，故可以告王明正其罪而誅之也。若大壯以六五爲王，則有喪羊之慮矣。號，呼也。小人固有已亂之勢，而君子宜盡防患之道，必至誠號呼其衆，使知有危而皆爲之備，則反噬之變可以無憂，而于決之道爲光明也。告自邑，以德而自治也。不利即戎，不以力而治人也。君子決小人之道，自治以厚其勢，則小人之黨孤；告王而正其罪，則小人之辜伏，豈在于恃力而用兵哉！若何進之召董卓，李訓、鄭注之幕金吾衛士卒，至流血闕庭，而大勢亦隨之去矣，可不監哉！利有攸往，自勉于德以益長其君子之道也。夬雖五陽，然視乾之純陽，猶缺一焉。往則剛長爲乾，而純陽之慶可知矣。

初九：壯于前趾，往不勝，爲咎。

夬以五陽決一陰，固有必勝之勢，然初居至下而上處最高，則其分又非所能勝也。初九以陽剛健體，故不暇慮勝而志在必進。然前趾而務用壯，不利有攸往矣，故往則必以不勝而爲咎也。

九二：惕號，莫夜有戎，勿恤。

九二剛中，其才固足以有爲，而其智又足以慮變，以是而決既衰之陰，固有必勝之策矣。惕者，警于心也。號者，呼其衆也，即所謂"孚號有厲"是也。雖使上六出于無聊之計，莫夜伏戎，伺我之隙，而九三固已先備之矣，何用憂恤爲哉！不言貞吉，蓋不言可知耳。

九三：壯于頄，有凶。君子夬夬獨行，遇雨若濡，有愠无咎。

九三與上六居相應之地，是與小人同事者也。頄，顴骨也。君子不幸與小人同事，而欲決之，豈可先見其微使彼畏而備我哉！九三過剛不中，故壯于頄，而威嚴暴著有如此，則小人或出于先發制人之計，而我且受其凶矣。遇雨，和也。濡，雨所沾也。愠，謂愠于羣陽也。此在知微慮遠之君子，但存夬夬必決之志，俟其弊而後圖之，雖或暫時違衆獨行，往與上六相合如遇雨而爲所沾濡，至蒙羣陽之愠怒，固亦有待而然，權宜之道也，何咎之有？惟夬夬必決之志，則不可須臾而忘耳。

九四：臀无膚，其行次且。牽羊悔亡，聞言不信。

臀无膚，足弱也。次且，行不進也。羊，謂羣陽也。牽羊者，前牽之則羊不行，後鞭之羊乃行也。九四以陽剛而居説體，無夬夬之志，如臀弱而無膚，故其行次且而不能進。四以近君之臣，爲羣陽之首，而畏怯有如此，則羣陽且爲之少阻矣。若自知其不足，遜羣陽以居前而隨其後，庶幾不阻羣陽之進，觸上六以去之不難矣，則雖有悔而可亡也。但九四無聽德之聰，是以聞言不信，竟誤國家之大計耳。

九五：莧陸夬夬，中行无咎。

莧，菜名。陸，角陸也。皆感陰氣而生者。九五雖陽剛，而與上六相比，故其象如此。以其有中行之德而居夬之時，則猶知俯狥羣陽之大計，故志存夬夬，不憚割恩于所比之臣而決去之，若漢文帝聽申屠嘉辱鄧通之類是也。雖于剛斷之德未爲光太，然亦可以无咎矣。

上六：无號，終有凶。

> 无號，無所號呼也。上六以一陰而乘五陽，其罪已極而不可悔，其勢已孤而无所援，惟當伏罪以俟天誅而已，復何所號呼哉！是以終有凶也。

> 夬六爻，五陽皆決陰者也。君子決小人之義也。君子之決小人，位不及則不能勝，故初九以壯趾而爲咎；志不定則不果勝，故九四以次且而致悔；九五以莧陸而未光。謀不深則不必勝，故九三以壯頄而有凶。惟九二剛中，位及矣，志定矣，謀深矣，故雖莫夜有戎而勿恤也。特爲君子全勝之計如此。若小人罪極勢窮，必敗之道，則亦无號而終有凶矣。

天風☴巽下乾上。　姤，女壯，勿用取女。

> 姤，遇也。一陰始生，而與陽遇也。女壯，始生之陰，其氣浸長，其勢非久，安于下者，是女壯也。陰長則有消陽之漸，女壯則有乘夫之機，故勿用取女也。小人始進于下，若不足患，馴致其盛，固將無所不至矣。

初六：繫于金柅，貞吉。有攸往，見凶。羸豕孚蹢躅。

> 柅者，止車之物。金柅，謂九二也。羸豕，豕之困者，謂初六也。蹢躅，跳也。初陰始生，勢必消陽。然而陽者陰之主也，無陽則陰不能孤立矣，故爲初六計者，必當遇陽而止，如車繫于柅而不輕進，則得其正而吉。若有攸往，且至于消陽，見而凶矣。然陰非能自繫者也，始生雖微，其勢必至于消陽而後止，猶豕雖羸，其孚常在于蹢躅而未忘也。君子苟忽小人之微而不爲之備，有不終被其患者乎！

九二：包有魚，无咎，不利賓。

> 包者，畜而制之也。魚，陰物，性逸難制，謂初六也。賓，謂衆陽也。凡與小人相近而畜之者，非量則不容，非才則不制。九二居

中,則有能容之量,陽剛則有必制之才,故能包畜初六制之更不至于逸也。御小人之道,莫善于此矣,故无咎。然初陰之志,欲遇衆陽者也,二若不能畜之,而使遇于衆,其害廣矣,故不利賓也。

九三：臀无膚,其行次且,厲,无大咎。

次且,行難進也。臀壯則行健。九三雖陽剛而巽體不果,猶臀之无膚,故志係于初,而其行次且也。夫初陰勢必消陽,而三與之係,故危。然而非比非應,則亦終不與之遇矣,故无大咎。

九四：包无魚,起凶。

九四與初六居相應之地,則包初而制之者,四之責也。以其陽爻健體,志不能下而自遠之,故包无魚,猶君子玩小人爲不足備而遂任其猖狂者也。如是則初陰且起而侵陽矣,所以凶也。五王不能包武三思,趙汝愚不能包韓侂胄,而終罹害,由其不知此義故也。

九五：以杞包瓜,含章,有隕自天。

杞,木之高者,五象也。瓜,陰物,附地而生,善潰,初象也。隕,降也。九五君位,當无所不包者也,而剛健自居,忽于防害之機,如以杞之尊大而欲包在地之瓜不能及也,則初陰且將內潰而爲患矣。然即其中正,與天合德,自處固无有失道者。君道無失,雖有小人而爲患弗深。雖或忽于妨患之機,而自无致患之寡,患且弭矣,但包含其中正之美靜以待之,終當降祥自天而不爲小人之所患也。唐明皇開元勵精,雖有高力士、王毛仲不能肆其惡;天寶失德,然後李林甫、安祿山得以成其奸。理固然矣。

上九：姤其角,吝,无咎。

角在上,剛而好觸者也。上九剛健居上,與物多忤,故爲姤其角之象。失其處人之道,而人弗之與,故可吝也。然自守嚴正,小人亦不得而狎之，則可以无咎矣。四與初應，近而不相得，則凶；上與初遠，固无害其高而不接也。

姤六爻，初陰遇陽者也，陰不可以侵陽，故往則見凶。五陽爻皆與陰遇者也，陽當有以制陰，二近而能包之，故无咎；四應而不能包之，故起凶；三雖係之而不與之遇，故无大咎；五雖不能包之，而中正非其所能侵，故有隕自天；上居至高，不包不遇，而至觸之，則雖吝亦无大咎。君子所以防陰長之禍者，其可一日而忘哉！

澤地䷬坤下兌上。　萃，亨，王假有廟。利見大人。亨，利貞，用大牲吉。利有攸往。

萃，聚也，人心聚而歸其上也。爲卦坤下而兌上。九五剛中，以居尊位，有柔順和說之德，而諸陰皆應之，人君有道而衆歸之之義也，故爲萃。蓋剛中則才足以號召，順說則德足以懷來，所以其衆應之而无不聚也。與比翼者：比一陽爲主，有合一之義；萃二陽爲主，有方聚之疑。此其異也。亨字，衍文。假，至也，致之也，致之也者感之而應也。凡祭祀以得人心爲本，得萬國之懽心，以事其先王，天子之孝也，萃則可以假于有廟矣。此爲萃于人者言之也。大人，陽也，貞則陽之中正，謂九五也。凡萃者利見大人，則致亨，而大人必得其貞正，乃可以亨耳。此又爲萃人者言之也。大牲，太牢也。牛、羊、豕具爲牢。假廟固以得人心爲本，而禮有宜，稱物亦不可以不備，故用大牲則吉。見大人者，亦非以私昵而相求，欲其同心協力以濟事功耳，故又利有攸往也。如此則盡萃之道，而可以順天之命矣。

初六：有孚不終，乃亂乃萃。若號，一握爲笑，勿恤，往无咎。

萃有二主，四、五是也。以方聚之私言之，則初與四應，萃，四者也。以一統之公言之，則五者萃之共主，又初之所當萃也。初六

101

柔順，志在萃人，乃有孚也，而未知擇其所萃，則不終矣，是以亂其志，于萃四、萃五之間而莫能定也。號，呼也。握，把也，今俗語猶以一夥爲一把，謂衆陰也。初處最下，若號五而萃之，則有未同而進之嫌，故衆陰皆以爲笑。然五者初所當萃之共主也，但勿恤其笑而往以從五，則无咎。

六二：引吉，无咎，孚乃利用禴。

引，謂引初與三也。禴，祭之薄者。初萃而罪，三萃而嗟，皆有感志于四者也。惟六二柔中應五，其志勿變，爲能牽引初三共萃于五，故吉而无咎也。如是則其萃有孚，不假外物，以致其厚，而誠自達于上矣。猶祭而能敬，雖禴之薄亦可以交于神明也。象所謂"利見大人，貞"者，其惟六二乎！

六三：萃如嗟如，无攸利，往无咎，小吝。

如者，不確之辭。六三亦當萃五者也，而近爲四得，惑于所從，故比于四而萃如，又疑其非而嗟如。萃與不萃之志橫于中而弗能確也，則既失于五而亦无得于四矣，夫何利之有！惟能不私其近而往萃于五，乃可以无咎耳。然始之不慎，而終得之，亦小吝也。

九四：大吉无咎。

九四居近君之位，同德相疑，而衆陰萃焉。善處之則得以人事君之義，不善處之則有尚己植黨之嫌。而以九居四，剛不中正，或未必其所處之盡善也，故戒之曰大吉乃可以无咎，此聖人之微辭也。

九五：萃有位，无咎。匪孚，元永貞，悔亡。

九五居位，當爲人所萃者，故曰萃有位，无咎。因九四同德相疑，故其萃人之志未能光大如初之亂，三之嗟，要未必其盡孚也。然九五陽剛中正，有元永貞之德，四固不得而終疑之，久則羣陰畢萃而其悔亡矣。人君制御權臣之道，在乎自修其德。而晉有六卿,魯有三桓,皆由其君失之耳。

上六:齎咨涕洟,无咎。

齎咨,歎聲。涕洟,泣而涕出也。九五爲萃之主,而上六乘之,不知所萃者也。夫陰必從陽,臣必萃君,分之正也。六處上而不知所萃,其勢不能自安,故隕穫而至于嗟涕,所謂自作之孽不可逭也,將誰咎乎?

萃六爻,二陽皆萃之主也。五君位,以疑于四,故未光,而或匪孚。四臣位,而疑于五,故大吉然後无咎,君不可替、臣不可淩也。四陰皆萃于陽者也。萃五爲正,故二應五而引吉萃;四非正,故初應四而乃亂。三比四而嗟如,上六高而不知所萃,自危之道也,則齎咨涕洟而无咎矣。

地風䷭巽下坤上。　　升,元亨。用見大人,勿恤。南征吉。

升,進而上也。陰本在下之物,及其時之當升則亦進而上矣,此非常之理,時實爲之也。爲卦巽以一陰成基于下,而坤以三陰升居于上。非下之一陰不能升也,非上之三陰不爲升也,合之而爲自下升高之義,故曰升。升所以元亨者,六五當柔升之時,有巽順之德,而九二又以剛中自下應之,有其時,有其德,有其人,故升而大亨也。大人,五之位也,言用其時、其德、其人往升于五大人之位,則有升階之慶,可以无貳无虞而勿勞憂恤也。南征,向明而行也。聖人南面以治天下,而其志大行矣,何吉如之!

初六:允升,大吉。

初六與其上三陰同德相合,初以一陰成基于下,順上而升,乃允而後升者也。不允而升,其升必困;允而後升,其升必達。此所以大吉也。

九二:孚乃利用禴,无咎。

萃之六二,應五而萃;升之九二,應五而升。其義一也,故其爻同辭。六五爲升之主,九二以剛中而上應之,其志合,其誠孚,有不假于外物而後固者,足以利于用禴而无咎也。

九三：升虛邑。

九三亦升而從五者,故城曰虛,无人之地也。三以剛明之賢,升而從五,四以順事之臣當之,弗爲阻隔,是以如升無人之邑,坦然上進而无所疑也。與萃之六三爲四所疑而至于嗟如者,其勢異矣。

六四：王用亨于岐山,吉,无咎。

四居近君之位,有順正之德,能順事其君而不敢以臣加之,乃文王事紂之事也,故曰王用亨于岐山,吉,无咎。

六五：貞吉,升階。

六五,升之主也。升階猶云踐祚。六五之升,非強進也,積其中順之德,天佑人助,應時而後升耳,蓋得其正而无不吉者也,如此則可以升階矣。強進而升,升其能久乎哉!

上六：冥升,利于不息之貞。

上六,升之極也,極而務升,冥于升而不知止者也。夫務升于位而不知止,自困也;務升于德而不能止,自强也。若上六者,移其升位之心,以升其德,而不息于道之貞,則其可也。此非上六之能,聖人因而誘之耳。

升六爻,六五升之主也。初六與之同德而升,則允升吉。九二應之而升,則利用禴。九三升而无所疑,則爲升虛邑。六四承之而升,則爲順事。皆升之善者也。上六升而不已,則爲冥升,升之不善者也。然而柔以時升,又豈常理之所及哉!

澤水 ䷮ 坎下兌上。　困,亨,貞,大人吉,无咎。有言不信。

困者,窮而不能自振也。卦體坎剛爲兌柔所揜,九二爲二陰所揜,四、五爲上六所揜,陽揜于陰,故弗能自振而至于困也。卦德內險而外説，處險能説，身雖困而心則亨矣。心苟不亨，則戚然不能以終日；是自困也。貞大人，二五得正，陽剛之象，處困固貴于能亨，然惟剛正之大人內有所守則能之而吉。若小人非挫辱，則憂隕，其能亨者寡矣。有言，兌口之象。方困之時，當遜言以免禍。若尚口喋喋，人誰信之？益自取困而已。蹇者見險而止，弗及于險者也。坎則在險之中，然水行必達者也。困則弗能達矣。此遇難淺深之別也。

初六：臀困于株木，入于幽谷，三歲不覿。

人之行也，趾爲下；其坐也，臀爲下。初六柔，不能行坐，困而已。株木叢生而刺人者，非可坐之地，如以六居初，非可安之位也。覿，見也。初六柔暗，既无見險之智，又无免患之才，是以益入幽谷之中，至于三歲，而終無所覿也。

九二：困于酒食，朱紱方來。利用亨祀，征凶，无咎。

困于酒食，謂窮而家食也。朱紱，蔽膝也，天子純朱，諸侯黃朱。亨祀，祭宗廟也，言其盡誠盡物而无所不至也。九二剛中之才，宜爲世用，以其上下二陰揜之，而未能自振，是以困于酒食。然九五在上，時亦同德，處困欲求共濟，則朱紱方來，而九二蓋非久困者矣。方困之時，所賴以濟困者，在二五之協力耳。五求之而二不應，豈其義哉！利在悉力竭誠求以拔君于困而無所不致，則庶足以攄忠款而塞報稱矣。如二之才，而又得五以爲之主，其事固无不濟。苟或成敗利鈍，非所逆覩，而凶禍仍之，亦人臣之義所當然。雖征凶而不可以爲咎也。

六三：困于石，據于蒺藜，入于其宮，不見其妻，凶。

六三柔暗，不中不正，以居二陽之中，不善處困者也。困于石，前阻四也；據于蒺藜，後乘二也。蓋无見險之智，又无免患之才，是以進退處困如此。宮，謂三也。妻，謂上也。以位則三陽而上陰,有夫妻之義;以爻則三、上皆陰,非其配矣,故不見其妻也。大抵處困貴剛,則能守道待時,終或可達,柔則惟自隕穫而取凶耳。

九四:來徐徐,困于金車,吝,有終。

內向爲來。金車,陽剛下載,謂九二也。困者陽爲陰揜之時,其勢必以同德相濟,則九四之志固亦內而求二者也。四以非其正應,故其來疑而徐徐;二復以其非正應也,而未決于從四。是以九四困于金車而无以自載也。夫以處困相求,而拘常不決如此,固可羞吝。然而同德必合,則自當有終矣。夫求人于困者,若溺而望拯,焚而待救也,其可拘常而徐徐乎!

九五:劓刖,困于赤紱,乃徐有説,利用祭祀。

劓,割耳。刖,斷趾。赤紱,臣之服也。祭地曰祭,祭天曰祀。五人君聯屬天下以成其身者也。而六揜于上,若傷其劓,初揜于下,若傷其趾,則困于小人之難甚矣。而九二正應,亦且爲三所揜,未能上達,則又困于赤紱,而君子之助寡矣。然九五有陽剛中正之德以處困窮,固人情之所必助,而天道之所必祐者。是以二五君臣之交,徐當合而有説,而又利于祭祀天地以受其福禄也。天定勝人,羣陰豈得而揜之乎!蓋九五乃困之主爻,即象所爲謂困亨"貞,大人吉"者。

上六:困于葛藟,于臲卼,曰動悔,有悔,征吉。

葛藟,藤之附于木者。上六處至高,而非所安之象也。臲卼,危也。曰者,心自語也。困于葛藟,動輒臲卼,乃動悔也。若能心知其然而悔前之非,則必舍高以處下,而因可轉危以就安矣,此所以征吉也。蓋困終乃將變之時,而説體無必掩之志,故猶知自悔如此。

困六爻,貴剛不貴柔,以成困則柔有揜剛之非,以處困則柔無自拔之理,故初六入于幽谷,六三不見其妻以終于自困,惟上六有悔則征吉也。剛非自致困者，柔揜之耳。且以剛處困，則困而不失其所亨矣，故九二困于酒食而无咎，九四困于金車而有終，九五困于赤紱而有説也。象曰"貞，大人吉"，其二、五之謂乎？

水風 ䷯ 巽下坎上。　　井，改邑不改井，无喪无得。往來井井。汔至，亦未繘井，羸其瓶，凶。

井者，穴地出泉之處，人所汲以食也。爲卦巽下坎上，以木入水，而上出其水，汲井之義也，故爲井。邑者，人所居也。凡人所居必爲之井，以供其食。然井必就泉，無泉不可井也，故邑可改以就井，井不可改以就邑也。夫井泉，有常者也。遠邑而舍之，泉自若耳，井无喪也；近邑而用之，泉自若耳，井无得也。泉存則其用自存，而往來者皆井其井矣，誰得而舍諸？汔，幾也。繘，汲縴也。羸者，敗也。羸羊，病也。羊病則羣敗，故以羸爲敗。瓶，汲器也。井固不以用舍爲得喪，而汲井者則以濟用爲功。若汲井幾至未收縴而敗其瓶，則于用无濟而前功盡棄，所以凶也。井辟，則君子之德也；邑辟，則君子之位也。夫德豈以有位无位爲變遷者哉！是以大行不加焉，窮居不損焉，德存則其用自存，而人莫之能舍矣。夫賢者固不以用舍爲加損，而用賢者則以濟世爲功。若用賢不能盡其才，濟世不能成其業，與棄井又何異哉！

初六：井泥不食，舊井无禽。

初六在井之下，空而无泉，乃井竭見底，其水汨于汙泥，而人所不食者也。舊井，廢井也，不食則井廢，雖禽鳥亦莫之顧矣。人有下流無德而爲時所棄者，何以異此？是以君子貴自修也。

九二：井谷射鮒，甕敝漏。

谷，井穴也。射，注也。鮒，蛙屬。九二陽實，井有泉矣，而下比初六，則井穴而泉下流不能濟人之食，徒以射鮒而已，如甕之敝漏也。人雖有德，不能慎其所與，而以親狎小人自壞其用者，何以異此？是以君子貴三益之友也。

九三：井渫不食，爲我心惻。可用汲，王明並受其福。

渫，不停污也。泉淺近泥則污，泉深遠泥則渫。不食，未爲人汲也。惻，傷之也。王明，王以用賢爲明也。九三居下之上，泉深而澄，以其方在井中，故未爲人食，而無以成其井養之功。行道見者，莫不爲之心惻，而曰是可用汲也。夫井汲，井之福也；汲井以食人，汲者之福也；井汲而食之，食者之福也。惟王明則知其可汲而汲之，而上下並受其福矣。君子才德已成，未爲時用，不遇明王，其孰能自致哉！

六四：井甃，无咎。

六四，井中泉上空處也，甃者甓砌之也。以六居四，而得其正，甃之義也。井甃則可以禦污之入而完泉之用矣，何咎之有？夫以德濟用，賢者之事也，以量容賢，大臣之職也。若六四者，其休休有容之大臣歟！

九五：井洌寒泉，食。

洌，潔也。寒者，泉之性也。泉甘則寒。九五陽剛中正，爲泉之洌，居上得位，爲泉之汲，是以泉爲人食，而成其井養之功也。夫井無不食之泥，汲無幾至之敗。若九五，可謂井道之至善者矣。

上六：井收勿幕，有孚元吉。

收，收繘也，幕所以覆井者。坎口不揜，故爲勿幕之象。孚，謂其出不窮也。井以上出爲功，至于收繘，而井養之用成矣。若從而幕之，則養之所及有限，其用雖成而未大也。夫惟勿幕，然後人皆得以用汲而其出不窮，博施濟衆，而井道于此乎大成焉，故大而吉也。蓋至仁无我之極功如此。

井六爻，以陽剛爲泉，以上出爲功。初陰在下，故井泥。二雖陽，而乘陰，故井谷。三以陽乘陽，而在下體，故井渫不食。四以陰乘陽，而在上體，故井甃，異乎初之泥矣。五陽剛中正近上，故寒泉食，異乎三之不食矣。上井之終，井道之大成也，故勿幕而得有孚之吉焉。

澤火䷰離下兌上。　革，巳日乃孚。元亨，利貞，悔亡。

革，變其故也。禽獸之皮去毛而熟之爲革，謂革生爲熟也。爲卦離下而兌上，火在水下，則爨水而爲湯；水在火上，則沃火而爲炭。其用互相息也。少女在上，則欲以貴而加長；中女在下，則思以齒而陵上，其志互相奪也，故爲革。巳日，竟一日也。民情不可與慮始而可與樂成，故巳日乃孚也。元者，所以審几。亨者，所以通變。利者，所以成事。貞者，所以植幹。四者，皆革之善道也。蓋卦德文明則盡事理而非妄革，和說則順人情而非强革，是以其善有如此者。以此而革，則其革皆當而悔亡矣。夫革非聖人之得已也，利多而害少猶不免有更張之煩，况害多而利少者乎！是故必其全利無害，而後可革也。文王三分天下有其二，以服事殷，其不輕革者歟！武王反商政，政由舊，其善革者歟！

初九：鞏用黃牛之革。

鞏，固也，以革束物也。黃，中色。牛，順物。其革則已革而成者，蓋指謂六二也。黃牛之革用之束物，則可以爲固。若復革之，則將毀其成矣。初九居下無位，當從革而不可以自革者也。凡事所當革者，六二既以中順之德革之而成，可以束下而使之從矣。初九但當從其成革而固守之，則順令之民也，豈可私復有所革哉！亦徒毀上之成而自取不韙耳。

六二：巳日乃革之，征吉，无咎。

革下三爻，臣之革也。補偏救弊，因而革者也。上三爻，君之革也，改命易制，革而革者也。以下三爻論之，初位未及則不可革，而二有其位矣；三時已過則不必革，而二有其時矣。如是而以文明柔中之才,上應于五,則能酌事之宜而无輕舉,禀君之命而无尚行,詳審精密,至于已日而後革之者也。是故无妄革之悔,有當革之善,而可以致革成之孚矣,所以征吉而无咎也。

九三:征凶,貞厲。革言三就,有孚。

九三君下之上,凡事之可革者,二已革之矣,三將復何革哉?而以九居三,過剛不中,好爲變革,則未免輕舉妄動而生事以擾民,是故以征則凶,而雖正亦危也。就,成也。初一時也。二以日而革之,二又一時也。三已日而孚之,三又一時也。革言三而革成矣。革成而孚,征无所之,將復何革哉!

九四:悔亡。有孚改命,吉。

九四,離下而上,革之時也;變火爲水,革之勢也;以九居四,剛柔不偏,革之才也。如是而革其革當矣。以內則无妄動之悔,以外則有已日之孚,革之至善者也。是故可以應天順人而改政易令以新于天下矣,吉何如之!益、湯、武之事也。

九五:大人虎變,未占有孚。

九五,陽剛中正,以居尊位,大人以道化成天下之事也。大人至誠積中,光輝發外,如虎之變,而其文炳然,此其道德之所感通,政令之所移易,固有立之斯立,道之斯行,綏之斯來,動之斯和,而无不丕變者矣,豈待占決而知其有孚哉!帝堯克明峻德,而至于黎民,於變時雍,可以當之矣。

上六:君子豹變,小人革面,征凶,居貞吉。

革,終革之成也。君子革而爲善,則如豹之變,而其文蔚然矣。小人革而去惡,其心雖未盡變,而亦知革面以從君矣。人品不同,故其革有淺深如此,皆大人道化之所及也。蓋取上六柔順從五之象。如是而欲以革己,則爲好變;如是而欲以革人,則爲過求。未有不以輕舉而取戾者也,故征凶,居貞吉。

革六爻,内三爻,因而革者也;外三爻,革而革者也。革非聖人之
得已也。是故内三爻,初位未及則不可革,三革以就則不必革,
惟二居中當革然亦必已日而後革也。外三爻,四革之際 故改命
吉,五革之盛故虎變有孚,上革以成則亦不可復革而征凶矣。革
其可易言哉!

火風䷱巽下離上。　　鼎,元〔吉,〕亨。

鼎,烹飪之器,祭祀燕享之所用也。爲卦下陰爲足,二、三、四陽
爲腹,五陰爲耳,上陽爲鉉,鼎之象也。下巽上離,以木入火,而
致烹飪,鼎之用也,故爲鼎。夫鼎,宗廟之重器,王者之所守也。
其用之以祭祀燕享,王者之所務也。此其所繫大矣!苟无其德,
將何以守是器而致其用哉!卦體内巽爲志之巽,離明有目之象,
鼎耳有聰之用,六五又以柔中在上而下應九二之剛,夫有聰明巽
順之德以居尊位,而虛己以用天下之賢人,君致治之善道也,則
可以守是器之重而務其用之大者,協于上下以承天休矣,有弗元
亨者乎!

初六:鼎顛趾,利出否。得妾以其子,无咎。

鼎趾,初陰在下之象。以九四援而起之,則其趾顛矣。鼎而顛
趾,非順道也。然鼎初尚未有實,而舊有否惡之積焉,則利于顛
以出其否,而因致取新之用,是亦未爲悖也。如得妾雖賤,而因
以得子,則亦有可貴者,而不以偶賤爲嫌矣,何咎之有?是故誚
讓近毀,而有啟發之功;捶撻近辱,而有警省之效;患難近危,而
有磨礪之資。自善取益者而觀之,固無往而非去惡從善之階也。

九二:鼎有實,我仇有疾,不我能即,吉。

鼎實,九二陽剛在中之象。怨耦曰仇,謂初六也。初六顛趾,故
爲有疾;九二剛中,鼎已有實者也。以其上應六五,則鼎由耳舉
其實,可自致于宗廟,而成其祭享之功。初六雖近,不能以其顛

趾之病上累于二而傾覆之矣。蓋本其有剛中之德,故能慎其所之,而舍初以從五,此其所以吉也。人臣能懷以道事君之志,則其忠義之所激,正直之所彰,自足預消小人之慝而使之遠去矣,亦孰敢以狎邪而媚之哉!

九三:鼎耳革,其行塞,雉膏不食,方雨,虧,悔,終吉。

鼎耳,五也。革,變也。雉,文明之鳥,離在上也。虧,猶失也。鼎行以耳,貫耳以鉉,鼎失其耳,則雖有鉉,无所貫之,而鼎不可行矣。鼎不行,則其實安能自致于宗廟之間而成其用哉!九三剛實承離,鼎有雉膏之美,宜爲人食者也,以其越五應上,鼎耳革矣,故其行塞不通,雉膏雖美,無由自致爲人之食,猶君子有道而未遇其君,亦无以成濟世之功也。然君子患無實耳,以六五之柔中虛己,豈昧于求賢者哉!是以陰陽之交方和而雨,終當釋其不遇之悔而獲夫相合之吉也。

九四:鼎折足,覆公餗,其形渥,凶。

足,謂初也。餗,鼎實也。形渥,愧而汗出,其身濕也。九四當鼎口之處,受鼎實而畜之者也,以其下應初六,力小而不勝任,故至于折足而覆公之餗。大臣爲君任天下之重,而用非其人,以敗其君之成功者,何以異此?夫以大臣先資之信,豈期其有是哉!是故內不勝愧汗出,而其形渥然,已悔之晚矣,凶何如之!唐房縮悮用劉秩,而有陳濤斜之敗,不知此義故也。

六五:鼎黃耳金鉉,利貞。

五,鼎耳也,所以舉鼎。居中,故其色黃。上九,鉉也,所以貫耳。陽剛,故其質堅。鼎之行也以耳,而耳之舉也以鉉,猶賢才之用也由君德,而君德之成也以師傅。六五以柔中之德,仰成上九師傅之臣,如鼎有黃耳而貫以金鉉也,是可以舉天下之賢而用之矣。爲陰柔,故戒以利貞,欲其固守乎中德而勿失也。

上九：鼎玉鉉，大吉，无不利。

玉鉉，上以一陽相加鼎耳之象。玉之爲物，剛而能温，以九居上，剛柔不偏之義也。上九以師傅之臣，當宰執之任，有剛柔不偏之德，足以弼成其君而用賢以圖天下之治，猶鼎有玉鉉則可以貫耳，舉鼎而致其用，進有雉膏之食，退无公餗之覆，而鼎功于此乎大成矣，故大吉无不利。

鼎六爻，取金鼎之象。鼎初，鼎之顛也，故利出否。二、三、四，皆鼎之有實也，耳上舉之，則其實食；足下傾之，則其實覆。二應五，故吉。三越五，故塞。四應初，故凶也。五耳、上鉉，皆鼎之所由以舉者。鼎舉而其用成矣，故五利貞而上吉，无不利也。

震爲雷☳震下震上。　　震，亨。震來虩虩，笑言啞啞，震驚百里，不喪匕鬯。

震，動也。一陽動于二陰之下也。陽性上進，伏于陰下，則必動而迸裂，故其象爲雷。其在人，則可驚懼之事也。陽動則氣達，雷動則物生，人恐懼而修省則德進，震之所以亨也。虩虩，周旋顧慮之貌。啞啞，和適也。初九剛正，在內爲震之主，中有所守之象，故當震之來，爲能恐懼修省，顧慮不遑，猶《詩》云“無敢戲豫”者也。人因禍而懼則致福，遇變而玩則災生，故其後能轉危爲安，笑言啞啞而有則也，如是則震亨矣。震驚百里，震者，雷也。《傳》云：“千里不同風，百里不同雷。”震驚百里，雷之迅也。匕，以棘爲之，長三尺，所以舉鼎肉而升之于俎；鬯，鬱鬯之酒，所以祼者，皆祭祀時所用。祭祀之時，心存誠敬，故雖迅雷震懼，人或失常，而祭祀者不喪匕鬯，以其中有所守故也。震以長男，而能如此，則出可以守宗廟社稷而爲祭主矣，况于他事之震驚而或至失守者乎！

初九：震來虩虩，後笑言啞啞，吉。

初九，震之主爻，故與彖同辭。益言後者，總一卦則啞啞在本卦之內,分六爻則啞啞在初九之後耳。

六二:震來厲,億喪貝,躋于九陵,勿逐,七日得。

六二乘初之剛,在動之上,是震來而危厲者也。億,猶大也。十萬曰億,數之多也。貝,貨也。九陵,自二而至卦終,其畫有九。七日,自二而反本位,其爻更七也。凡處震者,才剛志剛,則外足以奮,內足以守。才柔志剛,則雖不能奮,尚足守也。才剛志柔,雖欲奮而不能達矣。才柔志柔,則徒畏懼而已。六二以柔居柔,畏懼之過者也,況以之而當震初之勢乎?是以不能自守,大喪其貨貝,而升避于九陵之上,直趨震所不及之地,方敢止也。然以其居中得正,才志雖不足,而德義尚無失也,乃至七日震過懼息,復其本位,則所喪者先事追逐,仍于其故處而得之矣。始雖喪而終得之,中正之可尚也如此。

六三:震蘇蘇,震行无眚。

六三居兩震之間,前震始息而後震復生之時也,故曰蘇蘇。蓋蘇也者,死而復生之義也。其位弗可居矣。六三才能柔弱,其志則剛,故能乘其少間之際,行而去之,則前震雖值其衰,而後震可避其鋒矣,此所以无眚也。若玩前震之息而弗虞後震之至,欲以无眚,得乎?

九四:震遂泥。

九四才剛足以自奮,而志柔不足以守,奮而不能達者也。一震猶可支,再震則不能堪矣,是以震而遂泥也。處危懼之變者,非其志之堅定,將何以自守乎?

六五:震往來,厲,億无喪,有事。

震往初九,震來九四也。六五處重震之上,前震既往而後震復來,迭遭恐懼者也,其行危矣。五雖才柔,以其志剛足以自守,又以得中,則所守者不失其義理之正,是以大无喪其所有事也。自初九之外，處震之善，無有如五者矣！

上六：震索索，視矍矍，征凶。震不于其躬于其隣，无咎。婚媾有言。

索索，盡也。震終則聲盡。矍矍，驚顧不定之貌。震終可無懼矣，而上六才志俱柔，故過于懼而不能自定，畏懦之甚也。以此而行，則惶惑失措。凶之道也。隣，謂五也。九四震止及五，勢不及于上也。上六乃能畏隣知戒，不待及身而後圖之，則亦可與幾者，故其義亦無咎也。婚媾，三也。有言，誚之也。六三處兩震之間，猶能行而无眚，豈至震終乃尚矍矍而失措乎？故從而誚其畏懦也。上六本无足取，聖人謂恐懼猶愈乎逸豫也，故備論其得失，雖小善弗没云。

震六爻，皆取遇變而恐懼之義。初九才剛志剛，而又得正，震之主爻，震而能亨者也，故啞啞吉。其餘五爻，六五雖才柔然志剛而又得中，故能无喪；六二雖才志俱柔，然亦得中，故能喪而復得；六三雖才柔，然志剛猶足守也，故能无眚；九四才雖剛而志柔，內无所守，故震遂泥；上六才志俱柔，而又不中，故矍矍而征凶。大抵處震之道，中正爲本，志剛次之，即六爻而其道燦然矣。

艮爲山☶艮下艮上。　艮其背，不獲其身，行其庭，不見其人，无咎。

艮，止也。一陽止于二陰之上也。陽性動而上行，在下則動而爲震，在上則行無所之，而動止矣。上下皆艮，止之至也。背者，人所不見也。人身之正爲面，面之反爲背。面則見，背則無所見矣。艮有人身之象，而上下應爻皆以陰陽相敵而不相與，辟則背之無見也。人惟有見于身也，故凡可以利身者無不爲之矣。人惟有見于人也，故愛則凡可以狥人者無不爲之矣；惡則凡可以害人者無不爲之矣。此其所以不能止也。艮其背，在理豈有是？聖人特爲學者開方便法門也。人能止于其所若背之無見也，則豈知有其身乎？雖行于庭，又豈知有其人乎？內不見己，外不見

115

人，則内外兩忌而澄然其无事矣，夫何咎之有？非欲人之真止于背也，心不見欲，雖面可也。非欲人之真無所見也，視身如人，視人如身，雖見可也。目不視邪色，見色可也；耳不聽淫聲，聞聲可也。

初六：艮其趾，无咎。利永貞。

艮與咸，皆取人身爲象。初六在下，則其趾也。艮六爻皆能止者，但隨其所止而有當弗當耳。趾者，動之始也。止于其動之始，則無事妄行而弗失其正矣，故无咎。然終之弗繼，妄且從生，利在永其貞固而已，以陰柔不足于守，故戒之，猶坤卦用六之義也。

六二：艮其腓，不拯其隨，其心不快。

腓者，人之所以行也。然非一于行也，有時而止矣。艮其腓，貴其无妄行也。拯，拭也。其隨，謂三也。人之行也，動自下起；足之止也，靜自上先，則腓也者隨限而止者也。止非一于止也，有時而行矣。三爲下，艮之主，止之固者，失其時行之義，二隨之而不能拯也，是以其心不快，而其勢則莫如之何矣。六二柔順而得中，蓋知時止時行之義者，奪于三耳。

九三：艮其限，列其夤，厲，薰心。

限謂上下之際。夤，臏也。薰，猶灼也。九三居重艮之間，人身上下之交也。人身必使血氣流通，上下相貫，乃平安而无疾。人之處世，必使情意浹洽，彼己相孚，乃和同而无患。九三爲下艮之主，止而不能上者也。其自止于下也若艮其限，其拒四而遠之也若列其夤，是以血氣壅閼而疾且生焉，至于危厲薰灼其心也。人有處世乖戾，物情不接，而卒以自危其身者，何以異此？

六四：艮其身，无咎。

身者，手足所附而生也。四居上艮之下，故有此象。艮其身，則足以爲四體之主，而持行各得其職矣，夫何咎！大臣正己以居位，而百官有司各得其理焉，亦猶是也。

六五：艮其輔，言有序，悔亡。

五君位，行令之主也。六五當輔之處，而有中順之德，蓋能艮其輔者，是以慎乃出令，而王言之發莫不秩秩其有序也。雖則言易，至悔而亡之矣。

上九：敦艮，吉。

上九艮之主爻也。艮以一陽止于二陰之上而爲義，重艮之上，則止而又止者，止之崇也，無事不止矣。居封之終，止而又止，則又止之久也，無時不止矣，故曰敦艮。《書》所謂"欽厥止"，《詩》所謂"緝熙敬止"，《大學》所謂"止至善"是也。是故可以一天下之動而制其宜矣，吉之大者也。

艮六爻，皆就人身取象，而以止爲義。然止非一于止也，時止時行而已矣。初艮趾有始也，故无咎。上敦艮有終也，故吉。九三不當止而止，又牽二而□之，故三厲而二不快。四、五皆當止而止，故四无咎，而五悔亡。觀于艮之六爻，而知止之義盡之矣。

風山▦▦艮下巽上。　漸，女歸吉，利貞。

漸，漸進也。爲卦艮下而巽上，止于內而巽乎外，漸之義也。蓋內止則無躁進之心，外巽則有順進之序，而其動不窮矣，故爲漸。女歸，女嫁而歸其夫也。女子內夫家，故以嫁爲歸。女子之歸，納采，問名，納吉，納徵，請期，親迎，節之以禮而不暴者，所以附遠厚別也，故能如漸之進，則于女歸爲吉矣。利貞，卦爻二、三、四、五皆得陰陽之位，有男女以正之義。蓋夫婦人倫之首、風化之原也，以正而進，則可以修男教章婦順而風化于天下矣，故利貞也。臣之從君，義亦如此。進而以漸，則無枉己之羞；進而以正，則有正邦之本。

初六：鴻漸于干。小子厲，有言无咎。

鴻，水鳥，木落而南翔，水泮而北徂，其往來有時，其先後有序，物之漸進,莫有如鴻者,故漸六爻皆取鴻爲義。干,水涯也。漸初始進,猶鴻始出水而漸于干也。小子,六陰在下之象。陰柔處卑,未能及遠,故不免于危厲。然而艮體性止,其志固亦有漸而不輕于進者。人或疑其所處而至有言,其于義則无咎也。

六二:鴻漸于磐,飲食衎衎,吉。

磐,大石也,視于干爲安矣。衎衎,樂而適也。六二以中正之德,居下得位,而九五自上應之。乃君子進、行其道而食君之禄者也。鴻漸于磐,則居得其安,而飲食衎衎矣。君子進,行其道,則食非素飽而中無愧怍矣,進之吉者也。

九三:鴻漸于陸。夫征不復,婦孕不育,凶。利禦寇。

高平曰陸。水鳥處陸,雖高而非所安也。九三居上而不得中之象。夫謂三,婦謂四,蓋下艮之爲少男由三之陽,上巽之爲長女由四之陰,故以近而相合。然三、四非相應之位,則又合不以正矣,乃男女之淫奔者也。三昵四而妄動,故往而不知返;四暱三而私交,故孕而不敢育。悖理傷教,莫此爲甚,所以凶也。君子躐取高位,而其進不以道者,何以異此?夫合不以正,而交私固密,此特于禦寇爲利耳。蓋惟同患之憂而不暇于非類之擇,所以應卒濟變也。豈有夫婦君臣之際而可以如此苟乎?

六四:鴻漸于木,或得其桷,无咎。

桷,柯之平者。鴻性不木棲,或得其平柯,則亦可以安矣。四以陰柔而進,處近君之位,若非其據,然柔巽而得正,則亦不失乎順事之道者也,故无咎。

九五:鴻漸于陵,婦三歲不孕,終莫之勝,吉。

陵,大阜也。五,君位之象。婦謂二也。不孕,五爲四係,二爲三係,阻其交也。九五以陽剛處最高之位,而六二以柔順自下應之,夫婦之正也,因爲三、四係而阻之,故其交未能遽合,至于三歲之久而婦不孕。然邪係之求，終無以奪正應之志，是以交終必合而得其吉也。五以二之不孕爲吉，三以四之不育爲凶，蓋君得守道之士，乃治之所由隆；而夫得失節之婦，亦家之所由替也。非九五之中正，孰能知六二之中正而取之哉！

上九：鴻漸于陸，其羽可用爲儀，吉。

陸當作逵，謂雲路也。儀，猶法則也。鴻之飛也，先後以行其序不亂，觀者可以見長幼之義焉，是其羽可用爲法則也。上九處高而無位之地，乃君子高尚其事而超然于物外者也。然即其陽剛之德，則所以修身慎行者，蓋不以無位而自廢，進固足以表儀于朝廷，退亦足以表儀于鄉里，雖不用，而道行矣，何吉如之！

漸六爻，皆取鴻之漸進爲象。初于干，進之始也；二于磐，則進于干矣；三于陸，則又進于磐矣；四于木，五于陵，則鴻之漸愈高而無復可進之地，故上以鴻飛爲義，而言于逵，則在天之表矣。君子之進身，豈无漸而躐致其極哉！

雷澤䷵兌下震上。　　歸妹，征凶，无攸利。

歸妹，猶言女歸也。妹，少女也。爲卦兌下而震上，以兌之少女而歸震之長男，故曰歸妹。漸，男下而女上，女之待迎而將歸者也。歸妹，女下而男上，女之已歸而從夫者也，故不曰女歸，而曰歸妹。又卦德內說而外動，爲從說而動之義，則少女之篤于情而不能自制者。不曰女歸而曰歸妹，又若其自歸然也。以爻位推之，三、四皆以陽居陰，男不以正，從女之象也；三、五皆以陰居陽，女不以正，從男之象也。男女相從，以正則吉，而今若此，則紊其內外之正道而非禮法所容矣，所以征凶也。又上卦以二柔而乘一剛，下卦以一柔而乘二剛，則夫屈于婦、婦制其夫之象也。夫婦相與，以順則利，而今若此，則亂其倡隨之常理而非室家所宜矣，所以无攸利也。六十四卦之象其不吉未有若此甚者，聖人爲狗欲之防嚴矣！

初九：歸妹以娣。跛能履，征吉。

娣，從嫁者。古者嫁女以娣、姪從。娣者，女娣。姪者，女姪也。陽剛在婦人爲堅正之德，然初九居下承二而上无正應，則從二以適五而爲之娣者也。治內，妻之職，娣无職焉。以其有堅正之德，則亦足以承事小君而相導之矣，猶跛者而能履亦未妨于其行也，故以征則吉。

九二：眇能視，利幽人之貞。

九二剛中，女德之堅正而溫良者也。然以其正應六五，柔暗失德，無丈夫之才，故九二雖有是德，而無以大成。內助之功，固不廢其門內之職，而所以輔佐其夫正身修德不失爲君子者，則未之及矣，如眇之能視，惡足以逮遠哉！此固賢女之不偶，若因此而遂失婦禮則非也，故又利于幽人之貞，欲其无恃堅正之能，而益懋溫良之性，幽靜自居，而不以乘其夫耳。臣之事君，義亦如此。

六三：歸妹以須，反歸以娣。

須，女之賤者。《天官書》：須女四星，賤妾之稱。三之位非賤也，而其不中不正，處說之極，則女德之甚賤者也。以賤女而適人，位雖非賤，安保其不爲人所賤哉？是以不免棄逐反歸而爲人之娣，終入賤流而已。士有不能自重而見棄于時者，何以異此？

九四：歸妹愆期，遲歸有時。

愆，過也。遲，待也。九四有堅正之德，時已過中，而未得正，應賢女之過期而未歸者也。以四之賢，非爲人棄，乃其守正俟禮，自有所待而後行耳。必有九四遲歸之慎，斯无六三反歸之恥。靜躁之德異而榮辱之效殊，仕于世者之所宜知也。

六五：帝乙歸妹，其君之袂不如其娣之袂良。月幾望吉。

五,尊位,女之貴者也。即其柔順而得中,女德之純者也。君,主也,猶言小君也。袂,衣袪也。六五以帝女而下嫁九二,其位雖貴,而能以德將之,不以輿馬服飾之盛而驕其夫,是以其君之袂不良于其娣之袂也。君降禮以示謙,娣備物以從制,故其反如此。月幾,望月盈也,以喻女德之全而無虧耳。女德無虧,則可以承事君子而大成其内治之功,何吉如之!歸妹六爻,未有如六五之善者。

上六:女承筐无實,士刲羊无血,无攸利。

承,奉也。筐,竹器,所以盛幣帛者。刲,猶割也。古者娶婦,三月廟見,始承祭祀,則婚禮至此終矣。承筐无實,刲羊无血,欲祭祀而不果也。上六歸妹之終而无正應,乃男女之合不以正而至于無終者,是以不果廟見而承祭祀,蓋不敢以誣其祖耳。如此則何以盡天下之大義而望室家之攸宜哉?其無所利甚矣!

歸妹六爻,六五貴者之歸也,初九賤者之歸也,九二歸而不獲其偶者也,九四有待而後歸者也。六、五位尊德盛,其至矣。初、二皆有其德而屈于人,時實為之也。九四以德而有待,則必良士正嫡而後從之,其抗志又非初、二可及也。三、上失德,或歸而復反,或配而無終,皆足以為喪身者之戒矣。

雷火 ䷶ 離下震上。　豐,亨,王假之。勿憂,宜日中。

豐者,大也,天下盛大之時也。為卦離下而震上,離明則物無不照,震動則事無不舉。以明而動,則凡可以具經制、飾治平而稱志意者皆無所不備矣,故以是為盛大也。假之為言致也,蓋有王者之大德,則有王者之大治,非小補者之所可及也。勿憂,宜日中,盛衰之機,相為倚伏,盛乃衰之漸也;豐大之時,正如日中之候,中乃昃之漸也。然王者深惡遠慮,自有挽回之功,徒憂何益哉,但當常保今日之盛,如日之常中,則可以照天下矣。而其盛衰中昃之機,固亦兢兢乎其不可忽也。

初九：遇其配主，雖旬无咎，往有尚。

　　配主，謂九四也。自我而適之曰配。旬，猶均也。初九，離明之主也；九四，震動之主也。非明則動無所之，非動則明無所用。如玄齡之謀，必資如晦之斷；如晦之斷，必因玄齡之謀，二者不可以相無也。初九以離明之才，處豐大之勢，而上遇九四震動之主，其才足以共濟，雖則剛應剛勢若均敵然，而初致其明實以動四之動，乃所以相益而無患于相形也，何咎之有？以此而行，則明動協力而保豐之治所由成矣，不亦可尚也哉！

六二：豐其蔀，日中見斗。往得疑疾，有孚，發若吉。

　　蔀，障蔽也。斗，北斗也。六二以離明之才，處豐大之世，上遇六五柔暗之主，爲之障蔽，雖有才智而無以自達，如日中之時本當光明，反至于晝昏而見斗也。二欲往而開其暗，則五之蔽錮方深，未遽相諒，適以取其猜疑忌嫉而已。然以二之柔中，則固有孚者也，但積其孚誠以感發五之志意，待其上下交通無間，而後昏暗乃徐可開耳。夫事君不取必于才而取必于信，此其所以善于用才，而道可行矣，其吉宜矣。

九三：豐其沛，日中見沬，折其右肱，无咎。

　　沛，古本作旆，謂幡幔也，其蔽甚于蔀矣。沬，小星也，小星亦見晝暗之甚。右肱，右手，人所用以作事者。折其右肱，皆指謂上六也。九三亦剛明之才，然以其應上六，柔暗益甚，而爲掩蔽，無以自達，故日中而見沬，若在長夜之時也。九三固有可用之才，而無能用之。上雖欲自致于用，其可得乎？如人之左手僅存，而右肱已折，雖欲勉強作事，莫之能矣。此豈三之咎乎？上爲之耳。咎不在己，何咎之有？

九四：豐其蔀，日中見斗，遇其夷主，吉。

　　夷，猶等也。初自下而偶四，則曰配四。自上而偶初，則曰夷。

九四之承五，猶六二之應五也，其皆暗之蔽無以異矣。四以震動之才，處近君之位，而昏暗方甚，非一己之力所能開之，但當下求初九離明之上與之戮力，則可以相資求濟而成保豐之治矣，此其所以吉也。

六五：來章有慶譽，吉。

六五以柔暗而居尊位，上六復以柔暗承之，爲其壅蔽，猶二世之用趙高、煬帝之用裴矩，此所以致豐蔀之咎，而賢才皆阻于上進也。然當其時，豈乏賢者哉？剛善者，近臣則有九四焉，遠臣則有九三焉，始進之臣則有初九焉。柔善者，大臣則有六二焉。無一而非章明之才也。若能不暗于上六之蔽，來此諸賢與之共事，則明動相資而保豐之治以成日中之盛，固可以常亨矣。福慶之隆，名譽之美，無不致之，吉之大者也。安有當晝而昏，未夜而暗，至于見斗見沫者哉！此非六五所能及，聖人設爲之訓，以開其迷耳。

上六：豐其屋，蔀其家，闚其户，闃其无人，三歲不覿，凶。

闃，猶寂也。上六處豐大之時，崇以壅蔽爲事，内以壅其君，外以壅天下之賢人，而卒以自壅其身，是故既豐其居，又從而障蔽之，高在天表，而人無敢窺其際者，亦孰得而見其面哉。此其自謂深嚴稱志，雖鈞天帝居，莫是之過，而富貴可常保矣。豈知壅蔽之禍成則天下之難作，而此身此屋遂至膏斧質而遊鹿麋哉！始也人欲見彼而不可得，終也從欲見人而亦不可得矣！此天下之至凶，古今之大戒也。

豐六爻，皆言豐之所以難保，而深悼壅蔽爲禍之大也。六五人君也，上六則爲之壅蔽者也，二、三、四則皆賢人之遭壅蔽者也，是以二、四見斗，三見沫。當豐大日中之候，而坐困長夜之幽，莫可知如何也。惟初九始進，非上六所深忌，故獨得無蔽焉，而入朝見妬,亦終不可保其後矣。然而來章慶譽,在六五一轉移之間耳。若上六者,禍其君而卒以自禍其身,而未之肯悔也,其秦檜所謂騎虎者歟! 吁! 合初、二、三、四欲成豐而不足,僅一上六乃敗豐而有餘,固岌岌乎其可畏哉!

火山 ☶ 艮下離上。　　旅,小亨。旅貞吉。

旅,行客也。爲卦艮下離上,止而有所麗之義也。凡行客在外,其正必有所主而麗之者,故以是爲旅。小亨,柔而亨也。六五柔得中乎外而順乎剛,夫以柔順之德而麗乎外,則隨其所麗未有不合者矣。天下之道,剛柔各有所用,而處旅則尚其柔,故曰小亨。旅貞,旅之正也。旅之所止,固必有麗,如六五之麗得其明,又旅道之正也。蓋由是則進退行藏皆可因之以裁其宜,而動無不善矣,何吉如之! 孔子之主蘧伯玉,旅貞也。樂正子之從子敖,非旅貞也。

初六:旅瑣瑣,斯其所,取災。

瑣瑣,猥細貌。初六陰柔居下,乃卑賤之人處旅不得志而因窮者也,務遠大而局于瑣細,眾之所鄙外也,此其自取災禍宜矣。

六二:旅即次,懷其資,得童僕,貞。

次者,旅所居也。資者,旅所用也。童僕者,旅所役使也。六二居得其中,是即次也。以陰處陰而不失其本,是懷資也。柔順與下而初六順之,是得童僕,貞也。即次則安,懷資則裕,得童僕貞則有所托,雖在旅寓之中,而終無悔尤矣,處旅之善者也。

九三:旅焚其次,喪其童僕,貞厲。

九三過剛不中,止而不下,驕暴自任,而不善于處旅者也。以此道而與眾,則激以致變,故迫離之炎而焚其次;以此道而與下,則虐以致畔,故攜初之志而失其童僕之貞。居則無以自安,行則無以爲侶,而進退維谷矣,危何如之!

九四：旅于處，得其資斧，我心不快。

處，暫止也。資，攜也。斧，所以防患者。九四居外而未得其中，旅之在途而暫止者也。即其以九四剛柔不偏，則謀足以慮遠，才足以禦亂，其防患固有道矣。然終不若即次之爲安，是以其心不快也。

六五：射雉，一矢亡，終以譽命。

雉，離象，本其位也。譽，聲名；命，福祿也。六五，尊者之旅也。然居五，則非旅矣。蓋自其昔旅而命復者言之也。六五有中順之德，離明之才，雖或遭時之困，暫旅于外，其才德固足以克享天心而非久困于旅者，是以自天降祥，一舉而光復其舊物若射雉然，一矢而遂亡之也。始雖有旅之困，而終獲聲譽福祿之隆矣。斯義也，夏后、少康足以當之。

上九：鳥焚其巢，旅人先笑後號咷。喪牛于易，凶。

上九以剛處高而不能下，終以自焚，若鳥之焚其巢。方其處高志得，不思安危倚伏之幾，故自矜而笑。及其焚巢禍起，又失順守其正之義，故不勝其恐而至于號咷也。牛者，柔順之物，謂六五也。上比五而乘之，若能下聽于五，資其柔順之助，必知旅亨旅貞之吉，何至自焚其巢而號咷乎！由其高亢不下，喪其柔順之助，是以致此凶耳。

旅六爻，大抵柔吉而剛凶。二、五皆柔中，故二懷其資，而五終以譽命。惟初以柔而處卑，則以之取災，而非專柔之罪也。三、上皆過剛，故三焚其次，而上焚其巢。惟四以剛而處柔，則得其資斧，而非尚剛之功也，蓋旅麗于人而吉者也，苟非柔巽謙下，固無以善其道矣。

巽爲風☴巽下巽上。　巽，小亨。利有攸往。利見大人。

巽也者，巽也，入也。一陰伏于二陽之下，陰性從陽，故巽而入之也。其象爲風。巽萬物而入之者風也，其在于人則爲命令之道焉。巽萬民而入之者，命令也。一巽，初命也。重之，申命也。故曰重巽以申命，小亨。小者，陰也。巽之成卦也，以陰命令之入人也以順。順天之理、順人之情，而命令行焉，則可以鼓舞萬民而使之從矣，所以亨也。利有攸往，命令者，文也；從而行之，乃實也。二、五陽剛，巽乎中正，則可以見之實行而不爲虛文矣。蓋命令之施也以順，而其行之也以健。利見大人：大者，陽也。初、四皆以陰而順乎陽，民從其主，臣從其君之義也。君令而臣行之，臣行君之令而民從之，則臣爲忠而民爲順，是以利見大人也。

初六：進退利武人之貞。

初者，命令之始也。命令之道，當斷之而必行，出之而不反，則可以一衆志而責成功。若二三其德，更改無常，適所以滋民之惑耳。初六以陰柔居巽之初，其德不果，故或進或退，不能自決，由其志之疑也。能如武人之貞，則其志決，而惟克果斷矣，欲其取人之長補己之短而已。

九二：巽在牀下，用史巫紛若，吉，无咎。

牀，尊者所坐。牀下，卑者拜跪以承尊之處也。史巫，皆所以導達誠意于鬼神者。凡辭命上施于下，則有詔策焉；下施于上，則有復逆焉。二，臣位，奉令而不出令，則其辭命，蓋復逆之謂也。下之事上也，貴恭而不厭其卑。其告上也，貴誠而不厭其詳。九二體巽，而能順中，實而有誠，故能恭。巽在牀之下，而以誠意煩悉其辭導達于上，如祭祀之用史巫而紛然其致詳也如此，則誠至而可以冀君之從，辭明而可以盡事之理，復逆之至善者也。事上之道于此乎盡矣，故吉且无咎。

九三：頻巽，吝。

九三，下巽之終，上巽相維之交也。一巽不足而再巽之，是以前

126

令爲未善，又反之而更爲後令者也，故曰頻巽。雖或後令勝前，然始之不慎，而致此反覆，則亦可羞吝矣。三下巽之終，故以爲令之反；四上巽之初，故以爲令之申。各隨所當，而取義不同也。

六四：悔亡，田獲三品。

六四，上巽之初，爲申命之義。以六居四，順而得正，又人臣而能巽于其君者也。君令之臣，勑而申之，可以致之于民而責其成功，是故以令祭祀則宗廟之禮修，以令賓客則邦國之交合，以令貢賦則府庫之實充，而國之大事無不舉矣。猶之田獲三品，而爲乾豆、爲賓客、充君庖，莫不具之也。言易致悔，故以悔亡先之。

九五：貞吉，悔亡，无不利，无初有終。先庚三日，後庚三日，吉。

九五，人君出令之主也。陽剛則令之果而不移，中正則令之善而不謬，得其出令之正者也，是故有合道之吉，無輕舉之悔，得成事之利。令之初出，人未能信，故无初。令之既久，事因以成，故有終也。庚，猶更也，凡令皆因變更而作者也。先庚三日，追其不善之緣，而欲圖其善也。後庚三日，防其不善之萌，而欲恒其善也。如此則有善無不善，而可以得更令之吉矣。

上九：巽在牀下，喪其資斧，貞凶。

上九，巽之極過于巽者也，資斧所以斷也。下之事上，當致其順；上之令下，當致其決。位之不同，而道所由異也。上九居上，而襲九二爲下之事，巽在牀下，失其決斷之道，而不自知也。蓋因保惜名位，顧戀人情，以致如此。然威柄既去，難且作矣，所以凶爲正耳。

巽六爻，皆言命令之事。九五，命令之主也，中正，故吉。初六，命令之始也，進退，則疑。上九，命令之終也，不斷，故凶。九三，前令之反者也，故吝。六四，後令之申者也，故獲。九二臣位，則下之令于上者，故巽在牀下而无咎。

兌爲澤☱兌下兌上。　兌，亨，利貞。

兌，説也。一陰見于二陽之上而説也。蓋陰性柔順，存于内則爲巽，見于外則爲説。上下皆兌，人己交説也，故爲兌兌。亨，説以感物。凡物莫不説而應之，則志意同而遠惡遠，故亨也。説之爲道，利于貞正。非道相説，則爲諂諛，爲邪佞，爲淫縱，動必獲戾，非説之善者也。卦體剛中而柔外，柔外所以爲説也，剛中則介而不黨，守而不隨，説而不失其正矣。

初九：和兌，吉。

初九陽剛得正，居説之初，蓋本其貞静之性而發爲喜説之情，私邪不得而累之，説之中節而無所乖戾者也，故曰和説。是可以通人己之志而順性命之道矣，何吉如之！

九二：孚兌，吉，悔亡。

九二陽剛得中，蓋本其中心之信而發爲喜説之情，非矯飾以狥人者也，故曰孚兌。己以孚而説之，則人亦以孚而應之，是以吉也。凡説易有失己之悔，如九二，蓋自信其當説而後説者，夫何悔之有！

六三：來兌，凶。

來，内向也。六三柔邪不正，中無所守，不能勝其媚説之私，而非交妄求，來就二陽，以致其説，乃小人之求説君子而不以其道者也。以内則喪己之節，以外則啓人之悔，其凶可知。

九四：商兌未寧，介疾有喜。

商，猶度也。介，辨之明也。疾，去之速也。九四承五乘三，若剛柔之際有君子小人之疑，故商度所説而其志未寧。然本其陽剛之德則固，果于與君子而不果于與小人者也，是以辨之明，決之速，終不爲媚説小人之所累，而能有喜也。

九五：孚于剥,有厲。

剥,謂上六也。陰能剥陽,故謂之剥。九五以陽剛中正之德,居至尊之位,而乃與上六柔說小人相比,蓋其志自與,德盛勢隆,雖或時畜弄臣以適其便嬖使令之願,亦未必其害治也。而不知陰小之輩,内非忠良,其巧言令色,孔壬以求適其君者,豈求適其君哉?將以求遂其中之所包藏耳。人君不虞其害而輕信之,未有不離其蠱壞剥蝕之禍者也,其危甚矣!

上六：引兌。

上兌之終也,六兌之主也,說已終矣而復引之,由其中溺私邪而未光大,是故或諛佞以媚人,或縱淫以適己,牽于說而不知止也,豈說道之正哉!不言凶者,人有小大,事有邪正,隨其所處,以爲禍福之差而不可以槩言之也。

兌六爻,皆說也。初九和兌,說本乎性者也。九二孚,兌說由乎中者也。六三來兌,說動于邪者也。九四商兌,說而有所擇者也。九五孚于剥,說而有所恃者也。上六引兌,說極而不知止者也。說過易流,故自三以後咸無善辭。

風水䷸坎下巽上。　渙,亨。王假有廟。利涉大川,利貞。

渙,散也,人心離散也。卦象風行水上,有離披解散之意。而卦體三陰三陽,分張錯居,初、四、二、五皆无應與,爲衆散之象,故曰渙。渙無自亨之理,而如卦之體以治,渙則有致亨之道,蓋九二剛來居内而得中則不窮,六四柔得位于外而上同于五則得其所附,九五正居尊位而有遠近之臣輔之,固可以治渙而致亨矣。王假有廟,治渙之道,以享祀爲先。蓋人知重本則知尊敬朝廷,而其渙可合也。利涉大川,以巽木而乘坎水,涉川之象也。渙者,天下之難也。涉難者必有所憑而後能濟。木者,仁者,固國保民之本存乎其仁耳。憑乎其仁,而後渙散之難可以濟矣。利貞,治渙之道又以貞正爲本,蓋不可以忽難而廢義也。

初六:用拯馬壯,吉。

馬,九二也。乘則馬在下,駕則馬在前。渙者,人心離散之時也。人心離散,必有所保受而後能濟,初六上無正應,而能以近相順求拯于二,二以剛中之才,其力又足以受而拯之,如脫患而得壯健之用,馬固可駕而免矣。才雖未及,而能依人以求濟,亦處渙之吉也。

九二:渙奔其机,悔亡。

机者,人所憑以爲安,謂初六也。凡濟渙者,下依于上,則有主而勢固;上依于下,則得衆而力強,交相賴者也。故初以二爲馬,而二又以初爲机也。九二有剛中之才,而未得其衆,不能自主,故犇就初六,憑依其力,而因之以爲安,亦可徐圖濟渙之功矣,此所以悔亡也。

六三:渙其躬,无悔。

六三居内之上而志應于外,其才雖不足以濟渙,亦能以其身而殉之者也,故曰渙其躬,謂不有其身也,是亦可以无悔矣。

六四:渙其羣,元吉。渙有丘,匪夷所思。

人心之所以渙散,由各私其黨而不能一志于上也。六四居得其位,而上同于五,不牽于初、三而從之,是能渙其陰類之羣,杜私門而強公室者也,得治渙之道矣,故元吉。丘,聚也。夷,常也。渙其羣,非渙而分其羣也,渙其羣于私者,而聚于公耳,是故因渙而能以致聚。此固高見遠覽之所到,而非常人思慮所可及者也。

九五:渙汗其大號,渙王居,无咎。

汗,如汗之出四體,無不浹洽也。居,蓄積也。人臣私其羣,而後其民渙;人君私其居積,而後其臣與民渙。蓋民聚于下則心離于上矣,財聚于上則民散于下矣。反其所爲,乃治渙之道也。九五有陽剛中正之德,無植己專利之私,故當渙之時爲能大發號令,散其所居積之財貨,以大濟乎天下而不敢吝爲己私,是故可以合臣民之心而一其渙散矣。此治渙之要道,而能行之,何咎之有!若鹿臺之財,鉅橋之粟,紂不自渙而待武王渙之,則咎之大者也。

上九:渙其血,去逖出,无咎。

上九陽爻,巽體在卦之外,不與治渙之責者也。然陽剛則有克亂之才,巽順則有克難之智,有不足以保其一身者乎?是以渙其血則血去,渙其惕則惕出,超然于利害之外而得以无咎也。

渙六爻,皆以治渙爲義。處下者以保聚爲急,故初用拯馬壯吉;二奔其机,而悔亡,居上者以大同爲公;故四渙其羣而元吉;五渙王居而无咎。蓋非有在下之保聚,則人心紛然而無統;非有在上之大同,則各聚其聚而無以合于一矣。三在渙之中,故渙其躬而無悔。上在渙之外,故渙其血,去惕出而无咎。蓋當事者不可以顧身,而无位者自可以免禍也,各視其所居之地而已。

水澤☲☱兌下坎上。　節,亨,苦節不可貞。

節,猶制也,限也。物過度則无節,爲之制以限之,使不過也。其字從竹,竹中虛而節止之,亦有限之義也。爲卦兌下坎上,兌以一陰來而節乾之剛,坎以一陽上而節坤之柔,則陰陽適均而无過剛過柔之患。又卦德内説而外險,説者人情之易流也而以之行,險則思難而止爲不過之義,是以謂之節也。夫陰陽,天地之道也。純而文之,則曰賁焉;過而限之,則曰節焉。即二卦而進反之義盡之矣。節,亨,凡事有節則裁制得中,可以通行而無弊。又九五陽剛當位,以其中正之道節天下,而民樂從之,是以亨也。苦節,謂上六也。凡食物鹽過則味苦,人勞過則形苦,思過則心苦,故節過者謂之苦節。節苦則矯激過情,損約無度,而人將病其難行,是以不可固守以爲貞也。

初九:不出户庭,无咎。

户庭,人所由以出入也。初居下無位,前遇九二,塞其所由之途,雖有六四正應在上,而其時未可出也。初九以剛正之德處之,爲能斟酌通塞,知其時之未可,慎密而不輕出,蓋知節而能節之者也,是可免于失身害事之患矣,故无咎。

九二:不出門庭,凶。

兩户爲門,謂外户也。二者臣之位,三、四皆柔,前無阻塞,上有九五同德之君,所宜出而從之,而九二與之無應,是知節而不知通,失時之極者也。居其位而欲辭其難,將何以免凶乎?

六三:不節若,則嗟若,无咎。

三以陰柔不正,處説之極,乃縱情逸樂而不知節者也。樂極則悲生,是故愁嘆咨嗟隨之而不能以自安矣。自取之也,又誰咎乎?

六四:安節。亨。

九五以剛中當位,爲節之主,六四以順正之德,而上承之,能安受其節制而無所勉强者也。上可以事君而無矯僭之非,中可以保身而免盈溢之患,下可以治民而成謙約之俗,皆是道也,何亨如之!

九五:甘節,吉,往有尚。

凡味甘者,人之所嗜;苦者,人之所厭。甘節云者,節得其中當理而順乎人心之謂也。九五陽剛中正,當位以節,是以節而得中,可通行而無弊者也,吉何如之!率是而往,則人皆樂從,而節制之俗可達于天下矣!此其所以有可尚之功也。

上六:苦節,貞凶。悔亡。

上六,節之極,節過而苦者也。苦節不可貞而固守之,其凶可知。

然禮與其奢也寧儉，行與其泰也寧約，節之而過猶愈乎不節之嗟也，是亦可以亡其悔矣！或疑苦節何以遽凶也？曰：居上，故不可也。居下而苦節，節止其身，雖過不爲害也。居上而苦節，且將以是而律人，苟至于不堪而生變，則失人敗事之由也。是故居上而苦節者其害與奢泰等而又甚之。

節六爻，九五節之主，以中正之道而節天下者也。初九當節而節者也。九三不當節而節者也。六三當節而不節者也。六四節之安者也。上六節之過者也。即六爻，而節之義略具矣。

風澤 ䷼ 兑下巽上。　中孚，豚魚，吉。利涉大川，利貞。

中孚，信也。爲卦兑下巽上。通一卦言之，三、四皆柔而中虛，以無僞而相合者也。分二卦言之，二、五皆剛而中實，以至誠而相應者也。又以卦德言之，則以和說之道而巽入于人，亦誠信之義也，故爲中孚。豚魚，物之冥躁而難感者。然誠飼之則集，計取之則遁，亦未嘗不可以信感也。信及豚魚，則信無不感而孚乃化邦矣，何吉如之！利涉大川，誠信之道又可以濟難也。卦象以巽木而汎兑澤，爲乘舟之義。卦體外實中虛有舟之象，信之可憑以濟難，猶舟之可乘以涉川也。人能有信，則衆皆歸之，雖在患難之中，亦以衆助而能免矣！利貞，誠信之道又貴于得正也。蓋信得其正，則合乎天理之公而可以常守；信不以正，則出于小人之諒而不可以固執矣。尾生、白公之信，所以害于而身、凶于而國，皆不正之過也。

初九：虞吉，有他不燕。

虞，度。燕，安也。初九承二而應四，二陽可信，四陰不可信也。初九以剛正之德，居中孚之初，其志未變，爲能度其所可信者信之，所以信得其正而爲吉也。然相信之道專則固，貳則惑。初既信二，若又有它志于四，亦未免紛亂而不安矣。

九二：鳴鶴在陰，其子和之。我有好爵，吾與爾靡之。

鶴，高潔之鳥，謂九二也。陰，幽僻之處，二在重陰下之象。子，謂初九也。我，九五也。好爵，天位也。爾，自五而命二也。九二有剛中之德，初九亦以剛正自下承之，由其至誠充積于中，故德孚于人而取法焉，譬諸鶴鳴而子和也。雖居幽僻之中不求人知，然至誠上達自不可掩。九五且以同德相求，舉之有位而靡以好爵矣。將欲終自韜晦，其可得乎？二非求五而五自求二，故設爲自五命二之詞如此。

六三：得敵，或鼓或罷，或泣或歌。

敵，謂六四也。三、四俱陰，有均敵之義。鼓，擊鼓也。罷者，止不擊也。六三陰柔不正，近說六四，而遂信之。四亦陰柔，與三敵德，無以相尚，要未足信者也。夫既不能自信，而又信非其正，豈有定守者乎？是以時而樂也，既鼓矣，鼓之不終，而又罷；時而哀也，既泣矣，泣之未忘，而又歌。雖其性情之間猶且不能自主如此，況足與論久要之信乎？

六四：月幾望，馬匹亡，无咎。

六四雖陰，然居得其正，是能全其陰德而無虧者也，如幾望之月，亦足與日稱盈矣。故雖與六三爲類相比，而能絕之上行以巽乎五之剛，猶馬之亡其匹，不以駕駟而自絆其騏驥之足也。固未足于陽剛之道，即其舍陰從陽之志亦庶幾乎知所信從者矣，夫何咎之有哉！

九五：有孚攣如，无咎。

九五與九二同德相求者也。雖爲二陰所間，而好德之誠自不可奪，故其誠孚于二，若以手相攣結而莫之能解，不惜其好爵之貴而樂與之靡也。夫居人君之位，而能至誠以信天下之賢，君德莫善于此矣，故无咎。

上九：翰音登于天，貞凶。

> 翰音，雞也。巽爲雞，雞知報曉，不失其信者也。登于天，謂居上
> 也。上九居中孚之終，過于信而不知變，所謂硜硜然小人之信
> 也，猶翰音之爲物，僅知信于報曉而已。夫大人，言不必信，行不
> 必果，惟義所在，豈爲是硜硜然哉！以硜硜然之小人而居尊位，
> 乃翰音而登于天，非其所能及也。執小信以亂大道，尙小節以敗
> 大謀，雖使所信得正，亦取凶之道矣！
> 中孚六爻，九二孚之主也，下信于初而和之，上信于五而爵之，所
> 謂孚，乃化邦者也。其餘五爻，初承二，四承五，五應二，皆信得
> 其正者，故初虞吉，四馬匹亡，五有孚攣如，皆无咎也。三承四乃
> 信非其正者，故得敵而或泣或歌，失其守而不自知也。上孚之
> 終，信極而不知變，則爲翰音登于天而征凶矣。

雷山☲☶艮下震上。　小過，亨，利貞。可小事，不可大事。飛鳥遺之音，
不宜上，宜下，大吉。

> 小過，陰過也。小者，陰也。爲卦艮下震上，四陰二陽，陰多于
> 陽，小者過也，故爲小過。君子寡而小人衆之象也。亨，利貞，皆
> 謂陰也。陰過，故可以亨，然必利于貞正，庶無蔑陽之患。否則
> 于陰雖亨，而于天下之大勢則爲否矣。蓋小過，小人之時也，故
> 聖人不得已而猶致望于陰如此。小事若錢穀刑獄之類，大事謂
> 裁成輔相之業也。小人可小知而不可大受，惟君子斯可大受耳。
> 二、五柔得中，猶爲小人之貞，故可以小事。三、四剛失位而不
> 中，是爲君子之窮，故不可以大事也。飛鳥，卦體中實如鳥之身，
> 上下虛而張如翼。飛鳥遺之音，下可聞于人，上不可聞于天，猶
> 陰居上則爲逆，而居下則爲順，是故五上乘陽，非陰之所宜也。
> 惟初二居下而承陽，所爲不失其宜，而大吉耳。

初六：飛鳥以凶。

初六，小人居下而始進者也。小人雖始進，而其志恒在于高位，猶鳥之飛而其志恒在于上騰也。鳥飛而不已，則必入于網羅。君子進而不已，則必陷于誅戮，其將如凶何哉！

六二：過其祖，遇其妣。不及其君，遇其臣。无咎。

祖，陽之尊者。三在二上爲父，四則祖也。妣，陰之尊者，謂六、五也。陽爲君，謂三、四。陰爲臣，謂二也。過，猶越也。遇，猶合也。六二柔順得中，上承三、四，過而不過，然即其所居之位亦不可以有過者也，故使其逆而上進，則過三、四而遇六、五，是越其祖而遇其妣，悖道也。惟順而在下，則遜三、四以居上而自遇其二，是乃不及其君而適合于爲臣之常分，斯可以无咎耳。

九三：弗過防之，從或戕之，凶。

九三以陽居小過之時，弗能過乎陰者也，故曰弗過。防，防陰也。既弗能過乎陰，則當謹而防之，以毖其患。蓋初、二雖居下，其志未嘗一日不在于上陵也。九三過剛，非能知防患之道者。若玩之不防而苟從之，則初二且或乘時並起，而戕害之矣，凶何如哉！

九四：无咎。弗過遇之，往厲必戒。勿用永貞。

无咎，謂九四之所處進退維谷，可以咎己而不可以咎人也。蓋九四當小過之時，居二陰之下，既弗能過乎陰，而又遇之，欲往而與之共事，小則爲其所牽制，大則爲其所擠陷，固有必至之危，而在所當戒。若守貞而不往，輕則爲其所妬忌，重則爲其所陵逼，亦有不測之患，而又不可以固守也，是亦惡能長久而無變哉！蓋君子不幸而遇陰過之時，惟見幾而早去之，可以自免。苟遲回不決而濡迹于其間，待其事窮勢迫，則進退皆無策矣。

六五：密雲不雨，自我西郊。公弋取彼在穴。

陽者，君之道也。六五以陰居至尊之位，則不足以倡率天下而大成其致治之功，譬諸雲盛無雨，以其自我西郊而陰爲之倡耳。

弋,以生綿繫矢而射也。弋以射飛走,用取穴物,非弋之宜也。六五居至尊之位,其道當用君子而不當用小人。今乃舍三、四之陽,而下與六二爲應,猶之以弋而取穴物者也,其失君人之道甚矣!

上六:弗遇過之,飛鳥離之,凶,是謂災眚。

離,麗也。天災爲災,人災爲眚。上六,小過之極。小人居高位而其勢已亢者也。是以弗能下遇乎陽,而竟過之。夫陰豈可以過陽哉?適以自取危亡焉耳。如鳥飛不止,而自麗網羅,弗可免也。此固天降之災,亦其自作之眚,凶孰大焉!

小過六爻,四陰爻皆小之過者也。過起于初,而極于上,故初飛鳥以凶,上則飛鳥離之矣。二、五雖皆柔中,然居下則順,而居上則逆,故二猶可以无咎,五則密雲而不雨矣。二陽爻皆大之不過者也,故三、四皆曰弗過。然三在陰上,則當防之;四在陰下,則亦不免于遇之矣。是故小過,小人之時也,君子惡可以有爲哉!

水火☲☵離下坎上。　既濟,亨小,利貞。初吉,終亂。

既濟,事已成也。濟者,渡水之名。渡水而濟彼岸則成矣。爲卦離下坎上。火本炎上,降而居下,則有以濟水之寒;水本潤下,升而居上,則有以濟火之熱,而陰陽各得其用,故爲既濟。亨小,當作小亨。小者,陰也。事之未成,則以剛克之而後立;事之既成,必以柔撫之而後安。故既濟之亨,以陰亨也,利貞。既濟六爻,陰陽各正其位,乃其所以爲濟者也,稍易位則失其濟矣。故處既濟之道,惟利于守正而不利于改作也。初吉終亂,天下之勢,一治一亂,相爲倚伏。既濟之初,乃反亂爲治之時,當處之以無事,而六二以柔中撫之,故吉。既濟之終,則治窮亂生之漸,當克之以勇爲,而上六以過柔居之,故止而亂成也。窮而變,變而通,則不止而可以無亂矣。

初九：曳其輪，濡其尾，无咎。

既濟之初事已成矣，已成而復爲之，是以多事自擾其成也，爲有咎矣。車曳輪則不前，狐濡尾則不渡。初九剛明得正，故能慎重如是，是可以撫已成之運而得安常之道矣，何咎之有？

六二：婦喪其茀，勿逐，七日得。

茀，車蔽也。婦人之車，四圍設蔽，所以自障飾也。喪其茀，則無障而不可行矣。六二以文明柔中之才，能度時審勢，以制行止之宜者也。當既濟之時，陰陽各正其位，故二、五雖應，而其情不接，上無下賢之君，則賢者雖有其才無自行之，如婦之喪其茀也。勿逐，勿求也。七日，更六爻而反至本位，其數七也。處既濟者，不可以有爲終。既濟而求濟，則又不可以無爲，以六二之才而遇求濟之時，則雖不求用于君，而君將自求之矣，是以勿逐而七日得也。

九三：高宗伐鬼方，三年克之，小人勿用。

高宗，商王武丁也。鬼方，南蠻，所謂羅施鬼國者，即今貴竹諸夷是也。既濟之時，天下無事，則小人之好事者必將僥倖邊功，以求中其君。九三過剛不中，蓋小人之好事者，聖人因設爲之戒曰：高宗以位則君，以德則賢，其不得已而伐鬼方以求濟也，亦且三年而後克之，憊亦甚矣。若九三之小人欲襲而用之，于既濟之後有不敗天下之成功者乎？三陽剛，亦以爲小人者，柔惡剛惡，皆小人也。

六四：繻有衣袽，終日戒。

繻，讀作濡，謂滲漏也。衣袽，衣之絮也。絮可以塞滲漏。六四處既濟過中之時，事已變矣，而有柔順得正之才，則能因時慮變而預爲之防者也。如舟或滲漏，而已先有衣袽之備，且能終日戒懼，又不以有備而自怠也，如是則何胥溺之足患哉？大抵既濟六爻，內三爻則貴于安常，外三爻則貴于慮變。

九五：東鄰殺牛，不如西鄰之禴祭，實受其福。

　　東，陽方，謂五。西，陰方，謂二。牛，太牢，禮之盛者。禴，夏時祭名，用薄物以享也。二虛而五實，故以爲厚薄之異。既濟内卦方濟而無事，外卦濟過而變生，則五之時不如二之時也。如東隣殺牛，其物雖盛，西鄰禴祭，其物雖薄，而東鄰之誠不如西隣之誠，則受福者固在西鄰而不在東鄰矣。蓋祈天永命者，繫其時不繫其位；奉祭受福者，繫其誠不繫其物。

上六：濡其首，厲。

　　上六，既濟之終也。濟終則復反于未濟矣。故既濟之初不可以妄動，動則生事而毀其成；既濟之終不可以苟止，止則怠事而養其亂。上以陰弱之才，處既濟之終，是怠事而養亂者也。如濟川者，一濟之後，遂棄舟毀楫，自謂永無波濤之患，而不虞其有它也，一旦再有當濟之處，將何以求濟乎？必至于濡首沉身而已，危可知也。

　　既濟六爻，内三爻事成之初，宜静不宜動，故初曳輪无咎，二喪茀勿逐，三小人弗用也；外三爻事成之後，變且作矣，宜備不宜忽，故四有衣袽而戒，上濡其首而厲也，五雖居尊而時過，故殺牛而無福。二雖處卑而得時，故禴祭而吉來。君子之于天下，亦觀于其時焉耳。

火水䷿坎下離上。　　未濟，亨。小狐汔濟，濡其尾，无攸利。

　　未濟，事未成之時。未濟非不濟也，有所待而後濟爾。爲卦坎下離上，火上騰而水下注，其氣不交而不相爲用，故爲未濟。未濟有終濟之理，本可以亨，而六五以文明柔中，處將濟之時，則又能乘機審勢，善于求濟以致亨者，故未濟亨也。小狐，謂初六也。汔，幾也。濡其尾，不能濟也。老狐多智性疑而不果于濟，故以智則達；小狐智不足而果于濟，故其力不續，濡尾而不克濟。初六陰柔,譬之小狐;志剛,譬之小狐之果于濟,而以處未濟之初,則不能度其不可濟,□□濟之矣,是故終不足以濟險而無攸利。

初六:濡其尾,吝。

初非可濟之時,下非可濟之位,六非可濟之才,因其處陽志剛,故不能度德審勢而果于求濟,即象所謂小狐是也,如是則將至于濡尾而不克濟矣,吝孰甚焉。

九二:曳其輪,貞吉。

曳其輪,車行而下峻畈,則倒曳其輪,而使之緩行,斯可以無顛仆之患。未濟內三爻,皆未可濟之時也,而以九居二,剛得其中,爲能不極其剛以自取困,若車行而曳其輪然也。以此而處未濟,則于道爲貞,而事將終可濟矣,吉何如之!

六三:未濟,征凶。利涉大川。

利上當有“不”字。三亦未可濟之時也,而以六居三,才弱志剛,不中不正,則于未可濟者且將不度其宜而冒爲之矣,是故以征則凶,而不利于涉大川也。凡未濟而求濟者,必順乎天理,必因乎人情,必審乎時勢。雖其力足以濟,而于是三者不可忽也。

九四:貞吉,悔亡,震用伐鬼方,三年,有賞於大國。

九四,未濟已過中矣,可以濟□□也,而以九居□剛柔不□則有能濟之才□□貞吉而悔亡也。震,長子也,四近五,有儲貳之義。□未濟而求濟者,時之未至固不可先時而妄作;時之既至,亦不可後時而苟安。如九四之才,則當以伐鬼方,撥亂世而反之正,至于三年之久,則未濟者以濟而有賞于大國矣。

六五:貞吉,无悔。君子之光有孚,吉。

悔亡者,本有悔而亡之,若无悔則本未嘗有悔也。六五文明柔中以居尊位,而爲未濟之主,盡處未濟之道者也,是以貞吉而無悔。

何也？共濟天下之未濟者，光暉既發越而不可掩矣，皆本其柔順積中，自然而然，非勉强矯飾之所及也。夫孰有不吉者哉？

上九：有孚于飲酒，无咎。濡其首，有孚失是。

未濟内三爻，未可以濟也。外三爻，則未濟者濟矣。四之用伐，五之有孚，皆所以濟其未濟者也。若上九居事之外，而无其位，則將復何爲哉！蓋未濟而至于五，乃既濟也。未濟之上則既濟之初也，惟有孚于飲酒以自樂其常。□□蓋必如□，斯可以无咎。若生事喜功，□□□作取困，則□□□□□然而一張一□□□□即飲酒可也。苟縱酒而至于濡首，則亦非所謂有孚者，而失其義矣。

未濟内三爻，未可濟也，當静以待之，故初以濡尾致吝，三以妄征取凶，惟二以得中而曳其輪則无咎也。外三爻，則濟其未濟者也，四居濟之始，五爲濟之主，皆當有爲以成之。故四以伐遠受賞，五以有孚用光，而皆吉也。惟上九居未濟之終，則復于既濟矣，故又以有孚于飲酒爲安其常焉。一動一静，各惟其時，君子何容心哉！

右《周易經解》二卷，族祖晉菴先生所以便童蒙講習也。先生著書凡一十九種，今家藏抄本惟《經濟要略》及此書尚存。《經濟要略》已於嘉慶元年聚珍彙訂，而此書抄本又甚寥寥。煜輩恐其湮没失傳，先哲啓發後□□□心或幾乎息也，爰商諸同志，聚珍纂輯，□□魯魚亥豕，亦緣抄本相沿，末學尠聞，未敢□□□□□□博雅君□□以□逮□□。

金華先民傳

金華先民傳目錄叙

叙曰：金華爲浙東名郡，人物踵生，自昔稱小鄒魯，而於斯爲盛。其傑然者國史固已有傳。而卷帙浩繁、不便考求，其或鄉評可稽，史所弗錄者。歷世漸遠，傳聞日微，亦將聲銷迹泯，竟與石火電光，同歸變滅而已。此則尚論者之所憫也。吳禮部緣是輯《敬鄉錄》，然僅止宋季，且本因文以著其人，其諸嘉言善行，崇德茂勳，無文可託者，或未之詳。勝國以及創業之初，鄭清逸《賢達傳》，彬彬具矣，惜乎偏狥目前，而往事多漏。成化間太守周公所輯郡志，大率襲鄭舊耳，其於銓量之予奪，科條之前後，記載之詳略，觀者均不能無遺憾焉。矧閱今踰七十年，亦未有嗣而輯之者。居閒論古，慨思有述，輒本三公遺編，參以歷代史傳，及諸大家文集，併採近世名賢家狀碑誌而附益之。於是因人而詳著其事，因事而核定其人，分爲道學、名儒、名臣、忠義、孝友、政事、文學、武功、隱逸、雜傳十類、臚而列焉，總之曰先民傳。其記載之體，一節著稱者，雖數語不爲簡；羣行兼備者，則累牘不爲繁。要以一覽悉其人品大小之實。至於舊存歷銜而事行無徵，及事行僅存而無取於觀法者，則皆輟而弗書，以從實錄，非敢謬司監定人物之權,亦聊以攄景行之私焉耳。尚友君子,或將有取於斯云。

嘉靖戊午春二月朔,後學永康應廷育仁卿書。

是書始自三十二年之夏,至三十七年之春,凡五易稿乃克成編。其所引用古今書籍凡四十餘種:

後漢書	吳志	唐書
宋史	元史	十九史詳節
通鑑綱目	宋名臣言行録	齊東野語
蘇東坡文集	朱子大全集	龍川文集
真西山文集	續文章正宗	文獻通考
黃文獻公集	敬鄉録	吳淵穎集
宋潛溪集	浦陽人物志	王忠公文集
賢達傳	革朝遺忠録	一統志
皇明文衡	續通鑑綱目	府志
錢山民私志	正學編	金華文統
楓山文集	金華縣志	蘭谿縣志
永康縣志	浦陽縣志略	武義縣志
東陽人物志	義烏人物志	褒忠録
傳芳録	文獻録	江陰縣志
皇明通紀	東莞縣志	

傳之詳者,每參合三四書足成之。

金華先民傳卷一

道學傳 凡七人

呂祖謙	徐僑	何基	王柏	金履祥
許謙	章懋			

《語》曰："君子學以致其道。"夫天地設位,而道立焉。聖人所以參天地而爲三者,亦道焉耳矣。是故道學也者,聖學也,孟子所謂由堯、舜、湯、文至于孔子其所聞而知之者,此也。及孟子没,而其傳泯焉。更兩漢、三國、六朝、唐、五季,寥寥千數百年,道術將爲天下裂矣。至宋,周、程、張、朱者出,然後道學之傳復續。當時忌者,或乃剌取其名,用爲詆訶排擯之地,而不知此適所以爲借譽之深也。其後元人纂修《宋史》,因遂以道學立傳而表章之,是可以見天理之在人心,雖或暫晦於一時,而弗能終掩於萬世矣。吾婺道學,倡自東萊吕先生,實與朱子及南軒張子爲友,若徐毅齋則嘗親及朱子之門,而何北山又得朱子再傳之學於勉齋黄氏,授諸王魯齋、金仁山、許白雲。論者咸謂吕、朱、張爲南宋斯文鼎峙,而以何、王、金、許爲朱學之世嫡,且號吾郡曰小鄒魯,不其諒哉!夫四海之廣,千歲之遠,寥寥絶響者,而乃肩駢踵接叠見於一郡百數十年之間,可謂盛矣。今特考論其世,併以我朝楓山章先生續焉,述爲《道學傳》,冠于諸傳之首。孟子有言:"去聖人之世,若此其未遠也;近聖人之居,若此其甚也,然而無有乎爾,則亦無有乎爾。"吾衰殊以無聞爲懼,同志之士,其亦有觀感而興者乎!

吕祖謙

吕祖謙,字伯恭,金華人。宋尚書右丞好問之孫也。本其郡望東萊,學者因稱東萊先生。其上世文靖公夷簡居壽州,至右丞從駕南渡,始居金華。祖謙之學,本諸家庭,有中原文獻之傳。長從林之奇、汪應辰、胡憲游,既又友張栻、朱熹,講索益精。南宋語道學者,莫盛於乾淳間,惟祖謙與熹、栻爲得其宗,天下共推仰之。初蔭補入官,後舉進士,復中博學宏詞科,調南外宗學教授。丁内艱,居明招山,四方之士争趨焉。除太學博士,待次添差教授嚴州,尋復召爲博士,兼國史院編修、實録院檢討官。輪對,勸孝宗留意聖學,言陛下所當留意者,夫豈鉛槧傳注之間哉!宅心制事,祗畏兢業,順帝之則,此聖學也。親賢遠佞,陟降廢置,好惡不偏,此聖學也。規模審定,慮始圖終,不躁不競,此聖學也。陛下誠留意此學,日就月將,緝熙光明,實理所在,陛下當自知而自信之矣。本原既得,萬事有統,若網在綱,若農有畔,非若乍作乍輟、漫無操約者之爲也。且言恢復大事,規模當定,方略當審。陛下方廣攬豪傑,共立事功,臣願精考察使之確指經畫之實孰爲先後,使嘗試僥倖之説不敢復陳於前,然後與一二大臣定成算而次第行之,則大義可伸,大業可復矣!召試館職,除秘省正字。嘗讀陸九淵之文,喜之,而未識其人。考試禮部,得一卷,曰:"此必江西小陸之文也。"揭曉,視果九淵,人服其精鑑。父憂,免喪主管台州崇道觀。越三年,除秘書郎、國史院編修、實録院檢討官,以修撰李燾薦,重修《徽宗實録》。書成進秩,面對:"治道體統,必上下内外不相侵奪而後安。鄉者陛下以大臣不勝任而兼行其事,大臣亦皆侵細務而行有司之事,外至監司守令,職任率爲其上所侵,而不能令其下,故豪猾玩官,府郡縣忽省部掾屬,淩長吏,賤臣輕柄臣。平居未見其患,一旦有事,誰與指麾而伸縮之耶!如曰權任太重,懼其不能無私,則有給舍以出納焉,有臺諫以救正焉,有侍從以詢訪焉。儻得端方不倚之人分處之,自無專恣之患,何必屈至尊以代其勞哉!人之關鬲脈絡，少有壅滯，久則生疾。陛下於左右雖不勞操制，苟玩而弗慮，則聲勢浸長，趨附浸多，過咎浸積。內則懼爲陛下之所譴而益肆壅蔽，外則懼爲公議之所疾而益肆詆排。臣願陛下虛心以求天下之是，執要以總萬事之機。勿以圖任或惕，而謂人多有可疑；勿以聰明獨高，而謂智足以徧察；勿詳於小，而忘遠大之計；勿忽於近，而忘壅蔽之萌。"又言："國朝治體有遠過前代者，有視前代爲未備者。夫以寬大忠厚建立規模，以禮遜節義成就風俗，此所謂遠過前代者也。故於俶擾艱危之後，駐蹕東南踰五十年，無纖毫之慮，則根本之深可知矣。然文治可觀，而武績未振；名勝相望，而幹略未優。故雖昌熾盛大之時，此病已見。是以元昊之難，韓、范極一時之選，而莫能平殄，則事功之不競可知矣。臣謂今日治體視前代未備者，固當激厲而振起；遠過前代者，尤當愛護而扶持。"以末疾請祠。先是書肆有書曰"聖宋文海"，孝宗命臨安府刊行，學士周必大請委館職銓擇，以成一代之書。祖謙承命，斷自中興以前，崇雅黜浮，類爲一百五十卷，至是上之，賜名《皇朝文鑑》，詔除直秘閣、主管武夷山冲佑觀。明年，除著作郎兼國史院編修官。不就，添差兩浙東路安撫司參議官，亦不就，改主管亳州明道宮。淳熙五年七月卒，年四十五。其學以關、洛爲宗，而旁稽載籍，不見涯涘。心平氣和，不立崖異，一時英偉卓犖之士皆歸心焉。少褊急，一日誦孔子言"躬自厚而薄責於人"，忽覺平時憤懥渙然冰釋。朱晦庵嘗言："學如伯恭，方是能變化氣質。"其所講畫，將以開物成務，既臥病，而任重道遠之意不衰。居家之政，皆可爲後世法。修《讀詩記》，參取毛、鄭氏之說，而斷以己意，其精思獨詣，往往超出前人意表，而亦未嘗有輕議前人之心。《大事記》，起春秋，終五季，書法視太史公，所錄不盡用策書凡例，其條綱端緒，概見於《通釋》《解題》二書。晦翁嘗云："伯恭《大事記》甚精密，古今蓋未有此書。"考定《古周易》《書說》《閫範》《官箴》《辨志録》，皆行于世。弟祖儉，編其雜文爲《呂太史集》及《別集》、《外集》凡三十餘卷。晚年會友之地，曰麗澤書院。

既没，鄉人即而祠之。理宗朝賜謐成，爵開封伯，從祀孔子廟庭。參用《宋史》及《正學編》修。

徐　僑

徐僑，字崇甫，義烏人。初受學於東萊門人葉邦。淳熙十四年，舉進士。調上饒主簿，復及朱晦庵之門，而卒業焉。晦庵稱其明白剛直，析理殊精，因命以“毅”名齋。歷紹興、南康司法，皆以憂去。開熙和戎，議函大臣之首，僑上書言非所以立國。時多其能盡言。嘉定七年，由嚴州推官滿考，差主管刑工部架閣文字，除國子學錄，召試館職，除秘書省正字，遷校書郎，兼益王府教授。請外，知和州，徙知安慶府。十一年，除提舉江南東路常平。上書極言時政，請詔大臣以正己之道正人，憂家之慮憂國，庶幾救安於已危，迓治於將亂。丞相史彌遠怒，令言者劾罷之。理宗即位，禮部侍郎真德秀奏亮直敢言如徐僑者，願置之言地。不報。時葛洪、喬行簡在從官，代爲請祠，迄不受祿，既遂，引年告老。紹熙六年，彌遠卒，朝廷更化，收用老成，落致仕，除直寶謨閣，提點江東刑獄，尋除秘書少監，改太常少卿，皆辭。逾年，趣召入覲，手疏以正心爲本、知人爲急，凡數千言，皆感憤剴切。帝慰諭之，顧見其衣履垢敝，愀然曰：“卿可謂清貧。”僑曰：“臣不貧，陛下乃貧耳。”帝曰：“朕何爲貧？”僑曰：“陛下國本未計，疆宇日蹙，權倖用事，將帥非才。旱蝗相仍，盜賊並起。經用無藝，帑藏空虛。民困於橫斂，軍怨於掊尅。羣臣養交而主孤立，國勢阽危而上不悟。臣不貧，陛下乃貧耳。”又言：“女謁、宦官互相囊橐，誕爲二豎，以處國膏肓。而執政大臣又無和緩之術，陛下此之不慮，而耽樂是從，世有扁鵲，將望見而却走矣。”時貴妃閻氏方有寵，而內侍董宋臣表裏用事，故僑對及之，帝爲之動容太息。明日，遂手詔罷邊帥之尤無狀者，申儆羣臣，以朋黨爲戒，命有司裁節中外浮費，而賜僑金帛甚厚。僑固辭不受。除兼侍講，尋兼權國子祭酒。勸講之際，開陳友愛大義。皇子竑由復爵。且建言：子思宜配享孔子，周惇頤、程顥、張載、朱熹宜列從祀，王安石宜廢勿祀，趙汝愚宜配享寧宗廟庭。事皆施行。金使王楫來，無國書，僑請如晉叔向辭鄭故事，館之於外，與時宰議不合，力求去。帝諭留甚勤。遷工部侍郎。求去益堅。陞集英殿修撰，提舉神祐觀兼侍讀。僑奏領祠勸講，乃體貌重臣之殊禮，力辭不敢當，遂以寶謨閣待制奉祠。卒年七十八，謚文清。所著有《讀易記》三卷、《雜說》一卷、文集若干卷。僑嘗言：朱子之書滿天下，學者不過割裂掇拾，以爲進取之資，求其精專篤實、能得其所以言者蓋鮮。故其學一以真實踐履爲功。奉對之言，剖析理欲，因致勸懲，弘益爲多。其守官居家，清苦刻厲之操，尤爲人所難能。王禕嘗稱其學行純篤，風節高峻，誠可謂道學之宗師云。今祀本府鄉賢祠。參用《宋史》及《王忠文集》修。

何 基

何基，字子恭，金華人。居北山盤溪之上，學者稱曰北山先生。賦性端凝，夙有遠志。少從鄉先達陳震習舉子業課程，若不得已，而潛心義理之功居多。既冠，侍其父伯慧爲臨川丞，朱子門人黃勉齋榦適爲其令，遂師事而受業焉。榦首教以爲學須辦得真實心地，刻苦工夫。隨事誘掖，始聞伊洛淵源之懿。臨別告之以但熟讀四書，使胸次浹洽，道理自見。遂終身服習，頃刻不忘。一室危坐，萬卷橫陳，存此心於端莊靜一之中，窮此理於研精覃思之際。每於聖賢微詞奧義，有疑而未釋者，必平心易氣，勿忘勿助，待其自然貫通，不立異以爲高，不狥人而少變，充其所知而反之於身，無不允踐其實。嘗言天地間惟一理，散在事事物物，雖各不同，而就其中各有一恰好處，此所謂萬殊而一本、一本而萬殊者也。自古聖賢相去率數百年，而謂以是傳之者，多是做到此耳。又言自古聖賢惟一敬畏之心，曾子臨終露以語人則是。兢兢業業，度得一生，做得如此，其精詣造約所以上接之統而異乎俗，學者觀於此可見矣。船山楊與立見而亟稱許之，由是學者爭趨焉。凡請問者，無不竭盡而與之言。嘗謂爲學莫先立志。每讀朱子《遠游》詩，見其立志之初，便已有此規模，晚年亦只是充踐此規模而已。所謂“願子馳堅車，摧險獵其剛”，便凛凛乎有任重道遠氣象。若出門已便不敢展脚，況南北東西，豈有可至之理。又曰：義理儘無窮，未易便到極處。吾輩講學，各要辨得箇耐煩無我之心。耐煩則不厭往復之頻，無我則庶無偏私之蔽。縱有未明，雖十往返，不憚如是，則須得箇至當之歸。論讀《詩》別是一法，與諸經不同，須十分掃蕩，令胸次潔净，却要吟哦諷詠，使胸中有所感發興起，方爲有功。論讀《易》者，要當盡去其膠固支離之見，以潔净之心，玩精微之理，沈潛涵泳，庶有以得其根源，識其綱領，乃可漸觀爻象，玩其義理。又謂讀《四書》，須以《集注》爲主，而用《語録》以輔翼之。又當以《集注》之精嚴，折衷《語録》之疏密；以《語録》之詳明，發揮《集注》之曲折。其淳固篤實，謹守家法，絕類漢儒。雖一本於朱子，然就其言發明，則精義新意愈出不窮。郡守趙汝騰、蔡抗、楊棟相繼聘主麗澤書院，皆辭不就。景定五年，與建人徐幾同被特薦，添差婺州教授兼麗澤山長。申省力辭，以爲曩者郡守嘗以開講延聘，每至每辭。所以不敢當者，力不足也。今乃聞朝命而遂起，却其虛名而取其實爵，於義得安乎！下知其不可而辭之，上知其非僞而聽之，此古今之通義也。度宗立，特授史館較勘，兼崇政殿説書。又頒詔劄，敦勉備至，而控辭益力，不得已爲改承務郎，主管南岳廟，使食其禄，以遂高志，然亦終不受也。咸淳四年冬十二月卒，年八十二。平生不著述。所編有《大學發揮》四卷、《中庸發揮》四卷、《易繫辭發揮》二卷、《太極通書西銘發揮》三卷，皆板行。《近思録發揮》未校正，《語孟發揮》未脫稿，併文集十卷，藏於家。國子祭酒楊文仲請於朝，賜謚文定。用《正學編》修。

王　柏

王柏，字會之，金華人。學者因其自號，稱曰魯齋先生。祖師愈，師楊龜山。父瀚，兼遊東萊、晦庵之門。柏少負奇氣，慕諸葛武侯爲人，自號長嘯，欲以天下用其身。年三十，始知授受之源，慨然捐去俗學以求道，與其友汪開之同讀《四書》，取《論》《孟》集義，別以鉛黃朱墨，以求朱子去取之意。黃勉齋《通釋》尚缺《論語》，乃輯錄精要足之，名曰《通旨》。一日，讀至“居處恭，執事敬”，惕然曰：“長嘯非聖門持敬之道。”亟以魯齋更焉。歷造朱子門人楊船山、劉撝堂問學，船山語以北山何子恭從黃勉齋得朱子之的傳，即往從之。北山一見喜曰：“會之，吾益友也。”授以立志居敬之旨，且作《魯齋箴》，勉以質實堅苦之學。自是發憤奮勵，致人十己千之功，有疑必從北山就正。每見北山以歸，充然自得。北山亟稱之曰：“會之二十年工夫，勝他人四十年矣！”《北山文集》十卷，而與柏問答者居其八卷。每自謂研窮愈刻深，則義理愈呈露；涵泳愈細密，則趣味愈無窮。無一書一集不加標注，一言之題、一點之訂，辭不費而意已著明。嘗手作《敬齋箴圖》，畫出一敬字，爲日用躬行之則，蓋其所悟入者，得諸此爲多云。四方學者至，則館之，隨其淺深，開以入道之門，析殊會一，未嘗不竭盡而無餘。叩者愈無窮，則其出愈新。又編《朱子纂要》示之，而舉其所嘗言曰：“《大學》分明聖賢已是八字打開，今人卻向外邊狂走。此編如千蹊萬徑，廣立堠子，使人人皆可造大學門戶，此其教人之大要也。”每語人曰：“士生天地間，以萬物皆備之身而不以古人自任、經綸自期者，皆自遇其身而已。”其愛人以德，大率類此。郡守趙汝騰、蔡抗、楊棟，相繼聘主麗澤講席，以北山未出辭。既而部使者踵門請益力，北山亦勉其經始而作成之，振起於積弛之後，氣象煥然一新。上蔡書院成，台守趙景緯以書幣來聘。首講謝子大“居敬貴窮理”之旨，敷暢瑩白，聽者竦然，遠近風動，雖鄉之耆德亦多執弟子之禮來謁。既歸，講道于家，學子慕向，不遠數百里相從弗置。晚年積厚養固，精強清勁，雖少壯弗逮，孜孜述作，殆不知老之將至也。咸淳十年七月一夕，方與江西來學者論學，俄倦就寢，戒子弟弗強以藥。垂没，整衣冠端坐，揮婦女出寢門，惟子姪門人侍，夷然而終，年七十有八。其爲人學博而義精，心平而識遠，考訂羣書，如干將、莫邪，所向肯綮，迎刃而解。凡朱子發其端而未竟、致其疑而未決，與諸儒先闡明之未及者，莫不該攝融會，權衡裁斷。於《易》，謂伏羲則河圖以畫八卦，文王推八卦以合河圖。河圖是逐位奇耦之交，後天是統體奇耦之交。惟四生數不動，以四成數，而上下之上耦下奇莫匪自然，於是後天之義始明。於《書》，則謂大禹得落書而列九疇，箕子得九疇而傳《洪範》，定"初一曰五行"以下六十五字爲《洪範》經，"五皇極"六十四字爲皇極經，謂此乃帝王相傳大訓，而以其餘爲箕子傳。於《詩》，則謂今三百五篇，豈盡孔子之所删存者乎？蓋既删之詩，容或有存於閭巷浮薄之口，漢儒概謂古詩，取以補亡耳。乃定二《南》各十有一篇，還兩兩相配之舊，退《何彼穠矣》及《甘棠》，歸之《王風》，削去《野有死麕》併鄭、衛諸淫詩，辨風雅頌之正變，而次其先後，定爲經傳若干篇。於《春秋》，則謂朱子雖無成書，而門人纂記，已一洗歷代穿鑿之陋，乃輯爲《發揮》，以明《春秋》之義。於《論語》，則謂聖人言行，萬世大經，不宜與諸子爲列，乃本理宗命陛《論》爲經之旨，采徐僑錫名魯經之請，屬詞聯事，集爲《魯經章句》，而以《大學》、《中庸》爲之傳，且還《大學》"知止"二條于"聽訟"之上屬於此，謂"知之至也"以爲格物致知之傳，而《大學》之書以完。謂《中庸》古有二篇，誠明可爲綱不可爲目，定《中庸》誠明各十一章。其他正錯簡明舊旨類此甚多。所著有：《讀易記》，涵古易説；《大象衍義》，涵古圖書；《讀書記》《書疑》《書附傳》《詩辨》《讀春秋記》《春秋發揮》《論語衍義通旨》《魯經章句》《孟子通旨》《左氏正傳》《續國語》《帝王曆數》《太極衍義》《周子伊洛精義》《伊洛指南》《朱子指要》《擬道學志》《研幾圖》。闓學之書：《文章復古》《文章續古》《濂洛文統》《文章指南》《詩可言》《紫陽詩類》《天文考》《地理考》《墨林類考》《大爾雅》《六義字原》《正始之音》《江左淵源雜志》《朝華集》《文集》，總數百卷。國子祭酒楊文仲請於朝，謚曰文憲。用《正學編》修。

金履祥

金履祥，字吉甫，蘭谿人。世居仁山之下，學者因稱仁山先生。幼敏睿。父兄稍授之書，即能記誦如成人。及長，試中，待補太學生，有能文聲。乃自悔其所爲之非與所志之未定，益務折節讀書，取《尚書》熟習而詳解之，然解至後卷，即覺前義之淺。旁及天文、地形、禮樂、刑法、田乘、兵謀、陰陽、律曆，無不博通。既又聞何北山得紫陽之的傳，欲往從之，而莫爲之介，乃謀於其友王元章，請見王魯齋而受業焉。初見，問爲學之方，魯齋曰：“立志以定其本，居敬以持其志。”問讀書之目，曰：“自《四書》始。”又因魯齋以及北山之門。北山曰：“會之屢言賢者之賢，便自今日截斷爲人。”自是從游二氏間，講貫益密，造詣益精。嘗舉進士，一不利，輒棄去。然負其經濟之略，未忍忘世，會襄樊告急，因進牽制搗虛之策，請以重兵由海道直趨燕、薊，則襄樊之圍不攻自解。且備叙海舶所經凡州郡縣邑，下至巨洋別島，難易遠近，歷歷可據以行。時不能用，識者恨之。及元開海運，較其所由海道與所上無咫尺異，人益服其精確。德祐初，或思其言，以進功郎、史館編校特起之。力辭不就。而元師日迫，宋旋改物矣。旁郡嚴陵有釣臺書院，郡守以文憲上蔡故事來聘。爲之一出，舉子陵懷仁輔義之說，攄發仁義之蘊，聞者皆勃勃有所興起。晚居仁山下講道著書，四方學者承風依正，户屨常滿。當羣疑塞胸，莫能自解，而親其規矩，聆其誨言，固吝消忘，隱慝軒露，如人有疾疢，察脈製劑，適其浮沈滑濇之候，而中夫攻熨補瀉之宜，則動相乎格，不俟終日。其或扞格不入，則寬以養之，徐而制之，浸灌磨礲，未嘗無益而錯施之也。或謂北山之清介純實似尹和靖，魯齋之高明剛正似謝上蔡，而履祥則兼有二氏之長。篤於分義，有故人子坐事，母子分配爲隸，不相知者十年，爲之物色，傾貲購完。其子後貴，終不自言，相見但勞問而已。北山之喪，率其同門，以義制服，爲之白布深衣加麻。及魯齋之喪亦然。於是觀者始知師弟子之義繫於常倫不可缺也。嘗謂司馬光作《資治通鑑》，託始於周威烈王三十三年初命晉大夫韓虔、魏斯、趙籍爲諸侯。秘書劉恕爲《外紀》，以紀前事，不本於經，而信百家之說，是非頗謬於聖人。不信經而信傳，不足傳信。自帝堯以上，不經夫子所定，固野而難質。夫子因魯史作《春秋》，王朝列國之事，非有玉帛之使，則魯史不得書，非聖人筆削所加也。況左氏所記，或缺或誣，凡此類皆不得以壁經爲辭。乃用邵氏《皇極經世曆》、胡氏《皇王大紀》之例，損益折衷，一以《尚書》爲主，下及《詩》、《禮》、《春秋》，旁采舊史諸子，表年繫事，斷以唐堯以下，接於《通鑑》之前，勒爲一書，二十卷，名曰《資治通鑑前編》。凡所引書，輒加訓釋，以裁正之。其義多先儒所未發。既成，以授門人許謙，曰：“二帝三王，其微言懿行，宜後王所當法。戰國申、商之術，其苛法亂政，亦後王所當戒。則是編不可以不著也。”他所著曰《大學章句》、《疏義》、《指義》各一卷，《論孟考證》十七卷，《尚書表注》四卷，皆傳於學者。大德癸卯三月卒，年七十二。至正中，賜謚文安。用《正學編》修。

許　謙

許謙，字益之，金華人。自號白雲山人，學者因稱白雲先生。父觥，宋淳祐七年進士，仕至主管三省樞密院架閣文字，無子，以從父兄日宣之子爲子，即謙也。夙慧敏，甫能言，母陶口授《孝經》、《論語》，入耳輒不忘。五歲就學，莊重如成人。既長，值宋亡家破，能自力學。僑居城闉，借書於人，以四部分而讀之，雖疾恙不廢。年踰三十，既開門授徒矣，聞金仁山講道蘭江上，請不拘常序，就弟子列，委己學焉。仁山謂曰：“士之爲學，若五味之在和，醯鹽既加，則酸鹹頓異。子來見我已三日，而猶夫人也，豈吾之學無以感發子耶？”謙聞之惕然。仁山因揭爲學之要，而語之曰：“吾儒之學，理一而分殊。理不患其不一，所難者分殊耳。”又曰：“聖人之道，中而已矣。”謙由是致其辨於分之殊，而要其歸於理之一，每事事物求夫中者而用之。居數年，遂盡得其所傳之奧而歸，益肆充闢，多所自得。嘗自謂吾無以過人者，惟爲學之功無間斷耳。於書無所不觀，窮探聖微，蘄於必得，雖殘文羨語，皆不敢忽。有所不通，則不敢强。於先儒之説，有所未安，亦不苟同也。浙東廉訪使劉廷直舉茂才異等，副使趙宏偉舉遺逸，及中外名臣列其行義者前後章數十上。趙後任南臺除舍館，迎致謙，將使衆僚多士有所矜式。乃幡然爲之起。未幾辭歸，屏迹東陽八華山中。學者贏糧笥書從之，遠自幽、冀、齊、魯以及荆、揚、吳、越，皆百舍重趼而至。其教以五性人倫爲本，以開明心術、變化氣質爲先，以爲己爲立身之要，以分辨義利爲處事之制，至誠詳悉，内外彈盡。或有所問難而辭不能自達，則爲之言其所欲言而解其惑，討論講貫，終日不倦。攝其粗疏，入於微密，聞者方傾心聽受，而其出愈真切。惰者作之，鋭者抑之，拘者開之，放者約之。門人著録者前後殆千餘人，隨其材分，咸有所得。四方之士無賢不肖，皆以不得及門爲恥。凡達官至於是邦，必即其家存問，或訪以典禮政事，觀其會通，而爲之折衷，聞者無不厭服。以身任道，垂四十年，學者恒視其身之安否爲斯道之隆替焉。所著書，讀《四書章句集注》，有《叢説》二十卷，謂學者曰：“學以聖人爲準的，必得聖人之心，而後可學聖人之事。聖人之心，具在《四書》。而《四書》之義，備於朱子。顧其詞約義廣，學者安可以易心求之哉！”讀《書集傳》，有《叢説》六卷。時與蔡氏有不能盡合者，每誦金仁山之言曰：“自我言之則爲忠臣，自他人言之則爲讒賊，要歸於是而已。”讀《詩集傳》，有《名物鈔》八卷，正其音釋，考其名物度數，以補先儒之未備，仍存其逸義，旁採遠引，而以己意終之。觀史，有《治忽幾微》若干卷，倣史家年經國緯之法，起太皞氏，迄宋元祐元年秋九月尚書左僕射司馬光卒。總其歲年，原其興亡，著其善惡。蓋以爲光卒則中國之治不可復興，誠理亂之幾也，故附於續經而書孔丘卒之義以致其意焉。嘗句讀《九經》《儀禮》《三傳》，而於其宏綱要旨、錯簡衍文，悉別以鉛黃朱墨，意有所明，則表見之。其後吳師道得吕東萊點校《儀禮》，以相參校，所不同者，十三條而已，其與儒先意見脗合如此。

有《自省編》,晝之所爲,夜必書之,迨疾革始絕筆云。將終,正衣冠而坐,戒其子以孝於親、友於兄弟。門人朱震亨進曰:"先生視稍偏矣。"更肅容端視,頃之視微瞑,遂卒,年六十八。時至元三年冬十月也。至正七年,廉訪使杜秉彝請于朝,謚曰文懿。自何北山師黃勉齋,得聞朱子之學,傳于王魯齋、金仁山,至於謙,而其道益著,海内稱四先生,推爲朱學之世適,以比孔門曾子、子思、孟子云。皇明成化中,分巡僉事辛訪請以四先生從祀孔廟,奉聖旨准楊龜山例立祠,鄉郡春秋致祭祀,祠額曰正學。郡守李嗣因故四賢書院葺而奉之。用《正學編》修。

章 懋

章懋,字德懋,蘭谿人。自號闇然居士,學者因其講學楓木山中,稱曰楓山先生。幼穎異,隨師所授書無多寡,皆成誦。比成童,則已博綜羣籍。其學根據六經,而尤邃於《易》。天順壬午,以《易》魁薦於鄉。成化丙戌,會試禮部第一,進士釋褐,入翰林,爲庶吉士,究觀中秘圖書。懋始以博古稱,至是號通今者亦莫之及。授編修,甫踰月,有旨元宵張燈,命諸翰林賦烟火詩。懋具疏,率同官黃仲昭、莊昶上諫。忤旨,杖於廷,謫授臨武知縣。未行,有論救者,改南京大理評事。既至,日取故刑牘詳閱之,遂通法要若老於吏事者。遷福建按察僉事。盜起泰寧,懋託以清軍行部,出其不意,遂擒之。沙尤飢民嘯聚,將爲變。急發廩粟賑濟。迄以無事。因觸瘴成疾,懼貽親憂,滿考奏課,遂疏乞致仕。太宰尹旻持不可,三詰之,而懋終弗變。尹不得已,奏如其請,時年僅四十有一。既歸,杜門養親。四方之士爭來就學,執經者常數十百人。門人董遵嘗記其論學之語,有曰:"人形天地之氣,性天地之理,須是與天地之體同其廣大,與天地之用同其周流,方可謂之人。不然,便與天地不相似。"又曰:"學者須大其心胸。蓋心大則百物皆通。必有窮理工夫,心纔會大。又須心小,正如文王小心翼翼一般,必有涵養工夫,心纔會小,不至狂妄。"又曰:"三代以下人物，如諸葛孔明、范希文，真是全才，猶未免事求可、功求成。至於程、朱，方是聖賢作用。行一不義、殺一不辜而得天下，不爲。"又曰："詞章之學，治世用之不能興禮樂，亂世用之不能致太平。雖工何益！"又曰："居常處困，每誦伯夷、叔齊餓於首陽之下，民到於今稱之，便覺竦然自警拔。"其他格言，類此甚多，聽者往往興起，士習爲變。士大夫東西行過縣者必造其廬，以考德問業焉，如餘干胡居仁、南海林緝熙，嘗不遠數千里而至。貧無供具，則刈蔬脫粟餉之，不以爲嫌。廷臣屢薦，力辭不起。弘治辛酉，奏起爲南京國子監祭酒。懋方遭父喪，辭。廷議必欲致之。南京舊不設司業，遂添設司業，涖監生，虛祭酒位待之。終喪赴官。明教化，飭矩矱，勵廉恥，開示近裹，諸生翕然向風。增城湛若水既得舉，棄繻而隱，聞懋涖監，乃特往卒業焉。正德丙寅，應詔陳言治要五事，曰勤聖學，隆繼述，謹大婚，重詔令，敬天戒。又乞致仕，累疏不報。因輒移疾東出，不待報，遂歸。頃之，逆瑾怙權，公卿多遭斥辱，人乃服懋先幾云。瑾既誅，中外交薦。擢南京太常寺卿，辭。更擢禮部侍郎，又辭。遂聽以侍郎致仕。會江西盜起，徙居城中，短屋數楹，門廡不備，處之裕如也。郡守劉薄欲爲割俸立堂，固謝而止。嘉靖改元，即家拜禮部尚書，且遣行人存問，而懋已屬疾，卒年八十有六。贈太子太保，謚文懿。其爲人，龐樸和厚，喜怒不形於色，恩怨不概於心，矜虛不出於口，驕泰不設於身。人與之交則親，與之言則信，簡文而疏目，恂恂如也。及其語道理，講經義，窮深入微，如寸筳撞鐘，迎手而應。論天下古今事，若生其時，履其地，處分其虧成，人然後知其於書無不讀，於理無不會。衣服飲食，宮室器用，隨寓而安，凡百嗜好，一不以入其心。名在仕籍六十年，居官僅三考，立朝僅四十日，城府不見其迹者蓋四十餘年。即其所自號，真可謂闇然君子者矣！平生篤信朱子，不欲滋爲異說，故無所著述。姪拯編其遺文，僅若干卷，藏於家。今祀本府鄉賢祠。參用林見素、董道卿、姜仁夫、唐君修傳修。

金華先民傳卷二

名儒傳 凡二十九人

范　浚	陳　亮	唐仲友	呂祖儉	王師愈
潘景憲	時少章	傅　寅	馬之純	楊與立
葉由庚	張潤之	方　鳳	吳思齊	胡長孺
張　樞	柳　貫	吳師道	黃　溍	吳　萊
陳　樵	聞人夢吉	朱震亨	葉　儀	范祖幹
宋　濂	王　禕	胡　翰	童　品	

儒也者，學道之稱也。周衰道散，別爲九流，惟孔門之學，上承堯、舜、禹、湯、文、武、周公相傳之舊，而以儒名焉。迹而論之，蓋述詩書，明禮樂，要以修身範俗，而經世成務，與道學本非有二也。自前史多以其通經者謂之儒林，攻文者謂之文苑。至宋，復揭道學加焉。觀其標表之意，蓋已有抑揚之差矣。然則儒林其次也，而文苑又其次者也。若鄭清逸《賢達傳》槩以文學目之，而漫無差別，即使呻吟操觚之流，皆可以班於學道之士，尚論者或未能厭心焉。今於吾鄉先達，自道學之次，取其不專於文藝者，若范茂明之論心性、陳同甫之講事功、唐與正之述經制，與凡通經攻文皆足以發明道要而卓然成家者，總得如干人，別爲名儒傳，而以其諸呻吟操觚之流仍歸之於文學，庶幾泰、岱不夷於鄒、嶧，瓊玖不混乎璠璵。是不惟足爲尚論之助，就使九原有作，固必有諒予爲知己者云。

范　浚

范浚,字茂明,蘭谿人。家世業儒,父祖昆弟皆宦達,浚獨不嗜榮利,杜門講學,篤志求道。有司以賢良舉之,不就。陳肖巖稱其危坐一室,敝幃故器,人所不堪,而神宇泰然。終日與之對,無一語及世俗間事。有文集若干卷。朱子嘗表其《心箴》,附《孟子集注》。胡翰亦嘗舉其言曰:"學者,覺也。心且不存,何覺之有?"又曰:"上智之學,德性是尊。無視無聽,昭然者存於此,尤可以見其中所自得者矣!"蓋不特《心箴》爲可取云。今祀本府鄉賢祠。用《胡仲子文集》修。

陳　亮

陳亮,字同甫,永康人。生時目光有芒,才氣超邁,善談兵,議論風生,下筆數千言立就。嘗考古今用兵之迹,著《酌古論》。郡守周葵奇之,請爲上客。及葵爲執政,朝士白事,必令謁亮,因得遍交一時豪傑,盡其議論。乃授以《中庸》《大學》,曰:"讀此可精性命之説。"遂受而盡心焉。隆興初,與金人約和,天下欣然,獨亮持不可。婺州方以解頭薦,因上《中興五論》,不報。已而退脩于家,學者多歸之,隱居著書十年。亮嘗環視錢塘,嘆曰"城可灌也",蓋以其地下於西湖耳。淳熙五年,亮更名曰同,詣闕上書數千言,勸帝移都建康,漸圖恢復。孝宗赫然震動,欲榜朝堂以勵群臣,召令上殿,將擢之官。左右大臣莫知所爲,惟曾覿知之,將見亮。亮耻之,踰垣而逃。覿不悦,大臣惡其直言無諱,交沮之。乃有旨都堂審察命。宰相以上指,問所欲爲,落落不少貶,又不合。待命十餘日,再詣闕上書,言尤剴切。上欲官之,亮笑曰:"吾欲爲社稷開數百年之基,寧用以博一官乎!"亟渡江而歸。嘗醉飲,言涉不遜,或告刑部侍郎何澹。澹亦被亮謾語者,即繳狀以聞。事下大理,笞掠無完膚,誣服爲不軌。孝宗知其妄,遂得免罪。居無何,家僮殺人,又下大理。丞相王淮知帝欲生亮,得不死。歸家,益勵志讀書,究觀皇帝王霸之略,上下二千餘年,考其合散,發其秘藏,見聖賢之精微常流行於事物,而識觀象之妙,時措之宜。嘗與朱熹書辨論三代漢唐之際,數往返,不屈。熹雖不以爲然,至其"心無常泯、法無常廢"兩言者,雖熹亦心服其不可易也。其學自孟子後,惟推王通,於當世諸儒皆不少讓,嘗言:"研窮義理之精辨,微析古今之同異,原心於秒忽,較理於分寸,則於諸儒誠有愧焉。至於堂堂之陣,正正之旗,風雨雲雷交發而並至,龍蛇虎豹變現而出没,推倒一世之智勇,開拓萬古之心胸,自謂差有一日之長。"孝宗崩,金遣使簡慢,亮復上書,言恢復大計,不報。光宗即位,策淮士,亮對稱旨,擢爲第一,授簽書建康府判官廳公事。未上,卒。吏部侍郎葉適請于朝,命補一子官。端平初,平章軍國重事喬行簡爲請謚,云:亮以特出之才、卓絶之識,而究皇帝王霸之略,期于開物成務,酌古理今。其説蓋近世儒者所未講。平生所交,如朱熹、張栻、吕祖謙、陸九淵,皆稱之曰是實有經濟之學。當渡江積安之後,首勸孝宗,以修復藝祖法度,爲恢復中原之本,將以伸大義,雪讐恥,其忠與漢諸葛亮、本朝張浚相望于後先,尤不可磨滅。事下太常,定謚文毅,更與一子官。所著曰《龍川文集》,葉適爲序之,行于世。今祀本府鄉賢祠。參用《宋史》及《文集》《敬鄉錄》修。

唐仲友

唐仲友,字與正,金華人。號説齋。父堯臣,爲侍御史,以直稱。仲友博涉羣書,登紹興辛未進士,復中宏祠科,累官判建康府。上書論時政,不啻逾萬言。再轉知台州。抑姦拊弱,發粟賑飢,創中津浮橋以濟艱涉,政聲燁然。俄爲同官高文虎所忌,譖諸倉使,屢疏劾之。會仲友遷提點江西刑獄,而劾者益力,遂除主管武夷山沖佑觀以歸。開席授徒,學者雲集,多至數百人。益肆力於經史百家,以究其業。其學不專主一説、務爲苟同,隱之于心,稽之于聖,惟其合者取之。所著有《帝王經世圖譜》十卷,凡天文、地理、禮、樂、刑、政、陰陽度數、兵農王霸,本之經典,兼采傳注,類聚羣分,旁通午貫,各爲總説以附其後,而於郊廟、學校、畿疆、井野,尤致詳焉。總有二十篇。周必大題云:"六經旨趣,百世軌範,悉聚此書。蓋折衷於聖人,以示適治之路,非其他類書比也。"又有《六經解》、《諸史精義》、《羣書新録》各若干卷,文集四十卷。用《文獻通考》修。

吕祖儉

吕祖儉,字子約,金華人,祖謙弟也。受業祖謙,博通經史,信道甚篤。用父蔭入官,授修職郎。祖謙之卒也,祖儉調監明州倉,當上部。法:半年不上者,爲違年。祖儉固請終喪期,朝廷從之,詔違年者以一年爲限。自祖儉始遷衢州法曹掾,召除籍田令,遷司農寺主簿,尋出判台州。政崇教化,獄訟清平。公餘輒焚香讀書,手不釋卷。適歲大祲,用常平使者委,廣行勸分,躬履郡境,靡所不歷,民受實惠,全活者甚衆。使者言于朝,因命遍行浙東,視諸郡賑事,其盡心一如在台時。召入爲太府丞。時韓侂胄用事,以内批罷侍講朱熹、彭龜年,引李沐爲正言,劾罷丞相汝愚。祭酒李祥論救,復劾罷之。祖儉上封事,言陛下初政清明,登用忠良,曾未踰時,朱熹,老儒也,有所論列,則亟使之去;彭龜年,舊學也,有所論列,亦亟許之去。至于李祥,老成篤實,非有偏比,蓋衆所共孚者,今又終於斥逐。臣恐自是天下有當言之事,必將相觀以爲戒。鉗口結舌之風一成,而未易返,是豈國家之利耶!比者聞之道路:左右嬖御於黜陟廢置之間得與聞者,車馬輻湊,其門如市,招攜怙寵,搖撼外庭。臣恐事勢浸淫,政歸權門,不在公室。所凡薦進,皆其所私;凡所傾陷,皆其所惡。豈但側目畏憚,莫敢指言,而阿比順從,内外表裏之患,必將形見。私憂過計,深恐陛下之勢孤,而相與維持宗社者浸寡也。既上疏,荷擔待罪,有旨送韶州安置。中書舍人鄧驛繳奏,不聽。侂胄謂人曰:"復有論救祖儉者,當處以新州矣。"衆莫敢出口。其黨或爲之謀曰:"自趙丞相去,天下已切齒。今復投祖儉瘴鄉，不幸或死，則怨益重。曷若少徙內地？"侂冑悟，改送吉州。朱熹與祖儉書曰："熹以官則高於子約，以上之顧遇恩禮則深於子約。然坐視羣小之爲，不能一言以報效，乃令子約獨紓憤懇，觸羣小而蹈禍機，其愧尤深矣！"祖儉報書曰："在朝行聞時事，如在水火中，不能一朝居。使處鄉間，理亂不知，又何以多言爲哉！"在吉讀書窮理，賣藥以自給，每出必草屨徒步，爲踰嶺之備。嘗言："因世變有所摧折，失其素履者固不足言。因世變而意氣有所加者，亦私心也。"明年遇赦，量移筠州，寓居大愚寺，自號大愚叟。越四年卒。詔令歸葬。所著有《大愚叟集》十一卷。嘉定初贈朝奉郎、直秘閣，官其一子。嘉熙二年賜謚曰忠。今祀本府鄉賢祠。用《宋史》、《朱子全書》、《敬鄉録》修。

王師愈

王師愈，字齊賢，金華人。少時讀書郊外，潘良貴見而奇之，指庵前竹命賦詩，操筆立就，其卒章有"願堅松栢操，同秉歲寒心"之句，潘大嗟賞，命刻于竹，因召致門下，與見楊龜山，受《易》《論語》。登紹興丁卯進士。與朱熹同年，相從講習，及周旋張栻、吕祖謙間，益肆力於六經子史百家，而以聖賢之言爲必可行，朋友之論爲必可信。調臨江軍學教授。僧杲有時名，郡守延升高座，俾說佛法，而率其屬往聽。師愈謝曰："彼之說，某所不能知。然以儒官委講，而北面於彼，縱自輕，奈辱吾道何？"守不能強。改秩，知長沙縣。其政一以仁恕爲本。民以事至庭中，降意撫循，辨告詳悉。事有難處，爲之反覆計慮深遠，不以一旦決遣快健爲己能，而要以民不受弊於數十年之後爲己安。罷里正諸無名之歛，而又爲之第其丁產之高下、役期之先後，俾自推擇定當役者以告。於是民皆欣然就役，無復以役事訟者。窮山中有叢祠，號影株神，愚民千百爲輩，操兵會祭，將爲亂。郡議發兵討之。師愈曰："此非所以靖亂也。"退，密召一二土豪，貼以射士，出其不意往,悉擒其魁桀送州而散其黨。與被薦召對,論人主委任之體及應天之寔,上皆嘉納。又陳邊事甚悉。上問:"卿何以知此?"對曰:"臣在長沙,戍將往來,臣必詢之,故得其實。"上曰:"卿爲縣乃常留意此耶!"除知嚴州。前守張栻奏蠲丁鹽紬絹之税,得旨免一年。師愈至,復奏曰:"州土窮瘠,惟産蠶桑,乃不取紬絹,而使折錢,已非任土之意。而又所折太重,民尤苦之。今未能盡罷,而僅免一年,不若但令歲輸本色,猶足以少紓民力也。"詔從之。會上饒驕兵譁諜,臺臣請移師愈守信以鎮壓之,驕兵聞風畏懾,撫以恩意,遂以無事。歲旱,先事定計,方仲秋即議發廩出糶。或咎其太早,恐後無以繼。答言:"此非若所知。救之早,則民心安,而流移少,且各愛其田廬生業,而無與爲亂。吾已預致米二十萬斛,不憂其無繼也。"即命揭榜賑糶,始自今日,盡來年八月然後已。時民間米價已騰踴,命官糶之直才少損之,使不至大相絶,視私價自平,則又益下之,故無冒濫之奸,而私價亦不得起,於是人心帖然,而富室自知無所牟大利,莫復有閉糴者,願有以佐縣官者,聽之,而亦弗之强也。又益以金錢致船粟,來者舳艫相銜,日糶千斛,猶不乏。常平司下書俾移五萬斛於番易,官吏皆言勿與,父老亦道泣訴。諭之曰:"彼與若皆國家赤子,吾食既有餘,亦何忍視彼之莩死而不之救耶!"亟具舟輸之,番易亦賴以濟。召對,除金部郎官,尋兼崇政殿説書。數言事,爲上所知,亟以手劄訪所宜言,眷待甚至。時執政曾懷以財利進,前在版曹貸內府錢數百萬,未有以償。上一日以問户部尚書楊倓,倓不知所對,退取諸郡積逋民錢七百萬,付金部使者督之。師愈言:"此錢徒有名,督之未必有得,而文移一下,所擾不知幾何人。且中外一體,若邦計未裕,不若歸誠君父,以幸寬免,豈宜舉此虛籍以罔上而病民耶!"持其事不下。倓大不樂,與懷朋譖之。罷,知饒州。時州久不理,至則爲振綱維,決滯訟,塞弊源,革浮蠹,而政以大治。及將受代,淮甸劇賊劉五從惡少五十餘人轉掠入境,與官軍遇,輒以九人分爲三隊,以迎敵,其鋒

不可當。或被圍,則合衆爲圓陣外向潰出,所殺傷兵民甚衆。師愈
調兵定計,命無與賊戰,但守津要,而日驅逐之,俾晝夜無得休息,一
日,乘其憊盡獲之。就除本路判官。會歲旱,奏請出椿積粟百萬斛,
分與諸郡,使爲賑糶。又奏閣畸零夏税,免甲札牛皮馬穀諸賦,飢民
賴焉。改除河北路轉運判官,而河北之旱甚於江東,究心賑恤,奏請
規畫,曲盡其致。因感寒疾,得請主管武夷山冲佑觀。起提點浙東
刑獄,未行,改福建路轉運判官。承空乏之後,爲校索源流,整飭程
度,節冗費,檢吏奸。行之不疾不徐,未幾帑藏盡充而民不告病,後
繼者皆莫能及也。移浙西提點刑獄。始至,即發平江通守奸贓累鉅
萬,幾旬肅然。上章丐間,詔進職一等,提舉冲佑觀。家居讀書玩理,
教誘後進,德望隱然爲東州之重。卒年六十九。今祀本府鄉賢祠。
用《朱子大全集》修。

潘景憲

　　潘景憲,字叔度,金華人。幼穎悟,日誦數萬言。九歲以童子貢
京師,通念十三書,説六經大義,作三體字。詔特試禮部,且賜束帛。
後入太學,益自刻勵,一時學官如汪應辰、芮燁、王十朋皆推重焉。登
隆興元年進士,調荆門軍學教授。不行,請爲南岳祠官。秩滿,宰相
知其賢,欲留官中都,力請太平州學遠次以歸。宰相問其故,景憲曰:
"本無宦情,今二親俱老,得遠次尚可日從容其側,他非所望。"宰相嘆
息,以爲不可及。景憲與東萊吕祖謙同榜而齒長,聞其論説。行身探
道之意,慨然感悟,遂棄所學而學焉。遭父喪,廬於墓者三年,毀瘠骨
立,未嘗見齒。服除,遂不復仕,日遊吕氏門,躬執弟子禮,誦詩讀書,
旁貫諸史,考訂蒐輯,日有程課,鉛黄朱墨,未嘗去手,而於程氏之
《易》尤爲盡心。既又因祖謙以交於朱熹,往來講論,志同道合,乃以
其女妻熹子塾。熹以江西提刑入奏事,舟過蘭谿,親故皆往勞問,景
憲獨與書曰:"甚願一見。然子今日之行,名爲召客,吾是以不果來

也。"及熹罷歸,則又寄聲曰:"子今幾過七里灘矣,可以已乎,其未耶!"熹嘗自謂以是媿其爲人。家本富樂,躬率儉素,布衣蔬食,一室蕭然,其枯槁淡薄,有人所不可堪者。晚自治壽藏,築室其旁,取朝聞夕死之意,命曰可庵。始嘗學浮屠説,至是復取舊書讀之,悠然自得,殆不知儒釋之有間也。病不伏枕,比終猶斂襟端坐而逝,語不及私。子自牧,字牧之,登慶元丙辰進士,仕終知常山縣。所著有《記纂淵海》。用《朱子大全集》修。

時少章

時少章,字天彝,金華人。號所性。父瀾,師吕祖謙,登淳熙辛丑進士,累官朝散郎,通州台州。祖謙輯《書説》,自《秦誓》泝《洛誥》,未竟而絶筆,瀾補成之。少章天才絶出,博極羣書,談經多出新意,而於史學尤精,根極宏深,貫穿幽邃,凡三代而上帝王聖賢之奥,秦漢而下成敗治亂、英雄才智設施之略,無所不窺。詩出入諸家,由盛唐而上追漢、魏。文泝宋東都以前,而逮古作者。吴師道稱其峻潔精工,法度森嚴,豈惟雄視吾邦,蓋一代之偉人也。初由鄉貢入太學,年踰五十,始登寶祐癸丑進士,調麗水縣主簿,改婺州學教授,兼麗澤書院山長,又改南康軍學教授,兼白鹿書院山長。用薦者擢史館檢閲。或忌其才高,遂以凌躐劾之,未上而罷,改授保寧軍節度掌書記,奉祠。卒。所著有《易》《詩》《書》《論》《孟大義》六十餘卷。又有《論》《孟》《詩贅説》、《易卦贊》,雜文古歌詩數千篇,總爲《所性集》。今祀本府鄉賢祠。用縣志修。

傅　寅

傅寅,字同叔,義烏人。自幼嗜學,經史百家悉能成誦。比長,益求異書讀之,間從唐仲友質問所疑,皆有援據可反覆。仲友喜曰:"吾益友也。"及聞其升陑分陝之説,語門人曰:"職方輿地,盡在同叔胸中矣。"凡天文、地理、明堂、封建、律曆、兵制之類先儒置而弗講者,靡不窮究根穴,訂其訛謬,資取甚博,參驗甚精,事爲一圖,累至於百,名曰《羣書百攷》。呂祖儉閱其《禹貢圖攷》,曰:"是書可謂集先儒之大成矣!"揭其圖,請申言之,而坐諸生以聽,且曰:"以所能者教人,以所不能者受教於人,理之所在,初無彼此。"寅亦樂爲之盡,亹亹不倦,人兩高之。嘗言《周禮》致太平之書,于時九等授田,家給人足。泉府之設,特以備凶荒,未必常用也。況是書體有本末,用有先後,若大綱不舉,而獨行其所謂國服爲息者,是猶取名方中百品之一服之,及其害人,則曰是藥出於名方云爾。每恨熙寧諸賢未有如此辯之者。又嘗遍遊江淮,縱觀六朝故迹、南北形勝,詢諸史牒,而得其成敗廢興之故,歷歷如指諸掌。至於教人,每謂下學上達,自有次第。不先其近者小者,而驟語其達者大者,後生淺薄,學益不寔。來學者恒以百數,必先授以《曲禮》《內則》《少儀》《鄉黨》諸篇,使於日用之間與義理相發明,而知道之與器未始相離。然不欲教人讀兵書,曰:"胸中無《論語》《孟子》爲權衡,遽聞權譎之言,則先入者爲主,壞心術矣!"祖儉在朝行,數稱其文學行誼。一時名賢如彭子壽、章茂獻、葉正則、吳德夫、汪季路、黃文叔、黃商伯,無不推敬。館於商伯家最久。賓主之間,日以義利相箴切,未嘗爲無益語。商伯提舉浙西常平,念其家貧,遺錢五十萬,寅悉以散宗族鄰里,無所留。晚益空乏,郡守孟某聞而嘆曰:"不可使賢者餓於我土地。"輟俸爲倡,築室買田,居於東陽之泉村。好爲詩,閒逸古淡,有靖節、康節之風。卒年八十六。用《黃文獻公文集》修。

馬之純

馬之純,字師文,東陽人。幼穎悟,日誦數千言。十歲能屬文。甫冠,登隆興二年進士第,知嚴州比較務。時南軒張栻作守,大蒙賞識。由是益潛心載籍,究極六經、諸子百家,德成行尊,聲望甚茂,學徒坌集，多所成就。素有藻鑑，諸生中獨以大任期喬行簡，卒如其言。不喜作吏，故宦途迂廻，仕終沅州倅。所著，《尚書》、《中庸》、《論語》有《説》，《周禮》有《隨釋類編》，《春秋左氏傳》有《紀事編年》，詩文有《豫章雜著》若干卷。既卒，縣大夫爲立思賢坊以尊慕之。今祀本府鄉賢祠。用《東陽人物志》修。

楊與立

楊與立，字子權。本建安人，受業朱熹之門，嘗知處州之遂昌縣，因家于蘭谿。以道淑人，學者稱曰船山先生。何北山、王魯齋皆從而訪道焉。與立一見北山，而稱許之，由是盤溪之從游始盛。魯齋亦有就正於撝堂、船山，始識伊洛淵源之語。嘗輯《朱子語略十卷》，行于世。今祀本府鄉賢祀。用《蘭谿志》修。

葉由庚

葉由庚，字成父，義烏人。蓁之子也。以口吃，不受世賞。學于徐僑之門，受"中誠仁命性心"六字之説，晝夜磨礪，窮探聖微，驗諸躬行，期于無間。僑謂人曰："成父靜愿無他好，講學意趣殊深，吾道爲有托矣！"與何基、王栢交最密，相與貽書辨析，無虛月，不立異，不苟同，虛己精索，必求真是之歸。有所未安，雖十往返不厭。爲人端重寡言笑，燕居謹獨，盛服不去身，暑月則冠雲巾，衣素紗深衣，終日危坐。問道者户外之屨常滿。其學者嘗曰："古之人知行並進，聞一善言，見一善行，未之能行，惟恐有聞[①]。若乃爲言語文字纏蔽，奪其精神，必待知至而後行之，是終無可行之日也。"人以爲名言。縣大夫過問政，多以謹義利之辨及視民如傷告之，邑民陰受其賜。部使者蔡抗及郡守趙汝騰、趙孟傳先後具書幣，請攝麗澤書院山長，皆力辭。而

---

① "聞"，疑爲"間"。

其名聞益顯,雖婦人女子亦莫不知其爲修身踐行之士也。學者稱曰通齋先生。平生不務著書,僅有《論語纂遺》及詩文若干卷,藏于家。今祀本府鄉賢祠。用《宋潛溪文集》修。

張潤之

張潤之,字伯誠,蘭谿人。號思誠子。從何基學,餘三十年,盡得其學之要。基輯《近思録發揮》未就,金履祥踵成之,每條必質于潤之而後定。基之葬也,潤之爲定士禮,不用品官之儀,以成其志。履祥嘗曰:"思誠子於朱門爲嫡孫行,端平、淳祐文獻靈光。"許謙亦曰:"先生天機駿利,襟度融朗,有浴沂詠歸氣象。"如此,可以觀其所造矣。今祀本府鄉賢祠。用《正學編》修。

方 鳳

方鳳,字韶父,浦江人。有異材。嘗出遊杭郡,一時知名之士咸慕與之交。將作監丞方洪奇其文,以族子任舉,上禮部,不中第,主閣門舍人王斌家,教其二子大登、小登,因得見丞相陳宜中,三以策干之,宜中不能用。後被特恩,授容州文學。未幾,宋亡,自是無復仕進意,遂肆爲汗漫遊,北出金陵、京口,南過東甌,每悼天塹不守,徘徊顧眄,但語及宋事,則仰首霄漢,凄然淚下。鳳善《詩》,通毛、鄭二家言,晚遂一發於詠歌,其音調多危苦悲傷,深於古今之感,人以杜甫擬之。臨歿,猶屬子樗題其旌曰容州,示不忘宋也。初,宋季文弊,鳳頗厭之,嘗謂學者曰:"文章必質實中正方可傳。他則腐爛漫漶,當與東華塵土俱盡。"已而言果驗。性不喜佛老,讀唐《傅奕傳》,壯其爲人,自撅奕後,闢異教數十事,以擬《高識篇》,題曰《正人心書》。所著詩三千篇,曰《存雅堂稿》。柳貫、黃溍、吳萊諸文章大家皆出其門。樗字壽父,亦精於詩,論者謂無愧於鳳云。用《浦陽人物志》及《皇明文衡》修。

吳思齊

吳思齊,字子善,永康人。其先居處州之麗水。祖深,有奇才,永康陳亮以子妻之,遂家于永康。父邃,武學博士,官至朝散郎,知廣德軍。思齊少穎悟,做邃爲古文即可誦。季父國子監丞天澤器之,悉授以所學,遂以文章家知名于時。用父蔭補官,攝嘉興丞。數以書干宋臣用事者,言賈似道母喪不宜用鹵薄,責文及翁顧忌爭不力猶不争耳。又言御史俞浙以論謝堂去職,宰相附貴戚,塞言路,如朝廷何。凡所爲,要以直遂其志,第知有是非,不知有毁譽禍福也。宋亡,麻衣繩屨,退隱浦陽,家益艱虞,至無儋石之儲。有勸之仕者,輒謝曰:"譬猶處子,業已嫁矣,雖凍餓不能更二夫。"所善惟方鳳、謝翱,相與放遊山水間,探幽發奇,以洩其覊孤感憤之意。遇心所不懌,或望天末流涕。晚自號全歸子。學者尊其行,爭師之。方鳳評思齊爲人如徐積、陳思道,君子不以爲過。大德辛丑,思齊年六十四,手編《聖賢正考》,終之事曰《俟命録》。録成,賦詩別諸友,遂卒,神明湛然,無怛化意。所著有《左傳缺疑》及《全歸集》若干卷。謝翱,閩人,從文天祥起兵興復。兵敗,亡命浦陽,忠憤抑鬱,或被髮佯狂,行歌于野;或登釣臺慟哭,以酹天祥酹己,復作楚歌以招其魂。三人皆以風節行誼爲人所尊師,而皆工爲詩,又多音調凄楚,往往比諸《麥秀》《黍離》。于時浦陽之詩爲之一變。用《宋潛溪文集》及《皇明文衡》修。

胡長孺

胡長孺,字汲仲,永康人。宋知台州居仁子也。長孺性聰敏,九經諸史,下逮百氏,靡不貫通。咸淳中,以任子入官,銓試第一,授迪功郎,監重慶府酒務,兼總領湖廣軍馬錢糧所僉廳,與高彭等號中南八士。後轉福寧州倅。會宋亡,歸隱。至正中,應求賢詔,擢集英殿修撰。因忤執政,改教授揚州。秩滿,遷建昌,檄攝録事。時程文海方貴顯,其外門侵官道極,撤而正之。轉台州寧海縣主簿。其政善發摘奸伏，人稱神明。縣有銅巖，惡少年狙俟其間，出鈔道，爲過客患。長孺僞衣商人服，令蒼頭負貨以從，陰戒驍卒十人躡其後。長孺至巖中，人出要之，長孺方遜辭謝，驍卒俄集，悉擒伏法。永嘉民有弟質珠步搖於兄者，兄妻愛之，紿以亡於盜。屢訟不獲，往告長孺。長孺曰："爾非吾民也。"斥去之。未幾，治盜，潛令盜誣其兄受步搖爲贓。逮問不伏。長孺呵曰："是家信有是，何謂誣耶！"兄倉皇曰："有固有之，乃弟所質者。"趣持至，驗之，呼其弟，亦曰："得非爾家物乎？"弟曰："是矣。"遂歸焉。其他類此者甚多。浙東大祲，民死者相枕。宣慰同知脫歡察歛民錢一百五十萬賑之，至縣以餘錢二十五萬屬長孺藏去。長孺覺其有乾没意，悉以散於民。閱月再至，索其錢，長孺抱成案進曰："錢在是矣。"脫歡察曰："汝膽如山耶？何所受命而無忌若此！"長孺曰："民一日不食，將有死者，誠不及以聞，然官書具在，可徵也。"脫歡察默然而罷。尋遷長山塌鹽司丞，謝病歸隱杭之虎林山。晚得喘疾，一日具酒食與比鄰別，云將返故鄉。門人有識其意者，問曰："先生精神不衰，何爲遽欲觀化乎？"答曰："精神與死生，初無相涉也。"就寢，至夜半，喘忽止。子駒排户視之，則正衣冠端坐逝矣，年七十五。長孺師青田俞學古，學古師同邑王夢松，夢松師龍泉葉味道，則朱文公高第弟子也。淵源既止，涵養自得，故其爲人光明俊偉，專務發明本心之學，慨然以孟子自許，惟恐其道之失傳。晚年更慕陸九淵之爲人，每取其"宇宙即吾心"之言，諄諄爲學者道之。爲文章有精魄，金舂玉撞，一發其和平之音。海內購其文者，如獲珙璧。鄉闈取士，屢司文衡，賤華貴寔，士習爲之一變。在至元中，與金履祥並以學術爲郡人倡，其風流激于當世，學者尊而仰之。所著有《瓦缶編》、《南昌集》、《顏樂齋稿》，總之爲《石塘文集》若干卷。其從兄之綱、之純，亦皆以文學馳名。之綱，字仍仲，嘗被薦書。其於聲音字畫之學，自謂獨得其妙。之純，字穆仲，咸淳甲戌進士。踐履如古獨行者，文尤明潔可誦。人稱爲三胡云。用《宋潛溪文集》修。

張 樞

張樞，字子長。其先東陽人。父觀光，娶金華潘氏，徙居金華，而生樞。幼聰慧爽朗，外家蓄書數萬卷，樞悉取讀之，過目輒不忘。肆筆成章，頃刻數千言。嘗作《小臣策》，譏宋高宗忘親事讎，而追爲定復兩宮之計，以謂當時狃於宴安，莫知出此。時前朝遺老多尚在，莫不降嘆。弱齡益自愛重，杜門不出，頗易視當世，直欲方駕於古人。或以史册往事問之，則宇宙之分合、政治之得失、禮樂之廢興，以至帝號官名、歲月先後，皆無所脫誤。每及一人，則其世系閥閱，與材質之良窳，歷歷如指諸掌。一日會許謙，漫叩以高帝何以取天下，樞矢口而對，出入紀傳，語蟬聯不能休，謙大奇之。既而以書上謁，請就弟子列。謙不可，始終待以賓友。由是益歙華蓄銳，趨於平寔，而學日以粹。其爲文務推明經史，以扶翼教道，尤長於叙事。嘗謂學《春秋》必始於三傳，而其義例，互有不同，乃辨析其是非，會通其歸趣，參以儒先之說，裁以至當之論，爲《三傳歸一義》三十卷，謂啖氏於《春秋》卓然有見，於千載之下而陸氏繼之，所纂《春秋微指》，以朱墨別三傳之當否。歲久漫滅，浸失其真，乃重加考訂。言有未周，意有未暢，則別有新義補之，爲三傳朱墨本若干卷。謂三國之正閏，固不待辨。自古國必有號，史必從其實而書之。漢寔未嘗稱蜀，陳壽苟欲帝魏，而以晉承其統，遂以蜀易漢，抑此所以伸彼也。壽父獲罪諸葛亮，而壽又爲亮子瞻所薄，故於亮之功烈如挫沮司馬懿之類，皆略弗著，內以報私憾，外以爲時諱也。譙周，壽之所師，力贊後主納款於魏，賣降覆國，壽不以爲非，反善其策。餘所書，往往類是。乃糾其訛謬之害義，正其繁簡之失宜，爲刊定《三國志》六十五卷。又別撰《漢本紀》，附以魏、吳載記，爲《續後漢書》七十三卷。三國之臣有能致節於其君者，舊史或諱而不書，或書而失實，或僅見於異代之史，皆爲更定，而於漢事，必備載以詳正統。或一事數說，必參訂，使歸於一。是非疑似，抑揚予奪，咸有論著，繫于各篇之後，名曰《訓志》。謂宋之亡也，將相羣臣仗節死義者,固已有傳在史氏,卑官下吏、士卒婦女之死者,多史所弗録,乃詢諸故老,傍采稗官,得若干人,爲《宋季逸事》若干卷。他所著,有《林下竊議》一卷、《曲江張公年譜》一卷。平生所作歌詩雜文,有《敝帚編》若干卷。其言閎深浩博,而峻厲潔清,援據精切,而議論純正。至於扶善遏惡,率能使人有所感發懲創。至正初,丞相脱脱監宋、遼、金三史,奏辟樞爲長史,力辭不拜。再以翰林修撰同知制誥兼國史編修官召之,復辭。使者迫之行,至武林驛,以病辭歸,卒。四方之士莫不高其風節。今祀本府鄉賢祠。用《黄文獻公集》修。

柳 貫

柳貫,字道傳,浦江人。世家縣西烏蜀山。幼穎異,嘗侍其父謁神祠,得旁人所遺金珠,直可萬緡,密伺其人還之。卅歲受經金履祥,即能究其旨趣,而於微詞奧義,多所發揮。又遊方鳳、吳思齊、謝翱之門,學古文詞。及與紫陽方回、淮陰龔開、南陽仇遠、句章戴表元、隆山牟應龍、永康胡之純、長孺兄弟交尤密。凡學問本末,文獻源流,歷歷如指諸掌。發於議論,言必有徵,不徒事浮藻,以追世好,由是名聞一時。以察舉爲江山縣學教諭,遷昌國州學正。日與爲士者敷陳仁義道德之説,人多化之。用薦者擢湖廣等處儒學副提舉。未上,改國子助教,遷博士。前後在弟子列者千餘人,業成而仕,後多知名。遷太常博士。時方承平,稽古禮文之事次第並舉。遇有討論,援據詳洽,權古今之宜,爲之折衷,廷議莫不服其精當。柄國者欲以其祖配食孔子廟,衆莫敢忤,貫獨毅然持不可而止。有神降于洺郡,長吏列上儀曹乞加封爵。貫爲言,神奸能鼓民,不治將爲亂,宜下所司禁戢。儀曹符下本郡如其言。遷江西等處儒學提舉。始視事,吏如舊比以例卷進爲米八十石,亟斥去之,後來遂無有襲其弊者。興學延師,士風大振。南康倉吏坐飛粮株連,逮繫百餘人,被省檄讞其獄,鈎摘隱伏,而得其情,所平反甚衆,人尤服其長於政事。秩滿歸,杜門不出十餘年，室廬僅蔽風雨，饘粥時或不給，而處之裕如也。至正元年，召起爲翰林待制，兼國史院編修官。涖任僅七閱月，以疾卒于寓舍，享年七十有三。門人私謚曰文肅。貫局度凝定，燕居默坐，端嚴若神，即之如入春風中。久與之處，未嘗見其有疾言遽色。雖有桀驁者，亦皆望之而意銷。讀書博覽强記，自經史百氏至於國家之典章故實、兵刑律曆、術數方技、異教外書，靡所不通。其文涵肆演迤，春容紓徐，才完而氣充，事詳而詞覈，鬱然成一家言。老不廢詩，視少作尤古硬奇逸，意味淵永，後學爭傳誦之，與揭傒斯、虞集、黃溍齊名天下，稱四先生。善鑒定古今彝器書畫，而別其真贗。晚益沈潛理學，以爲歸宿之地。所著書，有《近思録廣輯》二卷、《字系》二卷、《金石竹帛遺文》若干卷、《烏蜀山房類藁》二十卷。今祀本府鄉賢祠。用黃文獻公及宋潛溪《文集》修。

吴師道

吴師道，字正傳，蘭谿人。自丱角知學，即善記覽，工詞章，才思湧出。爲歌詩，尤清俊麗逸，人多傳誦之。因閱真西山遺書，幡然有志於爲己之學。嘗以持敬致知之説質于許謙，謙復以理一分殊之旨，由是心志益廣，造詣益深。元至治初，登進士，授高郵丞，調寧路録事。會歲大旱，勸閭右出粟賑之，又言於部使者轉聞于朝，益以廩粟交鈔，使飢民分番來授，日數千百人。有偽易服重來者，於衆中指其人而覈問之。存活凡三十萬餘人。遷池州建德尹。豪民有侵學田者，按其圖籍，悉令歸學。建德非茶區，民苦茶税額重，爲奏之，得減其額。用薦者召爲國子助教，尋陞博士。其教一本朱子之訓，而遵許衡之成法，六館諸生咸自以爲得師。以母憂去，移疾乞休，遂以奉議大夫、禮部郎中致仕。黃溍稱其以道自任，晚益邃於文，剖析之精，援據之博，議論之公，視古人可以無愧。其所推明者，無非紫陽朱子之學。宋濂稱其守道而不遺乎事，致用而必本於道，出其緒餘，施於郡邑，咸足以利濟生民。所著有《易》《詩》《書雜説》、《春秋胡傳補説附辨》、《戰國策正誤校注》、《敬鄉前後録》凡若干卷，文集二十卷。今祀本府鄉賢祠。用《宋潛溪文集》修。

黃　溍

黃溍，字晉卿，義烏人。夢炎曾孫也。母童，姙二十四月，夢大星墜於懷而生溍。自幼俊異，比成童，下筆爲文，頃刻數百言。嘗著弔諸葛武侯辭，劉應龜見之，嘆曰："吾鄉以文名者，喻叔奇兄弟耳。稍加工，其不與之抗衡乎！"因置門下教之。又徧及王炎澤、石一鰲、方鳳、牟巘之門，經其指授，文字益邃。延祐元年，貢舉法行，應試，作《太極賦》，人多傳誦。明年登進士第，授台州寧海縣丞。鹽塲亭户及編民之隷漕司與財賦府者，暴橫屬民，溍痛以法繩之，吏白以利害。勿爲動。有後母與僧通而酖殺其夫，反以誣前母子，獄將成，溍變衣冠，陰察之，具知姦狀，卒直其子寃，遠近以爲神明。民盜販鹽，捕急，沈其鹽于河。巡兵因取他鹽寔成其罪。盜謀刧未行，大姓或執之，以圖中賞格，而實無左驗。皆事久弗決，溍爲之疏剔，以具獄上，各論如本法，得免死者三十餘人。再遷諸暨州判官。巡海官船例三載一新，費出於官，而責民取足，有餘則總其事者私焉。溍爲撙節浮蠹，費以大省，還其餘錢於民。捕盜卒陰置鈔版良民家，乃白于官，往索之，惡少年持挺從者幾百人。溍遇諸野，詰傔人曰："弓卒額止三十，安得此曹耶？可縛送于州。"皆相率遁去。監税杭州，僅三閱月，增羨錢十二萬緡。至順二年，用薦者召爲應奉翰林文字、同知制誥兼國史院編修官。父喪，服闋，除國子博士，請外，改浙江等處儒學提舉。年六十七，亟請納禄養親，以秘書少監致仕。再薦者起爲翰林學士、知制誥、同修國史兼經筵官，升侍講學士、同知經筵事。上章告老，不俟報，遂行。上聞，遣使者追及武林驛，敦迫還職。久之，得謝歸，卒年八十一。贈江西行中省參知政事，封江夏郡公，謚文獻。溍博極羣書，而約之於至精。有問經史疑難、古今因革與夫制度名物之屬，旁引曲證，亹亹不能休。至於剖析異同，決斷是非，多先儒之所未發見。諸論著一根本乎六藝，而以羽翼聖道爲先務。然其爲體，布置謹嚴，援據精切，俯仰雍容，不大聲色，譬諸澄湖不波，一碧萬頃，黿鼉蛟龍，潛伏不動，而淵然之色，自不可犯。凡朝廷典册詔令及公卿大夫銘功述德者，多命屬草。其他求文者，日盈於門外，至殊邦絕域，亦皆知所寶愛。素寡嗜欲，甫四十，即獨榻處外。及登法從，蕭然不異布衣時。論者謂其文辭簡嚴，類王介甫；操行孤潔，類陳履常，僉無間言。所著有文集三十卷、筆記一卷，傳于世。今祀本府鄉賢祠。用《宋潛溪文集》修。

吳　萊

吳萊，字立夫，浦江人。集賢大學士直方子也。生有奇質，年四歲，母盛口授《孝經》《論語》，輒成誦。七歲能屬文。族父幼敏家多書，萊往，私挾一編歸，盡夜讀竟，又復往易。或以聞于幼敏，迫而觀之，乃班固《漢書》也。幼敏指谷永、杜鄴傳，謂曰："汝竊觀吾書，能記是，當不爾責。"萊琅琅然誦之終篇，一字不遺。幼敏以爲偶熟此卷，三易他編，皆誦如初，因盡出所藏書使讀之。方鳳時寓幼敏家，見而歎曰："明敏如吳萊，雖汝南應世叔不是過也。"遂悉以其所學授焉。萊自是博極羣書，至於制度沿革、陰陽律曆、兵謀術數、山經地志、字學族譜之屬，亦無所不通。年十八，會朝廷將有事於東夷，即自奮曰："此小醜耳，何必上勤王師？使萊持尺書論之足矣。"因撰《倭論》一篇，議論英爽，綽有秦漢風致。延祐七年，以《春秋》貢上禮部，尋以所言不合於有司，退歸松山中，益窮諸經之説，所造愈精，間有論著，絕出於庸常數等。翻閱子書百餘家，辨其邪正，駁其真僞，援據皆的切可傳。一時知名之士如宋濂、胡翰皆師尊之。濂嘗問作文之法，謂：有篇聯欲其脉絡貫通，有段聯欲其奇耦迭生，有句聯欲其長短合節，有字聯欲其賓主對待。又問作賦之法，謂：有音法，欲其唱和闔闢；有韻法,欲其清濁諧協;有辭法,欲其呼吸相應;有章法,欲其布置謹嚴。總而言之,皆不越乎主、承、還三者而已。然而字有不齊,體亦不一,必須隨其類而附之,不至於玉瓚與瓦缶並陳,斯爲得之。此又在乎三者之外,而非精擇不能到也。又謂作文如用兵。兵法有奇正,正是法度,要部伍分明;奇是不爲法度所縛,千變萬化,坐作、進退、擊刺,一時俱起,及其欲止,什自歸什,伍自歸伍,元不曾亂。聞者嘆服。鑒裁絕人,自秦漢至于近代,但舉隻簡片削,輒能別其爲何代何人所作。或怪問之,則曰:"詞氣音調,代有不同,人自弗深察耳。"當其賦詠,捷如風雨。一日,於故人家見几上堆剡紙數十番,戲爲長歌,頃刻而盡,屬對精巧,文彩絢麗,傍觀驚以爲神。論者謂其文章置諸司馬遷、王褒、劉向、揚雄間,未必有愧也。至元三年,監察御史許紹祖以茂才薦,調饒州長薌書院山長。會疾,弗果上。六年夏四月卒,年四十四。門人宋濂等僉議,以其經義玄深,文詞貞敏,私謚曰淵穎先生。既又以爲未盡,再定謚曰貞文。所著有《尚書標説》六卷、《春秋世變圖》二卷、《春秋傳授譜》一卷、《古職方録》八卷、《孟子弟子列傳》三卷、《楚漢正聲》二卷、《樂府類編》、《唐律删要》各若干卷。卒後,宋濂編其雜著詩文爲《淵穎先生集》若干卷,行於世。今祀本府鄉賢祠。用《宋潛溪文集》修。

陳 樵

陳樵,字君采,東陽人。好以鹿皮爲衣,自號曰鹿皮子。父取青,受學石一鰲,慷慨負志節,嘗抗章詆權人賈似道誤國。及宋亡,元丞相伯顏見其章欲用之,辭而止。樵學於家庭,又從李直方受《易》《書》《詩》《春秋》大義,性沉敏,嗜學。所居一室蕭然,斂容危坐,或數月不出戶限。於世所有書無不讀,讀無不解,謂秦漢而下,説經而善者不傳,傳者多不得其宗。乾淳以來,羣儒之説,尤與洙、泗、伊、洛不類。因悉屏去傳注,獨取遺經,精思逾四十年,一旦心領神會,自以聖賢大指可識,乃入東山太霞洞中著書,其微詞奧義,多前儒所未經道者。

書成，輒刊梓以傳，且懇懇然爲人言之。每自謂當斷來説於其後云。嘗語宋濂曰：「吾以九疇爲六府、三事，而《圖》《書》爲《易》象者，不可誣。以片言統萬論，而天下古今無疑義；以庸言釋經子，而野人君子無異詞。」謂神所知之謂智，知天下殊分之謂禮，知分之宜之謂義，知天下萬物一體之謂仁，禮復則和之謂樂。謂天下萬物一體，經子之會要一視，萬物則萬殊之分正，家齊國治而天下平矣。又爲語其詳曰：「天下國家，一枳也。枳一爾而穰十焉。枳有穰而一視之，其於人則仁也；發而視之，穰有十，則等有十，其於人則君臣、父子、長幼之等夷，刑賞、予奪之殊分，所謂禮也。視十爲十者，禮之異；視十爲一者，仁之同。分愈異則志愈同，禮愈嚴則仁愈篤者，先王之道也。分愈異者志愈同，故合枳之穰，反求其故地，枚舉而銓次焉者，差之銖黍，則人己無別。犬牙錯而不齊，斂之不合而一不可見。禮愈嚴者仁愈篤，故治天下國家者不以禮則彝倫斁，禮樂廢而仁亡，是故洙、泗、伊、洛朝夕之所陳者天下萬殊之分、視聽言行之宜，所操者禮之柄耳。故學聖人者必始於禮焉。故一體萬殊者，孔子之一貫，於洙、泗、伊、洛之言無不統者也。理一分殊之義廢，則操其枝葉而舍其本根，洙、泗、伊、洛之會要不可見，章句析而附會興，遺經不可識矣。」其詩文亦自出機軸，不盜襲前人遺轍，而於狀物寫情尤精。讀之者以其新麗超逸，喻爲挺立孤松，羣葩俯仰，下風而莫敢抗。或就之學，則曰：「後世之詞章，乃士之脂澤，時之清玩耳。舍六經弗講，而事浮詞綺語，何哉！」少作古賦十餘，傳至成均，生徒競相謄寫，謂絕似魏晉人作。然樵獨諱之，不復肯爲也。足迹未嘗出里門，而名聞遠達朝著，一時知名之士如虞集、黃溍、歐陽玄等，皆向慕以爲不可及，移書咨訪，如恐失之。每相與言曰：「吾儕所爲之文，不過循成規，無傑然而出人意表者。至於鹿皮子，以無爲有，以虛爲實，信可謂言人之所不能言者矣！」性至孝，父患風攣，樵每扶之行，歲久益勤。後爲風痰所侵，氣弱不能吐，樵截竹爲筒，時吸而出之。母郭没時，樵不及見，見其遺衣，輒奉之而泣。平生未嘗言利，苟非其義，雖萬鍾弗爲動。家素饒裕，痛懲膏粱紈綺之習，惡衣菲食，以終其身。遇儉歲，竭廩粟以賑閭里，自食或不給，則取來牟續之。嘗發所藏錫爲器，工人持歸，乃白金也，悉易之，或以告，但一笑而已。所著書，曰《易象數新説》，曰《洪範傳》，曰《經解經》，曰《四書本旨》，曰《孝經新説》，曰《太極圖解》，曰《通書解》，曰《聖賢大意》，曰《性理大明》，曰《答客問》，曰《石室新語》，曰《淳熙糾謬》，曰《鹿皮子》，曰《飛霞觀小藁》，合數百卷。耄年猶披閱刪修不倦。卒年八十八。宋濂志其墓，稱爲東陽隱君。（後闕）

聞人夢吉

（前闕）建等處副提舉，不上。晚避地依其女婿唐以仁，居永康之魁山下。卒年七十。平生信道甚篤，持己應物，一本於誠。涵養既純，内外一致，長身山立，而退然若不勝衣，氣貌冲粹，如元文之玉，温潤無瑕，而孚尹焕然。居常不見有惰容，雖祁寒盛暑，必正襟危坐，淵然若有思，望之起敬，即之愛慕，不能舍以去。識與不識，莫不稱之爲有德之君子云。門人宋濂等謂其執醇而弗變，含和而有耀，私謚曰凝熙先生。用《宋潛溪文集》修。

朱震亨

朱震亨，字彦修，義烏人。自幼爽朗，讀書即了大義。爲聲律之賦，刻燭而成，已而棄去。尚俠氣，不肯出人下。既壯悔之，嘆曰："丈夫所學，不務聞道，而惟俠是尚，不亦惑乎！"時許文懿公謙講道東陽八華山，遂折節往師事焉，年蓋三十有六矣。謙爲開明天命人心之秘、内聖外王之微。震亨聞之，自恨昔之顚冥，汗下如雨，由是日有所悟，心扃融廓，膚體如覺增長。每宵挾册，坐至四鼓，潛驗默察，必欲見諸實踐，抑其疎豪，歸於粹夷。理欲之關，誠僞之限，嚴辨確守，不以一毫苟且自恕。如是者數年，而其學遂以堅定。嘗再赴省試，不利，嘆曰：“不仕固無義，然得失則有命焉。苟推一家之政以達於鄉黨州閭，寧非仕乎？”其家故有祭田，而祭無恒所，乃建祠堂以奉先世神主。考朱子《家禮》，損益行之。遠祖東堂府君嘗建適意亭，延徐文清公僑講學，而廢久矣。震亨以爲先賢過化之迹，亟爲修復，羣子姓肄習其中。鄉有蜀墅塘，溉田至六千餘畝，隄壞久，水竭，數以旱告。倡民興築坊埠，鑿爲三竇，時其淺深而舒洩之，民賴其利。包銀令下，州縣承風，急如星火，一里間所及不啻數十姓，民莫敢與辨。震亨所居里僅上富民二人，郡守召，震亨自臨之。曰：“此非常法，若不愛頭乎？”震亨笑曰：“守爲官，頭固當惜，民不愛也。此害將及子孫。必欲多及民，願倍輸吾產當之。”守雖怒，竟不能屈。縣尹勸耕于鄉，將有要于民，震亨懼其臨境，曳扉屨往迎于道左。尹驚曰：“先生何事乃爾耶？”震亨曰：“民有役于官，禮固應爾。”尹曰：“勸耕善乎？”震亨曰：“私田不煩官勸，第公田生青芻耳。”時職田賦重，種户多逃亡，故以此爲諷。尹一笑而去。其丞暴而好諂鬼神，將修東岳廟，恐震亨不己與，以言嘗之曰：“人之死生，岳神實司之。欲治其宫，孰千吾令？”震亨答曰：“吾受命於天，何庸諂土偶爲生死計？且岳神無知則已，使其有耳，當此儉歲，民不飽糠粃，能振吾民者，然後降之福耳。”卒罷其事。賦役無藝，胥史高下其手，以爲民奸。震亨集同里人謂之曰：“有田則科徭隨之。若等入胥史餌而互相傾，非策也，宜相率以義，絜其力之朒贏而敷之。”衆翕然定。每官書下，相依如父子，議事必先集。若苟歛之至，即以身前，辭氣懇款，上官多聽，爲之裁損。方岳重臣聞其名，無不願見。既見，無不願交章薦之，震亨皆力辭。惟民瘼吏弊，必再三纍牘告之，不啻親受其病者。初，震亨以母病，頗習醫，後益研究之，且曰：“吾窮而在下，澤不能及遠。其可遠者，舍醫將安望乎？”於是徧走姑蘇、宛陵、建業尋師，無所遇。回至武林，有以僧羅大無告者知悌醫甚精，而性亦甚倨。震亨造焉，十往返不能通，乃日拱立於其門，雖風雨不易。大無知其堅志，始延見之，爲言學醫之要，必本於

《素問》《難經》。而濕熱相火爲病最多，人罕有知其秘者。兼之長沙之書詳於外感，東垣之書詳於內傷，必兩盡之，治疾方無憾。震亨學成而歸，四方迎候無虛日，無不即往，雖雨雪載途不爲止。僕人或告病，則論之曰："疾者度日如年，而欲自逸耶？"窶人求藥，無不與，不責其償。其困阨無告者，注藥往起之，或遠在百里外，勿憚也。凡所診治，其驗如神，門弟子具録之以爲醫案。其爲人孤高不羣，雖其色毅然難犯，而胸次坦夷，接物和粹，言語有精魄，金鏗玉鏘，使人側耳聳聽，蹴然有興起之意。至于天人報應之際，戒厲尤切反覆。故其教人也，人既易知，無昏明强弱皆獲其心，杖屨所臨，多隨而化。蓋其學稽諸載籍，而一以躬行爲本，以一心同天地之大，以耳目爲禮樂之原，積養之久，内外一致，夜昧即平旦之爲，暗室即康衢之見，惟日孜孜，老而彌篤。每見誇多鬬靡之士，輒語之曰："聖賢一言，終身行之不盡，奚以多爲！"至於浮艷之詞，尤不樂顧，直以吾道蟊賊目之。及自爲文，率以理爲宗，非有關於綱常治化，不輕作也。居室垣墉，敦尚儉樸，服御惟大布寬衣，僅取蔽體，藜羹糗飯，安之如八珍。或在豪大姓家，水陸之羞交錯於前，正襟危坐，未嘗下箸。其清修苦節，能爲人所不能爲，而於世俗嗜好，淡然不入於心。惟欲聞人之善，如恐失之，隨聞隨録，用爲世勸。晚年識見尤卓，嘗自括還，過永康，語人曰："青田之民嚚悍，值此法弛令乖之時，必依險阻，嘯聚爲亂。"又嘗告其親友曰："吾足迹所及廣矣，風俗澆漓甚，垂髫之童亦能操戈謀罔上，天怒已極，必假手殲之。曷力善以延其胤乎！"時方承平，聞者或笑以爲迂。未幾，亂起，皆如其言。卒年七十。學者因其所居，尊稱之曰丹溪先生。所著書，有《宋論》一卷，《格致餘論》《局方發揮》《傷寒論辨》《外科精要發揮》《本草衍義》《風水問答》，總若干卷，行于世。其微詞奧義，多發前人之所未發。嘗論："義理精微，禮樂制度，吾門師友論著已悉。吾可以無言矣。"故其所著，獨於醫爲詳云。今祀本府鄉賢祠。用《宋潛溪文集》修。

葉儀

葉儀，字景翰，金華人。莊重力學，從游許謙之門，立志堅苦，朝夕惕厲，取四部書分程讀之，善有未明，則質于謙，隨所咨咸爲之盡。久之，學業日進，謙命二子存仁、存禮師事焉。於是儀尤得蚤暮親炙於謙，自經傳之精微，以及百氏之得失，剖析辨論，皆無餘蘊。謙沒，率同門以義制服，經紀其喪。既而開門授徒，東南之士争趨之戶，屨常滿。其誨學者，規制甚嚴，而循循不倦，其要歸於誠敬。事親致孝。伯氏客錢塘，沒，遣子函骨以歸，祔於先墓，撫二姪如子。家毀僦屋以居，裕如也。元至正中，廉訪使顏不花列其行誼，薦于朝。會兵起，不報。戊戌，天兵下婺，與范祖幹俱以儒士召，持《大學》以見，且言："帝王治道，不出此書。"甚被禮遇，命爲諮議，以老疾辭。李文忠鎮嚴，在公卿間名下士，於儀尤加禮敬。洪武初，興學校，郡守王顯宗强起爲五經師。未幾，辭歸。嘗作一室自怡，曰南陽山房，學者因稱南陽先生。卒年八十二。所著有：《周易集解》《四書直說》《潛書》《詞學記覽》若干卷，《南陽山房藁》二十卷。今祀本府鄉賢祠。用《錢山民私志》修。

范祖幹

范祖幹，字景先，金華人。德性醇懿，刻志問學，授業許謙之門，久之，遂悉得其旨趣。謙嘗語人曰："自吾得劉名叔，而學加進；得李國鳳，而學日彰；得范景先，而學有傳。"其學以誠意爲主，而嚴之以慎獨持守之功，引誘學者，惓惓真切，唯恐其不入於善。常曰："君子之所不可及者，其唯人之所不見乎！"又曰："爲學之本，莫大於正心修身。欲修其身，莫若理會君子之所謂道者三。知斯三者，則知所以修身矣。若夫切己之實，歸而求之可也。心不在焉，而能自得其根本，吾未之聞。"元至正中，被薦爲西湖書院山長，領職未踰月，辭歸養親。戊戌，天兵下婺，辟爲諮議，以親老懇辭不就。李文忠鎮嚴，特加禮敬，書幣往來，或稱師而不字，四方大夫士莫不向問安否，以爲斯文重輕。孝行篤至，郡守王顯宗爲立純孝坊表之，學者因稱純孝先生。洪武十八年疾革，召門人申說《大學》、《中庸》奧義，越日正襟危坐而卒。所著有《羣書指要》《讀詩記》《大學中庸發微》《栢軒集通》若干卷。今祀本府鄉賢祠。用《錢山民私志》修。

宋　濂

宋濂，字景濂。其先居金華之潛溪，後徙浦陽青蘿山，仍榜其居曰潛溪，示不忘本也，學者因稱潛溪先生。六歲入小學，日記二千言。九歲爲歌詩，有奇語，人呼爲神童。里人張繼之試抽架上書，俾即記五百言。濂以指爪按之，按畢即倍，一字不遺。語其父曰：“是子天分非凡，當令從名師，乃有成。”遣從聞人夢吉，授以《春秋》三傳之學。凡爲《春秋》者，恒苦其歲月先後難記，濂乃併列國紀年，悉能誦之，但舉經中一事，即知其爲魯公幾年幾月，是年實當列國某君幾年幾月。或俾書而覆之，無少異者。且兼通《易》《詩》《書》及《周禮》諸經。其友胡翰謂曰：“舉子業不足溷景濂，盍共爲古文詞乎？”乃與偕往浦陽，學于吳萊。未幾，濂遂悉得其闑奧，爲文若不經思，而用意極精密。既又請益于柳貫、黃溍，皆亟許焉。莆田陳旅序其文曰：“柳公之文，麗鬱隆凝，如泰山之雲層，鋪叠湧杳，莫窮其端倪。黃公之文，清圓密切，動中法度，如孫吳用兵，神出鬼沒，而部伍不亂。景濂之文，其詞韻沉鬱，類柳公，其體裁簡嚴類黃公。”蓋謂其能兼二氏之長。廬陵歐陽玄亦嘗評濂文“氣韻沉鬱，如淮陰出師，百戰百勝，氣不少懾。神情飄逸，如列子御風，飄然騫舉，不沾塵土。詞調冲雅，如殷卣周彝，龍文漫滅，古意獨存。姿態多變，如晴躋終南，衆皺前陳，應接不暇。非才兼衆長、識邁千古，安能與於斯！”其爲當世名賢推重如此。於是柳、黃即世，而濂遂踵武，以文章家名海內。元至正中，用大臣薦，擢國史院編修官。以親老辭歸。會世亂，乃與弟子入龍門山，著書曰《龍門子凝道記》。及我太祖高皇帝定鼎金陵，歲庚子，遣使者樊觀來聘,與劉基、葉琛、章三益俱應詔入見。上尊重之,語必稱先生,不名。除江西等處儒學提舉,尋詔入內授皇太子經。遇綱常大義,明白開陳,再三言之不倦。改起居注,知無不言,補益甚衆。嘗侍上,語及賞賚,進曰:"天下以人心爲本。苟得人心,帑藏雖竭,無傷也。人心不固,雖有金帛,何補於國耶!"俄以疾告還家,因謝賜上書太子,勉以孝友恭敬,進德修業。上覽書喜甚,召太子語以書意,且賜答書曰:"曩者先生教吾子以嚴相訓,是爲不佞也。以聖人文法變俗言教之,是爲疏也。所守者忠貞,所用者節儉,是爲得體也。昔聞古人,今則親見之。"洪武二年,徵總修《元史》,除翰林學士,知制誥。時編摩之士,多山林布衣,其發凡舉例、訂定疑信,濂功爲多。方剖符時,封功臣,召宿大本堂,討論五等封爵。歷舉漢、唐、宋以來故實,量其中奏之。甘露降,上問災祥之由。對曰:"受命不於天,於其人。休符不於祥,於其仁。《春秋》不書祥而記異,爲是故也。"上言:"古帝皇多好神仙,以朕言之,使國治民安,心神恬康,即神仙也。"對曰:"漢好神仙而方士至,梁武帝好佛而異僧集,皆由人主篤好,故能致之。使移此心以求賢輔天下,其有不治乎!"上嘗祀方丘,患心不寧,濂進曰:"孟軻有言,養心莫善於寡欲。審能行之,心清而身泰矣。"三年,遷國子司業,日進諸生,立兩序,據座執經,敷揚奧旨,教以孝弟忠信之道。四年,以他事出爲安遠知縣。五年,召還,爲禮部主事,擢太子贊善。凡一言一動,皆以禮法諷諭,使歸于道。讀書至切於政教及前世興亡之故,必拱手揚言曰:"君國子民之道,當如是,不當如彼。"且推人情物理以明其義。皇太子每欲容加納,言則稱師父,仍書"舊學"二字以賜。上嘗問帝王之學何書最要,濂以真德秀《大學衍義》對。上覽而悅之,令左右大書揭諸兩廡之壁,時睇視之。上一日御西廡,指司馬遷論黃老事,命濂講析。濂講已,進曰:"漢武嗜神仙之學,好四夷之功,民力既竭,重刑法以震服之。臣謂人主能以義理養性,則邪說不能侵;興學校以教民,則禍亂無從作矣。刑罰非所先也。"陞翰林侍講學士,兼修國史,仍兼贊善。上作《祖訓》成,命濂序之,歷陳帝王之道及上創業之艱,以致儆戒。上稱善。上問:"三代以上,所讀何書?"對曰:"上古未有載籍,不專誦讀,而尚躬行。人君兼治教之責,躬行以率之,天下有不從化者乎!"又奉詔總裁纂修《大明日曆》一百卷,擇言行之大者爲《寶訓》五卷。濂在朝久,凡郊社宗廟山川百神之典,朝享宴慶,禮樂、律曆、衣冠之制,四夷朝貢賞賚之儀,及勳臣名卿焯德輝功之文,承上旨意,論次紀述,咸可傳於後世,文名丕播四方,造請無虛日。苟非其人,雖權要置金滿籯求一字不肯與。日本遣請使文以百金爲獻,却不受。上以問濂,對曰:"天朝侍從之官,而受小夷金,非所以崇國體也。"高麗、安南使者至,購濂文集,不啻拱璧。日本嘗得《潛溪集》,輒以刻板國中。四夷朝貢,必令其使問宋先生安否。上欲俾參大政,辭曰:"臣少無他長,惟文墨是攻。今幸待罪禁林,陛下之恩大矣。臣誠不願居職任也。"上愈厚之,每燕見,必命茶賜坐,詢訪舊章,講求治道,率至夜分乃退。或問廷臣臧否,但言其善者不置。又問否者爲誰,則曰:"善者與臣交,故臣知之。否者縱有,臣不知也。"凡上前所陳答,絕不以語人,至於應制之作,亦鮮留藁。署"温樹"二字於居室之壁,有問及内事者,指以示之。九年,進擢翰林學士承旨,仍知制誥,兼修國史如故。上謂之曰:"朕以布衣爲天子,卿亦起草萊列侍從,爲開國文臣之首,世世與國咸休,不亦美乎!"十年,准敕致仕,推恩封其祖、父二代,誥詞皆上所新制,稱其德量之弘,如千頃波,澄之不清,撓之不濁。人皆爲濂榮,且服上之知人。將行,敕復留侍左右者累月。適有上疏逾萬言者,上怒其迂衍,欲罪之。羣臣有阿意者,指其疏,曰此不敬,此詆謗,罪當誅。濂曰:"彼應詔上疏,其心爲國,何可深罪!"上默然,已而覽其疏有足採者,召阿意者罵曰:"方吾怒時,若等不能諫,乃激吾誅之,何異以膏沃火。向非宋濂言,不幾誤罪言者耶!"上嘗廷譽濂曰:"古之人太上爲聖,其次爲賢,其次爲君子。若宋濂者,事朕一十九年,而未嘗有一言之僞,誚一人之短,寵辱不驚,終始無異。其誠所謂君子人乎！匪止君子,抑可謂之賢矣！"瀕行,賜楮幣文綺,諭之曰:"朕賞予最慎,嘉卿忠誠,可貫金石,是以賜卿。卿年幾何矣?"對曰:"六十有八。"上曰:"藏此綺,俟三十二年後作百歲衣也。"既歸,歲一入覲,外此惟終日閉戶纂述,人罕見其面。所著,未仕前有《龍門子》三卷、《孝經新説》、《周禮集説》若干卷、《潛溪集》四十卷、《蘿山集》五卷、《浦陽人物記》二卷。在朝,有《翰苑集》十卷。歸田後,有《芝園集》四十卷。十三年,孫慎坐法被累,謫茂州,至夔門,得疾不食,臨觀化帖,端坐而逝,槀攢西蓮花池山下。永樂癸巳,遷葬于成都華陽縣安養鄉之原。正德中,賜謚文憲。今立專祠于八詠門外祀焉。子璲,字仲珩,以書法擅名當世,方孝孺稱其草書,如天驥行中原,一日千里,超澗渡險,不動氣力。雖若不可踪跡,而馳驟必合程度云。用《皇明文衡》修。

王禕

王禕,字子充,義烏人。石峽書院山長炎澤孫也。炎澤嘗夢五色芝産門楣,翊日禕生,人以爲文章之兆。幼敏慧,長師黃溍,習古文。溍一見器之,遂屬以斯文之任。至正中,見元政日敝,乃攬天下事勢,爲書七八千言上之,時宰嫌其切直,格不用。危素、張起巖交章薦,不報。有齊琦者,得邵子先天數以推天人興廢甚驗,見禕,嘆曰:"子充,異代人物也！"禕亦知世無可爲者,乃歸隱青巖山中著書,深自韜晦。歲在戊戌,我太祖親下婺城,或以禕名聞,遣使來聘。禕幡然曰:"齊琦之言,其信矣乎！"即日詣行在謁上。署中書省掾,每與商略事機,悉契上衷,禮遇日至,語第稱子充,不名。辛丑,進《平江西頌》,上覽,喜曰:"吾固知浙東有二儒者,卿與宋濂耳。學問之博,卿不如濂。才思之雄,濂不如卿。"癸卯,授江南儒學提舉司校理。父喪,服闋,除侍禮郎兼引進使。時方草創,禮制多禕所定。尋除起居注,啓沃良多。丙午,除知南康府。治本仁恕,而出之以廉,平民咸服之。丁未召還,議即位禮。洪武元年戊申，福建始平，以禕通判漳州。禕上《祈天永命疏》曰：“自古帝王定天下成大業者，必祈天永命，以爲萬世無疆之計。其所以祈之者，惟在乎修德而已。人君修德之要有二：忠厚以存心，寬大以爲政。二者，君德之大端也。是故周家以忠厚開國，故能垂八百年之基；漢家以寬大爲政，故能成四百年之業。簡册所載，不可誣也。夫人君莫先於法天道，莫急於順人心。上天以生物爲心，故春夏以長養之，秋冬以收藏之，皆所以生物也。其間雷霆霜雪，有時而搏擊焉，有時而肅殺焉，然皆暫而不常。向使雷霆霜雪無時而不有焉，則上天生物之心息矣。臣願陛下之法天道也。夫民恃君以爲生，故人君視民之休戚必若己之休戚，誠以君民同一體耳。取之有節，則民生遂而得其所。今浙西既平，租賦既廣，科歛之當減，猶有可議者，臣願陛下之順人心也。法天道，順人心，則存於心者自然忠厚，施於政者自然寬大。祈天永命之道未有越於此者。”疏聞，上嘉納之。二年，修《元史》，召還，與宋濂同爲總裁，史事推其所長，力任筆削之勞，一無所諉。書成，拜翰林待制、同知制誥兼國史編修，一時大詔令如封諸王、開科舉、免租稅之類，多其所草具。五年，命持詔往諭雲南。禕至其國，見其君梁王把都，諭之曰：“我皇上聰明聖武，隆啟大業，作君萬邦，皆天命人心之所歸。惟爾有衆，僻在西南，久阻聲教，故遣使者來諭意。今能祗若明命，亟奉版圖歸職方，則尺地一民，按堵如故，高爵原禄，身名俱全。奈何欲以一隅爲中國抗哉！”不聽。數日，又諭之曰：“予將命遠來，非爲身謀。朝廷以雲南百萬生聚，不欲殲于鋒刃耳。曾不聞乎？元綱解紐，陳友諒據荆湖，張仕誠據吳會，陳友定據八閩，明玉珍據全蜀，天兵下征，不四五年，悉膏鈇鉞。惟爾元君北走以死，擴廓帖木兒之屬，或降或竄，曾無用武之地，不煩一刃而天下大定。當是時，先服者賞，後服者戮及宗。乃今自料勇悍强獷，孰與陳、張？土地甲兵，孰與中國？度德籌義，孰與天朝？推亡固存，孰與天命？天之所廢，誰能興之？不然，皇上命將，將龍驤百萬會戰於昆明池,爾如魚遊釜中,不亡何待?"時梁王君臣相顧駭服,已有降意,改館褘等,厚待之。會故元天子自立於沙漠,遣其臣脫脫徵粮雲南,且欲連兵以拒我。脫脫覘知梁王有二心,迫使殺我使者自明,以固其意。梁王不得已,出褘等見之。脫脫欲屈褘以威,褘慷慨罵曰:"天訖汝元命,我朝寔代之。爝火尚欲與日月爭光耶!我天朝使臣,豈爲汝屈。今惟有死而已,寧以迫脅爲懼耶!"又顧梁王曰:"汝朝殺我,大兵夕至矣。"遂與其副吳雲俱遇害,時六年騰月二十四日也,年僅五十有二而已。褘於經史百氏,靡不究極。爲文宏麗沉雄,機軸貫綜,自成一家言。宋濂稱其渾然天成而條理弗爽,使人抱之而愈深,味之而弗竭。胡翰稱其雍容俯仰,如冠冕佩玉周旋堂陛之上,馳騁分布,如風雲蛇鳥,按兵行陣之間。而音節曲折,則與黃公如出一律。所著有《華川前後集》二十五卷、《玉堂雜著》二卷、《續東萊大事記》七十九卷。正統間,贈翰林學士,謚忠文。今與宗澤並祀八詠門外二忠祠。子綬,字孟韞,勤敏有文,尤工五言詩,有《愚軒集》。紳,別見文學傳。用《皇明文衡》及《通紀》修。

胡　翰

胡翰,字仲申,金華人。自幼聰睿,志氣異羣兒。七歲拾遺鏹道中,守不去,俟遺者至而還之。至長,從吳師道授經,從吳萊學古文詞,又登許謙之門,獲聞考亭相傳的緒,持其所業,就正于柳貫、黃溍、張樞,咸以致遠器之。嘗出遊元都,徧交當世名卿,而於武威余闕、宣城貢師泰尤號知己。遭時不靖,避地南華山中著書。宋濂稱其奇邁卓越,務師古人,出言簡奧不煩,而動中繩墨。如夏圭、商敦,望而知非今世物也。我太祖既定金陵,遣使召翰入見。會有請以金華民籍田出兵者,翰言:民懦,不習軍旅,徒費廩粟。上可其言,罷之。除衢州府儒學教授。洪武乙酉,奉旨纂修《元史》,分撰英宗、睿宗本紀及丞相拜住等傳。書成,賜白金文綺。辭歸,卜居長山之陽,學者稱曰長山先生。卒年七十五。吳沉誌其墓云："先生稟高明卓絶之資，爲精敏宏博之學，其文章簡潔清峻，高出於人。性嚴毅，寡應酬，未嘗輕有所毀譽。"暮年請文者接踵于門，不苟隨也。所著有《春秋集》、《胡仲子集》。今祀本府鄉賢祠。用《潛溪文集》及《皇明文衡》修。

童　品

童品，字廷式，蘭谿人。其上世出嗣童，從其姓。至品登進士，始復姓章。性嗜書，自少力學，至老不倦。八歲時就師家塾，輒私傚《論語》，每卷下書"子曰"字，而自撰語言繫之，若著述狀。師見而大奇之。既冠，入邑庠，以《易》學知名。已而久困場屋，益大肆力於學，五經皆通，多所著述。弘治丙辰，年踰五十，乃登進士。或勸之減年通籍，笑却之，曰："吾蚤學而晚達，命也，敢爲欺乎？"釋褐久次，授兵部車駕司主事，陳言治安十策，下部院集議，多見采行。滿考，陞本部武選司員外郎。在官公暇，閉門著述，不妄交接，所與友惟太僕楊廉、郎中邵寶、蔡清、余祐，莫非當時人望，咸推重焉。再滿考，引年致仕。既歸，不入城府，靜坐一室，取舊所著書，手自刪校，至忘寢食。其書時出新見，不苟同儒先之説，要以自成一家。卒年八十八。書目曰《周易羽儀》《春秋經傳辨疑》《禮記大旨大成》《學庸大義辨疑》《孟子篇類》《正蒙發微》《含章子集》，皆板行。其他《周易集傳存疑》《魯經鄒書》《學庸精義》《正俗編》《金華文獻録》《增注黄庭經》《歷代興亡鑑》《格物志》《四書奏議》，稿藏于家。其爲人勵志清苦，推誠任真，人皆敬信。在林下一十九年，正身率物，化俗之功爲多。蘭谿人士以比章楓山，爲趣操異尚，而行義頡頏無愧云。今祀本府鄉賢祠。用墓誌修。

金華先民傳卷三

名臣傳 凡三十人

駱 統	馮 宿	胡 則	滕 甫	梅執禮
宗 澤	潘良貴	王師心	鄭剛中	章 服
王 淮	陳良祐	潘 時	林大中	應孟明
葛 洪	王 介	喬行簡	李誠之	范 鐘
康 植	朱元龍	王 埜	虞 復	李大同
王 萬	馬光祖	王 霆	劉 辰	唐 龍

猶之爲臣也，或澤漸乎百世，或功被乎四海，或利及乎一方，或勞效乎一事。是雖所乘所遇之不同，亦由其所抱負之大小實基之也，其稱名之優劣固由此其選矣。若賢達傳，槩以政事目之，而無大小優劣之辨，奚以甄人品乎！且忠孝以名，則爲實德，然稽其所録，舍一二表表外，其餘亦多一節之行耳，詎足以加於百世之澤、四海之功乎！苟仍汎舉夫婦之諒、兒女之戀而強爲之軒輊，或謬取掾史之才而莫爲之差擇，是焉得爲尚論之道也！兹特揭其事功之卓越、忠誠之並著，不止爲一方之利、一事之勞與一節之行者，別爲《名臣傳》，次於名儒之後，仍以忠義、孝友、政事序而次焉，庶幾覽者於兹乎厭心云。

駱 統

吴：駱統，字公緒，烏傷人。父俊，仕漢，官至陳相。值袁術僭號，盜賊並起，俊厲威武，保疆境，賊不敢犯。愛養百姓，財用豐足。術衆飢困，就俊求糧，不與，密使人殺之。統母改適，爲華歆小妻。統時八歲，辭母東歸，不顧而行。母從車後涕泣。御者曰："夫人猶在。"統曰："不欲增母思，故不顧耳。"遭時飢荒，鄉里及遠方寓賓多有困乏，統爲之飲食衰少。其姊有賢行，怪而問之。統曰："士大夫糟糠不足，我何心獨飽！"姊曰："誠如是，何不告我，而徒自苦爲。"乃以私粟與統，使之分施，由是顯名。孫權以將軍領會稽太守，統年二十，試爲烏程相。民戶過萬，咸稱其惠理。權嘉之，召爲功曹，行騎都尉。統志在補察，常勸權以尊賢接士，勤求損益。饗賜之日，可人人別進，問其燥濕，加以密意，誘諭使言，察其志趣，令皆感恩戴義，懷欲報之心。權納用焉。出爲建忠郎將，領武射士三千人。及淩統死，復領其兵。是時徵役煩數，重以疫癘，民戶耗損，統上疏曰："臣聞君國者，以據疆土爲強富，制威福爲尊貴，曜德義爲榮顯，永世胤爲豐祚。然財須民生，強賴民力，威恃民勢，福由民殖，德俟民茂，義以民行。六者既備，然後應天受祚，保族宜家。《書》曰：'衆非后無能胥以寧，后非衆無以辟四方。'推是言之，則民以君安，君以民濟，不易之道也。今強敵未殄，海內未乂，三軍有無已之役，江境有不釋之備。徵調煩數，由來積紀，加以疾疫死喪之災，郡縣荒虛，田疇蕪曠，聽聞屬城，民戶浸寡，且多殘老，少有丁壯。尋思所由，小民無知，既有安土重遷之性，前後出爲兵者，生則困苦，無有溫飽，死則委棄，骸骨不反，是以尤用戀本畏遠，同之於死。每有徵發，羸謹居家重累者先見輸送，少有財貨者傾居行賂，不顧窮盡。剽者則送入險阻，黨就羣惡。百姓虛竭，嗷然愁擾。愁擾則不營生，不營生則致窮困，致窮困則不樂生。故口腹急則奸心動，而攜叛多也。又聞民間少能自供，生產不舉，屯田貧兵，亦多棄子。天則生之，而父母殺之，既懼干逆和氣，感動陰陽。且陛下開基建國，乃無窮之業也，強鄰大敵非造次所滅，疆場常守非朞月之戍，而民兵減耗，後生不育，非所以歷遠年、致成功也。夫國之有民，猶水之有舟，停則以安，擾則以危，愚而不可欺，弱而不可勝，是以聖王重焉，禍福由之，故與民消息，觀時制政。方今長吏親民之職，惟以辦具爲能，取過目前之急，少復以恩惠爲治，副稱殿下天覆之仁、勤恤之德者。官民政俗，日以凋弊，漸以凌遲，勢不可久。夫治疾及其未篤，除患及其未深。願陛下少以萬機餘閑，留神思省，補復荒虛，深圖遠計，育殘餘之民，阜人財之用，參曜三光，等榮天地。臣統之大願，足以死而不朽矣！"權感統言，深加意焉。從陸遜破蜀軍於宜都，遷偏將軍。黃武初，曹仁攻濡須，使別將常雕等襲中洲，統與嚴圭共拒破之，封新陽亭侯。後爲濡須督。教陳便宜，前後書數十上，所言皆切於時務，尤以占募在民間長惡敗俗，生離叛之心，急宜絶置。權相與反覆，終遂行之。用《吳志》修。

馮　宿

唐：馮宿，字拱之，東陽人。孝子子華子也。貞元中，擢進士第一。徐州節度使張建封辟掌書記，與韓愈同官，因遂爲文字交。建封卒，子愔爲軍中脅，主留務。李師古將乘喪伐取故地，於是王武俊擁兵境上觀釁。宿爲愔以書說武俊曰："張公與公約爲兄弟，欲共戮力驅兩河歸天子，天下莫不知。今張公不幸，幼兒爲亂兵所脅，內則誠款隔絶，外則強寇侵邊。公安得坐視哉！誠能奏天子，不忘舊勳，赦愔罪，使束身自歸，則公有靖亂之功、繼絶之德矣！"武俊悦，即以表聞，遂授留後。宿不樂佐愔，更從浙東賈全觀察府。愔憾其去，奏貶泉州司戶參軍。召爲太常博士。王士真死，子承宗拒命，不得謚。宿謂世勢不可遺，乃上佳謚，示不忘忠。再遷都官員外郎。裴度節度彰義，表爲判官。淮西平，除比部郎中。長慶初，進知制誥。牛元翼徙節山南東道，爲王廷湊所圍，以宿總留事。還，進中書舍人，出爲華州刺史，避諱不拜，徙散騎常侍，兼集賢殿學士，拜河南尹。洛苑使姚文壽縱部曲奪民田，匿于軍，吏不敢捕。府大集，部曲輒與文壽偕來，宿掩取榜殺之。歷工、刑二部侍郎，修《格後敕》三十篇行于時，累加長樂縣公，擢東川節度使。完城郭，增兵械十餘萬。詔分餘甲賜黔巫道。涪水數壞民廬舍，宿脩利坊埔，一方便賴。疾革，將斷重刑，家人請宥之。宿曰："命之脩短，天也。撓法以求祐，吾不敢。"卒，贈吏部尚書，謚曰懿。遺命薄葬，悉以平生書物納墓中。子圖，字昌之，連中弘詞科。大中時終户部侍郎判度支。用《唐書》脩。

胡 則

宋：胡則，字子正，永康人。少倜儻，負氣格。當五代以戈鋋立國，則獨劬學于方岳蘭若。及宋，遂登端拱己丑進士。宋婺士登進士者，自則始。釋褐，調許田尉，以幹辦聞，再轉憲州録事參軍。時靈夏用兵，轉運使索湘遣入奏邊備。召對稱旨，太宗顧左右曰："州郡有如此人！"命記姓名中書。大將李繼隆與虜遇，十旬不反，移文轉運司云："兵將深入，糧可繼乎？"則謂湘曰："師老矣，矯問我糧，爲班師之名耳。請以有備報之。"未幾，繼隆師遽還。改著作郎，僉書貝州觀察判官。會遣使省冗役，檄則行河北道，凡去籍者十萬餘，民用休息。陞著作丞，知潯州。時有虎患，則齋戒禱城隍神，翌日得死虎廟中。改太常博士，提舉兩浙榷茶事，兼知睦州。丁母憂，廬墓終喪。以本官知永嘉郡，遷屯田員外郎，提舉江南路銀銅塲鑄錢監。得吏所匿銅數萬斤，咸懼且死，則曰："吾豈重貨而輕數人之生耶！"籍爲羨餘，不之罪。擢江淮制置發運使。會真宗奉祠景亳，則主供億。至於禮成，無纖毫之缺。帝才之，面加獎勞，遂轉户部員外郎，入爲三司度支副使，賜金紫，除禮部郎中，兩浙轉運使，移廣南西路。有番舶遭風，不能去，且告食乏。則命瓊州出公帑錢三百萬貸之。吏白夷本無信，且海舶乘風，無所不之。則曰："遠人之來，不恤其窮，豈天朝綏懷意耶！"已而竟償錢如期，視所貸且三倍，朝廷省奏嘉焉。按宜州，大辟十九人，爲辨活者九人。改户部郎中，復充江淮制置發運使，遷太常少卿。則初在許田時，丁謂、孫何爲舉子，有時名，俱客許田，則待之甚厚。及謂爲執政，而雅故之情不絶。至是謂徙朱崖，坐累，責知信州，又徙福州。有官田數百頃，已佃爲民業久矣，計臣上言請鬻之，責具估二十萬貫，民不勝弊。章三上，且曰：“百姓疾苦，刺史當言之。言而弗從，刺史可廢矣！”竟得報，減其直之半，而民以安。遷諫議大夫，知杭州，入判流內銓。坐舉官累，責授太常少卿，知池州。未行，復諫議大夫，知永興軍，領河北都轉運使，進給事中，入權三司使。寬於財利，不以剋下爲功。時朝廷方以兩京陝西榷鹽病民，議改通商，有司憚於改作，則首請如詔，事遂行，民皆便之。進工部侍郎，集賢院學士，出知陳州，遷刑部侍郎，移知杭州。得請，加兵部侍郎致仕，卒。則嘗奏免衢、婺二州身丁錢，民懷其德，户皆立像祠之，在方巖者，賜額赫靈祠。用《宋史》脩。

滕 甫

滕甫，字達道，後以字行，改字元發，東陽人。母夢虎行月中，而墮其室，是夕甫生。性豪俠。九歲能賦詩，其舅范仲淹見而奇之，教以爲文，攜至蘇，從胡瑗學。舉進士第三人，授大理評事，通判湖州。孫沔見而嘆曰：“名臣也，當爲賢將。”教以治劇守邊之要。召試學士院，充集賢校理，累遷户部判官。神宗即位，召問治道，對曰：“治亂之道如黑白、東西，所以變色易位者，朋黨汩之也。”帝曰：“卿知君子小人之黨乎？”曰：“君子無黨，譬之草木，綢繆相附者必蔓草，非松栢也。朝廷無朋黨，雖中主可以濟。不然，雖上聖亦殆。”上稱善者久之。進知制誥，拜御史中丞。諫官楊繪言宰相不當以其子判鼓院，上曰：“楊繪不習朝廷事。鼓院傳達而已，何與於事。”甫曰：“人有訴宰相者，使其子傳達之，可乎？且天下人見宰相子在是，豈復有訴事者！”上悟，爲罷之。京師地震，上疏指陳致災之由，大臣不悦，出知秦州。未行，會河北地震，涌水壞廬舍，命爲安撫使。官皆幄寢，居民恐懼，棄家而茇舍於外,甫獨臥屋下,曰:"民恃吾以生。屋摧民死,吾當以身同之。"民始歸安其室。乃命葬死者,食飢者,除田稅,脩隄防,繕甲兵,督盜賊,河北遂安。尋除翰林學士,知開封府。夏主秉常被篡,甫言:"秉常失位,諸將爭權,天以此遺陛下。請擇一賢將,假以重權,使經營分裂之,可不勞而定。"帝奇其策,然不能用。甫在帝前論事,如家人父子,言無文飾,洞見肝鬲。帝知其誠,事無巨細,人無親疏,輒皆問之。或中夜降手詔,使者旁午,甫隨事解答,不少嫌隱。初,王安石嘗與甫同考試,語言不相能。方議立新法,恐甫言而帝信之,遂力排甫,出知鄆州。民有爭公田二十年不決者,甫曰:"今學無廩食,而以良田飽頑民,可乎?"悉以爲學田。徙定州,許入覲,力言新法之害曰:"臣始以意度其不可耳。今爲郡守,乃親見其害民者。"具道所以然之狀。至定,將以上巳宴郊外,有報契丹入寇,邊民來逃者,將吏大駭,請起治兵。甫笑曰:"非爾所知也。"益置酒作樂,遣人諭逃者曰:"吾在此,敵不敢動。"使各歸業。明日問之,果妄。諸將大服。又徙青州,歷應天府齊、鄆二州。會婦黨李逢爲逆,或因擠之,黜知池州,改安州。流落十餘歲入朝,未對,不悅者或中以飛語,再貶筠州。咸以爲且有後命,甫談笑自若,曰:"天知吾直,上知吾忠,吾何憂哉!"上章自訟,有曰:"樂羊無功,謗書盈篋。即墨何罪,毀言日聞。"神宗惻然,即以爲湖州。哲宗即位,徙蘇、揚二州,除龍圖閣直學士,復知鄆州。方歲飢,預乞米二十萬石爲備。後淮南、京東皆大飢,甫獨有所乞米,召城中富民與約曰:"流民且至,無以處之,則疾疫起,併及汝矣。吾得城外廢營田,欲爲市屋待之。"民皆聽命,爲屋二千五百間,一夕而成。流民至,以次授地,井竈器用皆具,以兵法部勒,少者炊,壯者樵,婦女汲,老者休,民至如歸。上遣工部侍郎王古按視之,廬舍道巷,繩引棊布,肅然如營陣。古大驚,圖上其事,有詔褒美,所活凡五萬人。徙真定,又徙太原。河東兵勞民貧,而土豪將吏,喜於有警,因以爲利,故好作邊事,民不堪命。甫始至,番族來賀,令曰:"謹斥堠,無開邊隙,有寇而失備與無寇而生事者,皆斬!"夏人獵境上,河外諸將皆請益兵,甫曰:"寇來則死之,吾不出一兵也。"河東十二將,其八以備西邊,分半番休。至之八月,邊邏來告,請八將皆防秋。甫曰:"夏若併兵,雖八將不敵。如其不來,四將足矣。"卒遣更休防秋。將懼,扣閤爭之,甫指其頸曰:"吾已捨此矣。頭可斬,兵不可出。"卒無寇,省芻粟十五萬。夏人請復故地,詔賜以四寨,而葭蘆屬河東。甫曰:"取城易,棄城難。昔棄囉瓦,夏人襲我不備,棄金帛不貲,且爲夷狄笑。"乃命部將以兵護遷,號令嚴肅,寇不敢近,雖瓦石亦無所失。將賜寨,甫請先畫界而後棄。不從,夏人已得地,則請畫界,以綏德城爲法,從之。甫曰:"若法綏德以二十里爲界,則吳堡去葭蘆一百二十里,爲失百里矣。兵家以進退尺寸爲强弱,今一舉而失百里,不可。"力爭之,章九上,至數萬言。議者謂近世名將無及甫者。以年及,力求淮南,乃以爲龍圖學士,復知揚州。未至官,卒,贈銀青光禄大夫,謚曰章敏。今祀本府鄉賢祠。用《宋史》及《東坡全集》脩。

梅執禮

梅執禮,字和勝,浦江人。家貧,幼喪父,母胡教以讀書,遂通諸經,尤深於《易》。中崇寧五年進士,調常山尉。未赴,以林少蘊薦爲詳定一司敕令所删定官。俄遷《九域志》編修官。秩滿,除武學博士。或謂執禮文儒,不宜蒞武事。執禮欣然就職,爲諸生陳説大義,間親執弧矢爲倡。大司成强淵明數爲宰相言其賢,相歉未識面。執禮聞之曰:"以人言而得,必以人言而失。吾求在我而已。"卒不往謁。擢軍器監丞,以親嫌,改鴻臚寺丞,遷比部員外郎。比部職勾稽財貨,案牘山積,率不暇經目。苑吏有持茶券爲錢三百萬者,以楊戩意指,迫取甚急。執禮一閲,知其妄,欲白之。長吏疑不敢,獨列上,果詐也。進國子司業,歷左右二司員外郎。召試中書舍人,移給事中。林攄以前執政赴闕宿留,冀復用,臺諫顧望莫敢言,執禮論去之。孟昌齡居郹賃人室廬,當贖不肯與,而請中旨奪之。外郡卒留役中都者萬數,羣不逞爲奸。有旨放還,而楊戩怵不遣,内侍張祐董葺太廟,僭求賞,皆駁不行。遷禮部侍郎。素與王黼善,黼嘗置酒其第,誇視園觀女樂之盛,有驕色。執禮曰:"公爲宰相,當與天下同憂樂。今方臘流毒吳地,瘡痍未平,豈歌舞宴樂時耶?"退又以詩戒之。黼愧怒。執禮上書求去,有不能薦人材之語。黼曰:"是欲爲宰相耶!"會孟享景陵宫後至,遂除顯謨閣待制,出知蘄州,尋奪職。明年,復集英殿脩撰,徙知滁州。西洛歲供官炭,自元豐來,稱林木且盡,令淮南代輸。執禮曰:"滁之材木亦盡矣。經四十年久,洛都當已復舊。"即奏免之。賦鹽有定數,而間者抑配以補故額,執禮曰:"郡不當蘇、杭一邑,而食鹽倍於粟數,民何以堪?"請於朝,詔損二十萬。滁人德之,皆繪象祠焉。靖康初,徙知鎮江府,召爲翰林學士,道改吏部尚書,旋改户部。方軍興,調度不足,執禮請以禁内錢隷有司,凡六宫廩給,皆由度支乃得下。嘗有小黄門持中批詣部取錢,而御封不用寶者,既悟其失,復取之。執禮奏審,詔責典寶夫人而杖黄門,由是人不敢妄取,月省浮費三十萬。金人犯闕,執禮請太上帝后、皇后、皇太子出避,用事者沮之。京城失守,金質二帝於營,要金繒以數百千萬計,曰:"和議已定,所需滿數,則奉天子還闕。"執禮與同列陳知質、程振、安扶皆主根索,四人者哀民力已困,相與謀曰:"金人所需無藝極,雖銅鐵亦不能給,盍以軍法詰罪,倘室其求。"宦者挾宿怨語金帥:"城中七百萬户,所取未百一,但許民持金銀易米麥,當有應者。"已而果然。帥怒,呼四人責之。答曰:"天子蒙塵,臣民皆願致死,雖肝腦不計,於金繒何有哉!實緣比屋枵空,無以塞命耳。"帥問官長何在,振恐執禮坐之,遽前曰:"皆官長也。"帥益怒,先取其副胡舜陟、胡唐老、姚舜民、王俣,各杖之百。執禮猶爲之請,俄遣還,將及門,呼下馬摳殺之,而梟其首。時靖康二年二月某日也。是日天宇晝冥,士庶皆隕涕憤嘆。初,二帝再出如金營,執禮力争不從,遂大慟歸,見其母曰:"主辱臣死,何以生爲!"

母曰："忠孝難兩全。汝受國厚恩，宜刳心上報，慎勿以老人爲念。"執禮乃以其母屬兄弟，與諸將謀奪萬勝門，夜搗敵營，以二帝歸。范瓊輩皆謂無益，獨吳革議協，因以振給爲名，與宗室子昉密團結軍民，旬日得十餘萬，部分未發，而及於難。所著有文集十五卷。建炎二年，贈通奉大夫、端明殿學士。議者以爲薄，加資政殿學士，諡曰節愍。今祀本府鄉賢祠。用《宋史》及《浦陽人物志》脩。

宗　澤

宗澤，字汝霖，義烏人。母夢大雷電，光燭身，寤而生澤。自幼豪爽有大志。登元祐六年進士，廷對極陳時弊，考官惡其言直，置末甲。調館陶尉，檥視河埽。時方隆寒，役夫僵仆於道中，使督之急。澤言於帥，請少需之，至初春可不擾而辦。帥用其言上聞，從之。遷龍游令。民未知學，爲建庠序，設師儒，講論經術，風俗一變，自此登科者相繼。徙趙城令，下車，請升縣爲軍，書聞，不盡如所請。澤曰："承平時固無慮，他日有警，當思吾言矣。"政和三年，改知萊州掖縣。部使者得旨市牛黄，澤曰："時方疫癘，牛飲其毒則結爲黄。今和氣橫流，牛安得黄？"使者怒，欲劾邑官。澤曰："此澤意也。"獨銜以聞。差通判登州。境內官田百餘頃，皆不毛之地，歲輸萬緡，恒責取於民。亟奏免之。時朝廷遣使約女真攻契丹，澤嘆曰："天下禍始此矣！"因忤道士得幸用事者，請祠歸。俄坐削職，羈置鎮江，經郊赦，復叙監鎮江酒。靖康元年，以臺臣薦召對，假宗正少卿，充和議使。澤奏名不正，改計議使。衆謂澤剛方難合，必不能屈，且徒死無補，不若付以河朔一要郡。乃除直秘閣，知磁州。從贏卒十餘人，匹馬之官。至則治城池，脩器械，廣儲蓄，募勇敢，爲必守計。上言："邢、洺、磁、趙、相五州，各蓄精兵二萬人，敵攻一郡，則四郡皆應，是一郡之兵常有十萬人。"廷議嘉之，就除河北義兵都總管。金人破真定，直叩磁州。澤登城，令壯士射走之，開門縱擊，斬首數百級。加秘閣脩撰。康王再使金，至磁，澤力止之。王遂回相州。有詔以康王爲兵馬大元帥，澤爲副元帥，起兵入援。康王次大名，澤以二千人與金人力戰，破其三十餘砦。履冰渡河，見王，勸速進兵。會有蠟詔，方議和好，援兵且屯近甸。澤曰：“金人狡譎，是欲款我師耳。君父之望入援，何啻飢渴，宜急引軍，直趨澶淵，次第進壘，以解京城之圍。萬一虜有異謀，則我兵已在城下。”汪伯彥等難之，請遣澤先行。澤遂進屯開德，與金人十三戰皆捷。康王承制加澤徽猷閣待制。澤以書勸王檄諸道兵會京城，又移書趙野、范訥、曾楙合兵入援。三人皆笑以爲狂，不之答。澤遂以孤軍進至衛南。先驅云前有虜營，澤揮衆直前與戰，敗之。轉戰而東，敵益生兵至，澤將王孝忠戰死。前後皆敵壘，澤下令曰：“今日進退等死，不可不於死中求生。”士卒知必死，無不一當百，斬首數千，金人大敗，退却數十里。澤計虜必夜來襲營，日暮移軍南華。虜夜至，得空營，大驚，自是憚澤，不敢復出兵。澤出其不意，遣兵過大河襲擊，又敗之。既而京城失守，虜偪二帝北行，澤即提軍趨滑，抵大名，欲徑渡河據其歸路，邀還二帝，而勤王之師無一人至者。又聞張邦昌僭號，欲先行誅討，乃進軍衛南，上書康王，勸以近剛正而遠柔邪，納諫諍而拒佞諛，尚恭儉而抑驕奢，體憂勤而忘逸樂，進公實而退私僞。既又上書勸進。建炎元年五月，高宗即位于南京。趣詣行在所，入見，涕泗交頤，陳興復大計踰千言，且曰：“願陛下一怒以安天下之民，臣當躬冒矢石爲諸將先，得捐軀報國家足矣！”帝欲留用澤，黃潛善沮之，乃除龍圖閣學士，出知襄陽府，俄改青州。及開封尹缺，李綱言援復舊都，非澤不可，乃以爲延康殿學士、東京留守兼尹開封府。時敵騎留屯河上，金鼓之聲，日夕相聞，而京城樓櫓盡廢，兵民襍居，盜賊縱橫，人情洶洶。澤威望素著，既至，首捕誅舍賊者數人，下令曰：“爲盜者，贓無輕重，悉從軍法。”由是盜賊屏息。因撫循軍民，脩治樓櫓，屢出兵剉敵。既而金人遣牛太監等八人，以使僞楚爲名，至開封。澤拘其人，乞斬之。有詔命延至別館，澤固持不可。帝親以手劄諭澤，不得已，乃縱而遣之。真定、懷、衛間，敵兵甚盛，方密脩戰具，爲入攻之計，澤以爲憂，乃渡河約諸將共議事宜，以圖收復。於京城四壁，各置使以領招集之兵，造戰車千二百乘。又據形勢立堅壁二十四所於城外，沿河鱗次爲連珠砦，連結河東、河北山水砦忠義民兵，於是陝西、京東西諸路人馬咸願聽澤節制。澤又開五丈河以通南北商旅。守禦之具既備，累表請帝還京。而帝用黃潛善計，決意幸東南，不報。二年春，金兀朮入寇，自鄭州抵白沙，去汴京密邇，都人震恐。僚屬入問計，澤方對客圍棋，笑曰：“何事張皇？劉衍等在外，必能禦敵。”乃遣精銳數千，繞出敵後，伏其歸路。金人方與衍戰，伏兵起，前後夾擊之，金人果敗。粘喝據西京，與澤相持。澤遣部將閻中立、郭俊民、李景良帥兵趨鄭，遇敵大戰，兵敗，中立死之，俊民降，景良遁去。澤捕得景良，謂曰：“勝敗兵家之常。不勝而歸，罪猶可恕。私自逃遁，是無主帥也。”即斬之。既而俊民與金將史姓者持書來招澤，澤謂俊民曰：“汝失利就死，尚爲忠義鬼。今乃爲虜遊説，何面目見人耶！”捽而斬之。謂史曰：“主上屯重兵近甸，我留守也，有死而已。何不以死戰我，而反以兒女語脅我耶！”亦斬之。金人復入滑，澤遣部將張撝往救。衆寡不敵，或謂撝曷少避，撝曰：“避而偷生，何面目見宗元帥！”遂力戰死。澤聞撝急，遣王宣往援，已不及，與金人大戰，破走之。澤以宣知滑州。金自是不敢復犯東京。澤得金將遼人王策于河上，解其縛，問金之虛實，得其詳，遂決大舉之計，召諸將謂曰：“汝等有忠義心，當協力謀勦敵，期還二聖，以立大功。”言訖淚下。諸將皆聽命。金人屢戰不利，悉引去。加資政殿學士。復上疏請帝還京，不報。澤威聲日著，敵聞其名，常尊憚之，對南人言必曰：“宗爺爺。”羣盜楊進聚衆三十萬，與丁進、王再興、李大郡擁衆各數萬，往來京西、淮南、河南北侵掠。澤遣人諭以禍福，悉招降之。有王善者，河東巨寇也，擁衆七十萬，欲據京城。澤單騎至善營，泣謂之曰：“朝廷危難之時，使有如公一二輩，豈復有敵患乎！今日乃汝立功之秋，不可失也。”善感泣曰："敢不效力。"遂解甲降澤。招撫羣盜,屯聚城下。又募兵儲糧,召諸將約日渡河,諸將皆掩泣聽命。澤又聞王彥聚衆太行山,欲大舉趨太原,承制以彥制置兩河,召使計事。彥以萬餘人來,澤令屯于澤州以俟命,遂上疏曰："臣欲乘此暑月,遣王彥等自滑州渡河,取懷、衛、滑、相等州。王再興等自鄭州,直護西京陵寢。馬擴等自大名取洺、相、真定,楊進、王善、丁進等各以所領兵分路並進。既渡河,則山砦忠義之民相應,不啻百萬。臣願陛下早還京師,臣當躬冒矢石,爲諸將先。中興之業,必可立致。"疏入,汪、黃等忌其成功,從中沮之。澤又以中原無倚,請以帝弟信王臻爲兵馬大元帥。汪、黃因是譖澤將爲變,白用郭仲旬爲副留守以察之。澤憂憤成疾,疽發于背。諸將入問疾,澤矍然曰："吾以二帝蒙塵,積憤至此。汝等能殲敵,則我死無恨。"衆皆流涕,曰:"敢不盡力。"諸將出,澤歎曰:"出師未捷身先死,常使英雄淚滿襟。"無一語及家事,但連呼"過河"者三而卒。士女皆行哭失聲,遺表猶贊帝還京。詔贈觀文殿學士、通議大夫,諡忠簡。方是時也,澤定計渡河,連結諸路義兵豪傑,恢復可指日冀。有志弗就,識者恨之。子穎,居戎幕,最得士心。澤卒數日,將士去者十五。都人請以穎繼父任,會朝廷已命杜充留守,乃以穎爲判官。充至,悉反澤所爲,穎屢爭之,不從,乃持服歸。自是豪義士離心,而中原遂不守矣。後穎官終兵部郎中。澤今與王襃同祀本府二忠祠。用《宋史》及《名臣言行錄》《一統志》《續綱目》參脩。

潘良貴

潘良貴,字義榮,一字子賤,金華人。以上舍生釋褐爲辟雍博士,王黼、張邦昌俱欲妻以女,力辭而止。遷秘書郎。時蔡京與其子攸用事,方以爵祿釣知名士,良貴屹然特立,不爲動。親故數爲京致願交意,正色謝絕之。除主客郎中,遷提舉淮南東路常平。值公燕有中官,欲與同席,固持不可,却之。靖康元年,召還,賜對。欽宗問孰可秉鈞軸者，因極言何㮚、唐恪等四人不可用，他日必誤社稷。若欲扶顛持危之相，非博詢於下僚，明揚於側陋，未見其可。語徹於外，當国者指爲狂率，黜監汭口排岸。高宗即位，召爲左司諫。首請誅僞黨，使叛命者受刃國門，則敵人不敢輕議宋鼎。又乞封宗室於山東、河北，以壯國體。幸淮揚，養兵威以圖恢復。且及當時用事者奸邪之狀。黃潛善、汪伯彥等惡其言切直，改除工部郎中，主管亳州明道宮。越數年，始除荆湖南路提點刑獄，入爲考功郎中，遷左司。宰相吕頤浩謂曰：「旦夕相引入兩省。」正色對曰：「親老方欲乞外，兩省官非良貴可爲也。」退語人曰：「宰相進退一世人材，以爲賢耶，自當擢用，何可握手密語，以示私恩！若士大夫受其牢籠，又何以立朝！」即日乞補外，以直龍圖閣知嚴州。到官兩月，請祠，得主管明道宮。起爲中書舍人。直前奏曰：「先王之所以致治者，以其合於大公至正之道。比年之所以致亂者，反此而已。陛下今日誠宜仰思祖宗創業之艱、二帝蒙塵之久，俯念生靈塗炭之苦、土地侵削之多，夙寤晨興，不敢少置。每行一事，必先念此，然後發之，務以合於所謂大公至正之道，而勿以一毫私意曲狗人情，則天下庶有休息之期矣。」一日在廷中，因戶部侍郎向子諲奏事，語言煩褻，叱之曰：「子諲不宜以無益之談，久煩聖聽。」子諲欲退，上諭良貴曰：「是朕問之也。」又諭子諲，欸語久不止。良貴叱之退者再，忤旨，以集英殿修撰提舉江州太平觀。起知明州。朞年，除徽猷閣待制、提舉明道宮。家居貧甚。秦檜使人諷令求郡，辭曰：「從臣除授例合辭免，今求之於宰相，而辭之於君父，良貴不敢爲也。」既而坐嘗與李光通書，降二官。卒年五十有七。平居廉介自將，自少至老，出入三朝，而前後在官不過八百六十日。所居僅蔽風雨，郭外無尺寸之田，經界法行，特以丘墓之寄輸帛數尺而已。其清苦貧約，蓋有人所不堪者，而處之超然。常誦君子三戒之語，而以在得之規，痛自警飭，蓋其勵志如此。自號默成居士。所著有文集十五卷，朱晦庵爲之序，稱其人可當孔子所謂剛無欲者。嘗與雷公達書，有云："老而讀書，不須務博，當研味聖賢立言指歸，以洗心礪行，則老益精明。人至老年，倒行逆施之者，十常八九，正坐不解讀書耳。僕嘗自喻爲昏鏡，喻書爲磨鏡藥。當用此藥，揩磨塵垢，使之通明瑩徹而後已。若積藥鏡上，而不施揩磨之功，反爲鏡之累。故知託儒爲奸，如張禹、孔光之徒，曾不若庸夫愚婦也。"其集久已不傳，惟此書人猶傳之，謂之《磨鏡帖》云。今祀本府鄉賢祠。用《宋史》及《朱子大全集》吳禮部《敬鄉録》參脩。

王師心

王師心，字與道，金華人。登政和八年進士，調海州沭陽縣尉。敗劇賊宋江境上，詔改承奉郎，知長沙縣。政事詳明，累遷太府丞。樓炤使陝西，辟爲幹辦公事，進權工部侍郎，充賀金國生辰使。還，知袁州。秦檜方用事，監司郡守皆爭獻羨餘以希進，師心獨取以代貧民逋租。改知衢州通判。汪召錫掎摭宗室令衿，語言謗訕，師心止之，不聽。獄興，汪迫其行，人無敢相過者。師心獨遣人慰安，陰調護之。遷知洪州，充江南西路安撫使。轉運判官張常舉前帥張宗元所與張浚詩言于朝，欲併中傷之，詞所連及者百餘家。師心隨宜救庇，多賴以免。會檜死，事亦熄。召還，除戶部侍郎，奏宜塞倖門，開言路，生財不如節用。上勞問甚渥，且曰："卿以不附秦檜，故去國久。朕知卿，未嘗忘也。"遷權吏部尚書，兼侍讀。進讀《三朝寶訓》，終篇奏："祖宗創業，爲子孫萬世計甚備。熙寧大臣，私意改作，流毒至今，不可不鑑。"又奏言："帝王之於史，其要在觀得失，究治亂。今進讀《漢書》，願摘其切於治體者讀之。"前後進見，從容盡規者非一。浙東水災，充兩浙安撫使，寬逋債，振乏絕，民不流亡。改福建路安撫使。時虜將渝盟，師心蚤夜憂念，至忘寢食，條上求人才、通下情、擇將帥等事，言甚剴切。乾道初，以左奉議大夫致仕。卒。後諡莊敏。今祀本府鄉賢祠。用《宋史》及《敬鄉録》參修。

鄭剛中

鄭剛中,字亨仲,金華人。中紹興二年進士第三人,調溫州軍事判官。賑飢得法,用秦檜薦,爲救令所刪定官。累升尚書右司員外郎。時秦檜主和議,剛中爲陳虜不可信,不聽。擢監察御史,遷殿中侍御史。抗疏條奏和議利害甚詳。及胡銓上書,欲斬秦檜。帝怒,禍且不測。剛中率同列,論救,銓得編置。又奏禮部侍郎曾開不當罷,左丞施廷臣宜斥,柳約召命可寢,不報。移宗正少卿,遷秘書少監。樓炤出諭京陝,辟充參謀官。還,除禮部侍郎,再擢樞密直學士,出爲川陝宣諭使。尋充陝西分畫地界使。金使烏陵贊謨將至,剛中出關迎之。父老遮止曰:"公不延之入,而以身任危禍,必如其所欲而後已。"剛中曰:"彼入,則使者安而蜀危。我出,不過使者一死耳,後豈無繼耶!"與金使反覆爭詰辨難,終全階、成、岷、鳳及秦、商之半,列險據要,蜀賴以安。就除端明殿學士、四川宣撫使。宣司舊治河池,餽餉不繼,剛中奏移治利州,大開營田,自階、成抵秦,墾土三千餘頃,歲收十八萬斛,蠲民間常所斂錢七百萬。又即州置監鑄錢,以救川引之弊。先是,川口屯兵十萬,分隸三大將:吳璘屯興州,楊政屯興元府,郭浩屯金州,皆建節。則統制官知成州王彥,知階州楊仲,知西和州程俊,知鳳州楊從儀,亦皆領沿邊安撫。剛中請分利州爲東西路,以興元府、利、閬、洋、巴、劍、大安軍七郡爲東路,治興元,命楊政爲安撫。以興、階、成、西和、文、隴、鳳七郡爲西路,治興州,命吳璘爲安撫。諸禆將領安撫者皆罷。吳璘等皆宿將,官高,驕悍難制。剛中每折之以威,接之以恩,無不帖服。初議移屯,楊政不從,剛中呼政語曰:"我雖書生,誠不畏死。"聲色俱厲,政遂聽命。吳璘加檢校少保來謝,語閽吏,欲講鈞敵之禮。剛中曰:"少保官雖高,猶都統制耳。倘變常禮,是廢軍容。少保若欲反,則可取吾頭去。庭參之禮,不可廢也!"璘惶恐行禮如故。虞允文嘗曰:"允文與諸將往來,見其私居言動,罔不忌憚,如家有一鄭宣撫在焉。"剛中在蜀凡六年,儲蓄豐積,將士用命,虜不敢犯。當時人每與宗忠簡同稱,曰:"宗某如猛虎之在北,鄭某如伏熊之在西。"其見推重如此。秦檜見蜀富饒,諷使進金三萬兩,又令下錢米荆門。剛中曰:"今時講和,正爲他時恢復計,要當息民儲備爲先。"拒之不從。檜不悦,令御史汪勃奏置四川財賦總領官,以趙不棄爲之,不隸宣撫司,陰令刺求剛中陰事。會虜索北人在南者,檜悉遣之。蜀門有義勝一軍首領李謹等十四人,皆驍勇,剛中以其留蜀久,縱之必生患,悉斬之。檜怒其專,召剛中還,文致其罪,罷職,責桂陽軍居住,再徙封州,卒。檜死後追復原官,謚曰忠愍。所著有《北山集》、《周易窺餘》、《經史專音》、《搨碎烏有》等編。今祀本府鄉賢祠。子良嗣,官至正議大夫。用《宋史》及《潛溪集》脩。

章　服

　　章服,字德文,永康人。自幼穎悟,讀書不苟,窮經旨至忘寝食。中紹興二年進士,授處州青田縣尉。常攝邑,兩税舊有上、中、下三限,太守風告諸邑官:"及上限足者,吾任其材。"服答以民力不能辦,且法不可爲,太守怒。服辭邑事,不可,則以次第督之,第令無越舊限而已。累遷朝奉郎,用魏良臣薦,除兩浙提舉市舶公事。自常俸外,例所可得者,一不取,然對人亦不輒非前例。轉朝講郎,差知建州。軍糧久不給,軍情洶洶。服至,爭走訴馬前。時庫錢不能三萬緡,服徐諭之曰:"汝輩第歸營。得一月,當次第給矣。"立案税籍,得豪民姦胥要領。及期,軍用沛然。於是省教條,寬科率,與吏民相安於法守,而州以大治。連遭父母喪,服闋,除知鄂州。鄂當水陸之衝,虜分兵扼上流,朝廷出禁軍戍鄂,一日至或需船千艘、馬五千疋。服度不可辦者,奏聞,餘悉給,無留難。當此時,朝廷置武事不問者餘三十年,虜卒棄好,民不識兵革,往往流徙,更居迭去。服區處不遺餘力,鄂民得不以兵事恐動。州額秋租纔五千,上供至萬斛,他須稱是。服視酒税籍,得贏錢,立辦,人以爲神,而服乃戚焉若不自得也。改提舉兩浙常平。先是，漕司貸常平錢二萬萬，久置不問。服曰："此非法意也。民不知賴矣。"立移文督之。既而户部復請貸三萬萬，服難之。銜命小校恥不即得，出不遜語，服叱之曰："此聖旨耶？常平，民命也，猶當以法奏覆，奴何敢爾！"户部尋亦覺其不可而止。召除吏部員外郎，再遷侍御史。上疏言："祖宗之大讐未報，中原之故地未復，嘗膽之志，可少忘乎！歡好常敗於變詐，師旅或興於無名，歃血之好，可久恃乎！至於淮壖瘡痍，江浙飢饉，邦財未裕，軍政久隳，士風壞於奔競，朝綱撓於私曲。此皆當今急務，不宜以偃兵而置度外也。"又上言："願以財賦、邊備二事，專委大臣，集羣臣之説，參訂其可行者，置局措畫，假之歲月，以責其成。如以爲今之大臣不足任，願精擇可任者任之。不然，因循苟簡，臣恐後日不可悔也。"又請博求武勇以備將帥之用。三十年來，將帥以事廢置不至誤國者，願一切與之自新。池州魯訔，以竹生穗實爲瑞，圖之來獻，且言飢民實賴以食。服言："物反常則爲妖。竹非穗實之物，是反常也。竹生實，則林必枯，是爲妖也。以妖爲瑞，是罔上也。況民飢有食糟糠者，有食草木實者，有食土之似粉者，豈以是爲珍於五穀哉！猶愈於死而已。訔牧民，顧使其民至此，猶以爲瑞而獻乎！佞邪成風，漸不可長。"初，朝廷嘗揀諸路廂、禁、土軍，就閱行在所，籍爲忠勇軍，約以防秋，遣還所在郡。久留未遣，軍人不堪，相率詣臺自言。服爲移牒樞密院，不報。即上言："足食足兵，爲政之先務。聖人以爲必不得已則去兵、去食，而信終不可去。今因兵而失信，無乃不可。"上語服曰："此軍聯所自閱，費不知限數，而欲盡遣耶？"服曰："臣所不知也。臣所知者，人情事體耳。"上曰："然則當盡逃乎？"服曰："今逃數雖可掩，而人人心動。一旦空營迸裂，不捕則廢法，捕之則相率旅逆，損威失體，重爲天下笑。"上曰："當與大臣議之。"數日，服又上言，今逃數已不可掩，急遣猶患無及。上曰："前日議，猶未定。"服曰："議未定者，是不可之辭也。臣言不行，無所逃罪，重爲朝廷惜此舉動耳。樞臣迎合聖意，得無後悔乎？"上頷之,曰:"更當徐議。"虞允文時兼知樞密院事,一日召戚方議之,事復寢。一軍竄逸無留者,又相與拒鬪,不可捕。將校以下皆貶官,而方獨放罪。服遂上章,併劾允文挾私任情,連章不已,允文竟罷去。中官梁俊彥幹辦皇城司,轉官不行臺謝。服劾其廢法,俊彥坐論贖。會服除吏部侍郎,辭免,俊彥摘其章有不遜語,上大怒,責罷汀州居住。在汀七年,杜門觀書,世念泊如也。得旨放還,提舉江州太平興國宮,卒。所著有《論語》《孟子解》各三卷,《易解》二卷、古律詩二卷。用《龍川文集》脩。

王　淮

王淮,字季海,金華人。幼穎悟力學,登紹興十五年進士,調台州臨海縣尉。郡守蕭振一見奇之,許以公輔。振帥蜀,辟置幕府。及振出,眾欲留,淮曰:"萬里將母,豈爲利祿計耶!"眾皆服其器識。遷校書郎。以中丞朱倬薦,除監察御史,尋遷右正言。首論:"大臣養尊而不言,小臣持禄而不諫,以括囊爲知,以引去爲高。願陛下正心以正朝廷,正朝廷以正百官。"宰相湯思退無物望,淮條奏其罪數十,於是策免。又劾吏部侍郎沈介欺世盜名,都司方師尹狡險,大將劉寶揑尅交結權倖,皆罷之。又奏:"自治之策,治內有三:正心術,寶慈儉,去壅蔽。治外有四:固封守,選將帥,明賞罰,儲財用。"改秘書少監兼恭王府直講,出知建寧府,改浙西提刑。入見,陳閩中利病甚悉,上褒嘉之。尋召除大常少卿,遷中書舍人兼直學士院。龍大淵贈太師,仍畀儀同三司,張説除太尉,與在京宮觀,皆封還。除翰林學士、知制誥,訓辭深厚,得王言體。上命擇文學行誼之士,淮薦鄭伯熊、李燾、程叔達,皆擢用,後卒爲名臣。淳熙二年,除端明殿學士,簽書樞密院事。上嘗論曰:"樞密臨事盡公,差除守法,人無間言。"進同知樞密兼參知政事。時宰相久虛,淮與李彥穎同行相事,嘗論:"授官論賢否,不事形迹。誠賢,不敢以鄉里故舊廢之;不才,不敢以己私蔽之。”上稱善。進樞密使。上欲省武臣岳祠員，淮曰：“嘗有戰功者，壯用其力，老而棄之，可乎？”趙雄奏宗室岳祠宜罷，淮曰：“堯親睦九族，在平章百姓之先。骨肉之恩，何可疏也？”其務存忠厚，持大體。辛棄疾平江西寇，王佐平湖南寇，劉淳平廣西寇，淮皆處置得宜，論功惟允，上深嘉之，謂：“陳康伯雖有人望，處事則不及卿。”八年，拜右相兼知樞密院事。先是，自夏不雨至秋，是日甘雨如注，士大夫相賀，上亦喜命相而雨，乃命口筭諸郡絹錢盡蠲一年，爲緡八十餘萬。趙雄罷相，蜀士在朝者皆有去意。淮謂：“此唐季黨禍之胎，豈聖世所宜有？”皆以次進遷，蜀士乃安。樞密都丞旨王抃怙寵爲奸，淮極陳其罪，謂：“人主受謗，鮮不由此。”上即斥之，且曰：“丞相直諒無隱，君臣之間，正宜如此。”上以章穎論事狂直，將黜之。淮曰：“陛下樂聞直言，士大夫以言相高，此風可賀也。黜之適成其名。”上悅，穎復留。時以荒政爲急，淮言：“李椿年老成練達，擬除長沙帥。朱熹學行純篤，擬除浙東提舉。以倡郡國。”其後推賞，上曰：“朱熹職事留意。”淮言：“脩舉荒政，是行其所學，民被實惠，欲與進職。”上曰：“與升直徽猷閣。”成都缺帥，上問淮，以留正對。上曰：“非閩人乎？”淮曰：“王者立賢無方，必曰閩有章惇、呂惠卿，不有曾公亮、蘇頌、蔡襄乎？必曰江浙多名臣，不有丁謂、王欽若乎？”上稱善，拜左相。天長水害七十餘家，或謂不必以聞，淮曰：“昔人謂人主不可一日不聞水旱盜賊，《記》曰：‘四方有敗，必先知之。’”龔頤以執政之客補官，求詣銓曹，淮以爲此門不可啟，力絕其請。上章求去，加觀文殿學士，判衢州。淮力辭，改提舉洞霄宮。光宗嗣位，詔詢初政，淮以盡孝進德，奉天勤民，用人立政，罔不在初對。贈少師，諡文定。淮相孝宗凡八年，淳熙致治之隆，淮不爲無助云。但朱熹在浙東時，劾知台州唐仲友，淮與仲友姻家，乃擢陳賈爲監察御史，疏言“近日道學之士，假名濟僞，請詔禁革”，熹因此奉祠，遂啟慶元僞學之禍，人以此少之。用《宋史》脩。

陳良祐

陳良祐,字天與,金華人。紹興二十四年擢進士第,調興國軍司戶,累遷左司諫。首論會子之弊,願捐內帑以紓細民之急。上從之,內發白金數萬兩,回換會子,收銅版弗造,軍民翕然。上銳意圖治,以唐太宗自比。良祐言:"太宗《政要》,願垂省覽,擇善而從,知非而戒,使臣爲良臣,勿爲忠臣。"上曰:"卿亦當以魏徵自勉。"又奏:"公侯貴戚,椒房肺腑,專利冒禁,願嚴戒敕。"左相蔣芾丁外艱,詔起復。良祐言起復非正禮,宜使之終喪,事遂寢。除兵部侍郎。時張説爲樞密都承旨,頗用事,一日奏欲置酒延諸侍從,上既許之,且曰當致酒肴爲汝助。説退而召客,至期畢集,獨良祐不赴。已而中使以上珍膳。至説奏謝,因附奏:"臣奉旨集客,良祐獨不至,是違聖意也。"既奏,上命黃門再賜。説大喜,復附奏:"臣再三速良祐不肯來。"夜漏將止,中批:"陳良祐除諫議大夫。"坐客方盡歡,聞之憮然而罷。再轉爲吏部尚書。時議汎使請地,良祐奏:"請地乃起釁之端,今之求地,欲得河南,曩歲嘗歸版圖,不旋踵失之。必須遣使,則祈請欽宗梓宮,猶爲有名。"奏入,忤旨,貶瑞州居住,尋移信州。九年,許令自便。淳熙四年,起知徽州,再加敷文閣待制,知建寧府。卒。<small>用府志及《齊東野語》修。</small>

潘　時

潘時,字德鄜,金華人。良貴從子也。少受業於良貴,及長,又游張栻、呂祖謙間,力學不倦。以良貴任,爲登仕郎,調分宜縣主簿,改通直郎,差提舉雜買務。皇城邏卒挾恃干犯,按致其罪不少貸。出知興化軍。女官道士,託妖妄求敕賜,以表其居,挾樞密張説書屬時上其事,持不可。説復諭意部使者撼之,卒不爲動。歲飢,募客舟,予錢博而寬其期,莫有喻其意者。既而糴者得以其舟往返一再,然後及期,則糴價已久自平,而民不飢,人乃服其有謀。請蠲歲輸丁米錢千萬,久未報,輒移屬縣,緩其輸。漕司不悦,督愈峻,時力訴諸朝,竟得罷乃已。召還，賜對，言：“郡縣者，朝廷之根本；而百姓者，又郡縣之根本。今不計州縣之事力而一切取辦，又不擇人材之能否而輕以畀之。欲本固而邦寧，其可得耶？”請外，提舉浙西常平。平江庫失漏，守誣富室以取償，大擾，有死者。時檄罷之。守怨，搆以他事，坐削一官，移江西，又移江東。因劾池州守趙粹中，不報，章三上，遂與俱罷。起提舉湖北常平，入奏，言：“比年戶部調度不繼，督賦苛急，監司州縣希意避罪，不暇復以百姓爲心，下失人和，上干天變，其原在此。願詔有司速蠲民間舊逋，而出內禁錢以補上供之缺。更詔大臣，選官置局，考校紹興以來出納之會，參互省嗇，爲經久計。常使戶部支計有餘，則州縣寬而民力舒，和氣應矣。”上嘆息稱善，曰：“卿言州縣擾民之事，朕亦知之，蓋所謂黃紙放，白紙催。若已蠲之，而又責於戶部，此誠何益！正當一一與補還耳。”湖北故多陂澤，貧民得漁其間，賴以衣食者甚眾。或以輸租自占而專其利，民已病之。至是議者復請增租，而吏緣爲奸，盡斥貧民所漁以歸富室，狼狽失業者不可勝計。時至，爲申明其法，悉以還之。改提點湖南刑獄。有盜殺人，而誣指賈人某甲爲罪首者，前後七推具伏，及錄問，輒不承。時至鞫之，方盜殺人時，某甲實在他所。參驗行由印曆，晷刻不差，即理出之，而劾官吏失入者。奏上，報可，仍下諸路以爲法。除直秘閣、知廣州，兼安撫廣南東路。所部地接郴、桂、汀、漳，四州之民歲一踰嶺貿易，折閱即相聚爲盜，大羣或至數千人。時入境，捕得其渠八人，即斬以狥，曰：“三日而去者，吏不得格。期外不去，復捕如初。”於是皆散。大奚山斗入海中，民恃魚鹽爲命，急之則相聚爲盜不可禁，所從來久矣。新置都鹽使者，銳欲禁之，檄水軍逐捕。時曰：“水軍專屬帥府節制，非他所得調也。且爭小利，起大盜，將使誰任其責耶？”卒拒不爲發。乃陰募其酋豪，使以捕賊自效。由是盜發輒得，無逸者。進直徽猷閣、知潭州，安撫湖南。飛虎軍驕橫不可制，有恃醉挾刃傷人者，按軍法誅之，遂帖然。再遷尚書左司郎中，以疾辭歸，卒。其治郡，先教化，而於訟獄期會無不謹，務施舍，而於出納纖細無所遺。爲部使者，廢置不避權門，舉劾不憚大吏。至典方面，養威持重，務存大體，治民訓兵，禁奸除暴，無一不可爲法。有所張弛，必先竟其利害本末，然後出令。恥爲姑息小惠以掠虛譽，謂榷酤茶鹽非古法，不忍盡以律令從事。所至必問人才，興學校，薦士惟公論所與。閉門草奏敕，吏莫敢言，雖被薦者，亦事下然後知。所部盜賊、水旱，無巨細必以聞，以祥瑞告，則抑而不省。其愛民如子，馭吏如僮僕，接僚屬如賓友，惜官帑如私財，治公事如家事，事有不便於文法，輒以身任之，不以累其下，是以人樂爲盡力，所至稱治。嘗自謂：“吾之爲治，主於寬而不使有寬之名，輔以嚴而不使有嚴之迹。惟其綱維總攝，而脉絡流通，是以坐走羣吏，而我常無爲也。”當時號稱精吏道，有科指而寬猛得宜，大小中度者，無出其右。既病，神明不衰，起居莊敬如常時，顧諸子，誦曾子易簀時語而絕。今祀本府鄉賢祠。用《朱子大全》修。

林大中

林大中，字和叔，永康人。登紹興庚辰進士，調湖州烏程縣主簿，遷知撫州金谿縣。郡督賦急，大中請寬其期，不從，取告身納之，求劾而去，守愧謝許焉。丁父憂，服除，知湖州長興縣。和買比經界前增四之三，大中推見衆弊，獲免者四五十户。訟牒必竟曲直，不聽私解，或以恐滋多事，大中曰：“此乃所以省事之法也。”由是訴訟日稀。所下文移，無一紙留于民間。用侍郎詹義之薦，得幹辦行在諸司糧料院。求補外，同擬者四人，孝宗指大中與計衡姓名曰：“此二人佳，可除職事官。”遂除太常寺主簿。光宗受禪，詔舉察官，用尚書葉翥等薦，擢監察御史，論事無所迴避。任殿中侍御史兼侍講。紹熙二年春，雷電交作，有旨訪時政缺失。大中言：“孟春雷電，則陰勝陽之義。蓋君子爲陽，小人爲陰，其邪正在所當辨。趨向果正，雖一節可議，不害爲君子；趨向不正，雖小節可喜，不害爲小人。正者當益厚其養，無責其一節之過差，以消沮其正大之氣；不正者當深絕其漸，無以小節之可喜，而長其奸僞之萌。庶君子得以全其美，而小人無以容其奸。"知潭州。趙善俊得旨奏事，大中劾其憸邪罷之。帝問："今日羣臣孰賢？"大中以知福州趙汝愚對，汝愚由是被召。江浙西路民苦折帛和買重輸，大中疏論之，有旨減其輸者三歲。因劾戶部尚書馬大同、大理卿宋之瑞，不報，力求補外，改吏部侍郎，辭，乃除直寶謨閣，知寧國府。朱熹遺書朝士曰："聞林和叔入臺，無一事不中的。去國一節，風誼凜然，當於古人中求之。"尋移知贛州。贛爲劇郡，大中一以平心處之，文移期會，動有成規，裁斷曲直，不可搖動。聽訟初有數百，後惟十餘紙，猾吏豪民，爲之束手。寧宗即位，召還，試中書舍人，遷給事中，兼侍講。知閣事韓侂胄來見，大中接之，無他語。及使人通問，因願納交，又笑却之。會彭龜年抗疏論侂胄，有旨侂胄與内祠，龜年與郡。大中請留龜年經筵，而斥侂胄外任，不聽。侂胄愈恨。御史汪義端以論趙汝愚去，侂胄引爲内史，大中駁之。改吏部侍郎，不拜，遂以焕章閣待制出知慶元府。舊傳府有鬼祟，大中謂此必黠賊，亟捕治。既而果然，併前政所失器物皆得之，由是奸人屏息。丐祠得請，未行，給事中許及之，侂胄黨也，承風繳駁，遂削職歸。與趙汝愚、朱熹等俱入僞籍。歸凡十三年，優游龜潭別墅，時事一不掛口。或勸通書侂胄以免禍，大中曰："福不可求而得，禍可懼而免耶！"及侂胄誅，召見，試吏部尚書，擢端明殿學士、簽書樞密院事。卒，贈資政殿學士、正奉大夫，謚正惠。今祀本府鄉賢祠。用《宋史》及墓志修。

應孟明

應孟明，字仲實，永康人。登隆興癸未進士，調臨安府教授，繼爲浙東安撫司幹辦官、樂平縣丞。侍御史葛邲、監察御史王藺薦爲詳定一司敕令所删定官。輪對，首論："南北通好，疆場無虞，當選將練兵，常如大敵之在境，而可以一日忽乎？貪殘苛酷之吏未去，吾民得無有不安其生者乎？賢士匿於下僚，忠言壅於上聞，無乃中正之門未盡闢，而兼聽之意未盡孚乎？君臣之間，戒懼而不自恃，勤勞而不自寧，進君子，退小人，以民隱爲憂，以邊陲爲警，則政治自修，紀綱自張。”孝宗曰：“朕夙夜戒懼，無頃刻忘。退朝之暇，亦無他好，正恐或稍宴安，則萬幾之曠自此始耳。”次乞申嚴監司庇貪吏之禁，薦舉徇私情之禁。帝嘉奬久之。他日，宰相進擬，帝出片紙，書二人姓名，曰：“卿何故不及此？”其一人，則孟明也。乃拜大理寺丞。大將李顯忠之子家僮溺死，有司誣以殺人，逮繫幾三百家。孟明察其冤，白於長官，釋之。出爲福建提舉常平，陛辭，帝諭之曰：“朕知卿愛百姓，惡贓吏，事有不便宜，悉意以聞。”因問當世人才，孟明曰：“有才而不學，則流於刻薄。惟上之教化明，取舍正，則成就必倍於今。”帝曰：“誠爲人上者之責。”孟明至郡，具以臨遣之意咨訪之。帝一日御經筵，因論監司按察，顧謂講讀官曰：“朕近得數人，應孟明其最也。”尋除浙東提點刑獄，以鄉郡引嫌，改使江東。會廣西謀帥，帝謂輔臣曰：“朕熟思之，無易應孟明者。”即以手札賜孟明曰：“朕聞廣西鹽法利害相半，卿到任，可自詳究其實。”進直秘閣、知靜江府兼廣西經略安撫使。初，廣西官鹽易爲客鈔，客户多折閱逃避，抑配於民。行之八年，公私交病，追逮禁錮，民不聊生。孟明驛奏除之。禁卒朱興結黨，弄兵雷、化間，聲勢漸張。孟明遣將縛至轅門，斬之以徇。光宗即位，遷浙西提點刑獄，尋召爲吏部員外郎，改左司，遷右司，再遷中書門下檢正諸房公事。寧宗即位，拜太府卿兼户部侍郎。慶元初，擢吏部侍郎。卒，贈少師。孟明以儒學奮身，受知人主，官職未嘗倖遷。韓侂胄遣密客誘以諫官，俾誣趙汝愚，固却不從。士論以此重之。用《宋史》修。

葛　洪

葛洪，字容父，東陽人。少從呂祖謙學，得義命一語，終身服膺。擢淳熙十一年進士第。初官既足舉員，以不登權要之門，邅迴下僚，年垂六十，始脫選調，召除籍田令，出守盱眙，陞提點江東刑獄。按吏不法，一章十七人，雖親故不免。入爲樞密院編脩官，尋守尚書工部員外郎兼樞密院檢詳諸房文字。上疏極言當時將帥之弊，謂"拊循士卒，將帥之職也。朝廷每嚴掊克之禁，蠲營運之逋，其儆之者至矣。今乃有別爲名色，益肆貪黷。視生理之稍豐者而誣以非辜，動輒估籍；擇廩給之稍優者而強以庫務，取辦芻粟，抑配軍需，於拊循何有哉！訓齊戎旅，亦將帥之職也，朝廷每嚴點試之法，申階級之令，其儆之亦切矣。今顧有教閱視爲具文，坐作僅同兒戲。技勇者不與旌賞，拙懦者未嘗勸懲。士習驕橫，類難役使。於訓齊何有哉！況乃有沈酣聲色之奉，溺意田宅之圖，而不恤國事者矣。又有營營終日，專務納交，書幣往來，道路旁午，而妄希升進者矣。自謂繕治甲兵，脩造戰艦，究其實，則飾舊爲新而已爾。自謂撙節財用，聲稱羨餘，原其自，則剝下罔上而已爾。乞嚴飭將帥，上下振厲，申儆軍實，常若有寇至之憂。磨礪振刷，以求更新，則亦庶乎其有用矣。"帝嘉納之。進直煥章閣，兼國子祭酒，遷工部侍郎，拜尚書，兼侍讀。進端明殿學士、同簽書樞密院事，拜參知政事。贊討平李全，援王素諫仁宗却王德用進女事，以止嬪御，世多稱之。請祠，以資政殿學士、提舉洞霄宮，進大學士。召赴行在，仍舊職，充萬壽觀使兼侍讀，告老。積二十六疏，乃得謝還鄉。首置義塾，以教子姓及四方學者，延師儒以主之，日往其間，隨材誘掖，曰："異日得一佳士，爲朝廷用，亦畎畝報國之忠也。"如是者幾十年，乃卒。累贈太師，謚端獻。杜範稱其侃侃守正，有大臣風。所著有奏議及《蟠室集》二十四卷。用《宋史》《敬鄉錄》修。

王　介

王介，字元石，金華人。從呂祖謙遊，學通諸經，尤邃於《周禮》。紹熙元年，舉進士，極論朋黨之禍，且言人主而不尊道學，士大夫而不明道學，天下爲諱，則何以立國！光宗覽而嘉之，擢第三人，簽書昭慶軍節度判官，除國子學錄。上違豫，久不朝重華宮，介上疏言："壽皇親挈神器授之陛下，孝敬豈可久缺？"又言："婦事舅姑，如事父母，不可虧中宮之禮。"及孝宗崩，介力請過宮執喪，以爲天下未有無主之喪者。言極激切，人嘆其忠。寧宗立，未幾，即以內批罷宰相留正。介上疏言："陛下即位甫三月，而策免宰相，遷易臺諫，皆出內批，非治世事。崇寧、大觀間事出御批，遂成北狩之禍。杜衍爲相，常積內降十數封還。今宰相不敢封納，臺諫不敢彈奏，豈可久之道！"遷太常博士。韓侂胄怒介封事爲詆己，添差通判紹興府，尋知邵武軍。會學禁起，諫大夫姚愈劾介與袁燮皆僞學之黨，且附會前相趙汝愚，罷，主管台州崇道觀。久之，差知廣德軍。父喪，服闋，除知饒州。未上，入爲秘書節度支判官。會韓侂胄議伐金，介面對，首陳：用兵之計，有三可慮。乞宣諭大臣，不宜輕舉。又自以書與侂胄，極言之。蘇師旦建節，介與同列，謁政府，遇諸庭，客皆踰階而揖，介獨不顧。其黨徐柟劾介資淺立異，復罷，奉祠。侂胄誅，驛召入對，首論："人主之權，莫大於自用，而亦莫難於自用。所謂難於自用者，以左右前後浸潤膚受之不可隄防，非以外朝獻替繳駁論奏之爲侵且奪也。小人見人主聽納之專，綱維節奏，未易撓紊，則亦不敢萌干請之私矣。"帝不能用。於是史彌遠遂以一相專國。除侍左郎官兼太子舍人，再轉而國子祭酒。會不雨，詔百官指陳缺失。時史彌遠以母喪起復，介手疏歷論時政，推本《洪範》僭恒暘若之徵，謂："羅日願糾合爲變，是下人謀上也。虜脩好增幣，而猶覬望，是夷狄亂華也。內批數出，是左右干政也。諫官無故出省，是小人間君子也。皆謂之僭。一僭已足致天變，況兼而有之哉！宰相職在燮理陰陽，而不雨久，於漢法當策免。乞令史彌遠終喪，擇公正無私者置左右，王、呂、蔡、秦之覆轍可以爲戒。"除秘書監，升太子右諭德。篤意輔導，每遇講讀，因事規諫。太子嘗索館中圖書，却而弗與，及欲設燈張樂，則諫止之，且乞選故家以正始，絕令旨以杜請謁；宮僚分日上直，以資見聞。遷宗正少卿兼權中書舍人，繳駁不避權貴。張允濟以閣職爲州鈐，介謂此小事而用權臣，破祖宗例，不可，知還詞頭。丞相語介，曰："宰相而逢宮禁意向，給舍而奉宰相風指，朝廷紀綱掃地矣。"居數日，除起居舍人。介奏："宰相以私請不行，而托威禍於宮禁，權且下移，誰敢以忠信告陛下者。"乞歸老，不許。上言："本朝循唐入閣之制，左右史不立前殿，若御後殿，則立朵殿下，何所見聞而脩起居注乎？乞依歐陽脩、王存、胡詮所請，分立殿上。"吏部尚書許奕以言事去國，介奏："陛下更化三年，而言事官去者五人，倪思、傅伯成既去，其後蔡幼學、鄒應龍相繼而去，今許奕復蹈前轍。或謂此皆宰相意。自古大臣未有因給舍論事而去之者，將恐成孤立之禍。"疏奏乞補外，以右文殿脩撰知嘉興府。俄改集英殿脩撰知襄陽府，兼京西安撫使，徙知慶元府兼沿海制置使，以疾奉祠，卒。所著有《春秋臆說》十卷、《通鑑解標》十五卷、文集二十五卷。端平初，郡守趙汝談請于朝，特贈寶謨閣待制，謚忠簡。今祀本府鄉賢祠。子埜，見後傳。參用《宋史》及《真西山文集》修。

喬行簡

　　喬行簡，字壽朋，東陽人。學呂祖謙之門。登紹熙四年進士，歷官知通州，條上便民事。召試館職，除秘書省正字兼樞密院編修官，累遷淮西轉運判官，兼淮西提點刑獄。言金有必亡之形，中國宜靜以觀變。因列上備邊四事。再遷宗正少卿，兼工部侍郎，應詔上書，言："求賢、求言二詔，果能確守初意，深求實益，則人才振而國本立，國威張而奸宄消。臣竊觀近事，似或不然。蓋以所召者，非久無宦情決不肯來之人，則年已衰暮決不可來之人耳。彼風節素著、持正不阿、廉介有守、臨事不撓者，論薦雖多，固未嘗收拾而召之也。其所施行褒賞者，往往皆末節細故，無關於理亂，粗述古今，不至於抵觸，然後取之以示吾聽受之意。其間亦豈無深憂遠識高出眾見之忠言至計有補聖明之聽者，固未聞采納而用之也。夫賢路當廣而不當狹，言路當開而不當塞，治亂安危，莫不由此。"進端明殿學士，簽書樞密院事。上言：“人君當懋建皇極，一循大公，不應狥私小人，爲其所誤。凡戚畹之親，近倖之臣，使令之輩，外取貨財，内壞紀綱。上以罔人君之聰明，來天下之怨謗；下以撓官府之公道，亂民間之曲直。縱而不已，其勢益張。人君之威權，將爲其所竊弄而不自知矣。”又論：“李全氣貌，無以踰人，未必真有長算深謀，直剽悍勇決能長雄於其黨耳。自白丁十年而至三孤，功薄報豐，反背義忘恩，此天理之所共憤，宜亟誅戮，以戒跋扈。”拜參知政事、同知樞密院事。時議復三京，行簡在告，上疏曰：“自古英君，規恢進取，必須選將練兵，豐財足食，然後舉事。今陛下之將，足當一面者幾人？勇而能鬭、智而善謀者幾人？非屈指得二三十輩，恐不足以備馳驅。陛下之兵，能戰者幾萬？分道而趨京洛，留屯而守淮、襄者幾萬？非按籍得二三十萬衆，恐不足以事進取。借曰推擇行伍，即可爲將，接納降附，即可爲兵，方今百姓多垂罄之室，州縣多赤立之庾，臣實未知錢糧之所出也。若頓師千里之外，糧道不繼，進退不能，他日必勞聖慮。願陛下堅持國論，以絶紛紜之説。”進知樞密院事。時議御閲不果，而驟汰之，殿司軍閧，爲之黜主帥，罷都司，給黃榜撫存，軍愈呼噪。行簡以聞，戮爲首者二十餘人，軍乃帖息。尋拜右相，言：“三京撓敗之餘，事與前異，但當益修戰守之備。襄陽失守，宜急收復。”或又陳進取之計，行簡奏：“今内外事勢可憂而不可恃者七。”言甚劊切，師得不出。端平三年九月，有事於明堂，大雷雨。行簡與鄭清之並策免。既而獨趣召行簡還京，拜左相。援韓琦故事，乞以邊防、財用分任執政，又請脩中興五朝國史。嘉熙三年，拜平章軍國重事。每以上游重地爲念，請建節度宣撫使，提兵戍夔。邊事稍寧，復告老，章十八上。四年，加少保、保寧軍節度使兼醴泉觀使。邑有社廩，原屬庾司，行簡曰鄉曲社倉非他處比，第恐他日有文移索取之患，爲請朝旨以久其惠。淳祐元年二月卒，年八十六，贈太師，謚文惠。行簡歷練老成，識量宏遠，居官知無不言，好薦士，多至顯達。所著有《周禮總説》、《孔山集》。用《宋史》脩。

李誠之

李誠之,字茂欽,東陽人。受學呂祖謙,風規峻整,志氣挺特,明於義利之辨。舉鄉薦第一。祖謙與學者書曰:"茂欽作魁,大可喜,使世俗知本分,爲學者不與科舉相妨。"入太學,舍選亦第一。慶元初,釋褐爲饒州教授。遭父母喪,皆廬墓終制。除福建安撫司幹辦,嘗語其僚真德秀曰:"篤信好學,守死善道,此吾輩八字箴也。"有上書朝貴以糜捐自誓者,毅然正色曰:"士大夫此身獨當爲君父死耳,可輕以許人乎!"德秀大敬服之。其仗節死義之心,預定於平居蓋如此。性不善覓舉,或勉之,則曰:"彼誠知我,何必有求。如其不知,求之何益。"絶口不自言。後部使者竟亦以公論所在而自舉之。遷刑部架閣文字,擢國子學録。爲忌者所讒,臺評且上,或言自辯可免,誠之曰:"吾不善爲此態。惟有去耳。"遂奉祠。起爲江西轉運幹辦。使者稱提會子,欲第其物力高下輸錢斂之。誠之以爲富室甚鮮,自中以下,安所出辦,以應此令,曷循舊例,止以鹽本錢通融,可以無擾。使者不悅,曰:"商君之令,猶能必行。今乃齟齬如此!"誠之愀然曰:"使君儒者,而欲爲商君所爲乎!"遂辭去。使者遜謝,罷令而後止。改通判常州。時督經總制錢甚峻,前此爲倅者多以缺辦致罪,誠之至,即爲都簿具財賦之目,言于總司,立爲定額,分限輸錢,而宿逋亦併完。遷知郢州。制帥頗恃才而愎,誠之以書箴之,曰:"鎮壓不可以無威,必和易以通下情。斷制不可以不獨,必博咨以盡羣策。"時以爲名言。策金必敗盟,大脩邊防戰守之具,增置邊倉,糴米麥以實之。及敵犯京西,制府調爲援,亟發州兵合二千五百人拊而遣之,併財用皆立具。移知蘄州。蘄爲次邊,自南渡後未嘗被兵,人皆謂敵必不至。誠之曰:"大江以北敵睥睨久矣,今不爲備,一旦乘虛來攻,悔可追乎?"乃相視城壁,增其城,加厚五尺,高亦如之,濬其濠,深二尋,廣五丈,備樓櫓,築軍馬墻,教閲廂禁民兵,激之以賞,積粟贏四萬餘石。舊例:酒庫月供守錢四百五十千,誠之悉寄諸公帑,以助兵費。嘉定十四年春二月,金人犯淮南。提刑獄兼知黃州何大節經理守沙窩、黃土諸關。誠之曰：“古人守關，有懸崖峭壁之險，無他歧路可入，故閉關足以絕其往來。今五關延袤三四百里，小路可入者以百數，能一一守乎？若敵從小路邀出關背，是陷民兵於死也。”不聽。大節又以黃陂一路無山可守，調民築堤爲備。誠之曰：“黃陂之旁地多沮洳，非敵騎所利。萬一敵至，沿江居民猶得爲逃避計。今築長堤，則敵將藉爲坦途，其來勢如風雨，居民將魚肉矣。”又不聽。大節又調蘄之民兵上關。誠之曰：“民兵守鄉井，皆有致死之心。若遠出，且無固志，徒令投死，無益也。”亦不聽。既而敵自浮光深入，破五關，踐黃陂，皆如誠之言。先是，誠之已逾滿，代者不至，欲先遣其孥歸，聞警報日急，恐搖人心，遂止，喟然語其僚曰：“吾以書生，再任邊疆，行年七十，抑又何求？當共戮力以守，不濟則以死繼之耳。”時州兵半發迎新，又爲憲司所調，僅存千餘人。乃揀城中丁壯，參以寄居宗子士人，分布城守。所儲守具，弓七千有奇，矢一百二十萬有奇，劃車弩八十五座，其他如三梢五梢、旋風蒺藜、火炮車、鐵菱角、金汁鍋、火麻搭、竹節筒之類，峙積如山，不可勝數。區畫既定，乃集官屬凡城守者，諭之曰：“敵兵雖多，不足畏也。今乃以順討逆，何患弗克。但能堅守此城，旬日內援兵必集。援兵攻其前，我師開門乘其後，可使敵疋馬不返。此諸公取富貴時也，宜相與勉之。”敵既圍黃州，分兵擣蘄州，將及近地，誠之語衆曰：“敵氣方銳，今乘其未至，挫其前鋒，則敵懾矣。”募敢死士迎擊，遇于橫槎橋，大破之。敵爲連珠營百道攻城，誠之躬擐甲冑，朝夕駐城上與相持，不復顧其家。有歸正人張奇者，久居蘄，廩食于官，實爲敵間。誠之得其情，併捕其黨，誅之，衆心益固。敵至城外，亟呼其名，不知奇已死矣。居數日，敵擁衆臨沙河置橋欲渡，誠之急出兵奮擊，毀其橋。敵又析民居板木爲排墻以進，則設火箭攢射，沃以脂油，火發，須臾立盡。敵又縛筏欲以渡濠，則急遣敢死士各執火炬攻之，死者甚衆，筏不得成。又明日，敵兵大至，鑿渠決濠水。誠之急出兵拒遏，填塞之。敵又爲排牆以進，積火焚戰樓，則以布囊絞水沃滅之。又明日，敵移兵要衝，爲必渡計，誠之募敢死士縋城，預渡濠，破其排牆，燒其板木，射殺渠帥一人，生擒別將七人。會遣張亨、焦思忠合兵三千來援，爲敵所破。殿帥潘樹擁兵觀望不敢進。敵知援絕，攻城益急，以擁雲梯牛皮洞各數百、火砲車數十，進薄城下。誠之奪而毀之，殺其都統帥一人。三月朔，虜攻西門，有將據胡牀指揮者，誠之一矢殪之。敵大怒，以擁雲梯火炮座千餘，併力來攻，則多以三鬚鈎，繫以長繩，拽其雲梯近城，亂斧砍之，墜者如雨。敵驅所掠男女向城哭，欲以搖城中。誠之令軍士奏樂而歌之，又令妓婦歌舞城上，示以閑暇。敵遣人持書來，脅降急，命戮之，而還其書。越二日，敵鼓衆欲入軍馬牆，至則先已伏兵牆內出掩之，多墜濠死。敵又用砲擊城不止，則用布囊萬數，盛土積壘城上，砲至皆無所傷。居數日，敵挾鵝車洞子攻北門，銳甚，誠之煎金汁，以油沃其上灌之，無不糜滅。敵於城下掘地道欲陷城，則預料其來處，燒毒藥以觸其鼻，皆不敢前，又擲火牛城外，掘地道者皆死。又布兵車軍馬牆外擊之，皆敗走。又埋甕於地中，令人潛伏聽，敵動息皆知，輒隨其方禦之。夜則縋壯士搗其營，每輒克獲。敵以擁雲梯四面臨城，則又併力奮奪入城，凡數十座。又縱火焚其牛皮洞子，煙熖所及，皆爲灰飛。敵久不得志，欲去，會黃州城陷，敵自黃益兵來，凡十餘萬，人心惴恐。誠之不爲動，激以忠義，日出奮擊，皆捷。下至婦女，亦皆運木石火牛，與士合力，呼聲動地。敵增炮座，繞城幾遍，誠之製皮廉，預張於炮來處，護以土囊，炮至輒墜。敵計殊沮。初帥閫命裨將徐揮以兵八百來援，誠之察其心有貳，止令助守，不許出戰。揮詐稱欲出迎援師，又不許。中夜揮竟帥其衆縋城下，引虜登。誠之帥兵巷戰，從子至寅、子士允、從子士宏皆力戰死。誠之自顧力竭，亟入郡治，閉門設香案，望闕再拜謝罪曰："臣以死守城禦賊，不幸爲徐揮所陷，不能全城，有惧陛下使令，當以死報。"密以印囑郡兵周俊抱歸朝廷，急呼其家人曰："城已破，汝輩當速死，毋被辱!"妻許氏、子婦趙氏、王氏,孫女和娘、瑞娘皆赴水死。誠之乃仗劍出,謂其餘衆曰:"大丈夫當戰死,不應就執賊手。"遂開門奮鬭,引劍自刎死。通判秦鉅、教授阮希甫,亦皆死之。自城守至陷,凡二十六日,時三月十七日也。事聞,贈誠之朝散大夫、秘閣脩撰,加封正節侯,立廟于蘄,賜額曰襃忠。許氏贈令人。士允贈通直郎,士宏贈承務郎,趙氏、王氏及和娘、瑞娘皆贈安人。惟長子士昭在家獲免難,以誠之喪,歸葬于縣東七里東山之原。今祀本縣襃忠祠及本府鄉賢祠。用《真西山文集》及《襃忠錄》參修。

范　鍾

范鍾,字和仲,蘭谿人。嘉定二年進士,歷遷尚右郎官兼崇政殿說書。進對,帝曰:"仁宗時甚多事。"對曰:"仁宗始雖多事,乃以憂勤致治。徽宗始雖無事,餘患至於今日。"帝悅。嘉熙三年,拜端明殿學士,簽書密院事。明年,進參知政事。淳祐四年,進知樞密院事。五年,拜左相,兼樞密使,封東陽郡公。自爲參政、樞密,以至拜相,每每疏乞歸田,詞意懇切。六年,加觀文殿大學士、醴泉觀使兼侍讀。辭,改提舉洞霄宮。卒,贈少師,諡文肅。鍾爲相,清直守法,重惜名器,雖無赫赫可稱,而清德雅量,與杜範、李宗勉齊名。所著有《禮記解》。用《宋史》修。

康　植

康植,字子厚,義烏人。父穎,淳熙十四年進士,仕至吏部郎官,以清白稱。植用世科,登嘉定七年進士,授奉化縣主簿,三遷爲武安軍節度掌書記。以需次之暇,執經於徐僑之門者三年。端平更化,侍赴京,時喬行簡爲相,欲處以職事。植亟赴書記任。制置使史嵩之團結漁舟防江,植持不可。嵩之怒,對移江陵酒官。未幾,除刑工部架閣,遷國子學正,改通直郎。輪對言事,亢直忤時宰意,責差通判廣德軍。救荒有法,陞知本軍,以治最聞。召知大宗正,遷兵部郎官,除浙西提點刑獄。劾奏平西守臣史宅之治郡無狀。嵩之，宅之兄也，時爲宰相，併連及之，謂“宅之不思掩前人之愆，專務聚斂，以事貢獻，是以小忠而成大不忠也。嵩之不知而使之不智，知而使之不仁。其上罔陛下，又不忠之大者也。羣臣明知其罪而不言，皆逆探陛下之意而不敢攖其鋒，是逢君之惡，亦不忠之徒也。”疏入，理宗震怒，欲重罪之。知樞密院杜範力諍，謂憲臣言事既不中，又加之罪，天下其謂何。理宗尋悟，乃徙宅之隆興，而植提刑福建，改知寧國府，兼權江南東路提舉常平。奏免和糴，行經界法，除都官郎中，出知吉州，改福建路轉運判官，兼攝寧國府。賑水災，拯鹽弊，政惠大孚。赴闕奏事，卒于建溪驛。在徐僑之門游從最久，與秘書丞王世傑皆號稱高第。王栢嘗稱其操尚之堅，風力之勁，有文清之遺則云。今祀本府鄉賢祠。用《王忠文公集》修。

朱元龍

　　朱元龍，字景雲，義烏人。蚤受業于徐僑之門，既，又從袁燮游。其學實能合朱、陸之異同，而會通其歸趣。登嘉定十六年進士，歷溫州平陽、池州青陽兩縣尉，調饒州司理參軍。德興令誣其民董氏五兄弟溺死縣卒，獄上，元龍辨其非辜，得不死，後皆舉進士有名。他所平反類此者多。紹興元年，以處州縉雲縣令治最，擢幹辦行在諸司糧料院。輪對，論三邊形勢，理宗嘉納，語近臣曰：“朱元龍好臺諫官。”除宗正寺主簿，陞本寺丞，兼權左司郎官。京局官或挾貴勢求舉牘，輒斥之曰：“舉牘可以勢取耶？”內侍陳詢益求建節，事下都司。元龍擬云：“優異內官，寵賁節鉞，雖出於特恩；主張國是，愛惜名器，必由於公論。於事爲不可。”宰臣傳上旨，令改擬。對曰：“吾職可罷，擬筆不可改也。”有宗室與民訟圩田，衆莫敢決。元龍曰：“於法，品官不許佃民田。奈何天子屬籍之親乃有爭田訟耶？”毅然決之。時方括兩淮浮鹽，致書執政，以謂朝廷行商賈之事，廟堂踵諸閫之規，使史氏書曰括浮鹽自今始，不可。又兩上封事，自宮禁朝廷以及百官萬民，皆痛哭流涕言之。於是史嵩之入相，疾其言，直令臺諫官劾罷之，差知衢、吉二州，旋皆奉祠，改知台州，以憂，不上。既而鄭清之再相，尤素惡其剛直，遂以朝散大夫致仕。或告以有可回宰相意者，應之曰："吾生爲正人，死爲正鬼耳。"家居凡十年，乃卒。有遺稾十卷，曰《朱左司集》。用《王忠文公集》修。

王　埜

王埜，字子文，金華人。介之子也。以父蔭入官，登嘉定十二年進士。仕潭時，真德秀一見奇之，延致幕下，遂執弟子禮。德秀欲授以詞學，埜辭曰："所爲學于先生者，義理之奧也。"德秀益器異焉。紹定初，汀、邵盜作，辟議幕參贊，攝邵武縣，繼攝軍事。盜起唐石，親勒兵討平之。後爲樞密編脩兼檢討。襄、蜀事急，議遣使講和，埜言："今日之事，宜先定規模，併力攻守。"上疏條陳八事，尋爲副丞旨，奏請出師，絕和使，命淮東、西夾攻。不然，利害將深。理宗深然之，令樞院下劄三閫諭旨。嘉熙元年，輪對，采事係安危者四端，而專以司馬光仁、明、武推説，復草兩劄，推廣前所言八事，以孝宗講軍實激發帝意。史嵩之起復，埜上疏乞聽終喪。拜禮部尚書，疏奏十事，而終之曰："陛下一心，十事之綱領也。"前後奏陳，皆明正剴切，鑿鑿可行。以察訪使出視江防，首嘉興至京口，增脩官民兵船守險備具。除知鎮江府，兼都大提舉浙西兵船。謂守江尤重於守淮，瓜洲一渡甚狹，請免鎮江水軍調發，專守江面，置游兵，增水艦，就揚子江教習水戰，登金山指麾之。是冬，揚子橋有警，急發湯孝信所領遊兵救之而退。遷沿江制置兼江東安撫使，巡江，引水軍大閱，舳艫相銜幾三十里。馮高望遠，考求山川險阨，推京口法，創遊擊軍萬三千，蒙衝萬艘，江上晏然。寶祐二年，拜端明殿學士、簽書樞密院事，與宰相不合，罷，提舉洞霄宮。卒，贈特進。埜工于詩，書法祖唐歐陽詢，作大字尤清勁。所著有奏議、文集若干卷。今祀本府鄉賢祠。用《敬鄉錄》修。

虞復

虞復,字從道,義烏人。師事倪千里,傳永嘉《春秋》之學。由太學生登進士第,以揚州酒官上緝熙殿四十八規。理宗大喜,擢主管戶部架閣文字,累遷太常博士、太宗正丞,出知信州。時嵩之開督府,以御劄盡收列郡利權,因上表進愛養根本之說,大忤其意,有旨除都管郎中。御史金淵承風旨奏寢新命,遂奉祠歸。秩滿,差知興化軍,不赴。嵩之雖去,而鄭清之再相,亦其所忌,退居東巖十有五年。清之罷,董丞相槐力薦于朝,待次桂陽軍,俄除金部郎中兼國史院編修、實錄院檢討官。入見,改尚書右司郎中。輪對,舉《大學》正心誠意爲綱,分好樂忿懥爲節目,援漢文帝欲造露臺以爲好樂之勸。上嘉納,差知寧國府,改瑞州。會疾革,請納祿。得旨,轉朝散大夫,致仕,卒。所著有《成己集》、《告忠告蒙》、《遠齋集》八十餘卷。用《人物志》修。

李大同

李大同,字從仲,東陽人。學于朱熹、呂祖儉之門。貢入太學,年踰六十,間關不第,講學益力。登嘉定十六年進士,由郡教授爲國子博士,輪對,詞意激烈。上嘉獎之,累遷右正言兼侍講。首陳謹獨之戒,謂人主燕閒,敬畏之心易縱,莊敬之容易弛。情欲一肆,如水橫流,而莫之遏,況復有宦寺之屬,窺伺歡娛,導淫勸侈,以蠱上心,竊弄威福。上聽爲之改容。次論人主能容諫不能從諫,大臣能聽言不能用言。會有星變,上疏趙、冀分野,乃有熒惑犯填星之變,則我師之出,豈無當長慮而却顧者。臣願陛下勿以星辰爲小異而或加之忽,一話一言、一政一事,必求有以格天心而消災變。至於用兵攻討,尤切謹重。遷太常少卿,除侍御史。其言不激不隨,斥去黨論,善類皆推深識。與真德秀同在經筵,德秀進講《大學》,言此心當如明鏡止水,不可作槁木死灰。大同謂"不可"二字未安。蓋此心自是活物,豈當作槁木死灰? 德秀嘆服。時喬行簡獨當國,大同以親嫌,累疏乞外,遷刑部侍郎，兼脩國史，進刑部尚書，以寶謨閣直學士知平江府，乞祠，除提舉太平興國宮。卒年八十六。大同資禀純厚，神氣清和，端行拱立，望之使人意消。至於忠言嘉謨，上裨緝熙，下濟民生，嘉熙、端平之治，大同之助爲多。所著有詩文十五卷、奏議十卷、《羣書就正》六卷、《羣經講議》十五卷、《通鑑隨録》六卷、《唐事類編》二卷。用《宋史》及《傳芳録》、《東陽人物志》參修。

王　萬

　　王萬，字處一，浦江人。父約之，遊江淮間，生萬於濠州。登嘉定十六年進士，調和州教授，遷主管户部架閣，轉國子學録，添差通判揚州，改鎮江。萬自少忠忼有大志，究心當世急務，極知邊防要害，嘗爲書歷告重臣大官，論沿邊事宜，謂：“長淮千里，中間無大山澤爲限，擊尾首應，正如常山蛇勢，當併兩淮惟一制閫之命是聽。兩淮惟濠居中，濠之東爲盱眙，爲楚，以達鹽城，淮流深廣，敵所難渡。淮之西爲安豐，爲光，以達信陽，淮流淺澀，敵每揭屬以涉。法當調揚州北軍三千人，自淮東搗虚，常往來宿、亳間，使敵無意於東，而我併力於淮西。淮西則又惟合肥居江、淮南北之中，法當建制置司合肥，而以濠梁、安豐、光州爲臂，以黃岡爲肘後緩急之助。又必令荆、襄，每候西兵東來，輒尾之，使淮、襄之勢亦合，而後規模可立。”其他敷陳，類此甚多。擢樞密院編脩官。時金初滅，鄭清之欲乘虚取河洛，萬曰：“今朝廷勇於復疆，怯於備邊。莫若移勇於怯，爲自治之規模。不然，非萬所知也。”清之不能用。已而北兵壓境，三邊震動，其言果驗。理宗下詔罪己，命中書舍人吴泳視草。萬謂泳曰：“用兵固失矣，亦豈可遽示怯哉！今邊民生意如髮，宜奮屬震發，以感人心。”泳然之。因輪對，言於上曰：“天命去留，原於君心。陛下一一而思之，凡惻然有觸於心而勿安者，皆心之未能同乎天者也。天不在天，而在陛下之心。苟能天人合一，永永弗替，天命在我矣。”差知台州，蔬食敝衣，終日坐公署，事至立斷，吏無所售，多改業去，民亦化之，不復訟，上下帖然。丁歲裼，極力拯之，無飢死者。往往感之，但言萬名，莫不舉手加額，曰："吾父母也。"纔五月，乞祠歸。或饋藥材，萬力却之，僅取附子一枚而已。遷屯田員外郎兼國史院編脩官，輪對，言："君臣上下克盡私心，則可以服人心而回天心。"擢監察御史，首論："刑部尚書史宅之，故相之子，昔嘗弄權，不當復玷從班。"上命丞相諭旨再三，迄不奉詔。上不得已，出宅之平江府。嵩之自江上董師入相，氣象迫邃，人心傾搖，眾莫敢言。萬首論之。會命相之議已決，疏入，除大理少卿，即日還常熟寓舍。遷太常少卿，辭，差知寧國府，又辭。召赴行在奏事，出爲福建提點刑獄，加直煥章閣、四川宣諭司參議官，皆力辭。轉朝奉郎，守太常少卿致仕。卒。初萬與李衍遇，衍勉萬從事朱熹《四書》之説，久之有得。於"時習之"語，謂學莫先於言顧行。言是而行違，非言之僞也，習未熟耳。熟則言行一矣。故終身言行相顧，發於設施論諫，忠懇剴切，無所顧忌。初，官不受人薦，平生不交權貴，絲毫不妄取。所著有《時習編》，《易》《詩》《書》《論語》《孟子》《中庸》《太極圖説》若干卷，奏劄十卷。後嵩之罷相，人方交論其非。上思萬先見，親降劄，謂萬"立朝蹇諤，古之遺直，爲郡廉平，古之遺愛"，特贈集英殿脩撰，予錢五千緡，田五百畝，以贍給其家，賜謚忠惠。今祀本府鄉賢祠。用《浦陽人物志》修。

馬光祖

馬光祖，字華父，東陽人。寶慶二年進士，調新喻主簿。有能名，見真德秀講學，悦之，遂執弟子禮從焉。積升右曹郎官，出知處州。爲政存大體，決訟如神，舉行荒政，威惠並著。累遷户部尚書、浙西安撫使。入覲，歷陳京師艱食、和糴增價、海道致寇三害。加寶章閣直學士、江東安撫使，知建康府。至官，以常例公用器皿錢二十萬緡支犒軍民，減租税，養鰥寡孤疾無告之人，招兵置砦，給錢助諸軍婚嫁，屬縣租稅折收絲綿絹帛，倚閣除免以數萬計。興學校，禮賢才，辟召僚屬，皆極一時之選。進端明殿學士、荆湖制置使，知江陵府。去而建康之民思之不已。上聞，以資政殿學士、沿江制置大使兼江東安撫使，再知建康府，士女相慶。光祖益思寬養民力，興廢起壞，知無不為，除前政逋負錢百餘萬緡，魚利稅課悉罷減予民，脩建上元縣學及明道、南軒書院。撙節費用，建常平倉，貯米十五萬石。又為庫貯糴本二百餘萬緡，補其折閱，發糴常減於市價，以利小民。脩飭武備，防拓要害，邊賴以安。公田法行，光祖移書賈似道，言公田非便，乞不以及江東，必欲行之，罷光祖乃可。進大學士，提領戶部財用，兼知臨安府、浙西安撫使。剗治浩穰，風績凜然。會歲飢，榮王府積粟不發。光祖謁王，辭以故，明日又往，亦如之，又明日又往，卧於客次，王不得已見焉。光祖厲聲曰："天下孰不知大王子為儲君，大王不以此時收人心乎？"王以無粟辭。光祖探懷中文書曰："某莊某倉粟若干。"王無辭，得粟活民甚多。進同知樞密院事，尋差知福州，兼福建安撫使。罷，提舉洞霄宮。再以江東安撫使知建康府。前後三至建康，始終一紀，其為政，寬猛適宜，務存大體。民愛之如父母，敬之如神明，為立生祠六所。咸淳三年，拜參知政事。五年，進知樞密院事兼參知政事，以光祿大夫致仕。卒，諡莊敏。今祀本府鄉賢祠。用《宋史》修。

王霆

王霆，字定叟，東陽人。豪之子也。少有奇氣，舉進士試，不偶，去就武舉。嘉定十四年，中絕倫異等。喬行簡考試別頭，喜曰："吾為朝廷得一帥才矣。"授承節郎，從事于鄂。沿江制置使李壆辟置幕下。霆於軍事，知無不言，謂："招募良家子，不可以貪緣關節冒濫其間。防守江面，全賴正軍，若義勇、民兵，特可為聲援耳。而所謂大軍，羸病者多，兵械損舊，豈不敗事。調兵防江，當於江岸創屋居之，使之專心守禦。諸軍伍法既廢，平居既無以稽其虛籍冒請之弊，無以糾其竄逸生事之人，緩急則無以稽其併力向敵之志，無以連其逃陣不進之心。此《尉繚子》所以著部伍之令，太公謂伍法為要者，謂此也。用兵不以人數多寡為勝負，惟教習之精否，則勝負之形見矣。”久之，特差浙西副都監。鎮江都統趙勝辟為計議官。時李全寇鹽城，攻海陵，勝出戍揚州，屬官多憚行，霆慨然曰：“此豈臣子辟難之日！”至揚，前後與賊一十八戰，每戰必身先士卒，無一不利，賊氣為懾。差知應州，兼沿邊都巡檢使，召試為閣門舍人。入對，言：“恢復之說有二：曰規模，曰機會。顧今日之規模安在哉？守令所以牧民，而惠養之未加；將帥所以御軍，而拊循之未至。邦財未裕，而楮幣之弊浸深；軍儲未豐，而和糴之害徒慘。官有土地而荒蕪，民因賦役而破蕩。訟獄類成冤抑，銓選率多淹留。薦舉無反坐，貪徒得以引類而通班；按刺不狗公，微官易以忤意而遭譴。以言郡計，則紛耗於囊橐苞苴；以言戰功，則多私於親昵故舊。至如降卒中處，養虎貽患，輕敵開邊，以肉餧虎。夫以規模之切要者而不滿人意如此，臣豈敢輕進恢復之說以誤上聽哉！凡臣之所陳者，誠播告之，使人悉懲其舊，而圖其新。規模既立，義旗一麾，諸道並進，臣力尚壯，願效前驅。惟陛下堅定而勉圖之。”上稱善，升武功大夫，出知濠州。撙節浮費，糴粟買馬，以備不虞。尋差知安豐軍，臣僚上言：“王霆在濠，人甚安之，不宜輕易。”詔還任。職事脩舉，特轉橫班。北兵至浮光，其民奔逃，相屬于道，朝論以為霆可守之，乃遷知光州兼沿邊都巡檢使。冒雪夜行，倍道疾馳，至州，分遣間探，整飭戰守之具，大戰于謝令橋，光人遂安。尋召為吉州刺史，仍知光州。霆固辭，丞相鄭清之、制置使史嵩之皆數以書留霆，霆不從，且曰：“士大夫當以世從道，不可以道從世也。”再授閣門舍人，遷淮西馬步軍副總管，兼淮西遊擊軍副都統制。論遊擊軍十事，不報。罷，提舉崇禧觀。起知高郵軍。流民俞邦傑聚眾三千人為盜，霆勦其渠魁，餘黨奔散。時議出師，和者甚眾。霆以為：“莫若遣間探覘敵情，如不得已，然後行之。否則無故自蕩其根本，是外兵未至而內兵先自慘烈也。"諸軍畢行,惟高郵遲之,境內賴以全安。由是與時忤,罷,提舉雲臺觀。尋起,授行左領軍衛大將軍,充沿江制置司計議官。霆乃撰《沿江等邊誌》一編上之。制置使董槐、鄧泳交薦,差知壽昌軍,改蘄州。移書丞相杜範,謂:"兩淮,藩籬也。大江,門戶也。京輔,堂奧也。藩籬不固,則門戶且危。門戶既危,則堂奧豈能久乎?"乞瞰江察形勢,置三新城:蘄州置于龍服磯,安慶置孟城,滁州置于宣化。不報。尋病卒。所著有《玉溪集》。孫安國,見別傳。用《宋史》脩。

劉　辰

明:劉辰,字伯靜,金華人。慷慨負氣節,善談論,喜功名。天兵下婺城,辰上謁,署爲典籤,奉使方國珍。國珍令二美姬以進,辰峻却之。左丞李文忠開省于嚴,辟辰參其軍事。大將葛俊守廣信,當祁寒,集丁夫,浚城濠,民苦之,將爲變。文忠止之,不從,大怒,欲臨之以兵。辰請往諭以大義,俊悔聽命,事遂解。以親老求歸養。未幾,父母繼歿,執喪哀毀。薦起爲監察御史。立朝持正,謇諤著稱。擢知鎮江府。興廢舉墜,勤於其政。郡有濱江田八十餘頃,歲久淪没,仍責賦於民,爲請于朝除之。京口閘廢,舟楫不通,漕運者轉新河、江陰二港以出江,多阻風濤。乃自京口至吕城百二十里,濬淤塞,脩閘壩,順水勢之出入,公私便之。漕河源淺易涸,恒仰練湖以益水,湖有三斗門,久廢,亦脩築之。於是漕舟既通,而湖下之田亦稔。浙人轉漕,道其境上,死者收瘞,病者給米,以小舟送出境,賴全活者甚衆。丹陽道接句容,民負賃者往往因日暮行刼,商旅患之。辰嚴爲禁約,盜遂息。宗忠簡公墓在丹徒,荒穢不理,墓田據於民,即加封樹,復其田,命墓傍寺僧收田之入以主其祀。永樂元年,召脩《高廟實録》,凡當時戰伐克捷之功、宿將舊臣有所不能知、知之有不能盡者,歷歷言之,聽者如身在其時,目睹其事,考之記注,無不懸合。書成,超拜江西左參政。雨潦江溢,飢民爲盜,富室多罹其患。檄郡邑勸富民出粟以貸飢者,官爲立券,期以來年償本,蠲其役以爲之息,民遂相安無事。南贛諸府荒田糧亦萬餘石,有司歲抑取於民,民不堪其弊。辰以聞,悉蠲其額。後坐同官累,免歸。六年,召起爲北京行部左侍郎,以老不任政,日被顧問,留京師者三年,敕賜致仕。踰年,復召至京,命督工武當。未行,疾作,給驛送還,卒于常州毘陵驛舍,年七十八。爲人直諒多聞,有節士風。所著有《國初事迹》,行于時。子徵,字廷獻,博覽能文,年餘七十,猶力學不懈,嘗著《金華名賢傳》。用《皇明經濟》修。

唐龍

唐龍,字虞佐,別號漁石,蘭谿人。性慷慨,負大略,論議英發,襟度豁如。游學章懋之門,與章拯、陸震、董遵同稱高第,而尤以古學自名。文師左氏、班固,詩師杜甫,人推作家。登正德戊辰進士,授郟城知縣。劇賊劉六等犯境,亟集丁壯禦却之,追殺數百人。賊怒,還睨城,又殺其驍勇十人。時賊所過破城邑,刼獄庫,焚廬舍,而郟迄無事。擢監察御史,出按雲南。疏諫巡遊及斥嬖倖錢能不法事,皆人所難言。再按江西。承宸濠亂後,禁兵駐境内,恣睢爲患。亟疏請班師,民用安堵。又請蠲租賦,賑貧乏,表忠義,核實功,輕重惟允。凡所以綏輯而安定之者,知則以請于朝,倡其屬,而力爲之,遂赫赫稱名御史矣。其奏疏,人或擬之陸贄。陞陝西提學副使,進山西按察使,入爲太僕卿,尋擢僉都御史,總漕淮上。所至,皆有聲績。以副都御史召入臺,進吏部侍郎,總攝銓事,人不敢以私干。會關中告飢,西陲多警,以才望簡擢兵部尚書兼右都御史,總督三邊軍務。至則賑貧恤災,流徙來復,御將士推誠置腹,咸樂爲用。乃簡兵三萬,行邊耀武,直指陰山,敵皆畏慴不敢動。已而敵犯寧夏,敗之于柳門。犯延綏,敗之於清水。大酋吉囊自以十萬衆犯安會,連敗之于興武,于乾溝。旬月之間,露布三上,前後俘斬功次幾千數,奪獲夷器無算。召還爲刑部尚書。時都御史劉源清以勦大同亂卒過嚴,郎中劉淑相以奏訐執政,皆坐重罪。原情讞上,咸得末減。會九廟成,降赦條,宥大禮大獄,諸臣得放歸者二十餘人,於清朝欽恤忠厚之政,裨助爲多。以母鄭年八十餘,疏乞終養,給驛歸,朝野榮之。召赴爲南京刑部尚書,尋改南京吏部,未上,改兵部,趣令赴任,加太子太保,轉吏部尚書。衆方仰其猷爲而疾作矣。猶孜孜人才,手疏舉諸恬退幽滯、廢棄當録用者凡四十餘人。□□□□□年仲,字汝楫,狀元及第,授官翰林修撰。疏請(下闕)賜謚文襄。平生在官,不廢書册,故學自入官後益精進,遂以名家輩流咸推讓謂弗及云。所著有《江西雲南督府奏議》及《漁石集》若干卷,行于世。用墓志修。

金華先民傳卷四

忠義傳 凡二十五人

胡埜	梅溶	申屠大防	項德	許瓊
陳德固子巖肖	姜綬	劉滂	呂祖泰	應純之
徐道隆	許伯繼	陳自中	唐元章姪良嗣	章埔弟墅
胡嘉祐	劉良	唐元嘉	陳逵	龔泰
樓璉	龔全安	童存德	樓澤	陸震

語曰："君臣有義。"又曰："臣事君以忠。"夫君臣之義，無所逃於天地之間，事君而致其忠者，固其義之所當然也。死生亦大矣，不幸遇時弗淑，至以其身殉之，而生無所惜，死無所畏，其爲忠不尤烈乎！夫大臣同國休戚，乃其分也。至於冗散之官，朝不坐，燕不與，而能守其先資之信，任職死事，守土死封，不又難乎？此而弗録，人食焉不避，亦其分也。至於草野之甿，不膺一命，不沾斗禄，而義憤所激，生可得而不用，患可避而不爲，不其尤難者乎！此而弗録，何以勸盡節、愧苟免而全其無所逃之義於天地間也！吾郡俗尚氣節，士多忠義，艱難之際，代不乏人，亦可謂無負於山川之靈也已！揭其表表顯著如梅執禮、李誠之，已見名臣外，録自胡埜而下，總得如干人，述爲《忠義傳》。若呂祖泰期以死諍而偶不至死，此其忠義，固視死爲烈，而不必於死者也，亦因而附見焉。

胡　埜

胡埜，金華人。事親以孝聞。崇寧間，應八行舉，除婺州教授。宣和二年冬，方臘反清溪，據歙、睦。明年，兵及婺境。官吏皆聞風夜棄城遁。諸生勸埜避難。埜曰：“我先世以武功顯，而我應八行舉，豈可上負朝廷、下辱先世耶！”城陷，闔室皆死之。事聞，贈朝奉郎，官其二子。今祀本府鄉賢祠。用《府志》修。

梅　溶

梅溶，浦江人。以儒士薦，起爲單州助教。宣和初，攝處州松陽丞。方臘之亂，官吏多逃。溶年已七十，誓死禦賊。兵力弗支，竟死之。事聞，贈溶京秩，官其二子敦成與敦時，制詞曰：“頃者寇攘驚擾，州縣之吏，棄官守，委城邑，望風逃遁，往往皆是。爾以助教攝丞，品非正員，乃能忠憤激揚，節義自許，寇至不避，用死其官。朕聞而閔之，且嘉其身隕名彰，肆命改爾以京秩，併官其子二人。非徒使忠義之士聞風益勵，庶苟免幸生者少知愧焉。”今祀本府鄉賢祠。用《浦陽人物志》修。

申屠大防

申屠大防，東陽人。勇果有武藝，妙於戎法，往往僞遁誘人追之，背手取馘，其捷如神。宣和初，睦寇起，草竊衆之。官吏逬走，民竄山谷。大防毅然以身禦寇，勦除魔賊仙姑之類，邑人賴之。時有薛太尉者奉命討賊，檄大防權東陽縣事，約往永康收方巖賊。既行，而薛後期，大防無援，力戰死焉。錄其三子：邂、逖、迪，各授承信郎。用《人物志》修。

項　德

項德，武義人。充郡禁卒。宣和初，盜陷婺城，縣亦隨没。德率潰亡輩，破賊於城隍廟，東抗江蔡，西拒董奉，北扞王國，大小百餘戰，出則居先，入則殿後，俘馘不可勝計。賊目爲項鷂子，聞其鉦則遁。適王師至，謀合而殲之。賊聞，盡銳邀德於黃姑嶺下。德力戰死。邑人哭之，聲震山谷，遂肖其像於城隍廟祀焉。用《府志》、《宋史》修。

許　瓊

許瓊，字子英，東陽人。睦寇竊發，瓊集鄉兵捍之，民賴以安。奉檄援郡城，有功，補奉義郎，攝領郡事。既而兵食不繼，與寇力戰死之，尸僵立如生，載所乘馬上而歸。鄉人爲立廟，祀於巖關之陽。

陳德固

陳德固，金華人。靖康初，爲京城守禦司屬官。嘗獻守禦之策，朝議沮之。及京城失守，督士卒與敵力戰而死。潘良貴哭以詩云："黠虜登城日，中華將士奔。人皆趨北闕，君獨死南門。秘計無人用，英聲有史存。秋原悲淚落，桂酒與招魂。"蓋紀實也。今祀本府鄉賢祠。子巖肖，字子象，以任子中紹興戊午詞科，仕至兵部侍郎。所著有《庚溪詩話》二卷。

姜　綬

姜綬，武義人。靖康元年，虜再犯京師，內外不相聞。詔募士，赴南京趣兵入援。綬以忠翊郎應募，緘書于股，縋下南壁，遇敵騎被執，大罵不屈而死。今祀本府鄉賢祠。妻陳，年二十三，守志，撫其孤時立成人。以右科仕至寧遠軍節度使，致仕，卒贈開府儀同三司。用《宋史》修。

劉　滂

劉滂，字德霖，武義人。自少誦説，輒能屈其師，與浦江梅執禮同游學，人士多傾下之，號東梅西劉。登大觀己丑進士，調知新昌縣。縣在豫章萬山中，俗嗜鬬，令到官，輒移病去，以他吏攝之。滂臨以誠，未幾稱治，雖旁邑訟不能決者，多請就滂決之。蔡京與滂祖布衣交，滂至京師，京曰：「吾故人有孫耶！」除勑令所刪定官，欲挽滂爲黨。會嘗璨書詩屏間，京疑其訕己，屬滂踪跡之，且遷官。滂曰：「此胡爲及我哉！」京聞之，不悅，滂亦拂衣去，坐是不調者十餘年。建炎中，上問人才於近臣，汪藻等薦滂可用，起知建昌軍。舊守多懦夫，威權不立，兵習驕悍，邀求無度。滂至，一以法繩之。兵不勝忿，持戟入市掠人物，即拒者刺傷之。滂捕繫追償，兵遂爲變，滂死焉。妻湯侍姑側，兵及身猶不去，遂併遇害。滂好學，善屬文，與人交終始如一，聞有急，傾財赴之。居官嫉惡如仇，毅然不可回奪，以及於難。朝廷既誅始亂者，復用御史言，襃滂爲朝請大夫，官其子墦。

呂祖泰

呂祖泰，字泰然。祖儉從弟也。寓居宜興。性疏達，尚氣誼，學問該洽。徧游江淮，交當世知名士。得錢，或分挈以去，無吝色。飲酒至數斗不亂。論世事無所諱，聞者或掩耳而走。祖儉謫瑞州，祖泰徒走往省，留月餘，語其友王德厚曰：「自吾兄之貶，諸人箝口。我雖無位，義必以言報國，當少須之，今亦未敢以累吾兄也。」及祖儉卒，乃擊登聞鼓上書，論韓侂胄有無君之心，請誅之以防禍亂。其略曰：「道學者，自古所恃以爲國者也。丞相汝愚，今之有大勳勞者也。立僞學之名，逐汝愚之黨，是將空陛下之國，而陛下不知悟耶！陳自強，侂胄童穉之師，躐致宰輔。陛下舊學之臣彭龜年等今安在耶？蘇師旦，平江之吏胥，周筠，韓氏之厮役，人人知之。今師旦以潛邸隨龍，筠以皇后親屬，俱得大官。不知陛下在潛邸時果識師旦乎？椒房之親果有筠乎？侂胄妄自尊大，而卑陵朝廷，一至於此。願亟誅侂胄、師旦、筠，而逐自強之徒。故大臣在者，獨周必大可用，宜以代之。不然，事將不測。"書出,中外大駭。有旨:"祖泰挾私上書,言語狂妄,拘管連州。"諫議程松與祖泰狎友,恨相連及,遂奏言祖泰有當誅之罪,縱宥不殺,猶當杖黥,竄之遠方。乃命杖祖泰一百,配欽州牢城。祖泰自期必死,冀以身悟朝廷,了無懼色。押至臨安府,尹陽爲好語誘曰:"誰教汝爲章?試言之,吾且置汝。"祖泰笑曰:"公何問之愚也?吾固知必死,而可受於人且與人議之乎?"尹曰:"汝病風喪心耶?"祖泰曰:"以吾觀之,今之附韓氏得美官者,乃病風喪心耳。"侂胄恨弗已,使人迹其所至,將甘心焉。祖泰匿襄、郢間以免。侂胄既誅,詔雪祖泰寃,補上州文學,改迪功郎,監南岳廟。母喪,無以葬,至都謀於諸公,得寒疾,索紙書曰:"吾與兄共攻權臣。今權臣誅,死且不憾,獨未能葬吾母,爲可憾耳。"及卒,尹王柟具棺葬焉。

應純之

應純之,永康人,孟明子也。以蔭入官,歷知楚州,兼京東經略安撫使。收捕李全等,所向多捷。會李全來歸,密請於朝,謂中原指日可復。史彌遠鑒開禧事,不欲大舉,但勅立忠義軍,令純之節制。既而升兵部侍郎。秋八月,與金人戰,亡於陣。朝廷嘉其忠,遣使葬之。

徐道隆

徐道隆,武義人。仕至大理寺丞,出提點浙西刑獄。咸淳末,元軍渡江,道隆領兵援吳興,戰敗,抗節不屈,與其子俱溺死臨湖門外。聞者義之。今祀本府鄉賢祠。

許伯繼

許伯繼,字爲可,東陽人。父子良,仕至台州。伯繼以蔭入官。咸淳末,添差婺州通判。時李珏開府處州,辟伯繼主管機宜文字,未幾移闢永嘉。元兵入臨安,三宮北遷,宰相陳宜中以衛、益二王如永嘉。元兵追及之，力戰數日，城破，珏降，伯繼被縛，不屈，死之。

陳自中

陳自中，宋丞相宜中弟也。本永嘉人。自中娶於蘭溪楊氏，因家焉。好學善屬文，頃刻數千百言，悉有理致。咸淳戊辰登進士第，由郡別駕擢太常寺丞，會元兵渡江而罷。德祐丙子，宜中奉二王南遷，自中以大督府司馬提兵守分水關，食盡援絕，士卒多散亡。元軍帥欲降之，不屈，朝服南面，再拜而死。

唐元章

唐元章，一名太初，字子煥，蘭谿人，韶之弟也。爲文思院官。宋德祐失國，二王南遷，元章與韶子良嗣起義興復，官撥砲手三千爲之助。時元兵壓蘭谿，元章與戰於黃溢灘，破之，斬其將達奚魯。元兵退保桐廬。遂進兵，拒守嚴州。朝廷以元章爲朝請大夫，知嚴州，良嗣加閤門宣贊、武翼將軍、江淮閩浙都統兵馬使。相持二年，糧援不繼，戰不利，將趨閩以圖再舉。元兵大至。元章戰死於龍游白雲寺前。元主唆都以雙虎符金牌招良嗣，不從，亦戰死於仙霞嶺。今嶺上有唐將廟存焉。

章 塤

章塤，永康人。咸淳末，都城失守，浙東諸郡多陷。時衛、益二王在福州，塤念自祖父以來，世受國恩，與弟塈捐家貲，募忠勇，得義兵數千，收復婺城。制置使李珏以聞，授塤直秘閣、知婺州，塈主管官誥院、通判衢州。與元兵力戰於丁鼠山，援絕城陷，塤與塈皆死之。永嘉吳洪爲傳其事，贊曰：塤兄弟少有文名，留滯下僚，卒以孤忠自奮，狥國忘身，功雖不就，其志憤矣！

胡嘉祐

元：胡嘉祐，字元祚，永康人。居邑東魁山下。至正乙未，縉雲蕛溪賊應君輔、杜仲光剽掠逼境。嘉祐不忍鄉井罹其荼毒，白邑令爲防禦計，乃散家財，集丁壯，立保伍，大書其幟爲義兵。賊偵之，不敢輒犯，詐遣其徒來降，尋復旁出抄虜。會官兵至，嘉祐率其兵助討之，賊退去。兵駐邑中，頗恣睢。嘉祐扣軍門，白主帥，出旗樹於鄉，約曰："敢擾吾民者，殺無赦！"士卒皆如約，鄉民安堵。令嘉其能，上其名於憲府，署曰義士，俾與方允中合而拒賊。賊畏之，不敢越鯉溪而西。時太平呂元明軍方巖，致書嘉祐曰："東南當賊要衝，君以身障之，能保其不至乎？曷若去難就易，於計萬全也。"嘉祐曰："吾衆以義合，將以排難存鄉里耳。委而去之，豈吾志耶！"益厲固守。賊至，山砦之民受圍者，輒出兵援之。歲丁酉正月，賊寇武平、合德。嘉祐與戰，大破之，逐北數十里。二月丙午，戰於前倉，又破之。明日，賊盡勒其衆，間道出方巖，與呂元明戰巖下。呂不利，其屬孫伯純歿於陣。又明日，賊復至，嘉祐遇于占田。嘉祐盡銳以戰，顧謂允中曰："賊衆我寡，惟死鬬耳，不可退而覆也。"自辰至午，戰酣不解，方允中、呂伯川歿于陣，嘉祐自分不獨生，戰益力，屬聲罵賊，不旋踵死之。縣令野速達而以其事聞，未報而王師下婺城，襃恤遂無及云。士民莫不爲之流涕。

劉　良

劉良，金華人，侍郎辰之從父也。仕元爲常州萬户府知事。張士誠圍常州，援兵絕不至，遣其子毅，賷蠟書，浮江間道抵浙江行省求救。未及還而城陷，良不屈，闔門赴水死者十餘人。

唐元嘉

唐元嘉，字顯德，元章玄孫也。進士釋褐，授仁和縣丞、江浙行省掾。至正末，從丞相答剌罕節制金陵，兵敗被執，不屈死之。

陳逵

陳逵,字元達,蘭溪人。父萍,仕元爲宣政院使。逵自少徵入宿衛,學書於康里子山,詔書欽安殿榜稱旨,擢端本堂司經,遷文學。立朝蹇諤,劾禿魯帖木兒怙寵專權,獲罪不測,賴太子救免,遂解官南歸,依永嘉祖墓以居。久之,以翰林學士召,弗起。王師下溫州,逵沈淵水。軍士引出之,持佩刀自裁,乃斷髮示無復用。元亡,安置濠州,遇赦,還蘭溪,患瘋痺。聞有薦於朝者,却藥弗御而卒。用《皇明文衡》修。

龔泰

明:龔泰,字淑安,義烏人。領洪武丙子鄉薦,仕至户科都給事中。革除壬午靖難,師逼,與其妻訣曰:"國事至此,我自分死矣。爾第攜幼穉歸,急則自投於井,無自辱也。"語未畢,宮中火起,泰赴之,道爲兵校執送金川門,驗非奸黨中人,釋之。泰遂自投城下而死。子永吉,方四歲,其母傅守志撫之成立,領永樂庚子鄉薦,授兵部職方司主事,歷官至大理寺卿。

樓璉

樓璉,字士連,義烏人。從宋濂游。經學淵邃,文章峻潔,爲同門所推。洪武中,召授宣寧縣主簿,歷藍田知縣,擢監察御史。以事謫戍雲南洱海衛。著《居夷集》五卷。革除間,薦陞翰林侍讀。靖難,師入城,召方孝孺草詔,不屈。改命璉,入見方受刑之慘,惶恐承命,歸而憤嘆。其妻問曰:"得無傷方先生乎?"曰:"我死不難,正恐累汝曹耳。"遂雉經而死。

龔全安 童存德 樓澤

龔全安,字希寧。童存德,字居敬。俱蘭谿人。樓澤,字濟霖,永康人。正統十四年,全安以通政司左通政,存德以廣西道監察御史,澤以刑部主事，扈駕北征，師潰於土木，俱死之。天順初，查褒忠節，全安子廷輝、存德子燧，俱蔭國子生。澤因無子，故恤典弗及云。

陸　震

陸震，字汝亨，蘭谿人。受業章懋，有經濟大志。登正德戊辰進士，除知太和縣。時逆瑾擅政，以逋醋誣民，縣當償銀萬計，干連數百人。震力辨諸當道，釋之。鎮守中官，歲取貢絺，固請得減數，民賴甦息。地方盜起，立保伍法，令民隨所居村落相附，多則五十家，少或一二十家，推其有材力能服衆者爲長，少壯者編爲什伍，使之守望相助，而地方以寧。狼兵所過，擄掠甚於劫盜，乃請軍門出令，軍船不許灣泊，但一船泊岸，則刑其戶。每十船爲幫，以次抵岸，領受糧餉，人遂蕭然。以風憲召，以限年例，不得入臺，除兵部武庫司主事。會駕狩北邊，歸將復出，上疏請謹大禮、守大法以隆治道。指陳時弊不少諱，幾獲重譴。陞員郎，獨破例不持帕謁印綬監。越明年，江彬蠱惑，以駕稱威武大將軍南狩，舉朝憂駭，而莫敢先諫。震遂與武選郎中黃鞏聯疏，陳崇聖學、通言路、正名號、戒遊幸、去小人、建儲貳六事，言甚剴切。疏既入，日待罪闕下，由是羣臣相繼伏闕諫者餘二百人。譴下錦衣獄，杖之，且荷校跪諸門者五日。既又以震、鞏等首議，三加訊杖，再繫一月，乃釋。及出獄，病勢已迫。一日索筆作書與諸子曰："吾雖死，汝等當勉爲忠孝。"翌日與其配徐拱手曰："吾與汝別矣。"言訖而卒，年五十有六。嘉靖初，追憫其忠，與一子蔭。今祀本府鄉賢祠。

金華先民傳卷五

孝友傳 凡三十二人

顏烏	斯敦	許孜	馮子華	應先
唐君佐	陳太竭	何千齡	董少舒	陳天隱
金景文	鍾宅	樓蘊	周祖仁	鄭綺
吕皓	徐文震	賈南金	朱環	鄭德珪
鄭文嗣	鄭太和	鄭欽	鄭淵	鄭濂
盛本源	張壽祖	宗祉	應綱	徐文敏
王晃	倪大海			

孟子曰："孩提之童，無不知愛其親也；及其長也，無不知敬其兄也。"孝友之心，豈由外鑠我哉！惟遷之以妻子貨財之私，漸之以習俗之靡，於是民秉之恒猷，遂爲衰世之絕德。孩提之所能，而成人乃有所弗能者矣。間有拔出儔伍，竭力盡思，以致隆於其親，合數世之異，而同財共爨以居者，則上之人必甄而別之，以樹風聲，警媮薄，是亦治道所當然也。吾郡自漢始置縣烏傷，實因秦孝子顏得名。繼此以孝行蒙甄者，代有其人，若浦江鄭氏族屬，同釜爨者凡一十有四世，宋元及今，三朝國史，莫不有傳，其視唐之張公藝、宋之陳兢，又若過之。鄉俗之美，於斯蓋可徵矣！然則安可以弗錄也！謹按自顏烏而下，總得如干人，錄爲孝友傳，而於鄭氏特加詳焉。其名儒名臣有以孝友著稱者，各附見於本傳，又不在此數云。嗚呼！孝友之心，人皆有之，觀

此不亦可以油然而興也哉！

顔　烏

顔烏，秦會稽郡人。其故址在今義烏縣境内。性至孝，父亡，負土成墳，羣烏銜土助之，烏吻皆傷。漢初置縣，因遂名烏傷云。歷朝縣有司皆廟而祀之，額曰“永慕”。今祀本府鄉賢祠。

斯　敦

吳：斯敦，東陽人。父偉，爲廷尉，失議，當坐死。敦叩閽泣血，乞以身代。吳主嘉其孝，赦偉罪，仍旌表其門閭。俗呼其葬處爲孝義塘。今祀本府鄉賢祠。

許　孜

晉：許孜，字季義，東陽人。從豫章太守會稽孔冲受《易》《詩》《書》《禮記》《孝經》《論語》。冲亡，孜爲制服三年。二親没，柴毀骨立，杖而能起，建墓於縣之東山，躬自負土。每一悲號，禽鳥翔集。以方營大功，乃棄其妻，鎮宿墓所。列植松柏，亘五六里。有鹿犯松栽，孜悲嘆曰：“鹿獨不念我乎？”詰旦，忽見鹿爲猛獸搏死於所犯松下。孜悵惋不已，乃爲作塚，埋於隧側。猛獸即至孜前，自撲而死。孜益嘆息，又取埋之。自是林木滋茂，而無犯者。積二十年，乃更娶妻，立宅墓次，蒸蒸朝夕，奉亡如存。晉元康中，郡舉孝廉，不起。卒年八十餘。邑人號其居曰孝順里。咸康中，太守張虞疏聞于朝，詔旌門閭，蠲其賦役。今祀本府鄉賢祠。子生，亦有孝行，家於墓側，圖孜像於堂，朝夕奉焉。

馮子華

唐：馮子華，東陽人，宿之父也。性篤孝。親殁，廬墓有靈芝、白兔之祥。時號孝子馮家。

應　先　唐君佐

應先、唐君佐，東陽人，皆以孝行著稱。天子表其閭門，賜粟帛。州縣存問，復賦稅。略見于《唐書·孝友傳》總叙，而不立特傳，其事今弗可復詳矣。右自斯敦而下，本縣立祠祀之，謂之六孝子云。

陳太竭

陳太竭，浦江人。父武鼎與母繼歿，太竭廬於墓次，手植松柏，終身衰麻，形質枯瘁，哀哭弗輟。每奠果肴，烏鳥不啄。今祀本府鄉賢祠。

何千齡

後梁：何千齡，浦江人。四世同居，孝友著稱。梁貞明六年，旌表門閭。

陳天隱

宋：陳天隱，字君舉，蘭谿人。端重好學。父、兄早喪，事母馮，以篤孝稱。母卒，卜葬三峰之陽，時六月赤日如焚，先期禱乞雲霧覆棺，已而果應，葬畢雲散，人皆異之。築廬墓次，垢面蔬食，終三年喪。宣和五年，郡守范之才表聞，詔恤其家。今祀本府鄉賢祠。

董少舒

董少舒，字師仲，蘭谿人。性篤孝。父亡，負土築塋，廬於其左，有靈芝之祥。睦寇壓境，妄稱聖公，能役陰兵，愚民多怵而歸之。少舒援唐永徽中陳碩真興妖伏誅事，綴文示眾。眾悟，相率抗賊，保全萬餘户。宣和五年，郡守范之才表聞，詔恤其家。今祀本府鄉賢祠。

金景文

金景文，字唐佐，蘭谿人。少好學，博通羣書，不求聞達。與其妻包俱以孝行稱。祖患噎，醫不能療，景文虔禱，即瘳。父患疽，禱乞身代，父疾減而自罹患，經旬遂皆無恙。母葬，廬于墓次，天光下燭，五采爛然。繼廬父墓，食蔬誦梵，鳥鼠環聽，風雹環四鄰，不入其境。鄉人遇旱，請景文爲禱，即應。淳熙四年，郡守李椿表聞，詔恤其家。六年，郡奏朝旨勸率義役，景文首割腴田，命子煒促成之，不踰月而辦。郡守韓元吉表其鄉曰"純孝"，里曰"純義"，以旌之。咸淳四年，知縣事沈應龍奏請立三賢堂於學講堂之後，並祀少舒、天隱、景文，以其德應八行，仍立八行碑其中。今俱祀本府鄉賢祠。

鍾 宅

鍾宅，浦江人。母病，剔肝和藥以進，病尋愈。從子明亦刲股療母。及明有疾，明弟滿又刲股療明，皆瘳。知縣李知退義之，爲代輸租稅三年。宅家三世同居，其子文厚、文廣尤極友愛。文廣妻求分異，即出之。當時有金智深者，母得危疾，亦剔肝爲餌而安。人謂染宅之化云。

樓 蘊

樓蘊，字季發，義烏人。性至孝。母喪，廢櫛沐，鹽酪不入口。躬負土築墳，日課三十肩。積久，墳高數仞。結廬墓次，繞墳哀號，聞者爲之墮淚。鄉人合辭請于郡，刺史遣從事勞之，固謝曰："此人子之常，不願賞也。"迄不能强。歿後，右史龔應之上其事于朝，從祀顏氏永慕廟。今祀本府鄉賢祠。

周祖仁

周祖仁，義烏人。親喪，廬於墓側，朝夕號慟，甘露降於墓柏，人稱之曰周孝子。

鄭　綺

鄭綺，字宗文，浦江人。祖淮，靖康中歲饑，破產以賑鄉人，因以仁義名其里。綺明《春秋穀梁學》，撰《穀梁合經論》數萬言。性至孝。父照以非罪繫獄，綺欲見，不可，乃以頭觸圜扉流血，上書請自代。郡守錢端禮義之，爲白其誣。母張病風攣，保持若嬰兒，但如圊必抱就之，三十年不懈。張樂飲白麟溪泉，夏旱水竭，綺濬之，弗能得，仰天大慟，水忽爲湧。張死欲葬，適大雪，綺哭禱甚哀，塚上雪一夜獨先釋，人以爲孝感。臨終，召子孫立先祠下，歃血誓曰："吾子孫有不孝不弟不同爨者，天實臨之！"言已而逝。後子孫遵其遺言，起宋建炎至國朝正統間，歷三百餘年，更十有四世，合居聚食自綺始。今祀本府鄉賢祠。

呂　皓

呂皓，字子暘，永康人。自少負志節，學於林大中，而友陳亮、呂祖謙。以出粟賑濟，受知於倉使朱熹，薦諸朝，補郡文學。淳熙中舉，上禮部，會父兄爲怨家誣搆，逮繫大理獄。皓叩匭上書，理其冤，願納所得官以贖罪，且言無使聖世男子不及漢一緹縈女子爲没身恨。翌日，下都堂議。宰相白無例，孝宗曰："此義事，安用例！"由是其父兄與連坐者五十餘人皆得釋。再試禮部，不第，遂絕意仕進，隱居桃巖山，與陳亮講學，克己修慝，孜孜不倦。父母繼歿，茹素三年，廬墓以終喪。割兄弟所遜田爲義莊，以贍教鄉族。制置使劉光祖、郡守王夢龍、陳騤以遺逸孝友交薦於朝，俱不起。嘗作《雲溪逸叟自傳》以見志。弟源，亦以孝友著稱。

徐文震

徐文震，字伯光，金華人。尚義好禮，數世同居。宋淳熙中，表爲義門。德祐初，丞相留夢炎復署之曰"金華孝友之家"。

賈南金

賈南金,字國寶,金華人。性至孝。家貧,傭書以奉菽水。端平三年登進士第,仕至饒州通判。二親繼歿,晝夜哀號,或於夢中有見,恍若未忘,覺而求之弗得,涕泣弗已,遂以喪明,旋邁疾卒。

朱 環

朱環,字君玉,義烏人。襁褓時無兒啼聲,仲父桂奇之,養爲子。桂後生璧,因外環,環益孝謹。凡勞事皆服行,不知有寒暑。時境內多盜,桂有白金數百兩與璧窖藏之,璧夜發去,反誣環。桂怒,褫環襦袴,立雪中一晝夜,不使去。環恂恂謝過,無一言辨其冤。桂猶日虐環,五六年間瀕死者數四,恒順受之不怨。桂死,遇璧益厚。璧子慶多暴,或嫁以殺人罪,環憂不能食,竭私財救之,慶獲免。環善讀書,寶祐中嘗舉進士,年八十六終於家。

鄭德珪

鄭德珪,字子潤,綺四世孫。與其弟德璋友愛天至。德璋性勁直,與物多忤。至宋亡,仇家或誣告其罪,當會逮揚州,罪且不測。德珪哀其弟之見誣,遂奮然代出就吏。其弟尋躡至揚州,德珪已斃於獄,無及矣。德璋仰天號慟,絕而復甦,負其骨歸葬,廬於墓者再期。德珪子文嗣,幼病僂,德璋鞠之如己子。既老矣,但語及揚州事,輒對之流涕。

鄭文嗣

鄭文嗣,字紹卿。簡易有識量,志在濟人。有告糴者,諸子方執量出,戒之曰:"當思久執此,勿促之。"人稱爲長者。文嗣與德璋子大和,思先人誓言之切,益感激奮勵,欲齊其家。自綺至文嗣,凡同居六世,歷二百年,咸如綺在時。至大四年春二月,奉勅旌其門曰孝義。

鄭大和

鄭大和，名文融，字順卿，德璋子也。文嗣既殁，大和繼長家事，嚴而有恩。雖家庭中，凜如公府，子弟小有過，班白者猶鞭之。每遇歲時，大和坐堂上，羣從子弟皆衣冠雁行立左序下，以次進，拜跪稱觴。上壽畢，皆肅容拱手，自右趨出，足武相銜，無敢參差。見者嗟慕，謂有三代遺風。部使者余闕爲書"浙東第一家"以褒寵之。大和性好禮，不奉老子、浮屠經像。冠婚喪祭，必稽古禮乃行。子孫從化，馴行孝謹，不識市廛嬉戲事。執親喪，哀戚甚，三年不御酒肉。食貨田賦之屬，各有所司，無敢私。凡出納，雖絲髮事，咸有文可覆。浹日則會，不公則監視者發之。諸子晝趨功，入夜輒聚坐一室，温温語笑，至更餘始休。雖多列顯仕，不敢挾此有一毫自驕意。諸婦惟事女紅，不使預家政。宗族閭里，以恩懷之，各有差。内外極嚴，與臺通傳不敢越堂限。家畜兩馬，一出則一爲之不食，人以爲孝義所感。有《家範》二卷行於世。自大和至其孫梴，凡九世同居。重紀至元二年，太常博士柳貫以狀上，請詔復其家。大和既殁，從弟大雅繼長家事，至其從曾孫燁，凡十世同居如初。龍鳳六年五月，分樞密院李文忠奏請，奉敕旌表其門。

鄭　欽

鄭欽，字子敬，大和弟文厚子也。大和無子，立以爲後。孝友天至。年十七，生父得羸疾，醫言人血可治，輒刺膚瀝血，和藥以進。既殁，致喪三年，痛悼終身。母病，凡三度爇頂灼臂以籲天，撫弟妹惟恐不至，未寒而與裘，先飢而推食，雖盛怒中，見之必欣然改顔。弟妹皆安之，不知其身之蚤孤也。遇一家如一身，長幼有疾，一夜六七起，或終夕不瞑。病勢稍減，則津津然喜色溢眉宇間。資婚嫁有嘉禮之莊；遇疏族有續食之粟、禦寒之衾；恤異姓，周窮匱，有推仁之財、免利之黍；勸學有義方之塾；送終有義塚之阡。嘗自誦曰："民吾同胞。彼病我病，可不盡心乎？”大和著《家規》五十八則，欽補其未備，著《續規》七十三則。家後有古槐，大數十圍，嘗自號曰青槐居士云。

鄭　淵

鄭淵，字仲涵，德璋曾孫也。祖文轟，父鉅淵。事親極孝。母疾逾年，侍奉湯藥，終日不離。病革，思食西瓜，既食而卒，淵後見瓜，輒涕泣，終身不忍食。因念母不置，遂得瞶疾。繼居父喪，哀毀骨立三年。服除，猶臞然不勝人事。凡遇忌日，必先期齋素七日，至期慟哭奠獻如初喪，歿身不變。師事宋濂，以古文詞知名於時。所著曰《遂初稿》十卷、《續文類》七十卷。及卒，宋太史表其墓曰貞孝處士。子楷，別見《文學傳》。

鄭　濂

鄭濂，字仲德，文嗣孫也。性寬厚，言笑喜怒未嘗形于色，人稱爲長者。主家政幾二十年，以身下，子孫從化，無敢有違。諸婦或寡居，必以守節自誓。其家歷宋、元以來，同居家長歲率子弟入覲。洪武十四年，有以寄鈔事其家者，濂適留京師，從弟湜代詣吏。濂迎謂曰：“我家長也，當罪。”於是兄弟爭就獄。事聞，太祖召至殿前，慰諭之，且問以治家長久之道。濂以謹守家法對。上喜，賜酒饌，遂命除湜福建布政司參議。十八年，復有以盜糧誣其家者。太祖曰：“鄭氏義門，焉肯與人作如此事。”遂宥之。十九年，度天下土田，遣太學生督繪疆畛爲圖。生或以賄，敗，事連大家，多坐死。吏逮濂，從弟洧毅然請曰：“兄以八十之年而遠行，尚爲家有人乎？”遂代就吏，竟死京師。人哀之，私謚曰貞義處士。有家僮施慶者，親喪哀泣不輟，三年不御酒肉，蓋亦濡染有自云。

盛本源

盛本源，金華人。洪武中，兄本道被鄉里註誤，罪當死。本源謂其兄曰："未有嗣,理不可死。我子女四人,願以身代,兄在,我猶不死也。"遂毅然就吏代死之。聞者莫不嘆異。杜長史桓嘗爲作傳。

張壽祖

張壽祖,字伯樗,浦江人。性至孝。早喪父,獨奉母居。母患乳核,荏苒二十年,成癰弗潰,壽祖以口吮出其毒,遂愈。祖齊賢,年九十餘,寢疾累歲。壽祖侍湯藥不懈。母後亡,哀毀骨立。家貧不外慕,授徒爲業。洪武二十五年,以耆老召赴京,歷事戶曹,除襄陽府光化知縣。

宗　祉

宗祉,字濟才,金華人。性至孝。父疾,竭力就養。及歿,廬墓三年。母陳目患雙瞽,祉每旦出郭,汲溪流爲母洗滌,且以舌舐之,目遂復明。母後以壽終。葬日陰雨,幾不克葬,祉號泣呼天,天忽朗霽,禮成復雨,人以爲孝感。復廬墓三年。天順中,有司上其事。詔旌其門曰孝行。以國子生授知瀘州。

應　綱

應綱,字恒道,永康人。幼喪父,母胡守節撫之成立。補儒學弟子員。綱事母克孝,母有疾,或不食,綱亦不食。成化七年,應試回,經錢塘,潮覆其舟,人多溺死,綱以母老寡居爲念,水中若有援之者,獨得無恙,人謂孝感。後任歸德州訓導,奉母就養,孝愛逾篤。母歿,水漿不入口者三日,廬墓三年。弘治十七年,有司具奏,敕旌其門曰節孝。所著有《孝經刊誤集注》。

徐文敏

徐文敏,武義人。父早喪,母朱遺腹生文敏。及長,事母克孝,不憚辛勤。母患風疾，文敏百方醫療，不痊，乃斷酒肉，每夜叩首北辰，祈以身代，越四年弗懈。一夕，忽夢一老人示以藥方。如方製藥，母服遂愈，鄉人嘆異之。持齋保母，其孝敬老而彌篤。正德四年，朝廷旌其母爲節婦。後逾十年，知縣湯沐核其孝行，具奏，未報而文敏卒，其母年逾九十而終。

王晁

王晁，字公亮，東陽人。居貧養親，誠意甚至。母病思食鴨肉，晁典衣買鴨奉母。剖其腔，腔內有白金，適如其直，人謂孝感。母卒，廬墓三年。知縣張立嘗雪夜親往察之，見晁嗚咽僵卧，大加嘆賞，翊日給俸助之，由是聲稱日著。太守劉蕘大書"孝行之門"四字旌之，仍蠲其家丁役。

倪大海

倪大海，永康人。祖病，日夜侍奉不離側，焚香告天，願減己齡，以延祖壽。後祖年逾九十乃終，大海哀毀逾禮，廬墓三年。繼母李患癭，吮之而愈。及殁，又廬墓三年。值歲饑，餓者施粥，死者施棺，仍割田儲廩，賙其族人。有司具奏，旌其門曰孝義。

金華先民傳卷六

政事傳 凡七十七人

楊璇	張敦	蔣邵	傅柔	朱幼
陳脩	韓晏	厲文才	馮審	樓炤
吳傳	傅霄	蘇簡	賈廷佐	徐良能
范溶	葉衡	厲汪	喬夢符	楊大法
潘彙	葉介	章徠	孫礿	葉蓁
石範	趙希伋	朱質	徐邦憲	李大有
葉秀發	喻侶	楊邁	徐雄	胡岩起
樓大年	胡侁	王夢得	陳琰	黃夢炎
許子良	范士表	唐韶	陳萍	吳直方
趙大訥	王餘慶	蘇友龍	吳履	馬廉
朱文	諸葛伯衡	李希明	朱肇	何士英
王應	朱仲智	王世榮	陳原武	陳俊
邢旭	邵玘	謝忱	杜瑄	朱勝
馮傑	盧睿	章聰	李叙	趙民
潘璋	黃傳	徐沂	章拯	潘希曾
徐讚	李滄			

宋濂有言："政事之於人大矣！操厚倫敦俗之具，執陽舒陰慘之柄，御賞善罰惡之權，任出生入死之寄。其在朝廷，則四海被其澤。

其在一郡，則一郡仰其賜。其在一縣，則一縣蒙其福。苟得其人，則上明下淳，歌謠太平。一或反是，則流毒四海，神怒民怨，至或有激成他變者，其所繫甚重且難也蓋如此，人能以一善自效于官者，豈可使之泯泯無聞乎？縱曰往者之不可作，寧不使來者之知勸乎！"嗚呼！此紀載之文，所以不可少也！吾郡先達以政事著稱者，奕世踵作，隨其大小，靡弗可書。蓋不惟有益于當時，抑亦有光于鄉土矣。揭其表表鴻偉者別見名臣外，越稽楊璇而下，總得如干人，錄爲政事傳。其或軼出他書錄所弗及者，博聞君子尚幸有以輔吾之缺云。

楊　璇

漢：楊璇，字機平，義烏人。父扶，字聖儀，爲武源令，遷交趾刺史，所至有恩惠，州人爲之謠曰："楊聖儀，政多奇。"璇舉孝廉，歷官爲零陵太守。蒼梧、桂陽猾賊相聚，攻郡縣。賊衆而璇兵弱，人心憂恐，乃特製馬車數十乘，以排囊盛石灰於車上，繫布索於馬尾，又爲兵車專彀弓弩。尅期會戰，乃令馬車居前，順風鼓灰，賊不得視，因以火燒布，燃馬驚奔，突賊陣，因使後車弓弩亂發，鉦鼓鳴震。羣賊大駭破散，追逐殺傷無數，梟其渠帥，郡境以清。三遷爲渤海太守，所在有異政。以事免官。尚書令張溫特表薦璇，徵拜僕射，請老以歸。

張　敦

張敦，字伯仁，浦江人。爲諸暨令。海寇二百餘人剽鹵爲患，悉克平之。轉重泉令，民悅其化。累官至車騎大將軍。

蔣　邵

蔣邵，字景倩，浦江人。爲益陽令，遷洪、撫二州刺史。攘虎却蝗，民蒙其惠。轉交州刺史。

傅　柔

傅柔，字仲席，浦江人。爲宣城令。無爲而治，歌謠載路。遷鄂州刺史。

朱　幼

朱幼，字長明，義烏人。仕南齊，歷高辛、平昌、淮陽三郡太守，遷揚州刺史，兼度支使。治揚有功，人歌之曰："朱幼渡江東，人安盜賊空。"

陳　脩

陳脩，字奉遷，東陽人。起家爲縠城令，遷合浦太守。大著治聲。嘗以喪紀之法遍書于鄉，使民知習。卒于官。合浦民懷其惠，護喪歸葬。

韓　晏

韓晏，字德茂，東陽人。初舉孝廉，遇盜于途，鈔掠俱盡。及行數里，見車下有盜所遺縑，追與之。盜感嘆，悉還所掠之物。起家爲永寧令，遷張掖太守，後爲河南尹，所至以仁惠稱。

厲文才

唐：厲文才，東陽人。貞觀初爲道州刺史。是時南土未靖，荔浦之寇，猖獗掠境。文才臨郡期月，羣盜悉平，威愛甚著。改容州刺史。未幾，辭歸鄉里，卜居縣南，以山水之樂自娛，壽終于家。

馮　審

馮審，字思退，東陽人。宿之從弟也。擢進士，歷官國子監祭酒。監有孔子碑，武后所立，睿宗署額，審請琢周著唐，時論韙之。終秘書監。

樓炤

宋：樓炤，字仲暉，永康人。登政和五年進士第。調大名府戶曹參軍，遷尚書考功員外郎。高宗在建康，炤言："今日之事，當思古人量力之言，察兵家知己之計。力可以保淮南，則淮南爲屏蔽，權都建康，漸圖恢復。力未可以保淮南，則因長江爲險阻，權都吳會，以養國力。"於是移蹕臨安。擢右司郎中。銓曹患員多缺少，自倅貳以下多添差，炤言："光武併省吏員，今縱未能損其所素有，又安可置其所本無乎！"紹興二年，召朱勝非爲侍讀，罷給事中胡安國。炤與程瑀等言："勝非不可用，安國不當責。"皆落職。六年，召爲左司員外郎，尋遷殿中侍御史。明年，遷起居郎，言："今暴師日久，財用匱乏。考唐故事，以宰相領鹽鐵轉運使，或判戶部，或兼度支。今宰相之事難行，若參倣唐制，使戶部長貳兼領諸路漕權，何不可之有？內則可以總大計之出入，外則可以制諸道之盈虛。"詔三省相度措置施行。又言："監司郡守，係民甚切，乞令侍從官各舉通判資序或嘗任監察御史以上可任監司郡守者一二人。"詔從之，命中書門下置籍。七年，宰相張浚兄滉賜出身與郡，中書舍人張燾封還，以命炤，炤又封還，乃命權起居舍人何掄書行。於是炤與燾皆請外，以直秘閣知溫州，未幾，除中書舍人，尋遷給事中兼直學士院。九年，以金人來和，降詔肆赦，其文炤具草也。有曰："乃上穹開悔禍之期，而大金報許和之約。割河南之境土，歸我輿圖；戢宇內之干戈，用全民命。"進兼侍讀，除端明殿學士，簽書樞密院事。繼命往陝西宣諭德意。炤奏京城統制吳華死於范瓊，知環州田敢、成忠郎盧大受死於劉豫，乞賜褒恤，以表忠義。又奏陝西諸路有不從僞命之人，所在籍家產，並勘驗給還。炤至東京，檢視宮室，兼詣永安軍，謁陵寢，遂至長安。會李世輔自夏欲歸朝，炤以書招之，世輔以二千人赴行在所，賜名顯忠，後卒爲名將。又至鳳翔，以便宜命郭浩帥鄜、延，楊政帥熙、河、蘭、鞏，吳璘帥鳳翔。還朝，以親老，求歸省于明州。命給假迎侍，仍賜以金帶。十四年，以資政殿學士知紹興府,過闕入見,除簽書樞密院兼參知政事。尋爲李文會、詹大方劾罷,與祠。起知宣州,徙廣州,未行而卒。後賜諡襄靖。

吳 傳

吳傳,字清叟,浦江人。登宣和三年進士,歷官至監察御史。四持憲節,廉明之聲甚著。初州縣官遇賜燕,有飲至夜分者,傳奏不許見燭,上許之。

傅 雱

傅雱,浦江人。多膽略,遇事奮發有爲。與李綱、宗澤遊。建炎元年,黃潛善建議與金講和,白遣雱爲祈請使,進階宣教郎。未行,李綱爲上言:"今日之事,正當枕戈嘗膽,内修外攘,使刑政修而中國强,則二帝不俟迎請而自反。不然,雖冠蓋相望,卑詞厚禮,恐終無益。今所遣使,但當奉表兩宫,致思慕之意而已。"乃改命周望爲通問使,而雱副之。上命李綱草二帝表付雱以行,獻二帝衣各一襲,且致書於粘罕。雱與王倫俱留軍中,久之乃歸。官至工部侍郎。

蘇 簡

蘇簡,字伯業。其先眉山人。父遲,文定公轍長子也。建炎初,知婺州,奏減和買羅額二萬八千,民爲立生祠,因留家焉。簡以祖蔭,補承務郎,累官直秘閣。帥廣東,措置海盜有方,除直徽猷閣,遷龍圖閣直學士,卒。所著有《山堂集》。

賈廷佐

賈廷佐,字子野。其先真定人。博學多聞,剛毅有大節。宣和二年入太學,會金人犯闕,隨父淵扈蹕南渡,遂家于東陽。登紹興二年進士,除左廸功郎、嚴州桐廬縣主簿。時金遣使張通古偕王倫南來,以詔諭江南爲名。廷佐一再上書，累數千言，劇論讐恥之不可忘，名分之不可貶，和約之不可信，請誅王倫，拘虜使，決意用兵。其詞旨剴切，大略與胡銓同，以官卑，適不爲秦檜所忌，幸免竄逐。累官大理司直，通判湖州、台州，遷詳定一司敕令所刪定，後知處州，遂致其事。卒，贈朝奉大夫。所著有《善願集》《愚齋雜著》若干卷。今祀本府鄉賢祠。曾孫昉之，字成甫，幼穎悟，日記數千言。從永嘉諸老遊。嘉泰中登進士，仕終台州黃巖令。所著有《柳齋集》及《記纂淵海》。

徐良能

徐良能，字彥才，蘭谿人。紹興五年登進士，歷知宿松、安吉二縣，皆有惠政。其在宿松，撫流亡，勤勸課，不以土産供餽遺。前政私增俸給，盡削去之。吏白舊例所當得，則曰：“此贓也，爾欲以是餌我耶？”聞者皆服其廉。及爲安吉，賑艱食之民，除木炭之賦。民感其惠，爲之繪像，祀于學宮，及刻石以紀其政。去之日，衆争致賻，一無所受。待次，家貧，至鬻産以供給，處之泰然。以薦起爲御史檢法官，繼除太常博士。首陳預謹邊防、精擇守令、虔恭祭祀三事。由監察御史遷殿中侍御史、給事中。久在言職，凡所開陳，皆當上意。以疾在告，除龍圖閣待制以終。有雜著若干卷，藏于家。

范溶

范溶，字茂實，蘭谿人。賢良浚之兄也。以祖諤任爲太廟齋郎，歷司理士曹，知歷陽、武康二縣，權通判饒州。溶練熟吏事，決讞詳明，三爲刑官，再治邑，皆以平恕稱。在澶淵日，有毆婦人傷重者，四十九日而婦人死。溶曰：“破骨法限五十日，而創傷辜不踰月。今四十九日矣，脫不破骨，能無寃乎！生固不容剔肌以辨，今死且腐，骨可驗也。”驗之，實止創傷，遂得不死。武康父老訴前令物力溢故額，科輸不前，欲更之。吏白：“板已上郡，須三歲可改。”溶曰：“是困吾民，一日不可,可三年乎?"立除其十之二,繼列其弊,白于郡,追易前板,民利賴之。及在饒州,值旱災,徧走羣望,竭力禱雨,因得疾,卒。

葉　衡

葉衡,字夢錫,金華人。紹興十八年進士,調福州寧德縣主簿,以獲鹽寇功,改秩知於潛。縣戶版積弊,富民多隱漏,貧弱困於倍輸。衡定爲九等,自五以下,除其籍而均其額於上四等,貧者頓蘇。徵科爲期限,榜縣門,俾里正諭民,不遣一吏,而賦自足。歲旱,蝗不入境。治爲諸道最,以政績聞,召對,擢知常州。時水潦爲災,衡發倉粟爲糜以食飢者。或言常平不可輕發,衡曰:"儲蓄正備緩急,可視民飢而不救耶?"衡單騎命醫藥自隨,徧問疾苦,活者甚衆。除太府少卿。合肥瀕河,有淤田四十里。衡奏募民以耕,歲可得穀數十萬,蠲租稅三年。後阡陌成,倣營田法,官、私各收其半。從之。除戶部侍郎。時鹽課大虧,衡奏:"年來課入不增,私販害之也。宜自煮鹽之地爲之制,司火之起伏,稽竈之多寡。亭戶本錢,以時給之;鹽之委積,以時收之。擇廉能吏察之,鹽之私販自絶矣。"丁母憂,起復,知廬州。未行,除樞密都承旨。奏馬政之弊,宜命統制一員各領馬若干匹,歲終計其數爲殿最。李垕應賢良方正對策近訐直,入第四等。衡奏:"陛下赦其狂而取其忠,足以顯容諫之盛。"乃賜垕制科出身。有言江淮兵籍偽濫者,詔衡按視,賜以袍帶、鞍馬、弓矢,且命措置民兵,咸稱得治兵之要。尋遷戶部尚書,進簽書樞密院參知政事。衡奏二事:一、牧守將帥,必擇才以稱其職,必久任以盡其才。二、令戶部取湖廣會子實數,盡以京會,立限易之。上皆從焉。拜右丞相兼樞密使,賜坐,從容講論機密,或不時召對。一日曲宴宰執於凝碧池,上曰:"自三代而下,至於漢、唐,治日常少,亂日常多,何也?"衡奏:"聖君不常有。周八百年,極治稱成、康而已。"上曰:"朕觀《無逸篇》,周公爲成王歷言夏、商、周之君享國長久,真萬世龜鑑。"衡奏:"願陛下常以《無逸》爲龜鑑，社稷之福。”上又言：“朝廷所用，正論其人才如何，不可有黨。如唐牛、李之黨相攻四十年，緣主聽不明至此。文宗曰：去河賊易，去朝中朋黨難。朕常笑之。”衡奏：“文宗優游不斷，故有此語。陛下英明聖武，誠非難事。”御寶寔封令與臨安府寶思禮改合入官，衡奏：“選人改官，非奏對稱旨，則用考舉磨勘，一旦特旨與之，非陛下愛惜成法之意。”上亟收前命。因薦司諫湯邦彥使金邦，彥恨衡擠己，奏衡對客有訕上語。上怒，即日罷相，責授安德軍節度副使，郴州安置。未幾復官與祠。卒，贈資政殿學士。衡負才足智，由小官不十年至宰相，進用之驟，未有如此比云。

厲 汪

厲汪，字萬頃，東陽人。登隆興元年進士。嘗簿永嘉，宰樂清，民以厲佛子稱之。積官至西外宗丞，卒，子模以蔭入官，五更麾節，所至著稱。累贈汪至中奉大夫。

喬夢符

喬夢符，字世用，東陽人。從學呂祖謙，嘗作《不欺論》，祖謙奇之。登淳熙二年進士，知歙縣。有大途，當水衝，居人歲苦霖潦。夢符爲築堤鑿渠，人免水患，號喬公街。後守潮陽。會宰相薦士二十九人，以夢符爲首，改與六院差遣，尋除大理正。奉旨鞫郭倬獄于宿州，不畏權勢。獄具，進監察御史，卒。所著有《西峴類稿》十卷。

楊大法

楊大法，字元範，武義人。登淳熙二年進士，授知龍游縣，累遷至監察御史。時四方多水旱，疏論三事：一曰民訴災傷，不可疑其不實；二曰減放租稅，當使民被寔惠；三曰禁遏糴，使穀粟流通。尋除殿中侍御史。冬雷，繼以淫雨，上封事，推明天人之理，乞法孝宗，敬天治國,以自警省。除侍御史兼侍講,乞置言事官,章簿以備燕覽。內侍鄧彰等指使毆人至死,奏行法當自近始,乞付有司,以竟獄事。除國子祭酒、兵部侍郎,請外,除集英殿修撰、知鎮江府。乞祠,以華文閣待制、提舉江州太平興國宮。卒,贈中奉大夫。在言路所上凡六十餘奏,言皆剴切,有益於時。嘗與朱文公遊,往還詩簡甚多。所著有《易說》。

潘畤

潘畤,字無愧,蘭谿人。以祖任補官,仕至中大夫、直秘閣,廣南東路經略安撫使。其權知邵州日,朱子安撫湖南,與周必大聯章薦之,稱其以問學持身,以文雅論吏,不鄙夷其民,政先教化,崇學校,祠先賢。民有訟,諭之以理。敏於決遣,圄圉屢空。雖湖北猺寇犯邊,而處置得宜,民用安堵。其爲大賢所稱如此。

葉介

葉介,字方叔,武義人。淳熙八年進士,歷官通判邵武軍。泉南海寇爲亂,介召軍將,密授方略,出其不意,悉擒之。後以奉直大夫主管台州崇道觀。卒。

章徠

章徠,永康人。淳熙甲辰進士。歷官右文殿修撰。時陳賈議貶道學,徠與劉光祖極論道學之正,光宗嘉納。及趙汝愚爲相,徠復與章穎抗疏劾韓侂胄專擅,坐罷官歸。寶慶間,召爲宗正少卿兼侍讀。卒,贈少師。所著有《凝塵集》。

孫礿

孫礿,字居敬,東陽人。淳熙十四年進士第三人。累遷大學正。時寧廟拱默,礿奏對慷慨,亟蒙褒獎,且論大臣擢用。遷博士,進監丞。會京尹辱武學生不以其道,祄抗疏爭之,不報。請外,知漢陽軍。六館之士,傾城出餞,都人以爲美談。尋知黃州,憲湖南。所至皆有善政。嘗書"真實心地、簡徑法門"八字於座,此祄之所自得也。仕終兵部郎官。所著有《畸庵集》及《大學講義》。子德之,一名道子,博學善屬文,舉進士,中宏詞科,仕終秘書丞。所著有《續東萊大事記》。

葉蓁

葉蓁,字實之,義烏人。父維休,伯父維苣,連擢進士第。蓁以世科,累遷太常寺主簿。輪對,言中書政本,宜清心虛己,以求賢爲務。時宰不樂,改軍器監丞,差知荊門軍。建堡栅,開溝洫,蒐練民兵,人思奮厲。會京帥幕議築城東、蒙兩山之顛,蓁以山無水泉,且條其不便者六。制置使趙方主先入之説,不從。蓁嘆曰:"敝民誤國,寧有去耳。"遂解印綬歸。有旨除夔州路轉運判官,俄復與祠,結廬東山,扁曰"抗雲"。祠滿,差知武岡軍。未上,卒。子由唐,見名儒。

石範

石範,字宗卿,浦江人。天資穎茂,從呂祖謙遊,學殊精切。中紹熙元年進士,調奉化尉。歲饑,貧民爲變,範賑之,不誅一夫而定。海寇爲害,設計捕而殺之。再遷知婺源縣。縣有月椿錢二萬,皆取之民,民患苦之。範建請蠲其十之二。權通判袁州。洞獠弄兵,衡、潭、贛、吉四州被禍尤酷,袁當其衝,人情凜凜。範攝州事,練軍旅,閱民兵,廣儲蓄,博訪守禦之策,威聲甚震,洞獠不敢近。轉通判泉州,兼南外宗正,卒。範守正不撓,初爲尉時,或勸其謁權貴人,美官可立致。範曰:"吾儒者,改官爲縣,亦固當爾,何以僥倖爲!"卒不詣,士論多之。

趙熙伋

趙熙伋,字景思,昌陵九世孫也。建炎南渡,徙家東陽,登紹熙元年進士。歷官知瑞州，又知衡州，就除湖南提舉。強敏不撓，廉公有威，所至吏民畏愛，聲績甚著。遷兵部郎官，轉江西提舉，積階朝議大夫以卒。熙倿清介有守，所居僅負郭舊宅，有田不足供伏臘。人士皆推重焉。

朱　質

朱質，字仲文，義烏人。受學呂祖謙，而卒業於唐仲友。中紹熙四年進士第二人，廷對陳《春秋》大義，以復讐爲説。孝宗在重華宮，聞之大喜。累官著作郎，兼侍左郎官。開禧初，金使入見倨慢，質上書，乞斬之，不報。尋擢右正言，遷左司諫。奏疏論邊事甚悉。既而韓侂胄北伐無功，更欲議和，質上書猶以爲和不可恃。侂胄怒，改質太常少卿，兼權吏部侍郎。嘉定再和，遂以謫去。用累赦，復官予祠，差知道州，致仕，卒。所著有《易説舉要》、奏議、時文、雜藁若干卷。

徐邦憲

徐邦憲，字文子，武義人。幼穎悟，從陳傅良爲名物義理之學，博通史傳百家言。紹熙四年，試禮部第一、進士第三，累官爲秘書郎。韓侂胄開兵端，同惡附和，無敢先發一語言其非者，邦憲獨首言之。乞外，出知處州。陛辭，力諫用兵不可太驟。再歲召還，言求名義以釋兵，莫若因建儲而肆赦，洗弄兵之咎，省邊戍之師，發倉廩以賑餓莩，及農時而復民業。如此則建儲之議，正與息兵相爲表裏也。侂胄惡其言，嗾御史徐柟擊之，鐫秩罷祠。未幾，復除江西憲，改江東漕，以户部郎官爲淮東總領。侂胄既誅，尚書倪思舉邦憲以自代。召對上言：“今日更化，未可與紹興乙卯同論。秦檜專權，天下猶可以葺理；侂胄專權，天下敗壞甚矣。”進尚書右司郎中兼太子侍講，遷左司。爲金賀正使接伴，除宗正少卿，回，權工部侍郎，知臨安府，改江州。以寶謨閣待制致仕。卒，謚文肅。

李大有

李大有，字謙仲，東陽人。慶元二年進士，累官通判。通州民田歲苦旱，大有相地勢，鑿五狼山石麓，引江水入河以溉之，自是以大稔，而商舶亦竟達城下，爲通州無窮之利。攝郡事，吏持案白事，例錢合自支送。大有判曰：“有例可送，無法可支。”悉却之。入朝，主管官誥院，改太常寺主簿，遷博士。卒于官。大有與弟大同，極相友愛。內外數百指，猶同堂共食，無間言。寧宗爲大書“怡怡堂”三字以旌之。

葉秀發

葉秀發，字茂叔，金華人。師事呂祖謙、唐仲友，深於性理之學。擢慶元丙辰進士，授福州長溪縣主簿，轉慶元府學教授。嘗著《論語講義》，發越新意，以誨諸弟子，且曰：“聖門授受之源，無過此書。然義理無窮，儻一切沿襲舊説，吾心終無所得。若欲見諸行事，是猶假他人之器以爲用。用之於己，且惴惴焉不敢以爲便，況欲假人乎哉？”一時鉅儒如樓鑰、史彌鞏、婁昉、鄭性之、袁燮、楊簡，皆相器重，願與之交，而於簡問難尤詳，簡每自謂得所啟發。秩滿，關陞政和令，調桐城丞。金人犯蘄、黃，桐城爲隣壤，人凜凜不自保。騎兵將迫，家人號泣求避。秀發叱之曰：“此正臣子竭力致身之日也，雖死何憾！苟先之，如一城生聚何！”修城浚濠，日爲備禦計。會金使諜者至，秀發擒之，亟斬於城門以狥。金人計沮，不得近，邑賴以完。事定，制閫忌其功不自己出，上其擅斬非法，坐貶秩。未幾，徙知休寧縣。俄以前論奪官。秀發退居十餘年，無一毫觖望意。史彌遠當國，有自桐城來者，歷言秀發撫綏安定之詳，且言某等得保首領至今，皆葉丞之賜。不然，已無桐城久矣。遂擢知揚子縣，遷知高郵軍。高郵爲淮東緊治，時尚繹騷弗寧。秀發上五策，曰防海道、審邊城、擇武守、練軍實、畜財用，而以作人心、正士氣爲之本。所言多聽。築高沙三十六湖，建石硪以疏水勢，潴泄有恒，無乾溢之患。其後馬光祖來爲守，行硪上,思秀發之功,搆堂樊梁之隄以祀焉。疾作,上書乞致仕,力劾去貪墨吏數人。或勸何自苦如此,秀發曰:"不可。吾死後,彼必殘吾民以逞。"同列來問疾,惓惓以究心邊務爲祝,無他言。卒年七十餘。所著有《易説》、《周禮説》、《論語講義》行于世。學者尊曰南坡先生。

喻偘

喻偘,字伯經,義烏人。學于陳亮。登慶元己未進士,調宣城尉。有境外盜狙入尉界内,偘登執之,歸于府。府帥丘崇異之。開禧丙寅,金人犯淮府,檄令尉二人餉軍,由歷陽達鍾離。鍾離當敵衝,又護兵寡弱,令畏縮不敢前。偘奮不顧難,遂行,卒致餽于濠,粮有羨,歸于公弗私。再遷宜春丞。俗善訟,珥筆成風。偘聽斷,常得其情,民退無後言。凡訴部臺者,必曰:"得宜春丞一聽,死無憾。"改奉議郎,簽書鎮南軍判官廳公事。請祠歸。築室香山夫人峰下,自號蘆隱。所著有《蘆隱類藁》五十卷、《隨類録》二百卷。

楊邁

楊邁,字德夫,武義人。從學吕祖儉之門。嘉泰中,國學釋褐,補鎮江教授,歷官秘書丞、起居舍人、集賢修撰,進寶謨閣待制,致仕。卒,贈龍圖閣學士。太常議諡,謂其以問學結主知,以義理悟上意,以《中庸》九經爲人主用,非敏而好學者,能之乎?經筵論奏,志在弭兵息民,若預防夫十年以後之事者,可謂有安民之大慮矣。請以文定易名。考功覆議,謂其間日一侍立,四日一晚講,祁寒隆暑,積忱愈謹,惟一德以事君,即《詩》所謂"夙夜匪懈"者也。按《諡法》,一德不懈曰簡,敏而好學曰文,遂定曰文簡。

徐雄

徐雄,字子厚,東陽人。幼而能文。年踰强仕,始登開禧元年進士。淹回州縣，冥心進取。帥守授以京削，力辭不受。端平初，喬行簡薦于朝，授書庫官，累遷國子博士，再轉秘書少監，兼國史院編修、實錄院檢討官，奉祠以歸。雄立朝清峻，議論不阿，嘗奉臺省檄兩決疑獄，皆雪其冤。所著有《易解》《漢評》《南圃詩藁》。

胡岩起

胡岩起，字伯岩，永康人。父槀，欽州司法參軍。岩起登嘉定甲戌進士，授知閩縣事。卓行危論，奇文瑰句，士大夫皆自以爲不及。廣帥真德秀雅敬重之。爲江西提刑司幹辦公事。值贛卒朱先嘯亂，殺提刑使者，岩起相度事宜，佐新提刑陳愷密設方略，一指揮間，遂夷其亂，民免橫罹，贛人作《平贛錄》紀焉。子居仁，登淳祐甲辰進士，累官知台州。其文詞政事，亦絕出於四方。

樓大年

樓大年，字元齡，義烏人。登嘉定癸未進士，調青陽縣尉，累遷知南昌縣。爲治先教化，建利去病，若嗜欲然。民夜行，爲讐家所殺，事覺，賂其甥來就辟。甥自陳殺民狀甚悉，大年疑之，亟命丞往驗。丞受賕，使焚屍以滅迹。大年聞于府，屬錄事覆實。錄事復受賕如丞。大年正色抗辨，錄事爲引去。上之憲臺，令觀察推官重讞，事始白。民敬之，爲立生祠。遷通判吉州。提刑李廸以大年廉慎，命錄一道滯囚，隨輕重而疏裁之。抱成案就廸，言咸聽。未幾，攝郡事。大姓查氏，以父遺書，據幼弟資產幾六十萬。弟長訴之州縣，歷二十年不解。廸下其事大年，舉張詠決子婿爭財故事爲例，命歸其弟，人以爲允。換承議郎，提領戶部犒賞所主管文字。陞朝奉郎，卒于官。

胡 侁

胡侁，字子先，永康人。寶慶丙戌進士，累官陞監察御史。内侍董宋臣竊弄國柄，㑺屢疏劾之。理宗顧宋臣寵未衰，爲奪㑺言職，調將作少監。即日棄官歸，稍治田園自給，泊然不復以勢利經心。後累召之，堅臥不起，人稱雲岫先生。所著有《孝經》《論語釋》。

王夢得

王夢得，字起岩，金華人。中端平乙未進士，調錢塘縣主簿，兼領學事。脩廟學，築江壩，不憚劬勞。京尹白于朝，連進兩資，再遷知鹽官縣。史嵩之當國，或薦除掌故，力辭不敢躁進。未幾，嵩之去國，人服其先見。京尹因怒於潛宰，欲劾之以辟夢得。夢得曰：“奪人之職以自利，吾不忍爲也。”吅奉母東歸。差充安邊所主管文字，爲之置籍，俾諸郡課入易於拘催，積欠累鉅萬，疏剔白于朝，截界蠲免。除太常寺主簿。有薦于丁大全者，欲引爲察官，固辭。遷寺丞，差知建昌軍事，擒捕巨寇羅動天，法外梟其黨幾二十人。因自劾，請祠歸，公論翕然惜其去。家居三年，儒素如故，積階朝散大夫。

陳琰

陳琰，字中叔，初名夢雷。精《春秋》學，腹有韜略，入右庠。嘉定十六年，擢武舉進士第二人。時母兄宣子自太學內舍同年登第，一門兩科，鄉邦榮之。仕殿、步兩司，裨贊非一。端平間召試，後省除閣門舍人，出知辰州。撫綏軍民，安輯溪洞，郡以大治。卒于官。所著有《太平十議罪言》一卷、《春秋傳解》十卷、《左氏世系本末》四十卷。

黃夢炎

黃夢炎，字子陽，義烏人。博學善屬文。淳祐末登進士第，入京湖制幕，以掌故準備差遣平反盜公庫銀冤獄，得釋者數十百人。入淮東制幕，主管機宜文字。建議蠲免屯租，邊民賴以安業。出判平江府,撙節浮蠹,以代民輸租,白免淮西總領所累歲所索無名錢,民力以甦。除司農寺丞。輪對,力陳時弊,請減浮費,戒宴私。度宗嘉納。除樞密院編脩官,累遷戶部左曹郎官,仍兼編修。與時宰不合,引年以朝請大夫致仕,扁所居曰桂隱室、曰澹齋。有詩、文十卷。

許子良

許子良,字肖説,東陽人。登嘉熙戊戌進士,除監鎮江酒庫。前此贏羨率自入,子良自一劀以上咸歸之於公。辟淮東運司主管。瀕江有蘆蕩三十里所,民資其利。守邊吏議清野,悉欲芟去,子良諫之止。遷知晉陵縣。版籍紛亂,官賦多放失。諸司督逋,急如雷電,吏竄匿殆盡,前令以不辦去。子良爲之稽逃亡,考隱漏,催科定徭,條緒粲然。改宣教郎,知都昌縣。庫藏赤立,子良節縮浮冗,兩年之間,供輸遂有餘。轉承議郎,差幹辦諸司粮料院。當輪對,不欲立異,惟取廷臣所言有關天命人心之大者重陳之,不汎不激,上爲首肯再三。有俾閱滯獄八十餘,子良爲繙案,一一讞之,雖累歲不引決者,一日曲直皆白。轉朝散郎,差知台州。弊蠹相仍,負上供錢三百餘萬。子良節縮如都昌,凡舊例守所宜得者,皆謝去。居半載,郡計裕如。子良聽訟,據案與兩造相爾汝,以察其情,情既得,即決遣之,吏袖手旁睨,具文書,無所容其私。賈似道開閫荊湖,辟主管機宜文字。卒于官。子良平生自奉甚儉,前後歷官二十年,蕭然如寒士。客至,啜茗清談,飢則煑餅而已。

范士表

范士表,字叔端,蘭谿人。丞相鍾從子也。嘉熙戊戌,以別頭試登第,歷官爲衢倅。適郡民有嘯聚爲亂者,守懼,委印去,人情大震,老幼星散奔进。士表攝郡事,協僚佐,集籌畫爲守備計,登城撫勞,益兵誅討。旬日,元惡就戮,郡以全。

唐韶

唐韶，字子和，蘭谿人。嘉靖四年，以漕魁中南省第二，辟沿江制置司幹辦公事。制使史岩之遣往襄陽勞師。時元兵在境，江面繹騷。韶駕舟直上，使其子良嗣率死士前進，所向皆克，徑造襄陽。呂文煥喜曰：「不勞師者，已三年矣。」留與飲燕，韶曰：「久住此，外必堅備，何以為歸？」乃出軍數萬，攻其兩端，韶與虜大戰中流，破賊而出。岩之上其功，陞南陵知縣，經界不勞而辦。郡守趙與謀、留使馬光祖列薦于朝，有旨，籍記姓名，未及錄用而卒。

陳萍

元：陳萍，蘭谿人。丞相宜中弟，自中子也。宋亡，育于外家楊氏。元世祖物色宜中子孫，得之，奇其骨相，厚遇之。萍刻意於學，兼通梵教，至於騎射，亦精其能，賜名輦真伽剌思，入侍東宮，日見親幸。成宗時，吐蕃強盛，邊人告警，以萍領吐蕃宣慰使，帥兵討平之，悉定其地。賜上尊、襲衣，獎諭甚至。及武宗朝，以萍習知西事，特命撫寧邊陲。初入境，有數千騎整衆而來，猝與之遇，亟令縱騎解鞍列坐，環以重車如城郭，左右指揮，外示閑暇。敵疑有伏，懼莫敢前。有以所戴白帽揭于竿首者，萍引弓一發中之，遂驚駭而遁。由是諸郡服從不敢叛。入朝，以功拜大司徒，進階銀青光祿大夫。

吳直方

吳直方，字行可，浦江人。自少有大志，能力學，坐書塾，凝然如痴。他生晚各散去，猶執卷呻吟弗輟。稍長，出遊浙東西，習刑法于帥府及行中書，復北走京師，在逆旅三十年，備歷艱困。或勸其南歸，則曰：「生為寄，死為棄，等死，何分冀北與江南乎？」其志愈壯不少折。用薦者以説書事明宗于潛邸，會明宗出鎮北藩，復罷去。奉省檄，除上都路儒學正，欲上，已為代者所先。留守馬札兒台聞其氣岸恢廓，延與共語，説之，使教其子脱脱及也先帖木兒。元統二年，脱脱爲御史中丞，奏授直方浙江等處儒學副提舉，轉宣政院架閣管勾，陞長史。至元末，脱脱從父伯顔爲相，恃功惠恣，出入擁重兵自衛，人情震慄。上召脱脱問計，脱脱以謀于家爲對，歸而語直方。直方曰："大夫失言，幾事不密，則害成矣！"脱脱驚曰："謀將安在？"直方曰："宜亟黜之，以謝天下。"脱脱以親嫌爲辭，直方曰："《傳》有之，大義滅親。大夫知有朝廷耳，家固不宜恤。"脱脱曰："事不成，奈何？"直方曰："事不成，天也，一死復何惜！即死，亦不失爲忠義鬼。"脱脱曰："吾意決矣。"乃入奏之。會伯顔侍皇太子出獵柳林，脱脱欲發，直方曰："皇太子在軍中，儻挾之，以生他變，何以處之？"脱脱悟，急白太后，傳旨趣取以歸，閉京城自守，遣使持詔散遣諸軍，出伯顔爲河南行省平章。上多直方協贊功，特超十餘階，授集賢直學士，陞本院侍講學士，賜黄金繫帶。脱脱進位丞相，國有大事，必謀于直方而後定，直方每引古義告之，民被其賜者甚衆。拜集賢學士、榮禄大夫致仕，卒年八十二。直方爲人，深沈有謀，人莫測其喜愠。險夷一致，可屬以天下大事。縱羣議沸騰，不少動。爲人謙下，待人恒如布衣時，一飯之恩必思報之，人以是稱焉。子萊，見名儒。

趙大訥

趙大訥，一名良勝，字叔敬，浦江人。起家譯曹掾，調泉州録事。盜起寧都，泉之無賴男子嘯衆應之，遂謀來攻城。大訥沿河作大柵，以遏其衝，簡强壯數百乘城，親騎白馬奮呼先，士氣百倍。寇度不可攻而退。中書遣使造海舟十五艘，期五十日成，官降錢，不與材等。民相顧大驚，畏使者，不敢發一詞。大訥獨列民貧困狀，請益之。轉興化録事。官賦多隱弊，歲勒受役者代輸。大訥搜舊官書驗之，則鄰民産也，賦遂以清。遷漳州路龍溪尹。俗尚鬼，壘石作祠，以奉紫衣神，黠民將爲奸利，必牲犬以祭。大訥棄神江中，移石脩孔子廟庭。

縣多山畬峒獠，官稍侵之，輒弄兵暴掠，至煩大將出屯，經年不解。大訥調御得其術，服從如良民。富民蘇甲怙勢殺人，行賕郡守，出其死。大訥抱案指府，歷斥其奸。守怒，陰中以他罪。上官察其非實，獲免，調溫州永嘉尹。轉運司以鹽擁不行，計民口賦之，吏並緣爲民病。大訥請令富民買而售於民，民安而課登。旁州縣列訴于府，請如永嘉法。瑞安黠吏何良僞爲官書，誣平民盜版鹽，民自殺者三人。府下大訥訊之，正良罪。徙之臨汀州。城枕大江，水瀑岸善崩。大訥出新意，並江數千尺，列植巨木，先障以箕芒殺浪勢，次填沙土，而甃以石，遂不壞。遷知永新州。州民素橫，勢出守吏上，每論役，甲乙相譁，數月不定。大訥釐正版籍，列爲十年，使之次第相承，素巧避者不能脫。苟有辦集，又度其力厚薄爲差，官賦視常歲輒早登。鵠湖、羅陂皆羣盜淵藪，時出鈔道，爲過客患。昔嘗置戍軍，終莫能禁。大訥出奇剪渠魁八人，餘黨奔散。鄉飲酒禮廢久，大訥講而行之，賓主就位，獻酬有節，揖拜有容，觀者嘆悦。請老，加婺州路總管府同知致仕。戊戌，國兵破睦州，次至浦江。大訥蒼皇弗及避。或誘之使降，大訥曰：“吾元朝老臣，惟有一死報國耳。毋多言。”或强之行，大訥曰：“吾老不能步。”復使之乘，大訥曰：“吾不能乘馬。”刃之不殊，病創竟死。大訥性剛直，平生不識請謁，義所當爲，雖尊官貴人，勢相統屬者，無所遜。嘗自誦曰：“我有命在天，不以柔媚而得，剛直而失。”年既耄，賓客故人多勉爲子孫計，大訥笑曰：“吾在泉時，琛貝俯地可拾，尚弗顧，今肯爾耶！”君子以是韙之。

王餘慶

王餘慶，字叔善，金華人。受業許謙之門。嘗遊京師，有番僧官爲總統者，勢焰烜赫，得其一言，官爵可立致。或以其名聞，僧召之，拒曰：“吾學將以伸吾正道，寧有屈身而道可伸耶？”縉紳悉服其操行。至正初，入經筵，爲檢討官，累拜監察御史，政聲著稱。後使廣東，詢問疾苦，惠政爲多。

蘇友龍

　　蘇友龍,字伯夔,金華人,遲之後也。嘗學經於許謙,以才推擇,充府史,入閩海憲府,爲奏差遣。憲使以廉直爲同官所忌,嗾御史劾之,章未下,即命奪使印。友龍毅然持不可,使亦掎摭同官之過,欲訟繫之。友龍復諍曰:"兩虎共鬪,其勢不俱生。明公奈何類之?"已而皆止。汀寇謀襲臨漳,遣友龍督長吏爲備。長吏欲籍民爲兵,友龍曰:"民不知兵久矣。一旦籍之,必大致紛紜。此非禦盜,是增盜也。"長吏問計將焉出,友龍曰:"吾知所處矣。"閱兵籍,得放逸者二千,使帥之擊賊,竟獲其首禍者。再轉江浙行省書史。海盜起,省發官粟募民舟載軍捕之。舟未盡發,而盜請降。省逮民歸粟,友龍曰:"民得粟食之且既,今將焉徵? 即徵,惟徵未發者乃可耳。"省臣從其言。紅巾犯杭州,官吏多逃,惟參政樊執敬坐堂上,以死自誓。友龍説曰:"明公以身死國,義則得矣,如一城生聚何! 今城中衆不下數十萬,公庫金帛以萬計,與其委諸盜賊,曷若募民使戰耶! 戰而不勝,就死何晚也!"樊不能從,上馬迎敵而死。友龍與掾李樞謀,以蘇、李署,號召民殺賊,殺一人即攜首受錢二百五十緡。民持刀爭奮,數日之間,獻馘充庭。未幾,辨章兵至,破賊走之。友龍絶口不言功。滿考謁選,擢授蕭山尹。民詭名匿其田,賦科徭不能均一。友龍令其自實田,輯爲册書,凡有徵發,皆視書輕重之。兵興以來,民輸粮衢、處二州,因憚遠征,多以屬吏。吏並緣爲奸,粮不時集,主運者妻孥恒坐繫。友龍釋之而坐吏,期月咸足。爲立法,每鄉置督運一人,趣民以粮至江濱,仍驗多寡,賦錢僦舟以行,民大便之。縣爲吳越要衝,師旅經從無虛月,誅索荂弩,不少愜意,則侵掠居民。友龍儲峙已充,有犯擒置於法,士卒入城,如見大將,不敢出語相誰何。會歲儉,弛湘湖之禁以利民,不足,啓常平倉以賑餓者。僚屬力沮之,友龍大言曰:"啟天子粟,活天子民,有何不可? 儻有譴責,吾自任之。"民賴以生者蓋數萬計。帥閫以元日至,檄縣市瓏核諸物。友龍發視,恚甚,執筆書檄尾曰:

"四郊多壘，正臣子痛心疾首之時。奈何襲太平故態，飲酒爲樂耶？"聞者愧焉。改本路總管府經歷，不上，轉行樞密院照磨。僞吳張士誠降，友龍持詔往湖州，責其成將潘允明行郊迎禮。禮成，允明置友龍坐西向，友龍正色曰："以官，則我幕僚，雖相向坐爲有過。然我所持者詔書，君敢與詔使抗禮耶？"挾胡牀中席而坐，允明懼服。陞行省都事。參政石抹宜孫分省處州，請友龍與俱。友龍勸其禮賢下士，安輯流亡，招徠羣盜，撫之以恩，衆心翕然。經略李國鳳循行至處，久留不去，以十羊授友龍牧。友龍曰："某以非才爲省屬。天使命之牧羊固當，然大敵壓境，天使能出奇殲之，雖日烹百羊何害？否則某亦不保首領，欲久爲天使牧羊，得乎？"李默然而罷。處多盜，征行吏多受盜金，既降而復叛。友龍秋毫無所犯。大溪吳誠七成擒，官簿錄其家，得帳籍，驗之，獨無友龍名。已而浙東悉入皇明版圖，而七閩猶未附，怨家告友龍長子仕閩，坐徙滁陽。遇赦，放還，卒于家。

吳　履

明：吳履，字德基，蘭谿人，景奎子也。受學于聞人夢吉，俊邁有奇才，屬文以遷、固爲法，尤工行、草書，爲時所推重。論者謂如寶劍行空，芙蓉出水，當與鮮于太常齊驅。國初用薦者起家，爲南康丞。南康俗悍，以履儒者易之。履處之自如，數月皆周知其情僞，有所摘發，一縣驚伏。乃更以寬化之，視民如子，民有所訴，召使前與語，弗加咄叱。有所徵調，集大姓坐之廡下，聽人人自說便否，由是民愛之如父母，而吏卒不敢爲奸。縣令周初正召民轉輸，至郡不得，躬至鄉召之，一民逸去，命卒笞之，不服，走入山，訕令曰："官當在縣，何以至此？"令怒，入吏卒言，因欲盡誣一鄉民，獲六七人下獄，捕者復四出。民大駭，將爲亂。履破獄戶縱之，曰："若無罪，還告父兄無恐。"乃往告令曰："犯使君者，一夫耳，其鄉人何罪？且法乃天子法，豈使君解怒具耶！"令意慁而止。履爲丞六年，遷知長沙之安化。去三月，他吏用法急，南康民作亂，命師討平之，死者過半。南康民泣曰："我吳君在，寧有此禍乎！"時安化初降附，有萬夫長易俊原，獨恃其驍勇，與麾下數十人遁入山，保險自固。江陰侯集兵將勦之，召履計事。履曰："易俊原未有反狀，奈何激之，使生變乎？不若以計致之。果反，用兵未晚也。"履乃屏吏卒，步至山谷中，抵俊原家。家空，止一老人出對客。履謂之曰："易俊原出見江陰侯，則無事矣。今不出，大兵且至，一縣皆爲虀粉。然殺一縣父兄子弟者，易俊原，非縣令也。"老人曰："俊原必出，願明府哀憐。"履因謬謂曰："俊原或未肯來，得其子及麾下三四人先往可矣。"明日，其子及麾下至，如履言。兵止不發。既而盡致其麾下，惟餘俊原一人，度其勢孤，乃招之曰："君侯願與俊原相見。"俊原喜，詣軍門請見，遂縛送京師。事平，民安堵無擾。江陰侯檄取故兵之爲農者，民驚奔相告，勢甚危。履諭民曰："侯所取兵，民無與也。"籍其願爲兵者數人而已。長沙郡令造戎衣，履力爭，曰："吾邑民貧而俗暴，且恐其叛去，安可責以事功如他縣乎！令格不奉命其罪小，奉命而致亂其禍大，決不敢辭小罪而蹈大禍也！"郡從之。三歲入朝，遷知萊之濰州。民畜官驢，守核其孳息，與籍不合，曰："驢當歲產駒。今閱數歲，何少也？"欲責其欺罔，且徵償諸縣，已勒民買駒。履獨戒民勿償。守怒，問狀。履曰："民實無欺罔，惡可責其償。國家富極海內，爲吏者正宣布宣德澤，爲民除疾苦，寧少數匹驢耶？"守語塞。履復條其不便者數事，守以爲然，併諸縣已償者皆罷之。山東民願以牛羊代秋稅者，官從其言。履計牛羊後有死瘠，將爲民患，止令輸粟。已而他州縣牛羊送陝西，民驅走二千里，皆破家，獨濰完。郡令役千人部送鄰縣牛，履陳其不可，曰："有牛家送牛，雖勞不敢怨。使人代之，脫道中牛死，誰當代償耶？"竟却之。履爲吏，不求威名，以愛民爲先。凡有訟，召訟者面直之，釋其怒乃已，不忍置民於獄，獄屢空。當有追需，不務速辦，稍緩其期約，故物價不踴，民視他所費恒減十二三。所至民皆樂其易簡。居濰二年，會州改爲縣，召還，遂致其事歸。民遮道泣留，不能得，競留其靴，亭貯而祀之。宋濂曰：俗吏以嚴急督責爲足用，謂儒者懦緩債事，而不知得民非儒者不能也。以余觀於吳德基，恂恂不大聲色，而衆庶安其政，既去而思之。視世之督責者果孰多耶！古稱平易近民，愷悌君子，其德基之謂歟！

馬　廉

馬廉，字原清，東陽人。幼有志操，博通經史。洪武初，以薦授懷安丞。招徠流散，撫綏凋瘵，甚得民心。既而調丞壽陽。有候卒於廢寺得埋金五百兩以進，廉命簿録其數，藏于官帑。後歷遷山西按察司副使。在官讞獄詳明，民無寃滯。以親老請謝，詔進一階致仕。卒，鄉人爲傳其事，私謚曰孝廉。

朱　文

朱文，字悦道，義烏人。從王褘游。學博才贍剛方，少許可人。洪武六年，舉明經，授知星子縣。廉介自持，興學勸農。奏其縣山高水冷，非茶所產。上可其奏，遂罷茶貢。後陞贛州府同知，盡心撫字。秩滿，民庶擁留，不能得，因立生祠祀之。

諸葛伯衡

諸葛伯衡，蘭谿人。少清介，持名節。從吳禮部游，獲聞前輩緒論，精求實踐，鄉里咸推重之。洪武初，薦授北平雜造局大使。不以家累自隨，出入無車馬，遇雨輒草行泥塗中，弗厭也。遷趙州吏目。州建峰廟有青蛇惑人，凡入人家，必有禍。伯衡殺蛇，罪巫者，民以不惑。用太學董倫薦，召問治道，對以聖明之世，紀綱正而法度脩，民皆安業，惟廉恥之道重耳。上大悦，擢陝西參議。以道途遠近，定轉輸之法，民甚便之。後改廣東參議。卒于官。

李希明

李希明，字濬文，東陽人。父唐，從許謙游。潛心經史，爲詩文必以理勝，一時名輩如胡翰、宋濂雅相推重，仕爲本郡儒學教授。所著有《靜學齋尚絅集》。希明夙承庭訓，於問學多所究通，洪武中舉孝廉，入太學，舍選第一，授伴讀，侍太宗於潛邸，從容輔導，甚被禮遇。陞監察御史，進江西左參政。時陳友諒餘黨依險縱掠，朝廷將出師勦之。希明奏乞矜其勢窘不得已，賜行招撫，如不服，加臣沮計之罪，興師未晚。從之。希明榜示，流民爭先來歸，卒以安業。擢刑部侍郎。卒于官。

朱　肇

朱肇，字本初，義烏人。洪武中，領鄉薦，入太學，召對稱旨，授戶科給事中。永樂初，奉命按治江西，黜貪去弊，政若神明。立朝敢言，嘗以論事忤都御史陳瑛，中以他事，當坐死，得白，左遷湖廣宣慰司教授用。知府唐嶽薦陞長沙府同知，政化大行。宣德初罷歸。

何士英

何士英，字子文，東陽人。洪武中舉人材，授知平涼府。以親老乞歸，忤旨，謫廉州判官。臨民廉謹。再乞歸養。永樂初，起知平涼府。比至，編氓相慶，以爲重得慈父母。會主者較郡庾朽數千石，士英方自劾，民爭輸之如數。考滿去，父老遮留載道。安府以詩送行，有"前任只多琴與鶴，此行惟有影和身"之句。御屏紀廉吏十八人，士英居其首。陞兩淮鹽運使。先是，民苦部差督鹽課者，所至苛擾，及歲課孳生馬駒，陪納不及。士英一切奏罷之。遭母喪去。吏部尚書蹇義以其廉能，奏欲奪情。堅辭，終制起復，涖前職，始終一節。致仕歸，卒。《一統志》云：士英知平涼，有廉能幹濟之譽，郡人感其德，久而不忘。

王 應

王應，字思正，浦江人。祖澄，勇於爲義，遺言效法鄭氏合族同居。父仕覺，與諸父士麟、士偉，參定《家則》一卷，勒之於石，不分異者五世。應以薦起，爲廣東布政司左參議。盜發南海，官軍不能討，應率義旅，以蜑船爲聲援，入其巢穴，擒渠魁而殲之，餘黨悉平。丁父憂。復除河南左參議，坐累而卒。

朱仲智

朱仲智，永康人。洪武中以人材舉，授吉安知府。寬厚廉潔，剗革吏弊，禮賢愛民，民甚戴之。被召，改重慶府知府。吉安之人思慕不已，後得藺方繼之，其善政大類仲智。今吉安人稱賢守者，必曰朱、藺。

王世榮

王世榮，金華人。洪武中以人材辟，授東莞知縣。存心愷悌，敷政慈祥。時縣遭草寇，人多流離，上司督粮甚急。世榮設法以徵，不擾而辦，招逃亡，恤無告，力行寬惠，以蘇民隱，縣人至今稱之。編脩劉存業脩《東莞縣志》入名宦，其所稱述者如此。

陳原武

陳原武，字仲毅，東陽人。洪武間由太學生授戶部主事，歷陞保寧府知府。勤政愛民，賦役均平。凡有興作，必察其衣食，病者與藥，雖勞不怨。在任戶口增，詞訟息，遠近稱之。陞福建監運使致仕，卒。

陳 俊

陳俊，字俊民，東陽人。登永樂乙未進士，除監察御史。巡撫南畿，劾贓吏，革宿弊，郡邑肅然。累升應天府尹。以嚴峻繩下吏，有犯贓者，或杖殺之。處同僚，不阿以私。嘗曰："吾不能自立清流，然隨波汨泥，亦不爲也。"後卒于官。

邢　旭

邢旭，字景陽，金華人。父沂，從范祖幹游，以詞翰知名，與邢俛、成潛俱嗜吟咏，互相唱和，號山中三詩友。旭學于家庭，登永樂二年進士，累官河南參議。適歲旱澇，修舉荒政，民賴以安。奏免二程子孫徭役，賜田土。正統初，陞四川布政。革弊去奸，撫養軍民，恩威並著。夷酋王永壽、董敏失和，治兵交攻，朝廷遣師討之。旭身詣其寨，喻以禍福，皆釋甲待罪，請遣子入質，進馬謝恩，師遂不戰。解還，未幾，致仕，卒。蜀人追思惠政，立碑成都三都三公廟祀之。所著有《退省集》。

邵　玘

邵玘，字以先，蘭谿人。登永樂四年進士，擢湖廣道監察御史。忠言直節，上簡聖衷，超拜江西按察使。丁內艱。服除，調福建。宣德中，陞南京右副都御史。時南京諸司緩弛，御史尤貪縱，效尤成風。玘奉敕考察，奏黜不才御史二十餘人，紀綱大振，與北院顧佐齊名，憲臺爲之一清。玘居家有孝行，在官能以威嚴憚吏，遇事善斷，所至正聲赫然。

謝　忱

謝忱，字惟壽，永康人。貢入太學，領應天府鄉薦，登永樂壬辰進士，授監察御史。遇事敢言，不避權貴。凡爲巡按，詰奸禁暴，無所假借，人稱謝閻王。漢府謀不軌，廉得其實，以聞，命勦之，賜反屬男女吳德等四人。因忤尚書蹇義，僅陞四川按察司僉事。歲歉，民多抵法。忱閔之，爲求可生之途。適地方多虎患，示以得虎皮三者免一命。人爭捕之，於是虎患息而民命以全。卒于官。歸葬之日，行李蕭然。

杜瑄

杜瑄，字季璋，東陽人。永樂初，由鄉薦入太學，授兵科給事中，陞廣東按察司僉事。邏卒獲海船，內四十餘人，俱飢困瀕死。議者以爲盜，欲棄于海。瑄持不可，令飲食之，明日俱甦。詢之，乃寧波追賊軍艘遭風飄泊者，遂移文遣之。後陞陝西副使，以疾乞歸。

朱勝

朱勝，字仲高，蘭谿人。其地今割隸湯溪。由舉人授刑部主事，累升郎中，出知武昌府。未幾，調蘇州府。所至多善政，蘇人歌頌十善，流傳中外，奉敕褒嘉，超授江西布政使。卒于官。今祀本府鄉賢祠。

馮傑

馮傑，字孟英，金華人。永樂中貢入太學。時方營建，考選管工，授瀘州判官。佐政廉平，民夷從化。正統中，薦陞監察御史，巡福建，奏減銀課。巡兩淮，奏寬鹽禁。人多懷之。景泰初，廣東盜起，州縣騷動，朝論以傑歷練老成，升授按察使，隨方撫捕，未幾盜平。致仕歸，卒。

盧睿

盧睿，字世昭，東陽人。登永樂辛丑進士，授監察御史。正統間，升右僉都御史，巡撫大同。虜進貢者，歲千餘人，所至日費羊貳百隻，邊民以供給爲艱。睿奏請每歲於邊粮折銀買辦，民甚德焉。鎮守中官郭敬，怙勢玩法，睿每裁抑之，誣奏睿減虜供給。廷辯得直，升右副都御史，總督陝西邊務。尋請致仕，卒。

章聰

章聰，字俊民，金華人。登永樂二年進士。宣德二年，擢監察御史。嘗奉敕撫諭南夷及監軍問罪西戎，規畫得宜，戎夷歸化。正統二年，升廣東按察使，奏徙南丹衛治于賓州，奉議衛治于貴縣，戍卒無烟瘴之患。置巡司于潯、梧、柳、慶要害之地，民免團軍之擾。升本藩右布政使。丁内艱，卒于家。

李　叙

李叙，字秉彝，東陽人。永樂中，由鄉薦入太學，最爲祭酒胡儼所器重。宣德初，試授監察御史。嘗奉命録囚，辨出交阯俘囚凡三千餘人。出巡淮甸，首擒豪右范端操等十餘人置之獄，餘皆屏迹。官吏有貪墨者，一切汰去，雖親戚故舊不少容。按泗洲有老嫗，鬻子以供權貴烙馬。叙會權貴，即出法語以禁止之。中使取珍禽異獸至淮者，叙陳其害民，悉報罷。上問都御史顧佐：諸御史盡職者有幾？佐首以叙對。風裁凛凛，朝野稱之。凡巡按，例皆一歲周交代，叙獨保留淮上三年。及還朝，權貴搆以事下獄，必欲擠之。會八百、車里二蕃讐殺，累遣廷臣招撫，不服。朝議以爲惟叙可，左遷行人，領特旨往諭之。至則曉以禍福逆順，皆聽命，息兵通貢。上喜，復以爲御史，竟爲諸權要所誣搆，謫戍大同。天順改元，赦還復職，遂乞致仕歸，優游林下凡二十年，以高壽終。所著有《困庵集》《南征紀行録》，藏于家。

趙　良

趙良，字時中，永康人。登成化己丑進士，授刑科給事中。骾介敢言。因災異條陳謹天戒、重國本、恤民艱、鎮邊境四事，忤旨，杖于廷，幾斃。歲丙午，左右請立宮媵所生二歲子爲太子，抗疏力諫止之。及孝廟正位東宮，又疏請簡正人爲師傅，以職輔導。滿九年，升本科都給事中。先是重臣王越被劾，衛之，譖于中官汪直，誣以言事不謹，謫四川盧山令。弘治改元，擢江西按察司僉事，升副使，卒于官。

潘璋

潘璋,字粟夫,金華人。由進士任工部主事,監稅荆南,有冰蘗聲。升四川提學僉事。善於作興,士類競勸,凡所品題,後皆顯名。尚書周洪謨謂全蜀之士,仰之若山斗,愛之若父母。尤尊禮儒先,嘗啟蜀惠王改葬宋文憲公,親誌其墓,且録其後一人于學,以主祀事。升陝西副使,仍董學政。未幾,卒。蜀士聞之,相率哭于三公祠下,且舉入名宦祠。所著有《静虚齋稿》。

黄傅

黄傅,字夢弼,蘭谿人。登弘治庚戌進士,除知江陰縣。吏民以其年少,頗易之。傅内精敏,鋒穎不露,南面受署十日而布令。踰月,令大行,獎善禁奸,豪猾皆避罪徙之他鄉。先是,民俗囂囂,持吏長短,吏多罷免,簿書叢委,紛不可治。傅提綱挈領,事事條舉,倉庫錢穀,斷以十年,按圖進考,無私竄自逸者。由是四境肅然,官無負租,野無弊民。性尤崇正黜邪,興學校,禮賢良,去境内淫祠幾盡。升監察御史。尋病卒。

徐沂

徐沂,字希曾,永康人。登弘治進士,授刑科給事中。彈劾不避權勢。時壽寧侯張鶴齡等恃恩冒法,及中官李廣矯命干政,皆抗章論之。改南京工科,奏罷歲取蘇州細密苧蔴、福建改機、陝西紽絨,民稱便焉。升廣東參議,卒于官。歸裝惟圖書而已。

章拯

章拯,字以道,蘭谿人,懋之姪也。受學于懋,以明經潔行聞。登弘治壬戌進士,授工部都水司主事,改刑部廣西司。因忤逆瑾,以斷獄不先白逮問,謫梧州通判。及瑾誅,召爲南京吏部稽勳司主事,再遷兵部車駕司郎中,陞廣東督學副使。振孤寒,抑僥倖,眾論翕然。

分哨督兵勦新會逋寇,加俸一級,升右布政使,轉廣西左使,尋升右副都御史,撫治鄖陽等處。治尚清静,民皆安之。改總理河道。時河決魯橋,有獻議者欲挽河使北漸復禹故道者。拯議以河徙而南久矣,我朝初,自陽武而注于壽次,決滎陽;通渦,又決蘭陽、儀封,以至于宿,皆其支別之遺迹可考者也。自正德中,決楊家口。當時惟利通舟,不暇他顧,由是支別皆絶,經流衍出單、徐,猥灌汶、泗。當潦水方至,民用昏墊。及其勢落,反壤填淤,以故勞費無已。爲今之計,當迹前績,而度時宜,增卑倍薄,塞潰疏壅,分殺其怒,民寬蕩析,漕紓稽阻,斯爲實幹。若庸弗詢之謀,而希高世之舉,羞出漢人之下策,欲求夏禹之全功,工役一興,必至疲民誤國,所不敢爲也。昔人謂治河者不與水爭地,今所以爭尺寸之利者,直爲漕渠故也。然其流湍悍多泥,故善淤易徙,雖神禹復作,不能使九河復其故矣。涖事之明年,山東大水,助河爲虐。議者因而譸張之,廷議別遣重臣按視商度。得旨,即升拯工部侍郎兼副都御史,仍治其事。乃請浚孫家渡,分殺河勢。甫興工而夏潦驟溢,未及底績,言者論之不已。改督視顯陵工程,以盛應期代之。別議開昭陽湖新河,役丁夫十萬衆,費銀五十萬兩,功竟不就。再以潘希曾代之,乞用拯議,而河以無患。顯陵之役,始估用銀十七萬兩,拯請就陶於安陸,伐石於唐子,以近減費,僅用銀十萬兩畢事,而以其羨歸諸内帑。還朝,升尚書理部事給事。夏言建請分祭四郊,拯偕僚屬上議,乞如舊制合享,而以民困財乏爲言,因此忤旨,適饒州。進祭器不如式,責不先言,罷官歸。顯陵同事内臣銜其減費不爲己利,又以寢殿琉璃滲漏中之,鐫秩閑住。既歸,足迹不及於城府,簡牘不及於京師,優游林下凡一十八年,乃卒。其歸時年僅五十有二而已。

潘希曾

潘希曾,字仲魯,金華人,璋之子也。七歲能詩文,登弘治壬戌進士,選翰林庶吉士,授兵科給事。故太監汪直義男汪鈺乞升錦衣衛鎮撫,帶俸守塋。希曾首抗疏論之,謂世祿以及子孫,鬼神不歆非類。内臣本無後,而強求世祿之恩;義男本異姓,而欲冒他鬼之蔭。疏入,中官皆切齒。既又上疏,勸上隆大孝,勤聖學,節游樂,遠佞倖。大忤逆瑾意,乃差往湖、貴二省計處邊儲。時差者還,例賂瑾以免禍,有司致千金爲備,希曾却之。既還,瑾怒賂不入,矯詔杖之闕下,除名爲民。瑾誅乃復官,升刑科右給事中,持節假一品服往使安南,道轉禮科左給事中,還,升工科都給事中。内官監奏請脩太素殿天鵝房,諸費累鉅萬。抗疏爭之,不報。升南京太僕寺少卿,進本寺卿。奏易買馬爲折色,以寬滁、和民困,而價尤易完。遷南京太常寺卿,改提督四夷館,進都察院右副都御史,提督南贛、汀、漳等處軍務。惠州黠賊賴貴聚衆肆虐,進兵勦之,空其巢。浰頭餘賊曾蛇仔七巢並興,流毒江廣。發諸路兵夾攻,賊窮,襲通判董鳴鳳以要撫。希曾督戰益力,賊衆大敗,而通判卒獲全。召入爲工部右侍郎。會河溢沛縣,漕渠淤塞。或議開昭陽湖新河,費且數十萬,死者數千人,而工不克就。命希曾兼憲職,往代之。希曾議,以沛漕之淤塞,由黄河之旁衝;黄河之旁衝,由上流之未疏。今宜疏支河以殺其勢,築長堤以防其衝,然後鑿通沛漕,自無復淤之患。於是停橐派人夫十數萬,僅用河夫二萬餘,不期年而功成。既而河溢境山西,徙三百步,亂石絶流,流下射高數仞,雖虚舟不得上,有冒險而下者,十覆三四。希曾乃命穿故河,廣十步,以通水,稍截徙河逼之東,仍於徙河兩崖下埽以漸相屬。埽漸逼,河流激盪,因決入故河,奔放衝滌,一夕河廣一倍,二三日盡復其舊。人皆詫曰:"今人未見禹之行水,第不知與公何如耳。"論功,升俸一級,召入,改兵部右侍郎。卒于官,贈兵部尚書。所著有《竹澗文集》若干卷。子徽,嘉靖己丑進士,累官至江西參政。用《墓志》脩。

徐 讚

徐讚,字朝儀,永康人。登弘治乙丑進士,授知棗强縣。劇賊劉六等流刧郡邑,所過屠掠一空。讚繕兵城守,先自爲備。賊聞,獨不敢犯棗強。界民飢,捐俸募粟,作糜食之,富人義激,爭先效廩,所全活以萬計。升山西道監察御史,理釐長蘆,兼巡河道。逆瑾遺黨楊虎等流刧開濟間熾甚,讚以計擒之,械送京師。巡按江西,勦湖寇徐九齡等數百人。論功,升俸一級。時宸濠久蓄異志,潛結羣寇以自樹,此舉實剪其羽翼也。又累疏,請寬逋負,罷征役,釋冤平獄,風采翼然。升知蘇州府。抑奢麗,剔蠹弊,課才惠民,百務叢舉。宸濠之變,治兵給餉,遣戰艦出江,爲上流聲援,濠遂挫於安慶,不能直窺南都者,讚實與有力焉。大駕南巡,讚慮吏胥傍緣爲民擾,乃戒所部飭儲峙而不從公歛。既而駕至鎮江旋斾,蘇民宴然若無事。加升河南右參政,仍掌府事,佐巡撫都御史李充嗣開白茅港以洩太湖之浸,授任責成,具有方略,役鉅費省,而工速就,爲蘇、松、常及嘉、湖諸府久遠之利。在蘇凡七年,其政大要以愛民爲本。後蘇人舉祀名宦,其稱之者曰"寬厚有三代長者之風,循良得兩漢牧民之體",僉以爲實錄。授江西左參政,升貴州按察使,尋改湖廣,又調雲南。土舍安銓叛,讚造小旗千餘,書"同心協力,各保身家"八字,令聚執聽撫,以陰誘其脅從之黨,賊勢遂衰。及土舍鳳朝文繼叛,與安銓連兵,進窺省城,上下震悚。讚挺身登陣,諭以朝廷威德,問其來故。衆皆伏地,曰:"不敢有他,但欲平爭襲耳。"讚權許之,令退舍俟命,即走使各哨,亟集諸軍合擊,俘獲以數千計。升本省右布政使,尋轉左使。以母夫人程年登八十,疏乞終養以歸。在家得命,陞都察院右副都御史,撫治鄖陽等處,改撫河南。值歲飢盜起,條陳救荒三事:曰寬賦歛以安人心,廣賑恤以救民命,嚴備禦以懾強梁。又條陳便宜四事:曰處歲派以資歲用,均地粮以蘇民困,移水次以便兌運,處馬政以節民力。事皆施行。升工部右侍郎。丁母憂歸,以哀毀屬疾。讚賦性寬和,雅量汪涵,若千頃波,雖至親密者終身未嘗見其怒容。或謂比之劉寬、婁師德,未知其孰優劣云。

李　滄

　　李滄，字一清，永康人。登正德戊辰進士，授南京工部營繕司主事。嘗差督甓儀真及司龍江關抽分，廉慎有爲，人不敢以私干，雖中官同事者亦嚴憚之。公暇輒與崑山魏校永、豐夏、尚朴，讓學窮理，以求檢身之方，一切世味泊如也。卒于官，貨馬賃屋，乃克歛。鄉人高其風操，率私錢爲樹坊以表之，楓山章先生題其額曰"清脩吉士"云。

金華先民傳卷七

文學傳 凡九十人

劉　峻	鄭　灼	婁幼瑜	龔孟舒	駱賓王
徐安貞	馮　定	舒元輿	劉昭禹	徐無黨
于　房	朱　臨	杜汝霖	錢　逷	曹　冠
范端臣	鞏　豐	喻良能	何　恪	陳　炳
馬壬仲	傅　芷	邵　囷	徐　畸	倪千里
倪　朴	戚如琥	徐次鐸	徐　木	趙彥秬
潘　塀	夏明誠	章如愚	應　鏞	楊忱中
龔應之	陳大猷	王世傑	鄭宗强	王　邁
石一鰲	王炎澤	劉應龜	葉謹翁	黃景昌
胡　助	傅　野	陳堯道	戚崇僧	呂　溥
于　石	陳　璪	唐懷德	鄭　濤	吳景奎
戴　良	張孟兼	朱　廉	蘇伯衡	吳　沈
李　曄	金　信	楊　芾	汪仲壽	傅　藻
呂　燧	貝　泰	杜　桓	鄭棠楷、栢	王紳称
王　汶	方太古	董　遵	應　典	

　　文之爲用，其大矣哉！帝王用之以鋪張禮樂，潤澤至治；聖賢用之以講明道德，闡揚經訓；官寺用之以宣道禁令，陶冶風俗；鄉黨用之以敷暢恩義，惇叙彝倫；山林用之以攄發情志，涵養性靈。舍文則無

致是也。然而文之爲道，蓋亦難矣。必胸中有藏萬卷之富，然後可以立其基本；必眼底有高千古之識，然後可以審其歸趣；必筆鋒有奪三軍之勇，然後可以昌其氣韻。舍是亦無以爲文也。然則君子苟有能與於斯文者，不亦甚可珍尚也哉！吾鄉山川清淑，秀於浙東，肆文學之士生其間者，亦與之稱，蓋彬彬乎其盛矣！揭其大者，別見名儒。外録自劉峻而下，總得如千人，校其著述，殆不啻數千百卷，惜乎散逸，存者寡矣！嗚呼！夜光之珠，龍文之劍，縱或投之深淵，埋之厚地，其氣熖騰達，終當上徹霄漢，以發其祥，要不可得而泯滅也。姑併著其篇目，用俟訪求云。

劉　峻

梁：劉峻，字孝標。其先平原人，棄官，隱居金華紫薇巖，吳越之士多從之遊。嘗撰《類苑》一百二十卷，時推贍博。又注《世説新語》，援證詳確，所援晉事一百六十家，皆出正史之外，紀載特備。及卒，門人私諡曰玄靖先生。今清脩寺即其故宅。所著《山棲志》，文極典美，吳禮部《後敬鄉録》首載之，今傳于世云。

鄭　灼

鄭灼，字茂昭，東陽人。敏而好學，師事皇甫侃，受三《禮》。家貧，手鈔義疏，夜以繼日，每筆毫盡，則削而用之，其刻志如此。梁簡文在東宮，雅好經術，引爲西曹義學士。後仕陳，終朝散大夫。

婁幼瑜

婁幼瑜，字季玉，義烏人。聚徒教授，不應徵辟。臨川王映最所賞異。所著有《禮捃拾》三十卷，《禮記集遺》一卷，文集六十六卷。

龔孟舒

龔孟舒，金華人。通《毛詩》，善談名理。仕梁爲潯陽郡丞。元帝在江州,躬師事焉,禮之甚寵。陳天嘉中,官至太中大夫。

駱賓王

唐:駱賓王,義烏人。七歲能賦詩,其文名與王勃、楊炯、盧照鄰相亞,天下稱爲四傑。初爲道王府屬,歷武功主簿。裴行儉爲洮州總管,表掌書奏,不應,調長安主簿。武后時,數上疏,下除臨海丞。鞅鞅不得志,棄官去。及徐敬業起兵匡復,盧陵王署賓王爲府屬,傳檄斥武后罪。后讀至"一抔之土未乾,六尺之孤何在",矍然曰:"誰爲之?"或以賓王對。后曰:"宰相安得失此人!"敬業敗,賓王亡命,不知所之。後宋之問遇諸靈隱寺,蓋已祝髮爲浮屠云。中宗時,詔求其文,得數百篇,命郗雲卿序之。

徐安貞

徐安貞,本名楚璧,字子珍,蘭谿人。今其地割隸湯溪。嘗讀書於九峰巖,以文學知名。神龍二年第進士,又舉制科第一,以武陟尉選入殿刊正,補麗正學士,累遷起居舍人,賜名安貞。又遷中書舍人,進檢校、工部侍郎,卒贈尚書。巖陰有石洞,相傳爲安貞讀書處。

馮 定

馮定,字介夫,東陽人。宿之弟也。其文學與宿齊名,人以方漢二馮。于頔素善之。頔在襄陽,定徒步上謁,吏不肯白,乃亟去。頔聞,斥吏遺錢五十萬及諸境。定反其遺,以書讓頔不下士,頔大慙。第進士異等,辟浙西薛華府,以鄠尉爲集賢校理,始定居喪,毀甚,故數移疾。大學士因其簡怠,奪職。三遷祠部員外郎,出爲郢州刺史。坐遊宴不節免。起爲國子司業,再遷太常少卿。會有詔以《霓裳羽衣》合《雲韶》肆于庭,定部諸樂工立懸間,端凝若植。文宗異之,問學士李珏。珏以定對。帝喜曰:"豈非能古章句者耶!"親誦定《送客西江》詩，召升殿，賜禁中瑞錦，詔悉所著以上，遷諫議大夫。是時甘露難作，中外惴恐。及改元，天子御前殿，仇士良請以神策伏衛殿門，定力爭罷之。改太子詹事。鄭覃兼太子太師，上日欲會尚書省，定據禮奏，當集詹事府。詔可。論者多其正。換衛尉卿，以左散騎常侍致仕。卒，贈工部尚書。謚曰節。初，源寂使新羅，其國人傳定《黑水碑畫鶴記》；韋休符使西番，所館寫定《商山記》於屏。其文名傳播戎夷如此。

舒元輿

　　舒元輿，東陽人。始學即警悟。客江夏，節度使郗仕美異其秀特而文，數爲延譽。元和中舉進士，見有司鉤校苛切，既試尚書，雖水、炭、脂、炬、飡具皆人自將，吏一一唱名乃得入，列棘圍，席坐廡下。因上書言："古貢士未有輕于此者。且宰相、公卿由此出，非賢不在選，而有司以隸人待之，誠非所以下賢意也。羅棘遮截，疑其爲奸，又非所以求忠直也。詩賦微藝，斷離經傳，非所以觀人文化成也。臣恐賢者避辱自引去，徒得不肖者爲陛下用。今貢珠貝金玉，有司承以篚筥皮幣。何輕賢重金玉耶！"又言："取士不宜限數。有司多者三十，少止二十。假令歲有百元凱，而曰吾格取二十，謂求賢可乎？歲有才德纔數人，而曰必二十，謬進者乃過半，謂合格令可乎？"俄擢高第，調鄠尉，裴度表掌興元書記。文檄豪健，一時推許。拜監察御史，按劾深害無所縱。再遷刑部員外郎。元輿自負才有過人者，銳於進取，太和五年，獻文闕下，不得報，上書自言："馬周、張嘉貞，代人作奏，起逆旅，卒爲名臣。今臣備官于朝，自陳文章，凡五晦朔，不一報，自謂才不後周、嘉貞，而無因入，又不露所長，是終無振發時也。漢主父偃、徐樂、嚴安以布衣上書，朝奏暮召。而臣所上八萬言，其文鍛鍊精粹，出入古今數千百年，披剔剖抉，有可以輔教化者，未始遺拔犀之角、擢象之齒，豈主父等可比哉！盛時難逢，竊自愛惜。"文宗得書，高其自激昂，出示宰相。李宗閔以爲浮誕不可用，改著作郎，分司東都。時李訓居喪,尤與元輿善。及訓用事,固言輔政,擢權御史中丞。會帝錄囚,元輿奏辨明審,不三月即真,兼刑部侍郎。因附鄭注,月中遂以本官同平章事,頗知加禮舊臣,如裴度、令狐楚、鄭覃,悉召自閑散,處以高秩。與訓、注謀誅宦官,不克,竟罹甘露之難。元輿嘗爲《牡丹賦》,時稱其工。後帝觀牡丹,凭欄誦賦,爲之泣下。弟元褒、元肱、元迴,皆第進士。元褒又擢賢良方正,終司封員外郎。

劉昭禹

南唐:劉昭禹,字休明,金華人。刻苦工詩,有云"句向夜深得,心從天外歸。"嘗謂五言律詩,當字字揀汰,如四十個君子,雜一個屠沽不得。仕湖南,爲天策府學士。入南唐,爲嚴州刺史。有詩集一卷,凡三百篇。

徐無黨

宋:徐無黨,永康人。從歐陽脩學古文詞。脩嘗稱其文日進,如水湧而山出。又云:其馳騁之際,非常人筆力可到。嘗注《五代史》,妙得良史筆意。皇祐中,以南省第一人登進士第,仕止郡教授,惜弗究厥施云。

于　房

于房,浦江人。父暠,有學行,尤長於文詞,會五季之亂,抗志不仕,以布衣終。房爲文有父風,而精簡過之。遠邇學徒咸從之游。其與學者論文,有曰"陽開陰合,俯仰變化,出有入無,其妙若神",人以爲名言。中嘉祐四年進士,官至尚書屯田員外郎,通判應天府南京留守司。兄立、璧,皆舉進士。弟清穆,去爲浮屠,亦以能文鳴。諸子世封、正封,亦舉進士。世封能暗記六經三史,正封尤以博洽自負。每兄弟論辨,旁引曲證,各歷誦全文,一字不遺,時號雙璧。初世封善爲文,頃刻數千言,縱橫通變,無不如意,自謂所向無敵。及同正封見歐陽脩,脩不然之。世封慚,脩因授以爲文之法,於是其學日進。世封著《易、書、詩傳》四十卷。正封著《春秋三傳是非說》二十卷。正封善正書,酷類顔真卿,世多傳之。宋濂嘗言過左溪山,見正封所書碑,字勢雄拔,如蛟螭虎豹盤拏後先,慨然想見其爲人。登高遥望,精神飛動。有方蒙者學于世封,輯其家三世能文者七人,號《七星集》云。

朱　臨

朱臨,浦江人。少穎悟,從胡瑗授《春秋》。瑗嘗著《春秋辨要》,惟臨得之爲精。晚年好唐陸淳學,淳之師啖助、趙匡嘗會三傳而取舍之,淳總其說爲《纂例辨疑》二書。臨謂孔子没千有餘年,説《春秋》者皆膠於偏見,無有出淳書之右者。雖董仲舒爲兩漢通儒第一,然猶拘於《穀梁》,不克別白,餘可知也。其所學蓋卓有定見如此。初以吕公著薦入官,歷宣德郎,守光禄寺丞,以著作郎致仕。所著《春秋説》二百餘篇,詩文又別有集,藏于家。

杜汝霖

杜汝霖,字仁翁,蘭谿人。嘗學于安定胡先生,甚爲李公擇所稱,其孫陵傳其家學。生五子:旟字伯高,斿字仲高,斿字叔高,旐字季高,旜字幼高,皆博學善屬文,人稱爲金華五高。伯高登東萊吕成公之門,淳熙、開熙間兩以制科薦。所著有《橋齋集》。仲高嘗占湖漕舉首,與吴獵、楊長孺友善。所著有《杜詩發微》《癖齋集》。叔高嘗問道於朱子,與辛幼安諸人游,端平初,以布衣召入館閣校讎。幼高所著有《碎裘集》。陳同甫《與仲高書》云:"惠示高文麗句,見所謂'半落半開花有恨,一晴一雨春無力',令人眼動。及讀'別纜解時燕度緊,離觴盡處花飛急',然後知晏叔原之'落花人獨立,微雨燕雙飛'不得長擅美也。""伯高之賦,如奔風逸足,而鳴以和鸞,俯仰於節奏之間。叔高之詩，如干戈森立，有吞虎食牛之氣，而左右發春妍以輝映於其間，此非獨一門之盛，真可謂一時之豪矣。"葉正則贈幼高詩云："杜氏五兄弟，詞林俱上頭。規模古樂府，接續後春秋。"其爲名流推重如此。伯高子去僞，仲高子去輕，叔高子去非，幼高子去華，及去僞子濬之，亦皆以文學名。當宋季士競爲舉子習，而杜氏一門咸尚古學，自汝霖至濬之六世，雖仕不顯，而文彩聲華，聯襲不墜，時罕有及之者。濬之又別見隱逸傳。用《龍川文集》及縣志修。

錢 遹

錢遹，字德循，浦江人。自少强敏，記問過人。登熙寧九年進士，調洪州推官。守將王韶由樞府出，威重異常，僚屬不敢仰視。會有疑獄，遹正色爭辯，至怒罵，不少奪，後卒如遹議。歷遷通判越州。吏挾守爲奸，留難訟者常數百人。遹攝府事，纔二日，獄爲一空。建中靖國初，擢殿中侍御史，出提舉湖北常平。興利除害，發奸摘伏，風采凛然，人畏之如神明。崇寧初，復執法殿中，遷侍御史，進中丞。會籍元祐黨人，遹以爲多漏落，爲給事中劉逵所駁，左轉户部侍郎，遷工部尚書，兼侍讀。爲言者所論，出知滁州，歷宣州、秀州、越州，浮沉外郡久之。大觀初，復故職，以疾致仕。起爲寶謨閣直學士，改述古殿，皆奉祠。遹家居十餘年，無益之事不爲，脩築三大湖，以利鄉民，民德之。宣和二年，方臘陷婺城，遹避兵蘭谿靈泉寺，爲盜所害。事聞，贈太中大夫。遹無所不學，晚尤深於曆書，爲文章明白簡切，自成一家言。所著有文集八十卷。用《宋史》修。

曹 冠

曹冠，字宗臣，東陽人。博聞强記，書一覽輒不忘，以文詞知名于時。登紹興甲戌進士第二人，擢太常博士，兼檢正諸房公事。初入太學，秦檜嘗俾諸孫師事之。及檜殁，坐累罷秩。後起知郴州，轉朝散大夫,卒。所著有《經進雜論》、《萬言書》、《恢復秘略》、《時政捄弊》、《裕民政要》、《補正忠言》、《帝範十贊》及《雙溪集》二十卷。盧陵楊萬里見其《雙溪集》,贈以詩云:"莫將沈謝鴻雁行,便與猗那薦清廟。"其爲名流推服如此。

范端臣

范端臣,字元卿,蘭谿人,賢良浚之從子也。受學于浚。紹興中登進士,累官至中書舍人。雖入官,未嘗廢學,文詞典雅,尤工于詩,有集三卷,出入諸家,卓然名世。至於篆楷草隷,亦造其妙,學者稱爲蒙齋先生。

鞏豐

鞏豐,字仲至。祖庭芝,家鄆之濮城,學于劉安世,人稱爲山堂先生,弟子受業者蓋數百人。從渡江,即所寓土斷,著籍武義。豐學敏而蚤成,自童卯時,前輩源緒、古今音節、事之因革總統,固已多所該習,宿艾駭服,以爲積數十年燈火勤力、聚數十家師友講明,猶不能到。淳熙中,以太學上舍生擢進士第,除教授漢陽軍,調福州帥幕。復從朱熹講明義理之學,聲實甚著。累官知臨安縣,改提轄左藏庫,奉祠,卒。所著有《東平集》二十七卷。文無險怪華巧,而以理屈人,片詞半簡,皆清朗得言外趣。尤工爲詩,多至千餘首。

喻良能

喻良能,字叔奇,義烏人。與兄良倚伯壽,弟良弼季直,皆有文名,而良能尤傑出,爲當時所推。登紹興辛丑進士,初授廣德尉,三獲强盜,應賞格,辭不受。調鄱陽丞,遷國子監主簿,述《忠義傳》,起戰國王蠋,止五代長孫晟,通一百九十人,乞頒之武學,授之將帥。孝宗嘉嘆,顧侍臣曰:"喻良能質實平正。"御書其名屏間。丁内艱,服除,以國子博士召，兼工部郎官，除太常丞。請外，知處州。尋奉祠，以朝請大夫致仕。鄉人慕其名，立石表其地，曰郎官里。所著有《諸經講義》五卷、《香山集》二十四卷、《家帚編》十五卷、《忠義傳》二十卷。良倚與良能同登進士，卒官臨海丞。所著有《唐論》四卷、詩文十卷。良弼由太學生特科補新喻尉，所著有《杉堂集》十卷、樂府五卷。陳亮嘗稱喻叔奇爲文精深簡雅，讀之愈久，而意若新。喻季直蔚茂馳騁，蓋將包羅衆體，而一字不苟，讀之亹亹而無厭云。

何恪

何恪，字茂恭，義烏人。性好古，藏書至萬卷，博覽而工於文。陳亮嘗稱其奇壯精緻，反覆開闔，而卒能自闡其意。登紹興三十年進士，初主永新簿，再調徽州録事參軍。未赴，詣闕上萬言書及恢復十二策，與朝論不合，歸治田園，築亭奉母爲樂。所著有《南湖集》二十卷。

陳炳

陳炳，字德先，義烏人。好古文，務爲奇語。陳亮嘗稱其清新勁麗，與喻良能、良弼、何恪同號烏傷四君子云。乾道二年，登進士第，爲太平縣主簿。所注有《易解》五卷、《進卷》五卷、《巖堂雜藁》二十卷。

馬壬仲

馬壬仲，字次辛，本建陽人。從遊朱子之門，擢紹熙元年進士乙科，寓居東陽，遂爲縣人。歷仕州縣，以廉能著稱。嘗知古鄞，撫循兵民，捍禦邊寇，郡賴以安。尋請祠歸。壬仲議論典刑，詩章嫻雅。所著有《得齋集》。

傅芷

傅芷，字升可，義烏人。六經俱通，尤精于史學。從游之士，户屨嘗滿。登淳熙五年進士，授仙居尉。未上而卒。所著有《講義》及《南園雜藁》二十卷。

邵 囷

邵囷，字萬宗，蘭谿人。登淳熙八年進士第，授柳州教授，改潭州。朱子時爲湖南帥，薦其學行，有"文學自將，誨誘不倦"之語。晚歲以楚州倅奉祠家居，名其堂曰"今是"。所著有《禮記解讀》、《易管見》、《今是堂遺藁》，總若干卷。

徐 畸

徐畸，字南夫，蘭谿人。自幼穎敏，力學好修。嘗學《易》于漢上朱先生震，得其旨要，兼明《春秋》、《戴記》，皆造其微。嘗言"人出而仕，必行道濟時，求不負其君。處而隱，必立身行善，求不負其先。否則碌碌耳。"其居家孝友，處朋友鄉黨，正直不阿，爲文雅贍有法。隱居教授，學者稱爲天民。乾道間，詔求賢良，旨意諄切，務在得人。有司以畸應詔，力辭不就。或有勸之仕者，答曰："以經淑人，得之而仕，是亦仕也。"其所著有《周禮發微》三卷、《禮記心法》二十卷、文集若干卷。

倪千里

倪千里，字起萬，東陽人。七歲能默誦九經。登淳熙十四年進士。又以《春秋》試中教官，文墨論議，藉甚一時，多士從游，戶屨常滿。擢監察御史。公饋不入門，私書不出國，退食蕭然如山居。遷右正言。以論事忤大臣，改除起居舍人兼實錄院檢討、國史院編修官。卒，贈右文殿修撰，階朝奉大夫。

倪 朴

倪朴，字文卿，浦江人。豪俊不羈，喜舞劍談兵，恥爲無用之學。

紹興中聞金主亮將謀南侵，草書數千言，欲獻之闕下，謂敵可以必滅者有五，不可以不滅者其說亦有五，而滅敵之策有三，其事勢相關不可緩者有七。三策謂：兵法先發制人，後發制於人。今敵雖有意犯我，而事未舉則謀未定，而屯戍未備，宜先令諸將出其不意，水陸並進，襲其屯戍，奪其要害，使中原之民知所向慕。然後車駕進駐江表，以壯諸將聲援之勢，以慰中原歸附之心。則黃河以南可傳檄而定，所謂疾雷不及掩耳者也。若大軍已舉，警備已嚴，當令江淮之師堂堂之衆，出壽春、盱眙、漣水以迎其前，然後一軍出荆、襄，一軍入陳、蔡，繞出賊後，以潰河、洛；一軍出隴、蜀，入散關，據關、陝，以震兩河。關、洛震動，則賊勢必分，而我事專，何有不濟？若其鋒未可當，宜歛江淮之兵，列江而守，虛兩淮之地以待之。敵所恃者騎耳，舟楫之間，非其所長。彼兵深入吾境，臨江不敢輒渡。吾深溝高壘，據江不與之戰，延日持久，彼糧運不繼，則士心危，其衆不自亂必且自潰，此不戰而屈人兵之策也。已而亮弒兵潰，略如其言。且以用兵者必先審知地勢，而後可以制勝，乃遍考羣書，以當時州縣爲準，由漢以來其間郡縣離合廢置、變名易實不可按辨者，皆會而歸之於一。凡古今帝王之所都，禹貢山川之所經，春秋列國之所在，與夫古今關防津要、戰守會盟之地故基遺迹，搜括無遺。其有乖謬，爲之援據引證，以相參考，名曰《輿地會元志》，凡四十卷。又推古今華夷内外境土徼塞之遠近，繪爲一圖，縱廣各丈餘，張之屋壁，手指心計，何地可戰，何城可守，常思一效其能，而時無知者，獨永康陳亮敬焉。晚知不用，痛念國家禦侮用兵之失，復著《鑑轍錄》五卷。爲人亢直，不能委曲，里人樓益恭乘其與縣宰有隙，遂以豪俠中之，徙家筠州。會赦東歸，卒。謝翱嘗取其所著書選爲一編，號曰《石陵倪氏雜著》。吳萊爲之序，稱其學博而有用云。

戚如琥

戚如琥，字少伯，金華人。自幼能力學，長游呂東萊之門，其學務以脩身齊家而見諸實用，不爲空言，東萊每嘆異之。紹熙元年，登進士丙科，授郴州教授，學校聿興。遷國子博士。時相欲用爲諫官，諷使贊啟，確然不屑，乞外，出知台州，尋改袁州，政績大著。及卒，門人私諡曰貞白先生。今祀本府鄉賢祠。

徐次鐸

徐次鐸，字文伯，一字仲友，東陽人。登紹熙元年進士，又試弘詞科，爲山陰尉。著《復鑑湖議》，人以爲確論。爲樞屬，以西府典故散在方册，自建炎以來攻守之具，編纂成書，名曰《中興兵房事類》。止三衢倅。嘗倣《周禮》作《漢官》，又作《唐書傳注補注音訓》，總二百卷，自號《徐氏唐書》。又以《唐書》糾謬訛舛，作《釋糾辨謬》十卷。

徐　木

徐木，字子才，永康人。與陳亮爲友，盛有文名。又因亮交于朱晦翁，講學求道。亮嘗與晦翁書云：“徐子才不獨有可用之才，而爲學之意亦甚篤。”晦翁嘗過其家，爲書《家人》卦辭于廳事之壁。登乾道丙戌進士，仕至寺丞。輕財尚義，朋友有喪不能舉者，輒助舉焉。陳亮又云：“陳聖嘉之與人交，應仲實之自處，徐子才之特立，皆吾所願學也。”晦翁所書卦辭板壁，其家今尚寶存。

趙彥秬

趙彥秬，字周錫，東陽人。師事呂祖謙，精《左氏春秋》。初以右科入仕。著《春秋左傳發微》一百篇以進，上嘉之，特循一資，旋借和州觀察使、金吾衛上將軍充接伴副使。事訖，撰《虜使問答》一編上之，特轉一官。紹熙元年，登進士甲科，換宣義郎，累遷眉州通判以卒。彥秬好學有文，著述不倦，有古律詩長短句等作凡數百篇，名《西征類稿》，藏於家。子淯夫，亦工於詩，氣韵清逸，落筆人爭傳之。

潘墀

潘墀,字經之,金華人,號介巖。仕至秘書監脩撰。嘗因蜀人所編《朱子語類》,取其中《論語》一門,補其未備,爲《論語語類》行于世。

夏明誠

夏明誠,字敬仲,金華人。其學本自呂東萊,而自負甚高。登慶元丙辰進士第三人,一爲安慶節推,遂致其仕。嘗作《八詠樓賦序》,直斥沈約爲是樓之辱。柳貫稱其理明文莊,詞全韵勝,必如是而後可以爲文。信鉅作傑製在天地間,如福物異瑞,要不可多見,而屢得之也。其文今見吳禮部《敬鄉錄》。

章如愚

章如愚,字俊卿,金華人。自幼穎悟,負才尚氣。慶元中登進士第,累官國子博士。未幾,改知貴州。開禧初,被召,上疏極諫時政。因忤韓侂胄,罷秩歸,結草堂山中,與士子講學。遠近咸師尊之,稱曰山堂先生。所著有《羣書考索》六十六卷,文集若干卷。今祀本府鄉賢祠。

應鏞

應鏞,字子和,蘭谿人。登慶元五年進士,中博學宏詞科,官至太常寺主簿,出知開州。所著有《書約義》及《禮記纂要》。衛湜《禮記集解》中所引應氏、邵氏,即鏞與邵囦也。

楊忱中

楊忱中,字德夫。登嘉定元年進士,仕至國子監丞、階朝請大夫,出知蘄州。嘗著《易原》三卷,其言欲觀八卦生而爲六十四卦,請玩先天圖;欲觀八卦重而爲六十四卦,則《繫詞》《説卦》之所言亦不可以無攷。康節之極數知來,妙在於加一倍法,而重卦之本指,則恐不專在是,自爲一義可也。其不苟同如此。孫焯、炳、煥,俱以文名于時。

龔應之

龔應之,字處善,義烏人。受業徐僑之門。登嘉定癸未進士。久淹下僚。理宗語從臣曰:"朕舊讀龔應之書,義此人。今安在?"臺諫即漏舍傳上旨,於是驟加升擢,歷踐清要,遷右史,以中大夫直寶謨閣致仕。

陳大猷

陳大猷,東陽人。登紹定二年進士,由從仕郎、兩浙都運司準備差遣除六部架閣而卒。著《書集傳》,用朱子釋經法,倣呂東萊《讀詩記》,采輯羣言,附以己意。宋季其説盛行。經傳中曰東齋陳氏,即大猷也,世稱爲東齋先生。今祀本府鄉賢祠。

王世傑

王世傑,字唐卿,義烏人。其上世爲獄吏,有陰德。世傑受業徐僑之門,與康植、朱元龍、龔應之,皆號稱高弟。由太學生登端平乙未進士,需次長洲尉。葛洪請主義塾,來學之士多爲聞人。及宰新昌,從游益衆。有唐震者,以死節著名。世傑累官秘書丞,差知安吉州。尋請祠歸,以高壽終。

鄭宗强

鄭宗强,字南夫,金華人。自縮齔知好學,既長,游于東萊之門,講貫理道,篤志根源。蔡久軒稱其學業精深,履行純篤。累官朝請郎、建康崇道宮使。以朝請大夫致仕,卒。所著有《坦溪集》,行于世。

王 邁

王邁,字正叔,義烏人。學通諸經,尤長於詩。登第後,需次弋陽尉。諸生爲結廬龍門山，奉而學焉。淳祐四年，郡守趙汝騰察其明經篤行，與何基並薦于朝。基召除崇政殿説書，而邁以有官不召，尋病卒。

石一鰲

石一鰲，字普卿，義烏人。宋景定甲子鄉貢進士。少從王世傑游，得徐僑之端緒，蘊奥學茂而聲遠。從學者數百人，多取高第。晚年覃思於《易》，著《互言總論》十卷。子定善，事繼母以孝稱。

王炎澤

王炎澤，字威仲，義烏人。其外祖葉由庚爲徐僑門人，傳考亭之學，炎澤從之游處，開發爲多。初治舉子業，會宋亡，科廢，遂專意探索聖賢微旨，而所得益深遠。用部使者薦，起爲東陽、常山兩縣教諭，遷石陝書院山長，所至以善教稱。已而棄官歸隱，卒。學者稱爲南稜先生。炎澤氣貌充偉，而襟度疎暢，待人一本於誠，言論磊落，無所隱蔽，莫不敬服。爲諸生講説，務推明其大義，不事支離穿鑿。文簡質而主於理，詩極渾厚，而間出奇語，不以雕刻爲工。所著有《南稜類藁》二十卷。

劉應龜

劉應龜，字元益，義烏人。磊落多大志。宋咸淳間遊太學，馬丞高其材，欲妻以女，不可，由是名稱籍甚。當以優升解褐，會德祐失國，遂退歸隱於南山之南，賣藥以自晦。人勸之仕，輒不應。居久之，使者行部知其賢，强起主教鄉邑，調月泉書院山長，轉杭州學正，卒。應龜學本經濟，而以易簡爲宗，讀書務識其義趣，未嘗牽引破碎以給浮説。其爲文雄肆俊拔，飈飛水駛，一出於己，無少貶以追世好。詩悲壯激烈，有以發其邁往不羣之氣。所著有《夢藁痴稿》《聽雨留稿》。門人黃溍重加詮次，總爲《山南先生集》若干卷。

葉謹翁

元：葉謹翁，字審言，金華人。曾祖大冶主簿邦，受業呂祖謙。父霖，克承家學。謹翁性明達，於書無不讀。由家傳之端緒，沂儒先之源委，卓然自立。諸儒宿如許謙、柳貫、張樞皆樂與爲友，而於黃溍交尤密。舉校官，授浦江、義烏二縣教諭，遷衢之明正書院山長，再調晉江縣主簿。爲同官所搆，改婺州司獄，請老，授瑞安州同知，致仕，卒。謹翁事親孝，念母老，不可一日去左右，所至必侍奉以行。仲弟無依，贍之終身。治家有法，吉凶慶弔，一遵呂氏《家範》，曰吾有所受之也。所爲詩文，和易平實，無纖麗之態。有《四勿齋稿》、《曲全道人集》若干卷。

黃景昌

黃景昌，字明遠，浦江人。年十二，能屬文。長從方鳳、吳思齊、謝翱遊，益通五經、諸子、詩賦、百家言，尤篤意《春秋》，學之四十年不倦。三傳異説，學者不知所從，景昌據經爲斷，各采其長，有不合者，痛辭闢之不少恕。作《春秋舉傳》，論巴川楊恪著《夏時考》，正言三代悉用夏時，不改月數，景昌以左氏縱不與孔子同時，亦當近在孔子後，其言當不誣，作《周正如傳考》。建安蔡沈集衆説爲《書傳》，世無敢議其非者。景昌獨疏其倍師説者數十百條，作《蔡氏傳正誤》。古今詩體製雖相襲，而音節則殊，近代以此名家者，罕知其説。景昌以古人論詩主於聲，今人論詩主於詞。主於聲則動合律呂，可以被之金石管絃；詞則文而已矣。乃集漢魏以來諸詩，各論其時代，而甄別之，作《古詩考》。其持論，出入經史，滾滾不窮，如議法之吏，反覆推鞫，人不服不止。凡所論著，綽有理致。晚自號田居子，作《田間古詞》九章：一曰耕田，二曰抱甕，三曰簷間，四曰暴日，五曰候樵，六曰倚窗，七曰聯簑，八曰釀酒，九曰開徑。每客至，徑醉，輒取歌之，以筴擊几爲節，音韻激烈，超然自得。及耄，猶執筆册述不已。或勸其少休，景昌曰：“吾豈不知老之宜佚哉！恐一旦即死，無以藉手見古人耳。”卒年七十六。

胡　助

胡助，字履信，號古愚，東陽人。性純朴恬静，稍長，知讀書。自以蚤失怙，刻意樹立，凡經史百家，悉究通大旨，不屑屑爲章句學。年三十，舉茂才，授建康路學録兼太學齋訓導。監察御史周景遠薦江浙博學之士宜居館閣者七人，以胡長孺爲首，而助與焉。會吴澄南歸，過金陵，見助詩文，大加稱賞，由是名振一時。調美化書院山長。滿考，赴京，用諸翰林王士熙、馬祖常等薦，改國史編脩，升太常博士，致仕。助狀貌清古，平生開心見誠。人有善，亟稱之，素薄勢利，故於人無怨惡。家食時所作有《巢雲集》，至建康有《白下稿》。前後編集共三十卷，名曰《純白類編》。有刻本，其子家藏尚存。

傅　野　陳堯道

傅野，字景文。陳堯道，字景傳。皆義烏人。好爲詩。黄溍嘗輯其詩爲《繡川二妙集》，而序之曰：吾里前輩以詩名家者推山南先生爲巨擘。傅君景文、陳君景傳，其流亞也。景文之詩，精切整暇，如清江漫流，一碧萬頃，而魚龍光怪，隱見不常，莫得而測。景傳之詩，涵肆彬蔚，若奇葩珍卉，洪纖高下，雜植於名園，終日玩之不厭。其爲名流推許如此。

戚崇僧

戚崇僧，字仲咸，以字行。其先居金華。父象祖仕爲道一書院山長，晚依其婿吕汲，居永康之太平，因遂爲永康人。仲咸端居苦學，間弄翰於詩文，皆精麗綿密可喜。年二十七，始盡棄其學，從白雲許先生講道於八華山，用意堅確，蚤夜弗懈，博通經史，旁及諸子百家，尤潛心於儒先性理之説,探幽發微,義極其根柢而後已,同門推爲高弟。克己勵行,能爲人所難能,衣粗食淡,待親朋一以清約,不曲徇時尚而改其度。每謂人知富貴之可欲,而不知貧賤之可樂也。吕氏創義塾,延仲咸主其教事,師法嚴整,學者皆敬憚之。居常默坐一室,環以書數百卷,非有故不妄出。其室扁曰朝陽,人稱朝陽先生。所著有《春秋纂例原指》三卷、《四書儀對》二卷、《復古編》一卷。嘗考許氏《説文》,參以近代諸儒之所訂定,用古篆繕寫《易》《詩》《書》《儀禮》《春秋》《孝經》《論語》《大學》《中庸》《孟子》,將請頒行于四方,未及上而卒。

吕　溥

吕溥,字公浦,永康人。從學許謙之門,講究經旨,悉領其要。爲文馳騁雄暢,落落有奇氣。詩勁盪激烈可喜。治家以禮,冠婚喪祭,一遵朱子所定。嘗注《大學》,疑問史論,其詩文有《竹溪集》若干卷。兄洙,字宗魯,亦從許謙遊,同門服其精敏。俄以病卒。嘗著《太極圖説》《大學辨疑》。

于　石

于石,字介翁,蘭谿人。貌古氣剛,喜詠諧。早慕杜氏五高之爲人,後從王定庵業詞賦,接聞諸老緒論,其學多所通解,自負甚高。宋改物後,隱居不出,一意於詩,出入諸家,豪宕激發,氣骨蒼勁,望而知爲山林曠士,一時言詩者皆莫能及。仁山金先生嘗爲序其集云。

陳　璪

陳璪,字仲飭,永康人。清修苦學,淹貫經傳,文詞典雅。至正間,縣尹丁從政闢爲縣學訓導。所著有《質庵稿》若干卷。其門人胡仲勉、盧誼、林維,亦皆以文學知名于時。

唐懷德

唐懷德,字思誠,金華人。仲友七世孫也。性敏好學,受業許謙,不出户者十年。六經百家之言無不研究,其學以濂洛爲宗,粹然一出於正。廉訪副使楊篤聘講淮陰,思誠搜剔經髓,意融而言暢,聞者傾服。武威余闕持節海右,特傾下之。或請闕書《九州箴》,未悉所出,懷德曰:“此出《古文苑》。”即援筆寫之,不遺一字。嘗與宋濂會宿錢塘,相與辯諸子是非凡九十餘種,歷誦其文以對,如撞巨鐘,隨叩隨應。濂推其博,思誠曰:“徒博,陸澄之書厨耳。吾則藉之以窮理而施諸事也。”用部使者薦,擢金華縣學教諭,遷衢州學録。未上,卒。所著有《破萬總録》《六經問答》《鈞玄集》《書學指南》《存齋稿》,總百有餘卷。

鄭 濤

鄭濤,字仲舒,浦江人。受業柳貫、黄溍、吳萊。工於詞翰。受知丞相脱脱,薦爲經筵檢討。秩滿,除國史編脩,復入翰林,爲應奉,遷太常博士。論張仕誠父祖不當賜謚,忤時宰意,罷歸。臨川范素嘗稱南冠而仕者,以德行言之,當推仲舒爲第一流。所著有《藥房集》若干卷。

吳景奎

吳景奎,字文可,蘭谿人。酷好爲詩,常游山澤間,方苦吟而雨至,雨濡其衣弗知也。其所著集曰《藥房樵唱》,宋濂爲之序曰:“公以雄逸之資,濟通明之識,著於篇翰,規倣風雅。鼓動江山之氣,發揮造化之微。味玄酒於周庭,襲懸黎於梁苑。彫龍彩鳳不足爲之麗,衝飇激浪不足爲之豪。其悽惋也,則孤猿夜號,松露初滴。其雅馴也,則冠冕佩玉,儼趨廊廟。由其才無不兼,故體無不備。讀之者如入玄圃而攬明月木難之珍,如登崑丘而睹天禾肉芝之貴,誠可謂擅名作者之林,競爽文藝之塲者已。”子履,別見政事傳。

戴　良

戴良,字叔能,浦江人。性警敏,嗜讀書,雖祁寒暑雨,恒至夜分乃寐。自經史以及天文、地理、醫卜、佛老之書,靡不詳究。初業舉子,尋棄去,專力爲古學。時柳貫、黃溍、吳萊皆以文章鳴于浙水東,良往來門下,盡得其闃奥。貫卒,良爲經紀其家,持心喪三年,乃歸。余闕持憲節過婺,聞良善歌詩,與論古今作者詞旨優劣。闕欣然曰:“士不知詩久矣,微子吾不敢相語。”乃盡授以平昔所得於師友者。於是良之詩名遂雄視乎東南。結屋縣西,日與同輩討論聖賢微旨,家事有無,悉置不問。親黨或勸以營産業爲子孫計,良謝曰:“子孫貧富,非吾所可知。且家世業儒,詩書之外,亦不能有他圖也。”起爲月泉書院山長。後生小子接其風猷,無不以踐履實學相勉勸也。至正丁丑,以薦擢江北等處儒學提舉。時事不靖,度無可行其志,乃棄去,益肆其力於詩文,瑰奇磊落,清新雅潔,往往無愧於古作者。暇則與其鄉之名賢寓公、羽流釋子相與宴集爲樂,酒酣賦詩,擊節歌詠,蕭然有塵外之趣。洪武壬戌,以禮幣徵至京,召見,試文若干篇,欲官之。以老病辭,忤旨,待罪久之。明年夏四月,以病卒于寓舍。良神氣爽朗,不妄喜怒,善誘掖後進。晚自號九靈山人,學者稱九靈先生。所著有《九靈山房集》三十卷、《和陶集》一卷、《春秋經傳》三十二卷。

朱　廉

明:朱廉,字伯清,義烏人。高祖中,從徐僑游,究心理學,著《太極演説》、《經世補遺》。曾祖約、祖叔麒,遞相傳授,析著精密。父同善,幼承家學,復從許謙講究經旨,學者師之,稱曰裕軒先生。廉少讀父書,刻苦勵志,淹貫經傳,既而學文於黃溍,遂以文章知名于時。歸國之初,郡守王顯宗闢爲羣學師。浙東右丞李文忠開府嚴州,聘主釣臺書院。洪武三年,召脩《元史》《及大明日曆》,擢翰林院編修。八年,扈駕幸中都,進紀行詩十首。上覽,喜曰:“佳詩,朕爲汝和。”有頃,示和六詩,時以爲榮。既而授經楚府,遂升長史。久之,以贜辭歸。研探聖學,所造益深。嘗取朱熹《語類》,摘其精義,名曰《理學纂言》。其爲文謹嚴精密,有文集一十七卷。子棟,强記過人,亦以文名。永樂初,薦授國子助教。

蘇伯衡

蘇伯衡,字仲平,金華人,友龍子也。自少警敏絕倫,書過目輒成誦。初習舉子業,中年專肆力於古文,遂以知名。國初召爲國子學錄,升學正,舉入史館,纂修《元史》。書成,升國史院編修。以贜疾辭,賜文綺、楮幣遣還。久之,復起爲處州教授。以表箋失誤,坐罪而歿,士論悲之。所著有文集一十五卷。宋濂、劉基爲之序。濂稱其精博而不粗澀,敷腴而不苟縟。基稱其語粹而辭達,識不凡而意不詭。人皆以爲確論。今祀本府鄉賢祠。

張孟兼

張孟兼,浦江人。勤敏志學,以文辭知名。性耿亮,不喜爲阿諛。每良朋盍簪,抵掌笑談,胸中森然芒角,必盡吐乃已。洪武初,薦入史館,與修《元史》。書成,授國子學錄,累官山西按察僉事。彰善糾惡,憲綱肅然。升山東按察副使,與布政爭論異端,中以危法,歿於京師,縉紳惜之。所著有《白石山房稿》若干卷。太祖嘗與劉基論當時能文之上,基首推之宋濂,其次自謂不敢多讓,其次則推孟兼,謂其文甚俊而奇氣燁然云。

吳　沈

吳沈,字濬仲,蘭谿人。禮部郎中師道子也。自少以學自振文名于時。洪武中,朝廷登進老儒,特召爲翰林院待制。未幾,升東閣大學士,遂以文章擅名朝野。久之,因事忤旨,卒於獄,君子以爲斯文之不幸云。所著有《應酬稿》、《瀫川集》，藏于家。當時同邑又有趙良恭敬德、童梓良仲、嚴天瑞景輝、徐原均善、董思曾心傳，皆從游禮部之門，而與沈爲友，並以文學知名。

李 曅

李曅，字宗表，其先汴人。元季徙家錢塘，少從永嘉鄭僖游。僖奇其才，以女妻之。學成，結草閣北關門外以居，人稱草閣先生。後避兵金華，翱翔永康、東陽二邑間。入國朝，有司舉上考功，奏補國子助教，未幾以病免歸，卜築永康魁山下，開門授徒，與諸詩人唱酬爲樂，略不以貧竇介意。其詩精熟清新，氣雄而詞暢，一出李、杜二家機軸。其友天台徐一夔嘗稱其緣情指事，機動籟鳴，無窮搜苦索之態，而語皆天出，不煩彫刻，不渝盛唐之家法。識者以爲確論。門人唐仲暹編其詩文爲《草閣集》，凡七卷。子轅，字公戴，亦能詩，嘗被薦爲宜倫縣丞。所著有《筠谷集》。

金 信

金信，字仲孚，金華人。穎悟工詩，從楊維禎游，往來吳越間，詩聲大著。部使者以茂才舉，不應，歸隱金華之優游洞，以詩自娛，學者稱爲漫吟先生。有《春草軒集》傳于世。子聲，字伯鏞，亦能詩，與呂蕭、劉廷獻、袁仲仁、陳大有、高希閔、朱德茂、周弘義、方景琳、樓用中，皆以風流儒雅能詩聞于時，號十才子云。

楊 茆

楊茆，字仲彰，義烏人，徙居東陽。性穎悟，刻志於學，早從陳樵游，復登黃溍之門。文詞典雅，操筆立就，二公皆愛敬焉。洪武初，聘起爲義烏學官，膺薦上京，以疾辭歸。所著詩文，有《百一稿》《無逸齋稿》。又輯元詩爲《正聲類編》，總若干卷。學者因其自號，稱鶴巖先生。子瓛、璈，俱能詩。璈嘗補《金華賢達傳》。

汪仲壽

汪仲壽，字仲山，金華人。善記覽，經史百氏靡不窮究，尤明於性理之説。號靜齋。所著有《靜齋稿》若干卷。子雨，能繼家學，詩詞俊雅，與吕肅、陳誠、汪旻爲文字交，人稱四友。

傅藻

傅藻，字伯長，義烏人。受業黄溍，刻苦爲學，以文章知名。洪武五年，由本縣教諭召授翰林編脩，尋改應奉文字，拜監察御史，擢東宫文學，出知武昌府，升河南按察使。所至皆著聲稱。

吕熒

吕熒，字慎明，永康人。父槀，博覽經史。熒幼承家學，稍長，復從朱廉遊，爲文章純正蔚贍有奇氣。洪武中，吴沈以才德兼備薦于朝。歷官周府左長史，改刑部郎中。未幾因事忤旨，坐罪而歿，縉紳哀之。所著有《雙泉文集》。

貝泰

貝泰，字宗魯，金華人。自少以文學稱。永樂初，由太學生中京闈鄉試，授餘干縣學教諭，遷國子助教，尋升司業，超拜祭酒。以文學受知宣廟，召見便殿，賜御製《招隱歌》。前後在太學四十餘年，六館之士，翕然從化。後致仕歸，縣尹欲爲造大司成坊，木石已具，固謝却之。尹不得已，改爲縣儀門。所著有文集若干卷。

杜桓

杜桓，字宗表，金華人。幼穎敏，翹然出羣。既領薦鄉闈，以親老家居就養,不赴春試,因而博極羣書。登永樂七年進士,授趙府紀善。悉心輔導,知無不言。王禮遇之,未嘗稱名,屢欲奏升長史,懇辭不就。後以年及,乞致仕。桓學識醇正,志行剛介,爲文典雅,詩尤俊逸。所著有《尚檢齋文集》若干卷。

鄭 棠 <small>兄楷、弟栢</small>

鄭棠,字叔美,浦江人。與從父兄楷、弟栢,俱業宋濂之門,以文詞知名,棠尤善馳騁。永樂初,纂脩《大典》,用禮部尚書李至剛薦入館。書完,吏部銓試第一,除翰林院典籍。仁宗爲太子,監國南京,遷儒臣進講,與王汝玉等九人在選中。敷陳從容,眷待殊渥。秩滿,升翰林院檢討,以疾辭歸。所著有《金史評》、《元史評》及《道山集》二十卷。楷字叔度,蜀王聞其賢,奏除王府教授,賜號醇翁,升長史致仕。所著有《鳳鳴集》。栢字叔端,隱居著書。或以其名達之蜀王。王顧其兄楷曰:“叔端可謂清逸之士。”人因以清逸處士稱之。所著有《聖朝文纂》《文章正原》《續文章正宗》《金華賢達傳》《進德齋稿》。

王 紳

王紳,字仲縉,義烏人。忠文公褘仲子也。褘死節時,紳年甫十三。聰敏過人,落筆爲文不可禦。未幾,母何、兄綬相繼歿,煢煢憂患中而傑然負奇志,益取經史百家言,窮其浩博,會其指歸,出入上下,務探擷其精奧乃已。宋潛溪一見,奇之曰:“王子充爲不死矣!”蜀王聞其賢,馳書聘致,待以客禮。紳痛父死節,遺骸未返丘壟,白王,躬趨雲南訪求,不獲,乃即死所立主,設奠慟哭,招魂而返,述《滇南慟哭記》以著志。或薦于朝,徵授國子博士,俄以疾卒。所著有《繼志集》三十卷。其文豐蔚雅贍,稱其家法。詩沖淡古雅,有陶、韋風致。子稌,字叔豐,勤敏嗜學,亦以文詞知名,所著有《青巖集》。

王　汶

王汶，字允達，禕曾孫也。少孤，思繼家學，讀書極勤苦。素貧，能守道自樂。登成化戊戌進士，上疏乞就郡教授，奉忠文祀，不報。例授中書舍人。居官守正不阿。甫三載，見同列有進不以道者，恥與爲友伍，因謝病歸，築精舍齊山下，取累世所積書讀之，若將終身焉。弘治改元，兵部主事婁性、都御史虞瑶交薦于朝，遂與翰林檢討陳獻章同被召，猶力辭。侍講學士謝鐸以書勉之行。逾年始就道。至淮，病偶增劇，未抵京師五十里，卒。所著有《齊山文集》若干卷。

方太古

方太古，字元素，蘭谿人。自少警敏，性好吟咏。其父遣從章懋受經，不屑治章句，遂棄去，專力爲詩，有聲縉紳間。居女埠溪上，自號曰寒溪。壯歲出遊三吳，與姑蘇楊循吉、都穆、文徵明結社倡和，而詩益進。既又遊八閩，舉人林坥一見莫逆，爲作《錦囊十詠》贈之，一時名輩如林泉山、林見素皆爭相引重。出閩，歷探匡廬、九華、秣陵之勝，僑居吳中。久之，從者雲集。晚好黃白術，歸隱金華解石山中，山本晉徐仙鍊丹處也。建棲真樓，朝夕其間，迹不入俗者凡幾年，老乃返寒溪故居。藩臬郡邑吏與鄉大夫士多就其廬禮訪焉。其詩頗似郊、島，大率感時憤俗之意爲多。

董　遵

董遵，字道卿，蘭谿人。受學章懋之門，潛心理學，專志力行。七試鄉闈，不偶，貢入禮部試，居首，選授江西南昌府學訓導。正身率物，多士向風，督學使者邵寶、蔡清相繼徵主白鹿洞書院。轉溧陽縣學教諭，陞知江浦縣。立積散法爲備荒計，在任一年，百廢具舉。因疏乞近地便養，忤當道意，調知廣東感恩縣，懇請得終養歸。居家風雨不蔽，擔石寡儲，而養母曲盡孝道。或以孝廉薦之，不報，卒。所著有《金華淵源録》及文集若干卷。今祀本府鄉賢祠。

應 典

應典，字天彝，永康人。因其所居里石門，學者稱爲石門先生。性沈篤，刻志問學。登正德甲戌進士，授兵部職方司主事，與江山周文興論學有悟，遂引疾歸，與僊居應良、黃巖黃綰過從講切，又師餘姚王守仁，授致良知之旨，建書院於壽山龍湫下，集諸生講學，四方會者率嘗百餘人。再起兵部車駕司主事。念母目病無見，復引疾歸養，而母目針治忽明，人謂孝感。朝野多論薦，遭母喪不赴。服除，巡按御史周汝員檄郡守姚文焜、縣尹洪垣禮訪勸駕，乃引與徜徉壽山五峯間，以示無起意，周固弗能强也。自釋褐至啟手足，名在仕籍三十年，前後兩任，僅一考而已。

金華先民傳卷八

武功傳 <small>凡廿一人</small>

留　贊	陳宗譽	江　渙	趙　權	王　豪
陳　嚴	杜伯僖	胡本初	黃仁環	呂渭孫
王安國	丁廷玉	陳達大	陳顯道	呂文燧
吳志德	蔣可大	王　威	吳文秀	田子貞
周得璇				

人有恒言，文以致平，武以戡亂。夫文武雖有二用，然無二道也。是故孔子有文事者必有武備。又曰："我戰則克。"夫孔子嘗鄙仲由之瑟奚爲於丘之門，而復云云。何也？蓋以武非修身之要，而實濟世之略，豈誠鄙武爲可以無用也！方致平時，武備亦所當豫，而況於戡亂乎！彼長鎗大劍安用毛錐者，固武夫之謬言。若云挽五百石弓不如識一丁字，又豈非儒生之迂談也哉！吾郡相承以文儒爲業，間有由右科者如王霆、陳琰輩，亦皆通經博文之士，非止介冑之夫也。然而俗尚忠義，故當艱難之際，往往奮而爲仁者之勇，不待廩粟之養、名爵之勸，樂措其身，以衛其鄉，每有秦人《無衣》之風焉，此尤足爲難矣！除駱統、王霆已見名臣，陳琰、唐韶、陳萍已見政事，及死節已見忠義外，餘謹哀而録之，爲《武功傳》，非特以表其人，亦用爲世勸也。

留　贊

吳：留贊，字正明，金華人。勇果絶人，與黃巾賊帥吳桓戰，手斬之,贊創一足,屈而不伸,操刀自剔其筋,血流氣絕,家人驚怖,遂引其足,足伸創愈。淩統聞而壯之,乃表薦贊。疊有戰功,稍遷屯騎校尉,直言不阿,權右憚之。隨諸葛恪征東,大敗魏師,遷左將車。孫峻征淮南,拜左護軍,道病卒。

陳宗譽

宋:陳宗譽,字彥聲,東陽人。宋宣和初,盜發睦郡,邑無賴民有將應之者,宗譽力撫諭之,得不從亂。安撫使劉述古因命宗譽糾合義兵以衛鄉井,民用安堵。述古欲官之,辭。建炎初,羣盜四起,宗譽復出力捍禦,累立奇功,及論賞,又固辭。郡錄其前後功次,奏補承信郎,轉承節郎、盱眙守,奏爲沿邊巡檢。不赴,卒於家。

江 渙

江渙,字德濟,武義人。其父有膂力,號江鐵棒。渙亦壯勇,幼時以杖擊石,石碎而杖全。睦寇起,縣檄其父子防守柵隘。屢以少擊衆,保全鄉井。寇平,渙應效勇得官。後隸淮西酈瓊麾下。紹興七年,瓊叛,殺參謀吕祉,舉軍降劉豫。將出境,渙與其屬謀曰:"吾儕誓忠義、死君父,詎可爲降俘!"夜與其徒還,得祉之首。至揚子江,無舟可渡,埋其首于江臯,識其處,遂解甲揭槍,浮渡達行在所。時方收鞫祉家屬,渙力明其不叛,具告所以然。命押渙取祉首,得之埋處,已腐不可辨,獨吕氏女言父行時將括髮,我製以紫羅,紉以皂線。按驗不誣,遂赦其家。出獄者咸拜渙曰:"微公,吾曹安能生! 忠義得白,皆公力也。"紹興末,任廣東統領,克海寇,以一矢殪渠魁。後卒於官。

趙 權

趙權,義烏人。氣豪有才略。宣和中,睦寇猖獗,權詣大將楊惟中,請獨當所居縣北永寧一面。連破青石、光明、上清諸洞,生擒其洞主,乃令里人協力固守其地,而自部槍杖手四出殺賊。事平,劉安撫上其功,補廸功郎,充本縣尉。

王　豪

王豪,東陽人。刺史霆高祖也。睦寇俶擾,豪集衆捍禦有功,補忠翊郎。連帥嘉其才,俾攝縣事,檄授四明巡檢,不赴,卒。

陳　嚴

陳嚴,東陽人。宣和庚子,睦寇據郡,盜賊四起。嚴集鄉兵禦之,大破賊徒,境内以安。

杜伯僖

杜伯僖,字安常,東陽人。宣和盜起,大將楊惟中帥兵進討,伯僖獻策轅門,遂留幕下,參謀軍事,運籌制勝,超授成忠郎,調台州黃巖成鎮將。歷史館檢閱。紹興十八年,妖賊聚東鄉,鎮將王公雅問計于伯僖,對曰:"愚民廹飢寒,弄兵山谷間,非其本意。但殲厥渠魁,則脅從自解。若縱兵窮討,必且濫及無辜。"公雅從之,民獲保全。後其子幼常、幼偉,孫士賢,俱登右科,顯仕于時,人以爲陰德之報。

胡本初

胡本初,蘭谿人。宋宣和之亂,偕同邑唐堯卿糾集義旅,捍衛鄉井。方臘不能犯境。事平,論功,授忠翊郎,左侍禁。余聞其後裔孫石川、子授云。

黃仁環

黃仁環,浦江人。方臘之亂,縣民往往曹聚從賊。仁環以能自歸得官,授沿邊差遣。建炎初,山賊何三五作亂。仁環呼諸子,謂曰:"吾受國恩,恨無以報,誓當以計擒賊。"乃與唐子容謀,僞與賊合,賊信不疑。仁環語其酋曰："今欲破縣，兩主首俱行，誰守洞？汝等留屯，吾先破陳。"於是引衆鼓而東行十餘里，至朱邨分路口，將覆賊，乃詭分兩道出攻，虛整部伍，密令子容等各插竹葉爲標識，與賊兩兩相夾。部分既定，仁環乃呼曰："轉陣殺賊！"與子容夾擊，賊千餘人，得脫者無數輩。諸酋留者，仁環令諸子饗于家，酒酣，用大斧自後斫殺之。初，仁環有女嫁盜黨中。或曰："公報國固善，如愛女何？"仁環曰："吾恐事不就，一女何惜！"至是其女竟爲賊所戮。後仁環官至訓武郎，卒。鄉人感其德，立祠祀之。今縣之花橋有黃將軍廟存焉。

吕渭孫

吕渭孫，字希祖，東陽人。紹熙四年武舉及第。開禧初，從軍爲殿前司統領官。薛象先宣撫荆湖，用爲本司神勇軍統制，使募兵禦敵。象先悉帳前千人授之。渭孫坐教塲，立紅、白二旗于庭下，謂衆曰："此行當以死報國，能偕死則偕往，一貪生，敗吾事矣。願行者立紅旗下。不願者立白旗下。"趨立紅旗者僅四百人。渭孫以六百人還宣司，因下堂勞四百人，徧拜之，然後出軍令。有軍士入民家，擊碎二釜者，渭孫立笞之。衆大驚，所過秋毫無犯。更募士得四千人，率守樊城，累立戰功。後爲副都統魏友諒見疑，被其壻所殺。

王安國

元：王安國，字靖翁，東陽人，霆之孫也。倜儻有志略，以門功授成忠郎。當入官，會宋亡，不果。于時元始有江南，人心危疑未輯，往往兵起。安國以策干大帥高興，歷陳撫綏之計。與語意合，即署東陽尉。能布威立信，以馭其民。明年，玉山人婁覃等恃險爲亂，殺宣慰使陳天祐。行省左丞史弼將兵來討，安國詣軍前效謀，親入賊窟，手縛其渠魁以獻。弼喜曰："使吾兵不血刃而獲賊者，爾力也。"延至麾下，將薦用之，以親老辭。後寧海妖賊楊鎮龍反，玉山境接寧海，據爲巢穴，勢甚猖獗。安國覘知其無能爲，率鄉兵扼險要拒之。賊乃從間道出義烏，遇官軍與戰，賊衆奔潰，遂擒其酋。安國爲人謹厚，重然諾，民服從之，有訟不直于官而惟尉言是直，鄉閭賴以安靜者二十年。歿後，民有肖其像而祀于家者。

丁廷玉

丁廷玉，義烏人。受業石一鰲之門。爲人倜儻，多智數。元初得宋，盜數起，里有豪猾徐甲者，嘯衆爲亂，縱火焚縣治，剽掠張甚。廷玉散家貲，團結義旅，攻殺其渠魁，俘餘黨獻官，鄉邑以寧。事聞，授武義縣醫學教諭。卒七十餘。

陳達大

陳達大，字宏父，浦江人。少好學，治《尚書》，倜儻有爲。時邑里初附，山谷强獷，嘯聚爲寇。達大計執其渠魁，而餘黨悉平。郡上其功，得試容州判官，遷平陽州。所至皆著聲績。以風痺自免歸。

陳顯道

明：陳顯道，字如晦，東陽人。好學明經，旁通天文、地理、律曆、兵機。試鄉闈一，再不偶，則棄去，謂人曰："大丈夫要當勳業垂竹帛，安能與羣兒爭長於鉛槧間也！"元季兵起，悉散家財，團結義旅，以衛鄉井，據險守要，寇不敢侵。戊戌歲，高皇帝下婺城，駐驛赤松宮。顯道詣行在上謁，具陳濟世安民之略。上悅，留置左右，參決大事。時方國珍據台、溫、明、越未下，特命顯道往諭。至則國珍納款，上賜顯道手劄，及和其詩，以寵嘉之。歷官江南、湖廣二行省都事，擢將作少監，督造宮殿，尋復遣諭國珍兄弟納土，入覲，升尚寶司少卿，以忤旨，出爲臨洮知府，俄召還復職。卒，上甚悼之，命官造墳，護喪歸葬。

呂文燧

呂文燧,字用明。永康人。元至正十五年,括寇吳英七等聚眾爲亂。郡縣發兵討之,皆敗,遠近騷然。文燧與弟文燁、元明、文烜兼明姪元吉、季文等合謀,散家貲,率其宗族鄉黨以備之,設禁令,明賞罰,殺牛醺酒飲食之,諭以大義,出粟布以給其貧乏者,於是其眾皆有固志。十二月,賊陷縣治,分其黨四出焚掠。文燧使元明、季文率四百人,迎敵于箭山下杜,屢戰皆捷。會沿海翼萬戶石抹宜孫統兵適至,與元明等夾攻,賊遂敗走,縣治以復。帥府署文燧諸暨州同知,元明永康縣主簿,季文義烏縣尉,皆辭。賊既招安,而恣睢不受約束,人心憂恐。文燧等益添兵葺械爲守禦計。十七年,賊復驅煽飢民,相率爲亂,其勢益張。文燧先詗知,詣憲府白之。憲府即命文燧總制民兵討賊。邑大姓朱世遠、俞榮卿、董仁恕、孫伯純等皆以眾來會。文燧命元明出方巖,季文出東窖,而自屯青山口,累與賊戰於左庫、雙牌、胡陳,皆捷,斬獲甚眾。因義士胡元祚敗死占田,賊乘勝陷縣治,執達魯花赤野速達。而文燧兄弟合兵擊賊,走之。季文乘勝追至上黃橋,賊大奔潰,因山路深險,前後不相及,有賊突出叢薄間,季文被創死焉。文燧命從弟國明代領其眾。會行臺遣都鎮撫邁里古思帥師專征,將與元明會兵方巖,賊乘其未到,掩至松明橋,國明與行臺部將黃彥美擊却之。賊陣于剝粽嶺,以逆官軍。國明麾諸軍直衝其前,而自率精銳,橫出其後,元明繼之,諸軍四面夾擊,合戰移時,適邁里古思大軍至,賊遂大潰。追至胡堰,枕尸三十餘里,死亡略盡。元明、國明及黃彥美諸將分道窮追,於是吳英七執其黨杜仲光以降,地方悉平。論功加文燧婺州路總管府判官,元明永康縣尹,兼明永康縣主簿,國明諸暨判官,復皆辭不受。十八年四月,嚴州城破,行樞密院判官石抹宜孫,假元明本院行軍都鎮撫,兼義兵萬戶,將兵赴援。臺官用讒者之計,因其入見,伏壯士殺之庭中。子堪併裨佐濫死者十餘人。眾皆冤之。未幾,天兵下婺城,文燧藉其眾歸附,授永康縣翼左副元帥兼知縣事,遷中書管勾,轉嘉興知府。松江民亂,襲嘉興。文燧使告總帥李文忠遣兵擒獲。諸將欲屠城,文燧力爭止之。入朝,差往諭闍婆國,行次興化,暴卒於驛舍。

吳志德

吳志德,浦江人。元季盜起,偕同縣蔣可大協謀倡衆,捍禦鄉井,民賴以安。歲戊戌,行省左丞李文忠帥兵下浦江,志德、可大率衆迎謁,與語合意,留置麾下,從取諸暨及處州。論功授志德浦江翌左元帥,可大副元帥。未幾,皆以病辭歸。志德與其兄志道友愛甚篤,誓不分異,傳其子孫,曾玄凡五世皆同居。

王 威

王威,字仕龍,義烏人。倜儻有勇力。元末,寇犯永康。威集義旅,拒戰于黃龍寨,破之。戊戌,天兵下婺城,威率衆歸附,從征有功,累官紹興衛副千戶。子孫世襲其職。

吳文秀

吳文秀,字啟明,浦江人。有膂力,習騎射,兼知韜略。元末,寇盜縱橫,乃集鄉人,累石爲砦,以捍鄉井。大明兵取紹興,啟明率衆來應,以計開錢清濠,兵遂大捷。敕免其家差役,以旌其義。復授宣武使。卒於家。

田子貞

田子貞,名貞,以字行,永康人。至正丁酉,寇起縉雲,鄉民多奔竄巖穴,且飢饉頻仍,道殣相望。子貞出窖粟賑之,皆羅拜曰:“我等已在鬼錄,賴公生我,倘有所役,雖蹈水火無恨。”子貞因結爲義旅,使捍鄉井,寇不敢犯。廉訪使者檄授以巡檢,辭不受。戊戌,天兵下浙東,而七閩猶未歸職方,陳友定遣使持空名敕書授子貞武義縣尹。子貞知天命有歸,遂縛使者,戮之,而焚其書。

周德璇

周德璇,東陽人。自少好勇,有大志。我太祖兵克婺城,德璇委身歸附,累立戰功,授正千户,尋陞駕前親軍指揮僉事。上以其勇而有謀,命鎮守北平。永樂間,寇犯邊,嘗帥兵逐北,追至黑松林,獲其輜重,斬級功多,陞隆慶衛指揮同知。子孫世襲其職。

金華先民傳卷九

隱逸傳 <small>凡十七人</small>

龍丘萇	樓惠明	徐伯珍	張志和	俞紫芝<small>弟澹</small>
方勺	陳鬴	黃璣	張志行	朱友聞
杜濬之	李直方	金涓	何壽朋	汪與立
唐光祖				

《語》曰:"隱居以求其志,行義以達其道。"然則君子固非期於必行,亦非期於必隱,惟其時焉已也。是故孔子嘆若人之未見,而又每惜荷蕢之果,譏微生之固,且嘗自謂其異於逸民矣,夫豈偏以隱逸爲高哉!由夫世之溺志利禄,沈身富貴,毀節喪生,覆轍相尋,而後車猶不知戒,是猶蜣蜋轉丸於糞土,而不覺其爲汙;犬豕矜飫於糟糠,而自忘其爲禍者也。於是有高不事之志如嚴光,決見機之智如梅福,安食力之分、審遺安之謀如徐孺子、龐德公之流者,真猶鳳凰翔于千仞之表而超然其弗可及也已。是故前史每從而歆嚮之,論其品目,直欲躋諸王公之上,豈非將以激揚風流爲世勸戒哉!吾郡壤接釣臺,俗尚志節,如龍丘先生,實與嚴光同時而隱。繼此不應徵辟、光昭史册者,代有其人。揭其大者,如何、王、金、許四先生,已見道學;范浚、傅寅、張潤之、張樞、陳樵、葉儀、范祖幹,已見名儒。外謹衰録其餘,爲《隱逸傳》。

龍丘萇

漢:龍丘萇,新莽時,隱居九峯巖,三公四輔連辟不就。更始元年,任延爲會稽都尉。縣吏白請召萇,延曰:"龍丘先生,躬履德義,有伯夷、原憲之節。都尉洒掃其門,猶懼辱焉,寧敢召之?"遣功曹奉謁,疾致醫藥,吏使相望於道。歲餘,萇詣延,乃署儀曹祭酒。尋謝病去。

樓惠明

宋:樓惠明,字智遠,金華人。夙性貞固,以篤行聞。晦迹金華山中,有道術。山舊多毒害,自惠明居之,無復螫苦。宋明帝、齊高帝召,皆不至。文惠太子在東宮,苦延方至,仍又辭歸。俄自金華轉棹西下,及就路回之豐安,旬日之間,妖賊屠城,惟豐安獨全,人以爲先覺。

徐伯珍

齊:徐伯珍,字楚文,金華人。其地今隷湯溪。少孤貧,箬葉學書,誦讀不輟,積學十年,遂通經史。太守王曇生、吳郡張淹、齊宣帝聘,皆應召便退,如此者屢。精釋老術,嘗旱,筮之,如期而雨。宅南去九峯山數里,伯珍移居之,庭除木生連理,白鶴雙巢戶牖,論者以爲隱德之徵。兄弟四人,白首雍睦,人呼爲四皓。卒年八十四。受業生徒千有餘人。

張志和

唐:張志和,字子同,金華人。始名龜齡。父游朝,通《莊》《列》二子書,爲《象罔》《白馬證》諸篇佐其説。母夢楓生腹上,而産志和。年十六,擢明經,以策干肅宗,特見賞重。命待詔翰林,授左金吾衛、錄事參軍,賜名志和。後坐事貶南浦尉。會赦還,以親喪,不復仕。居江湖,自稱烟波釣徒,著《玄真子》,亦以自號。又著《大易》十五篇,其卦三百六十五。兄鶴齡恐其遁世不返,爲築室越州東郭,茨以生草,椽棟不施斧斤,豹席粽屬,每垂釣不餌,志不在魚也。縣令使浚渠,執畚無忤色。嘗欲以大布製裘,嫂爲躬紡織,及成衣之,雖暑不解。觀察使陳少游往見之，爲終日留，表其居曰玄真坊。以門隘，爲買地，大其基，人號回軒巷。先是，門阻流水，無梁。少游爲搆之，人號大夫橋。帝常賜奴婢各一，志和配爲夫婦，號漁童、樵青。陸羽嘗問孰爲往來者，對曰：「太虛爲室，明月爲燭，與四海諸公共處，未嘗少別也，何有往來？」顏真卿爲湖州刺史，志和來謁，真卿以舟敝漏，請更之。志和曰：「願爲浮家泛宅，往來苕、雪間。」辯捷類如此。善圖山川，酒酣或擊鼓吹笛，舐筆輒成，嘗撰《漁歌》，憲宗圖真求其歌不能致。李德裕稱志和隱而有名，顯而無事，不窮不達，嚴光之流云。愚謂志和逃名者也，其志直，欲與安期、羨門相期於寥廓之外，雖天子圖真求之，尚不能致，豈以一按察使之顧盼爲光寵哉！巷曰回軒，橋曰大夫，此下俚之號，適爲志和涊耳。作史者因遂志而誇之，過矣！

俞紫芝 弟澹

宋：俞紫芝，字秀老。弟澹，字清老。金華人。工爲詩，放游江淮間，與王介甫、黃魯直、秦少游爲文字交。志操修潔，多爲諸公所稱。然秀老恬靜，而清老頗使酒，嘗欲爲僧，介甫與之鐓，盡付酒家，不果爲。今各錄其詩一章，以見其爲人之大致云。秀老《水村》詩云：「畫橈兩兩枕汀沙，隔岸煙蕪一望賒。翡翠閒眠居藕葉，鷺鷥別業在蘆花。溪雲漠漠迷漁屋，野斾翻翻露酒家。一幅江南真水墨，無人寫得寄京華。」清老《旅中詠懷》詩云：「白浪紅塵二十春，就中奔走費光陰。有時俗事不稱意，無限好山都上心。一面琴爲方外友，數篇詩當橐中金。會須將爾同歸去，家在碧溪煙樹深。」

方勺

方勺，字仁聲，金華人。後居湖州西溪，自號泊宅翁，蓋取張志和浮家汎宅之語而返之以見志。潘良貴嘗贈以詩云：「學道悠悠未見功，敢云凡質有仙風。他年一鉢江湖去，擬向苕溪訪葛洪。」詩序稱其超然遐舉，無仕進意，神情散朗，如晉、宋間高士。其詩文雄深雅健，追古作者。所著有《泊宅編》十卷。

陳霂

陳霂，字孟容，義烏人。志趣高邁，不喜自衒。靖康初遊太學，京城陷，束書東歸，結茅爲屋於雞鳴山之陽，采蔬拾薪以供母，而母亦歡然忘其憂。自號靜翁。有詩稿五卷。

黄璣

黄璣，字敦政，義烏人。少剛直，負高世之志，絕意仕禄。建炎初，從其舅宗澤至汴，將授以官，即辭歸。贈以白金，計所用而反其餘。澤後奏補廸功郎，卒不受，終老於家，自號葆真子。所著有《升齋類稿》三卷。

張志行

張志行，字公澤，東陽人。力學砥行，鄉閭推仰，以禄不逮親，遂不事科舉州郡屢辟不應。紹興二年，浙東宣諭使朱異表聞，賜號冲素處士。

朱友聞

朱友聞，字子益，浦江人。幼孤，長能刻苦爲學，夏不避蚊，冬不擁爐，久之貫通諸家書。作文尚質實，有理致。性好飲酒，視富貴無所屈。縣令丞而下欲見之不能得。同郡呂祖謙，名重一時，知其有守而多聞，訪之逆旅中，再以書速之，止脩報謝，亦竟不行，祖謙愈重焉。

杜濬之

杜濬之，字若川，蘭谿人。伯高孫，去僑子也。明《春秋》，領鄉貢。宋易世後，感激自悼，矯行晦迹，寄食西峯寺僧以終。其《述志》詩云："寧枉百里步，曲木不可息。寧忍三日饑，邪蒿不可食。雖云食息頃，便分淑與慝。志士當暮年，聞道轉歷歷。要使此一身，如琢復如滌。整冠與納屨，微嫌費疎別。何如瓜李地，絕不見吾迹。"《自警》詩云："食李勿厭苦，食梅弗嫌酸。不爲身所累，且從心所安。吾分固云薄，吾志亦非單。静看如山禍，差之一念間。所得甚渺渺，所喪已漫漫。百年脩不足，一朝容易殘。雖處四壁立，如享萬鍾寬。静坐明月窟，濯足清風湍。"觀此二詩，可以見其志節之所存矣。

李直方

李直方，字德方，東陽人。爲人沈毅方介，少以世業治《尚書》，舉進士不第，退治河洛之學。德祐初，會求直言，抗疏闕下，不報。歸家，益潛心六籍，旁搜百氏之書，議論風生，聲實兼著。宋亡，遂絕意仕進，隱居教授。其受業弟子陳樵、胡瀄、陳士允，皆以文學知名。晚歲家益落，與其弟子耦耕南山之麓以自給，人皆以龐德公擬之。後以高壽終。至元間，録故上書言宋丞相者，至訪其家，則稿焚且久矣。學者稱復庵先生。

金 涓

元：金涓，字德源，義烏人。從許謙講道於八華山，稱爲高第。既又從黄溍學古文詞，與宋濂、王褘、朱廉爲友。其文雅健有奇氣。當其乘興援筆，頃刻千百言不自休。性樂恬澹，絕意仕進。虞集、柳貫交章薦之，皆不起。入國朝，州縣屢辟，輒辭曰："犧尊青黄，豈木所願。孤豚之好，游戲汙瀆。且吾髮已種種，焉能騁馳簪組間哉！"於是厭所居廛市，徙去縣南蜀山之下青村以居，朋舊扣門，輒焚香瀹茗，促席對榻，抵掌劇談。客去，輒復閉門不妄出。學者稱曰青村先生。所著文集有《湖西藁》、《青山藁》，總四十卷。

何壽朋

明：何壽朋，字德齡，金華人。受學於葉儀，窮理守道，隱居教授，不妄干人。洪武初，舉孝廉，以二親俱老辭。父歿，舍所居宅易地葬焉。學者因其自號歸全，稱曰歸全先生。

汪輿立

汪輿立，字斯道，金華人。受業於范祖幹，其德行與何壽朋齊名，而文學稍優，議論亦差勝。嘗謂學者當視古人爲不足，毋視今人爲有餘。人以爲名言。隱居教授，不求聞達，游林泉，以高壽終。

唐光祖

唐光祖，字仲暹，以字行，其先金華人，説齋先生裔也。父以仁，嘗從聞人夢吉學。夢吉奇之，妻以女。元末，奉夢吉避地永康魁山下，遂爲永康人。仲暹幼承家學，長又從李草閣游，學問淵源，屬文典實有法，而宿諸理。言動必則古昔，雖造次，無謔言，無戲容。隱居教授，儼然以師道自尊。邑大夫累以人材起之，不就。號委順夫。所著有《委順夫集》。子道隆，孫蔭，皆淳朴有父祖風。

金華先民傳卷十

雜傳 凡四十一人

雜傳者何？録諸傳之所不該，與夫槩之於傳而未審者也。是雖或得於性資之偶合，與出於意氣之激昂，與動於聲名之慕勉。又或限於紀載之疎舛，與格於物論之異同，固未必其犁然皆當乎人心，要之亦拔乎流俗、脱乎汙世，而有足以自異於人人者也。矧前此郡邑之志，亦且多録之矣，兹固不得而遺也。夫太山高矣，本卷石之積耳。滄海深矣，本勺水之會耳。自善取益者觀之，則偏長之懿，又豈不足爲成德之資乎！緣叙羣行，而錯書之，不可以一端定名也，故謂之雜云。

楊　喬

漢：楊喬，義烏人。容儀偉麗。漢桓帝時，爲尚書，數言事。帝愛其才貌，詔妻以公主。喬固辭，不聽，遂不食七日而死。用《漢書》修。

范大録

宋：范大録，字中孚，蘭谿人。爲縣吏，持案公平，不撓法以求略，雖貧窶甘心焉。初無子，因迓主司至白砂，收一流離女子，後生一男諤，官至少卿。孫、曾數世登第，多爲顯官。追贈大録正議大夫。

吴　圭

吴圭，字彦成，義烏人。倜儻好施與。太學生程績從故人貸錢三萬，將葬其親。同舍生漢臣紿取之，俾歸受償於其兄，留滯弗與。圭如數代償焉。初至京，方入國門，道遇鄉士葉祖信，爲太學陳生衷具棺斂。圭遽曰："溽暑如許，須衆則事緩矣。"立如所費周之。其輕財重義類如此。用《人物志》《敬鄉録》修。

喻葆光

喻葆光，義烏人。娶黃氏。睦盜起青溪，婦翁以白金一千五百兩屬葆光窖藏之。盜平，婦翁亦死，三子俱幼，莫知金所藏處，葆光舉而歸之。三子請奉數百兩爲謝，葆光雖貧，力辭弗受，人稱其長者。

李　悦

李悦，字公愉，東陽人。方臘之亂，悦避賊匿灌莽中，聞其兄爲賊所得，欲殺之。悦趨出，願以身代，賊義而兩釋焉。賊平，劉元帥欲悉誅縣民之從亂者。悦力諫止之，所全活凡數千人。

潘祖仁

潘祖仁，字甫亨，金華人。好學能文，自號竹隱老人。有子女七人：子奕、京、方、奇、亳、育，女玫。祖仁嘗倣枚乘《七發》作《七進詞》，託諸子女各有所獻，自酒、芍、鯉、茶、局、博而卒歸諸書以見志。奕後名良佐,以子時貴,贈通奉大夫。京後名良貴,仕至中書舍人,以清節直道,爲時名臣。方後名良瑗,終太學生。奇後名良翰,仕至大府丞。育後名良能,仕至秘書丞。惟亳早卒。祖仁年九十餘,清素之風,行于家庭,好事者因作《七進圖》,傳爲美談。于時金華潘氏有三族,人稱其家曰清潘,以別于貴潘、富潘云。用《敬鄉録》及《縣志》修。

何敏中

何敏中,字元功,浦江人。自少篤學,恐飲酒廢業,終其身弗御。游太學時,同舍生方立卒,敏中鬻行橐,持其喪歸。鄰州寇起,將壓境,敏中攜家避山中,比鄰從者以百數。道遇擁刃來者,衆相顧泣且死,其魁首大呼曰:"此浦江何公也。吾昔爲尉所縛,藉一言而免。是嘗有恩於我者。"命兵護出之。用《人物志》修。

傅　光

傅光,字子溫,浦江人。仕爲諸王宮教授。未幾退歸田里。方臘反,縣民多託之爲亂。任士安統兵至,怒甚,欲盡屠之。光適與任厚,往諫之曰:"亂者惟通化一鄉,餘皆良民。將軍奉朝廷殺賊耳,奈何延及無辜?"任悟,如光言。光孫如松、如川,皆從吕祖謙學,知名于時。用《人物志》修。

徐端益

徐端益,金華人。靖康間,以右科爲虹縣尉。張邦昌手書至縣,令以下迎拜宣讀,如往昔迎詔儀。端益獨植立,不爲屈膝。高宗即位,向子諲言於朝爲易文資。用《一統志》修。

陳　昭

陳昭,字襲明,義烏人。遊太學,偕陳東上書,乞斬六賊。不報,棄繻東歸。後舉進士,調錢塘尉。御史陳堯臣爲權倖所擠,下其子於大理獄。昭爲納告身贖之。再調戶部瞻軍酒官,用薦,改宣教郎,卒。所著有《易説》。用《人物志》修。

黄中輔

黄中輔,字槐卿,義烏人。紹興中,秦檜和議即成,日使士大夫歌誦太平之美,但有言其奸者,輒捕殺之。中輔作樂府《題太平樓》,有"快磨三尺劍,欲斬佞人頭"之語。檜聞大怒,踪跡不得而止。中輔居鄉,每爲仇家所挾,將發之。會檜死,乃免。自號細高居士,名其齋曰轉拙。用《人物志》修。

張垓

張垓,字伯廣,金華人。以蔭入官。葉正則未第時,貧甚,垓館于家,資給之。後正則帥建康,辟垓爲淮東轉運司幹辦公事。吕祖儉得罪,貶,垓方在官所,即解裝貿輕齎追至信安贈焉。陳亮被誣,繫大理獄,罪且不測,垓不避禍,奔走經營,卒脱其難。

汪大度

汪大度,字時法,金華人。受業吕祖謙,自號獨善。慶元初,吕祖儉觸權奸,貶韶州。大度往送之。伴送者凌辱祖儉,大度以義折之,直欲與之坐獄,從至貶所,久之乃還。所以經紀其家者甚至。朱熹致書,深加敬嘆。弟大章,字得叟,亦從祖謙遊。祖儉之卒也,大章距秋試纔四日,舍之就道,護喪以歸。故人路知監卒於蘄,不能還葬。大章走蘄,載其柩歸,割地葬之。用《敬鄉録》修。

喻南强

喻南强,字伯强,義烏人。自少負奇氣。父直方,謂與陳亮類,俾從之游。同門者數百人，南强周旋其間，探深索隱，精粹鋒起，亮每稱其議論可畏。讀書至名義可喜事，輒擊節慷慨，謂庚契可致。及亮以非辜下大理，罪且不測，門人畏當路威焰，嗫不敢出聲。南强義形於色，貽書誚責，言先生無辜受罪，將賫恨入土，吾曹爲弟子，當怒髮衝冠，乃影響昧昧，是得爲士類耶！復走東甌，見葉適，備述亮寃狀。適曰：“子真義士也！”即秉燭爲作書數通。南强又持走越，袖見諸臺官，誦言無忌，卒直亮之寃。累貢於鄉，不得第，用右科調富陽尉。禮部侍郎真德秀以言事去，廟堂風京尹迹其所至，欲并以爲罪。德秀舟過富春江，南强嘔見，且賦詩爲餞，人皆壯之。其爲文喜馳騁，下筆數千言，不煩繩削而自合。大篇短章，恣人取去，不甚愛惜，惟《梅隱筆談》十四卷藏于家。用《潛溪文集》修。

丘一中

丘一中，字履常，蘭谿人。能文章，有聲望。仕至武學博士，添倅江州，爲閫帥汪紫源所知。一中家居，薪米不繼，戲作自寬詩云：“仙都有勑到林泉，誰信祠官無俸錢。陶醉猶能麾客去，顏飢何至乞人憐。鹿蕉已是今無夢，枸杞曾傳昔有仙。餓死亦堪垂不朽，無緣箇箇珥貂蟬。”用《縣志》修。

郭德誼

郭德誼，名欽正，以字行，東陽人。輕財好施，鄉邦倚賴。嘗闢石洞書院，以教宗族子弟，鄉之秀民願請業者，亦聽學焉。撥田數百畝以隸之，後進多所成就。從兄良臣，建西園書院。姪伯廣，建南湖書院。蓋皆慕欽正之風而興者。其卒也，朱晦翁爲銘其墓云：“才百夫之特而身不階于一命，志四方之遠而行不出於一鄉。然而子弟服飾儒之訓，州閭識遜悌之方。霍然其變豪傑之窟，煥乎其闢禮義之塲。是則其思百世而長勿替，繩之有永彌昌。”子津，字希呂，學于晦翁，嘗有書問往來，見《大全集》。用《朱子大全集》及《錢山民私志》修。

葉大同

葉大同，字會之，蘭谿人。爲人重氣義，言必稽古昔。有友人死而無櫬者，其家欲賣廬以爲櫬。大同曰：“吾未死，已有木。友已死，乃無木。吾縱死，不至剥廬。友雖死，不可無廬。”遂輟櫬已者櫬焉。兄弟三人：其兄紹彭，早世且無嗣，大同以幼子後之。或謂法應三分其產，大同曰：“嗣可三，産不可三，明義利也。義利明，則吾兄真有後矣。”王魯齋曰：“世有繼嗣之爭者，觀此可以愧死耶！”用《縣志》修。

蔣　沐

蔣沐，字澤甫，東陽人。居橫城有才幹而倜儻尚義，即所居之西建義塾一區，割田租一萬隸焉。迎致禮部尚書方蛟峰爲之師，擔簦負笈者不遠數百里而至，其教法一遵白鹿洞遺規，月書季考，礱石題名，二十名以前給贈幣帛書籍，其餘分贈有差。喬見山、陳月齋、吕存齋繼主師席，前席題名者六百八十有五人，名人魁士，項背相望。里人孫德之，宰相賈似道客也，忌其得時名，讒之賈，以豪俠坐徙廬陵。至元中，江右行省詢知其奇士，薦授建昌縣主簿，以病免歸。曾孫大同，字伯康，思紹先緒，重修義塾，以教鄉里子弟幾數百人，供給衣粮庖湢者垂四十年。用《黄文獻公集》《宋潛溪集》及《府志》參修。

陳德高

陳德高，東陽人。辰州太守琰父也。慕范文正公之義，割腴千畝，立義莊以贍宗族。又設義學，延師儒以訓厥子弟，婚宦死喪皆有助焉。族人遭困厄不自給者，袖金助之，不令人知。有貧而鬻產於德高者，如其請，畀之金，積其入及元直，則舉以還之。山陰陸游嘗爲撰《義莊記》。用《人物志》修。

姚巘可

姚巘可,字君俞,義烏人。隱居郭西門,風度孤騫,不同於物。年飢,不粒食,蒸菘菜、茄子啖之,無醯鹽。人始但憂其貧不堪,既而見其久不屈,稍聽向,至老克有嘉行,迄無妄求,因遂翕然信重之。葉尚書適布衣時嘗訪之,巘可曳破輨出迎,悅如舊識。既屬疾,度不起,以書造適曰:"我能守義不辱,子宜爲我銘。"臨終戒其弟曰:"棺前止須布幃一幅,置瓦爐於案。知我者當自來哭。其不知者,雖哭,吾不對也。"蓋其卓立自信如此。用《人物志》修。

俞時中

元:俞時中,字器之,金華人。宋季避兵山谷間。叔母劉爲元兵所得,欲殺之,時中聞其聲,挺身出曰:"此吾母。即欲殺,當以身代。"主者壯其言,釋劉而挾時中北行。至京師,語其事,公卿皆嘆奇之,使受學羅郎中所。時羅方貴倖,嘉時中才,命爲其婿,久之以薦入翰林,纂次《本草》,遂爲太醫令,歷官監通州樂歲倉。秩滿,求便養,得諸暨州判官以歸。抵家,父母暨劉已前卒,乃爲位制服,晨夕號慟如初喪,聞者皆爲之流涕。用《黃文獻公集》修。

吳　謙

吳謙,字仲恭,浦江人。任月泉書院學錄,與方鳳、吳思齋、謝翱爲道義交。宋亡,同寓謙家。翱卒無嗣,謙爲經營喪葬,刻石誌墓,復輯士大夫哀誄爲哭謝編。孫志德,別見《武功傳》。用《人物志》修。

胡　植

胡植,字鍾卿。宋淳祐間以薦,徵入史館,歷官至秘書校勘,兼諸王宮講書。及宋亡,偕其子登仕郎時可、國子生時中、漕貢進士時享、國學進士時敏及時中子國史檢閱同老、約敕俱不仕元,扁其庵曰忠孝,以自見志。余聞其裔孫石川子授云。

鄭謐

鄭謐，字彥淵，金華人。嘗注《心學圖説》，蘇平仲爲之序云："彥淵優游事外，於凡聖經賢傳，旁及釋老之書，靡所不覽，而未嘗阿以爲同。冥思而默體，深造而自得，其説直欲逾濂洛、涉洙泗，窺先天之秘，其用心亦可爲勞矣！非儒者能與於斯乎！惜夫是書出於三百年之下，而諸大儒莫之知而莫之取也。余平生爲學，不敢偏信成言，亦不敢輕出臆説。觀彥淵之超詣獨得，多所發揮，寧無慨然者乎！"用《縣志》修。

金似孫

金似孫，字叔肖，蘭谿人。少俊敏强記，工舉子業文。科既廢，遂力於詩，警拔有思致。善風切人，然傲俗，寡交好酒，多與忤。既鬱不得施，家事益落，感激悲憤，一發于賦詠。吳師道稱其負才不屑于俗，殆古之所謂狷者。其詩觸事感時，亦足以附於風人之列云。用《縣志》修。

汪開之

汪開之，字元思，金華人。獨善之孫也。居貧力學，與王魯齋爲友。魯齋《故友録》稱其"堅勵勇往，能自拔於困苦中。晴窗夜燈，更改互磨，劇辨不置。始余爲爲己之學，實開端之元思云。"開之嘗自著《貧約》，有"不衣絹帛，不食夜飯，不顧僕從，不妄收買，不趁人情，不作雜書，不轉假借，不轉懇事，不爲妄費，不借人物"，凡十條。其卒也，魯齋率朋友斂之，又請于何北山爲銘其葬。用《縣志》修。

倪公晦

倪公晦，字孟陽，金華人。受業何北山之門，與王魯齋爲友。魯齋《故友録》稱其服善，喜聞過，專志于下學之實。仕至轉運司幹辦公事，清介廉直，有聲於時。兄公度，字孟容；公武，字孟德。亦俱以學行稱。孟德所著，有《風雅質疑》、《六書本義》等書。用《縣志》修。

桑　惠

桑惠，字仁卿，武義人。家貧，介然自守，不能與俗浮沈，唯日夕訓諸子弟，雞初鳴輒起，懸燈讀書。食時使往從師，或值雨潦，親持蓋候之還，凍餒日不自免。聞有佳書，輒多貿歸，俾讀之。人皆笑其愚，或勸之曰：“子貧如是，何不學他技，朝出門，暮即可得錢。讀書固佳，其效乃如捕風耳。”仁卿笑曰：“信如子言，吾家學將絕吾手矣。”乃召其子以時謂曰：“此妄人耳，其慎無聽之。吾之貧乃由天，於讀書何預哉！”策勵比前益急。其子竟舉賢良，三遷至衢州府通判，以政事聞。仁卿嘗質田於隣翁，已而失其券，乃以計紿仁卿至家，使重書之。或躡其足，曰翁券已失矣，慎勿書。仁卿嘆曰：“吾實得錢，而因失券負之，如內愧何！”其誠愨蓋至此。用《潛溪文集》修。

李　寓

李寓，字至隱，東陽人。性恬澹質直。嘗習詞賦爲舉子業，值宋亡，遂隱居，不事進取，日以文史自娛，手不釋卷。邑令以下咸禮敬之。壽逾一百一歲而終。胡助爲作期頤傳表焉。所著《隱居雜稿》若干卷。

徐　鈞

徐鈞，字秉國，蘭谿人。父時升，仕汀州知州。鈞以父任爲濠州定遠尉。宋亡，不仕，家故多書，惟以經史文章自娛。款致金仁山先生于家教其子，朝夕以脩己治人之道相愓勵。著《詠史詩》一千五百三十首。許白雲、張子長、黃晉卿皆爲之序云。用《縣志》修。

吕　默

吕默，字審言，東陽人，自號白玉山人。隱居不仕，問學該博，性嗜吟詠，鹿皮子陳樵見其泰素壇詩，有“秋光有白生虛室，春色無青到朽株"之句,深加歎賞。所著有《耕餘野唱集》若干卷。用《人物志》修。

袁仲仁

袁仲仁,名大珍,以字行,金華人。敦行信義,養二親以孝聞。兄大通,客死永嘉,仲仁不憚勩,親往取遺骼歸葬先隴。嫂張氏、吳氏寡居無子,張居海鹽,吳居鄞之故里,俱迎致而終養焉。二姊適甯氏、皇甫氏,早喪所天,男女嫈嫈,養于家,且爲之婚嫁其男女,置田廬以贍其生。友人張彥希自雲南經歷致仕于家,一日夫婦俱爲讐家所殺,盡刼掠其財,一女銀奴甫生。仲仁往哭之,抱其女歸,撫如己女,日夜爲踪跡其賊,竟得之,伏法。鄞人蘇甲,趨公事來金華,病莫能行,同事者委之而歸。仲仁適見,攜還家,迎醫治其疾。疾愈,其人德仲仁,不忍背去。憫郡民貧者無葬地,每至焚屍沈骨,負郭有沃地,直可五千緡,輒捐之爲義塚。鄉里咸稱曰義士云。杜紀善桓嘗爲作傳。用《縣志》修。

朱士真

朱士真,名助,以字行,金華人。其居址今割隸湯溪。性孝友,樂賙窮匱,尚惇厚以勝偷薄,興禮讓以矯頑鄙。兄士安,謫戍麻陽,歲具衣錢供給。事母極其婉順。每於歲旦出粟貸貧,不收其息,以爲母延年之祝。宗族姻故阨於貧窮患難者,必厚賙之。里中有甲,當償乙者,償之不及五十緡,乙索之不已,士真代償之。其他善行甚多。典籍王杰嘗爲之作傳。用《賢達傳》及《縣志》修。

吳　綺

吳綺,字季可,蘭谿人。國初,越國公鎮嚴州,蘭谿民有越境就食者,邏得之,以爲諜,欲置之死。季可請見其部領,謂曰:"此平民耳。無能爲也。"乞從之,全活數十人。既而越國公下蘭谿,游兵侵擾居民,季可趨見越國,願嚴軍禁以安民業。越國授以大杖,有犯禁者令得杖之。由是軍旅斂戢,民皆安堵焉。

盧覔民

盧覔民,東陽人。嘗於路拾遺珠一裹持歸,令人訪求失主,頃之失者泣而至。覔民詢得其實,舉以還之。其人分半相酬,覔民却之曰:"吾豈利若物哉!"其人泣謝去。覔民後嬰疾危甚,夢神人謂曰:"以汝還珠之德,賜汝長壽。"復示藥方,服之,果愈。年至八十六乃終。

韓循仁

明:韓循仁,字進之,其先金華人。明經潔行,隱居授徒,一時名士如宋濂、吳履皆其深交。元末兵起,避地居永康之岡谷,專以山水文籍自娛,貧窶無所介意。宋濂嘗爲循仁作《菊軒銘》,稱之曰:"進之耆年碩德,爲後進矜式。濂四十年老友也。"所著有《南山集》。

應恂

應恂,字子孚,永康人。醇朴好古,博涉書史,治家勤儉自足,一介弗苟取於人。訓誨子孫,教授門徒,必依於孝友勤儉、禮義忠信。嘗自贊曰:"不能執中,寧過於厚。不能有爲,寧過於守。"晚號純朴翁。所著有《純朴翁稿》。

許塤

許塤,字時舉,東陽人。從游王汶之門。篤志好學,汶遂以女妻焉。以《春秋》領鄉薦,因遇疾罷試禮闈。性孝友,父母有疾,不敢離側。既没,却酒肉,廬墓三年。每遇忌辰,悲泣如初喪。事兄堪、垣,如事嚴父,至死弗異爨。家素饒裕,平生食不重肉,衣不華飾,淡泊如寒士。其卒也,侍郎謝鐸爲銘其墓。

徐蒙六

徐蒙六，永康人。正統十四年，括寇掠境，居民多逃竄，城邑□於兵火。先是，縣收銀糧數百兩，付蒙六傾銷。未交官，而寇至，蒙六以棺貯埋土中而逃，人無知者。後寇退，官將重徵於民。蒙六橐其銀以獻，曰："銀故在，勿徵也。"官大異之，顧而嘆曰："此善人，其後必昌！"今其子孫多殷盛，人以爲積德之報。

俞　統

俞統，永康人。成化十九年，大水，家被衝没，妻女俱溺死。先是，有商人市苧者，寓數十金其家而去。至是商人泣而至。統曰："無庸爾爲也。家雖破，銀幸收檢尚存。"挈而還之，弗爽毫釐云。

明永康應廷育。撰《金華先民傳》。分列十卷，一道學、二名儒、三名臣、四忠義、五孝友、六政事、七文學、八武功、九隱逸、十雜傳，計三百六十七人。自注云，自三十二年夏至三十七年春，凡五易稿乃克成，編其傳之詳者，每參合三四書足成之，其致力可謂勤矣。壬戌孟春，余從上海購明鈔本八册，蓋有"四明盧氏抱經堂藏"陰文方印，惟陳樵傳後半、聞人夢吉傳前半，共闕一葉，其餘亦有譌脱。余浼吳君芷泉覆校一過，内有應糾正者數則，如章如愚傳，俱所著有《羣書考索》六十六卷，按全書係二百十二卷，此厪舉其前集，不知後、續、別三集，何以漏列。吳留贊傳，有駱統聞而壯之一語，按駱統《吳志》注引作淩統。又有"權右憚之"一語。按《吳志》注作"權以此憚之"，謂孫權也，又有"道病卒"三字，按《吳志》作贊被害年七十三。如此之類甚多，似應更正。季樵胡宗楙。

經濟要畧

刻晉菴先生經濟要畧叙

　　昔聞韓氏三百載而大施，今見蔡公五千篇而半軼。生則晨書暝寫，幾禿兔毫；没而鳥剥蟲穿，僅留鴻爪。豈當湮没，昔賢難信其傳；若又凋零，後學敢辭其責。十一世族祖晉菴先生者，姓應氏，諱廷育，明正德、嘉靖時人也。生而端静，長則通明。一登進士之科，三主刑曹之事。宗廟當争大禮，特發嘉謨；朝廷不許小臣，得申正論。撼門無謂，難以舌争；陟岵爲煩，因之心亂。遂陳烏哺，用乞鶯遷。得持節以南來，免導輿而北去。受書子舍幾百員，争羨舞衣；讀律公庭十二卷，特傳窺管。受讞則寬而能斷，寧貽西陸之悲；議刑則允且惟明，兼輯南京之志。人謂敏爲第一，大有相知；客云法必循三，又勞見嫉。南臺非遠，方十事以上陳；西塞何遥，輒一麾而出守。遂乃聊從半刺，爲試全才；本是祥鸞，不棲枳棘；已教馴雉，而到桑麻。雨化以時，象山闢大賢之窔奥；雲横於月，猫疆褫小醜之精魂。當事者服其知兵，先容者欽其學道。乃帝繩吏治，特使乘驛；而臣少宦情，已如倦鳥。避陶潛之地，徑可曾荒；讀孫敬之書，户常自閉。揚搉以窮其學，粹精而養其原。四十年摩典漸墳，隱于疏水；十九部羽經翼史，藏在名山。立德立功至立言而不朽；異聞異見寧異代而遂亡。而蒲柳編餘，未謀剞劂；風霜刧後，漸就銷磨。十卷遺書入《四庫》，而先民可作，百年舊志經再編，而後進何求。張桐城雖謂必傳，朱竹垞已云未見。蓋以山涯之散棄，自古爲然；而其紙筆之飄殘，于今特甚。曙霞近從前輩，遠訪先型。潔静精微，曾讀卦爻之解；雄深典核，幸窺經濟之書。是書也，識前言往行之多，論上古下今而確。自天地而兵農錢穀，廿八宿耿若羅胸；由虞夏而唐宋元明，三千載示如指掌。有類書之詳贍，而議論爲精；無會典之拘牽，而見聞尤富。在先生鎔經鑄偉，衹爲論世之餘言；而後人丐馥沾膏，可作濟時之要詧。雖則《周官》剩得，尚有存亡；如其魯壁藏諸，保無磨滅。用謀梨棗，爲輯縹緗。倘一綫之可延，將百城而不假。嗚呼！伊昔寶留完璧，雜以補袍；于今字集碎金，爭爲秘枕。豈真有數，三篋曾亡；若使能傳，一斑可見。獨是三亥未遑訂正，猶虞此日之豕魚；六丁勿俾取攜，須慎異時之雷電。

嘉慶二年歲在丁巳閏六月上浣，族姪孫曙霞梧坨謹識。

凡　例

　　一、晉菴先生所著書凡一十九種。其《南京刑部志》八卷、《讀律管窺》十二卷,載《明史‧藝文志》。其《中庸本義》、《周禮輯釋》,載朱竹垞《經義考》,而目列未見。其《永康縣志》十卷,曾刻于縣尹吳公安國,顧迷經續修,流傳亦少。《金華先民傳》十卷,亦見朱竹垞《明詩綜‧詩話》及《經義考》,而吾鄉向無傳本。至朱笠亭《金華詩録》遂以《先民傳》爲縣志。今幸天子開四庫館求遺書,浙江守臣搜訪上獻,數百年來著述,藉以不朽。而其他所著《四書説約》、《郊祀考義》、《禮記類編》、《史鑑纂要》、《明詩正聲》、《字類釋義》、《卮言録》、《訓儉編》、《自叙編》、《皇明文武名臣録》、《晉菴拙稿》等書皆佚。今家之所存者,《周易經解》及此書二種鈔本而已。因亟付梓,以延一綫之緒焉。

　　一、是書與類編、會典相近而實不同。類編、會典諸書,供詩文、論策驅使而已。是書自天文至河防,雖各以類相從,而先稽古典,次參經制,折衷於道,而定矩焉。經世石畫皆具於是,勿第作尋常彙典觀。

　　一、傳本不分卷次。因篇頁稍繁,釐爲四卷,以便觀覽。

　　一、鈔本《官職篇》刑部以下皆佚,今姑從闕,俟得善本補刊。

　　一、是書所傳鈔本,互有訛脱,因草草付梓,未及詳加訂正,三豕元二,尚多未免,觀者諒焉。

　　一、《周易經解》踵是編授梓,其餘所佚諸書,藏書家倘有傳本,幸即賜鈔,以壽諸木,則不啻百朋之錫矣。

　　　　　　　　　　　　　　　　曙霞又識

經濟要畧目錄

永康晉菴應廷育仁卿甫著

經濟要畧卷一

天　文

　　自昔言天者有三家：一曰宣夜，二曰周髀，三曰渾天。宣夜之學，絶無師説。周髀之家，以爲天如倚蓋，斗極爲天之中，中高而四邊下，日月旁行繞之。日近而見之爲晝，日遠而不見爲夜。然而曆家謂其考驗天象，多所違失，惟渾天之術最得其情，故後世相承用之，莫能易也。其説以爲天包地外，地居天中，而天體半覆地上，半在地下，如鳥卵之裹黄。曰渾天者，言其形體渾渾然也。天體繞地左旋，三垣二十八宿諸星象皆附之以行，一晝一夜，則其行一週而微有過焉。即其過處因以爲度，計周天三百六十五度而餘四分度之一。其高下廣狹與日月五星之行度，則皆準此而起者也。天居地上，見者一百八十二度半强，其在地下不見者亦如之。自地至天，相去八萬四千里。北極出地三十六度，南極入地亦三十六度。南、北二極，持其兩端，天體依之，斜而回轉。南極五十五度，是爲天中，正當嵩高之上。又其南三十六度，當南北極，相去之中，乃赤道也。日月五星皆違天而右行，如磨上之蟻，磨左旋，蟻右趨，而蟻遲磨疾，則亦若順磨而轉矣。此日月五星，所以人望之者亦若其從東而西也。日一晝夜右行一度，爲天體挾之左旋，而天過一度，故于地盤恰爲一周，而東出西入，晝夜分焉，以爲一日。月一晝夜行十三度十九分度之七，歷二十八日有奇，於天盤始爲一周。至二十九日有奇，而與日會。月禀光於日者也，方會則光盡,已會則復蘇,而晦朔分焉,以爲一月。天一晝夜,左過一度,日一晝夜,右行一度,歷三百六十五日有奇,則日於天盤始爲一周,而天之過者,其於地盤,亦適一周,而天與日會,則寒暑以更,而四時成焉,以爲一歲。然一月止爲二十九日有奇,則一年十二月,止得三百五十四日有奇而已。大率以三百六十日約之,則天日相會,而多五日有奇者,謂之氣盈。月日相會,而少五日有奇者,謂之朔虛。總盈虛之數,計一年餘十一日有奇,而閏乃生焉。故三年而一閏,五年而再閏,歷十有九年七閏,而氣朔乃齊,以爲一章。《周禮》鄭氏注云:中數爲歲,朔數爲年。中朔不齊,正之以閏。此之謂也。

日也者,太陽之精也。其行所由,謂之黃道。去天中之南十二度,入赤道,北爲夏至之日道。又其南二十四度,當黃、赤道相交之處,爲春、秋分之日道。又其南二十四度,出赤道,南爲冬至之日道。夏至日北去極六十七度,春、秋分去極九十一度,冬至去極一百一十五度。是故日道發南,去極彌遠,其晝彌短,短極而冬乃至焉。日道斂北,去極彌近,其晝彌長,長極而夏乃至焉。是故日周於天,一寒一暑,而萬物畢改,歲乃成焉。是故斗之所指曰建,日之所舍曰躔。斗建子之月,則日躔於丑,爲星紀之次。斗建丑之月,則日躔於子,爲元枵之次。斗建寅之月,則日躔於亥,爲娵訾之次。斗建卯之月,則日躔於戌,爲降婁之次。斗建辰之月,則日躔於酉,爲大梁之次。斗建巳之月,則日躔於申,爲實沈之次。斗建午之月,則日躔於未,爲鶉尾之次。斗建未之月,則日躔於午,爲鶉火之次。斗建申之月,則日躔於巳,爲鶉首之次。斗建酉之月,則日躔於辰,爲壽星之次。斗建戌之月,則日躔於卯,爲大火之次。斗建亥之月,則日躔於寅,爲析木之次。此所謂十二辰也。於此觀之,亦可以見斗爲順天而左旋,日爲違天而右轉,而歲乃一周天者,昭然其不誣矣。

月也者,太陰之精也。日行黃道,月有九行。青道出黃道之東,赤道出黃道之南,白道出黃道之西,黑道出黃道之北。各分陰陽二歷,合黃道而爲九焉。月本無光,受日之光以爲明者也,故漸遠日則漸明,益遠而與之對則光滿。漸近日則漸暗,益近而與之會則明伏。合朔之後,違日而漸遠之,故歷三日有奇,而昏見於庚,下體微明,如鈎之象,謂之哉生明。又五日,而昏見於丁,下體半明,上體半暗,如仰弓之象,謂之上弦。積十四日九時有奇,而月與日對,昏見於甲,全體皆明,圓若銅鉦,則謂之望。既望之後,溯日而漸近之,歷三日有奇,而晨見於辛,下體微暗,謂之哉生魄。又五日,而晨見於丙,下體半暗,上體半明,如覆弓之象,謂之下弦。積二十九日五時有奇,而月與日會,晨見於乙,全體皆暗,則謂之晦。既晦而蘇,復爲朔焉。然日月之所以有薄蝕者,何也? 天體由北直南,縱分之謂之度。由東至西,橫截之謂之道。合朔之時,縱雖同度,而橫不必其同道。若橫亦同道,則月掩日而日爲之蝕。對望之際,縱雖對度,而橫不必其對道。若橫亦對道,則日射月而月爲之蝕。至於所蝕之分數有多寡,則由其入道之度數有淺深也。

三垣、二十八宿謂之經星,金、木、水、火、土五星謂之緯星。經星附天以左旋,常静而不動。緯星違天以右行,而其行度之遲速則各不同。三垣者,帝座所在也。紫微垣在斗、極之間,帝內朝之象也,故輔弼之星列焉。太微垣在翼、軫之間,帝外朝之象也,故將相之星列焉。天市垣在房、心之間,帝巡狩之象也,故列國之星列焉。二十八宿者,天之體也。角、亢、氐、房、心、尾、箕,是爲東方蒼龍之七宿,而天闕、內庭、路寢、明堂、後宮諸星象附焉。斗、牛、女、虛、危、室、壁,是爲北方玄武之七宿,而犧牲、布帛、禱祝以及天府、圖書、土工諸星象附焉。奎、婁、胃、昴、畢、觜、參,是爲西方白虎之七宿,而武庫、苑牧、內帑、外胡以及天街、邊陲、三軍主帥諸星象附焉。井、鬼、柳、星、張、翼、軫,是爲南方朱雀之七宿,而水衡、厨宰、服御以至珍寶、樂府諸星象附焉。天無體,以二十八宿爲體者也。故日月五星之變遷,皆以其所值之宿度而爲占焉。五星者,五行之精也。木星一曰歲星,一歲而鎮一辰，十有二歲而一周天。歲星所在，則其國受福。火星一曰熒惑，出入無恒，二歲而一周天。金星一曰太白，水星一曰辰星，常附日行，而或先或後，遲速不同，皆一歲而一周天。土星曰鎮星，歲鎮一宿，二十八歲而一周天。所居之次，則其國德重。凡五星之行失次，與其所守歷陵犯及乘繞、勾己、留復合散、贏縮，其吉凶莫不有占，文繁不能悉紀也。

觀天之器，始於璣衡。而璣衡之作，其來尚矣。或謂起於伏羲，或謂作於黃帝。然世遠載籍不傳，亦無以考知其然否也。觀於《書·堯典》曰"曆象日月星辰"，《舜典》曰"在璿璣玉衡，以齊七政"，蓋所謂象者，乃觀天之器，而璿璣、玉衡之云，即其所謂象者也。此其爲作於唐虞之前，固可知矣。《周禮》：保章氏掌天星，以志日月星辰之變動，以觀天下之遷，辨其吉凶。以星土辨九州之地，所封封域，皆有分星，以觀妖祥。苟非有觀天之器，則於日月星辰之變動者，亦何以灼知其星土度數之所在，而決其吉凶妖祥之應也乎！此其爲存於有周之世，亦可知矣。蓋今世所傳之渾天儀，即其遺法也。然而揚子雲以爲洛下閎始經營之，鮮于妄人又度量之，則若其所自作然者，豈古之象器已壞於戰國之亂，至漢武帝時，而二子復創爲之與？其後至宣帝時，耿壽昌始鑄銅爲器，而東漢張衡又別爲渾象。蓋至於唐李淳風、梁令瓚、僧一行，而其法始詳。及宋沈括之所上，與徽宗宣和時之所作，則又益加精密矣。凡爲儀三重，其在外曰六合儀。平置黑單環，上刻十二辰與八干四維之方位，以準地平而定四方。側立黑雙環，背刻去極度數，以中分天脊，直跨地平，使其半入地下，而結于其子午，以爲天經。斜倚赤單環，背刻赤道度數，以平分天腹，橫繞天經，亦使半出地上，半入地下，而結於其卯酉，以爲天緯。三環表裏，相結不動。其天經之環，則南、北二極，皆爲員軸，虛中而內向，以挈三辰四游之環。以其上下四方於是可考，故曰六合。次其內曰三辰儀。側立黑雙環，亦刻去極度數，外貫天經之軸，內挈黃、赤二道。其赤道則爲赤單環，外依天緯,亦刻宿度,而結于黑雙環之卯酉。其黃道則爲黃單環,亦刻宿度,而斜倚於赤道之腹,以交結於卯酉,而半入其內,以爲春分;後之日軌半出其外,以爲秋分。後之日軌,又爲白單環,以承其交,使不傾。墊下設機輪,以水激之,使其日夜隨天運轉,以象天行。以其日月星辰於是可考,故曰三辰。其最在內者,曰四游儀。亦爲黑雙環,如三辰儀之制,以貫天經之軸,其環之內,則兩面當中,各施直距,外指兩軸,而結於其腰中之內面,又爲小竅,以受玉衡腰中之小軸,使衡既得以隨環東西運轉,又可隨處南北低昂,以爲占候者之仰窺焉。以其東西南北無不周徧,故曰四游。及靖康之亂,儀象之器盡歸於金。元人襲用金舊,而規環不協,難復施用,於是郭守敬創爲簡儀、仰儀及諸儀表,其爲器凡十有三。又謂昔人以管窺天宿,度餘分約爲大半少,未得其的,乃用二線推測,於餘分纖微,皆有可考。雖舊法一切變更,而於測候則益加詳密焉。我朝承而用之,無所改作。前代之器雖亦並陳,至於欽天監官測候所用則一惟元之遺法而已。

昔太史遷作《史記》,推原作曆之始,謂神農以前尚矣,黃帝始考定星曆,"顓頊受之,乃命南正重司天",北正黎司地。而班氏《漢書》亦謂漢初因張蒼言用《顓頊曆》,比於六曆,疏闊中最爲徵近。是曆始作於黃帝,而尤莫近於顓頊也。其見於經者,則《堯典》命羲和曆象日月星辰,而又分命仲叔各處四極,測日景,考中星,察民物,以正春、夏、秋、冬,而終之以閏月,定四時成歲。其於曆法大略舉矣。夏、商、周以三統改正朔,爲曆固已不同,而其法不傳。戰國兵爭,欽天授時之政,要非其所急也。是以周、秦之際,閏餘乖次。漢初,庶事草創,猶行秦曆。武帝始用公孫卿言,造《太初曆》。時有古曆六家,術者頗疑其紕繆。至劉歆,造《三統曆》,始用積年日法,以爲推步之準。蓋一百三十年而是非始定。又七十年,東漢永平之末,造《四分曆》,而儀式方備。又一百三十一年,劉洪造《乾象曆》,始悟月行有遲疾。又一百八十年,晉姜岌造《三紀甲子曆》,始悟以月食衝檢月宿度所在。

又五十七年,何承天造《元嘉曆》,始悟以朔望及弦皆定大小餘。又六十年,祖冲之造《大明曆》,始悟太陽有歲差之數,極星去不動處一度餘。又五十二年,北齊張子信造《統天曆》,始悟日月交道有表裏,五星有遲疾留逆。又三十三年,隋劉焯造《皇極曆》,始悟日行有盈縮。又三十五年,唐傅仁均造《戊寅曆》,頗采舊儀,始用定朔。又四十六年,李淳風造《麟德曆》,以古曆章蔀紀元分度不齊,始用總法,用進朔以避晦晨月見。又三十六年,僧一行造《大衍曆》,始以朔有四大三小,定九服交食之異。又九十四年,徐昂造《宣明曆》,始悟日有氣時刻三差。又一百三十六年,宋姚舜輔造《紀元曆》,始悟食甚泛餘差數。以上計一千一百八十二年,歷經七十改,其創法者十有三家。自是又一百七十四年,元郭守敬參考歷代曆法,測候日月星辰消息運行之數,酌取中數以爲曆,本其所攷正者凡七事:一曰冬至,二曰歲餘,三曰日躔,四曰月離,五曰日交,六曰二十八宿距度,七曰日出入晝夜刻。所創法者凡五事:一曰太陽盈縮,二曰月行遲疾,三曰黃赤道差,四曰赤道內外度,五曰白道交,而《授時曆》於是作焉。史臣謂,自春秋獻公以來二千一百六十餘年,用《大衍》、《宣明》、《紀元》、《統天》、《大明》、《授時》六曆,推算冬至,凡四十九事,《大衍曆》合者三十二,不合者十七。《宣明曆》合者二十六,不合者二十三。《紀元曆》合者三十五,不合者十四。《統天曆》合者三十八,不合者十一。《大明曆》合者三十四,不合者十五。《授時曆》合者三十九,不合者十事。以前代諸曆較之,惟《授時》爲密。夫數往所以知來,攷古所以驗今,上求於千載之前既多符合,則下推於千載之後其必不忒可知矣。故我朝《大統曆》一遵《授時》之法,無所改焉。雖然,天時有不齊之運,而曆爲一定之法,則其久而不能無差者,亦勢然也。是故作曆之要,不過隨時攷驗,以求合於天而已。洪武十七年,漏刻博士元統上言,一代之興,必有一代之曆。自承運以來,曆雖有《大統》之名,而積分猶《授時》之數。按《授時曆》以元至元辛巳爲曆元,至今洪武甲子,積一百四年。以曆法推之，得三億七千六百一十九萬九千七百七十五分。大約七十年差一度，每歲差一分五秒。辛巳至今，年遠數盈，漸差天度。請乞修改，而未及行。今距元統上言之時三甲子且將周矣，修而改之，以求合於天道，豈非所當急圖者哉！

《周禮》保章氏"以星土辨九州之地，所封封域，皆有分星以觀妖祥"。此分野之說始見於經者也。自漢以來，其說益詳以密。以二十八宿分屬十二辰，而各以州國配之。自軫十二度至氐四度爲壽星，於辰在辰，鄭之分野，屬兗州。自氐五度至尾九度爲大火，於辰在卯，宋之分野，屬豫州。自尾十度至南斗十一度，爲析木，於辰在寅，燕之分野，屬幽州。自南斗十二度至須女七度爲星紀，於辰在丑，吳越之分野，屬揚州。自須女八度至危十五度爲元枵，於辰在子，齊之分野，屬青州。自危十六度至奎四度爲娵訾，於辰在亥，衛之分野，屬并州。自奎五度至胃六度爲降婁，於辰在戌，魯之分野，屬徐州。自胃七度至畢十一度爲大梁，於辰在酉，趙之分野，屬冀州。自畢十二度至東井十五度爲實沈，於辰在申，晉之分野，屬益州。自東井十六度至柳八度爲鶉尾，於辰在未，秦之分野，屬雍州。自柳九度至張十六度爲鶉火，於辰在午，周之分野，屬三河。自張十七度至軫十一度爲鶉首，於辰在巳，楚之分野，屬荊州。今以史傳致之，武王克商，歲在鶉火。伶州鳩曰："歲之所在，我則有之。"是鶉火爲周之分明矣。鄭子產曰，成王滅唐，而封叔虞，故參爲晉星。又董固曰，實沈之分，晉人是居。是實沈爲晉之分明矣。昭十年有星出於婺女，鄭裨竈曰，今茲歲在顓頊之墟，姜氏、任氏，實守其地。自婺女八度屬於元枵，是元枵爲齊之分明矣。《鄭語》周史曰，楚，重黎之後也。黎爲高辛氏火正，是鶉首爲楚之分明矣。晉士弱曰，陶唐之火正閼伯居於商丘，相土因之，故商主大火，是大火爲宋之分明矣。《爾雅》曰，析木爲之津。釋者謂天漢之津梁，爲燕。又晉史，景星見於箕尾，而慕容氏以之復燕，是析木爲燕之分明矣。吳伐越，歲在牛女。晉史墨曰，越得歲而吳伐之，必受其殃。是星紀爲吳越之分明矣。《史記》：五星聚東井，而沛公以之入關。晉史：彗星掃東井，而苻堅以之亡秦。自井十六度屬於鶉尾，是鶉尾爲秦之分明矣。然或有疑其難信者，則以爲吳越南而星紀北，魯東而降婁西，秦西北而井鬼南，鄭居中而角亢東，即其位次，參差不協如此，其於理似爲未曉。愚謂此亦弗足置疑也。蓋地域有定，而天運不息。星土之相配，亦以其精氣爲有相感者耳，夫豈可以方所拘哉！若其謬誤之顯然者，則在於州國之錯雜，而不繫乎星土之參差也。鄭、衛皆今之河南，而以鄭爲兗州，衛爲并州。晉在今之山西，而以爲益州，則兗今爲山東，并今爲山西，而益今爲四川。豈星曆之家獨明於知天而乃蔽於知地也乎！或者出於傳寫之訛，此則所當是正而不可沿襲以爲定也。僧一行於是有山河兩戒—作界。之說，謂懸象在天，其本在地。星之與土，以精氣相屬，而不係乎方隅。其占測則以山河爲限，而不主乎州國。此其說尤爲獨超於前人矣！

地　輿

自昔帝王疆理天下，畫野分州，隨山川之形便而制其域，因風氣之凑聚以奠其人，使之萃渙以爲同，合殊而歸一，於是臂指相使之勢成，而天下不勞而治矣。雖代有分合，制或不同，而大較不甚相遠也。[唐]堯之時，命禹敷土，既成厥功，而《禹貢》作焉。維時天下實爲九州：帝都曰冀州。東南據濟，西北距河，曰兗州。東北據海，西距岱，曰青州。北至岱，南及淮，曰徐州。北據淮，東南距海，曰揚州。北據荊山，南及衡山之陽，曰荊州。南至荊山，北距河，曰豫州。東據華山之陽，西距黑水，曰梁州。西據黑水，東距西河，曰雍州。畿內五百里爲甸服，其外五百里爲侯服，又其外五百里爲綏服，又其外五百里爲要服，又其外五百里爲荒服。凡天下之地，總計方五千里，東漸于海，西被于流沙、朔、南暨，聲教訖于四海。及[舜]嗣位，以冀、青二州地廣，牧治不便，乃分冀北爲并州，東北爲幽州，青東爲營州，共爲十有二州，設十有二牧,以分治之。至 禹 受禪,復爲九州。《春秋傳》云"夏之方有德也,九牧貢金"是也。成湯革命,亦爲九州,而其制頗有不同。《爾雅・釋地》有云:"兩河間曰冀州,河南曰豫州,河西曰雍州,漢南曰荆州,江南曰揚州,濟、河間曰兖州,濟東曰徐州,燕曰幽州,齊曰營州。"其州名視《書・禹貢》則無青、梁,而多幽、營。視《周禮》職方則多徐、營,而無青、并。故說者以爲 商 制,理或然也。 周 室之制,具于《周禮》:職方氏掌天下之地圖。東南曰揚州,其山鎮曰會稽,藪曰具區,川曰三江,浸曰五湖。正南曰荆州,其山鎮曰衡,藪曰雲夢,川曰江、漢,浸曰潁、湛。河南曰豫州,其山鎮曰華,藪曰圃田,川曰滎、雒,浸曰波、溠。正東曰青州,其山鎮曰沂,藪曰望諸,川曰淮、泗,浸曰沂、沭。河東曰兖州,其山鎮曰岱,藪曰大野,川曰河、濟,浸曰盧、濰。正西曰雍州,其山鎮曰嶽,藪曰弦蒲,川曰涇、汭,浸曰渭、洛。東北曰幽州,其山鎮曰醫無閭,藪曰豯養,川曰河、濟,浸曰菑、時。河内曰冀州,其山鎮曰霍,藪曰楊紆,川曰漳,浸曰汾、潞。正北曰并州,其山鎮曰恒,藪曰昭余祁,川曰嘑池、嘔夷,浸曰淶、易。大司馬又因其地里分爲九畿,方千里爲王畿,其外五百里爲侯畿,又其外五百里爲甸畿,又其外五百里爲男畿,又其外五百里爲采畿,又其外五百里爲衛畿,又其外五百里爲蠻畿,又其外五百里爲彝畿,又其外五百里爲鎮畿,又其外五百里爲蕃畿。其制與《禹貢》五服不同。蓋五服各計四面所至而言,九服則併兩面而總言之也。或者不達以爲周公斥大疆土,誤矣。大槩周之土地,計方五千五百里,其廣於《禹貢》者不過五百里而已。 秦 兼六國,廢帝王州服之制,分天下爲三十六郡。 漢 興,以秦郡占地太大,加置郡國。其後武帝開越攘□,土宇彌廣,改雍曰梁,一作涼。梁曰益,又置徐州,復禹舊號,南開交趾,北拓朔方,凡爲十三州部,置司隸校尉及刺史以統治之。司隸部郡七,曰京兆、左馮翊、右扶風、弘農、河東、河南、河内。豫州部郡三,曰潁川、汝南、沛,郡國二,曰梁、魯。冀州部郡四,曰魏郡、鉅鹿、常山、清河,國六,曰趙、廣平、真定、中山、信都、河間。徐州部郡三,曰瑯琊、東海、臨淮,國三,曰楚、泗水、廣陵。青州部郡六,曰平原、千乘、濟南、北海、東萊、齊郡,國三,曰菑川、膠東、高密。兗州部郡四,曰東郡、陳留、濟陰、泰山,國三,曰陳、城陽、東平。荊州部郡六,曰南陽、南郡、江夏、桂陽、武陵、零陵,國一,曰長沙。揚州部郡五,曰廬江、九江、會稽、丹陽、豫章,國二,曰廣陵、六安。益州部郡八,曰漢中、廣漢、蜀郡、犍爲、越嶲、牂牁、益州、巴郡。涼州部郡十,曰隴西、武都、金城、天水、武威、張掖、酒泉、燉煌、北地、安定。幽州部郡十,曰涿郡、渤海、上谷、漁陽、右北平、遼西、遼東、玄菟、樂浪、代郡,國一,曰廣陽。交州部郡七,曰南海、鬱林、蒼梧、交阯、合浦、九真、日南。并州部郡九,曰太原、上黨、西河、定襄、雁門、上郡、雲中、五原、朔方。總天下郡國一百有三,其地東西九千三百二里,南北萬三千三百六十八里,比於三代,不啻倍之,固由於開攘之所致,抑亦三代度之以土圭,而漢世取之以人跡,其迂直回徑之不同,虛實蓋多矣。光武中興,亦爲十三州部,司隸治河南,豫治譙,兗治昌邑,徐治郯,青治臨菑,涼治隴,并治晉陽,冀治鄗,幽治薊,揚治歷陽,荊治雒,益治漢壽,交治廣信。東至樂浪,西至燉煌,南至日南,西南至永昌,四履之盛,亦如前漢。 三國 分治,昭烈全制巴蜀,置州二,曰梁、益,有郡二十二,以爲 後漢 。曹氏據中原,置州十二,曰司隸、荊、豫、兗、青、徐、涼、奉、冀、幽、并、揚、雍,有郡國六十八,以爲 魏 。孫氏北據江,南盡海,置州五,曰交、廣、荊、郢、揚,有郡四十三,以爲 吳 。更相侵伐,互有勝負,疆境之守,彼此不常。大抵漢北以漢中興勢爲重鎮。而魏常於隴西、南安、祁山、漢陽、陳倉以備之,東南以白帝爲重鎮。而吳常於建平、西陵以備之。若魏之備吳,則在於廣陵、壽春、合肥、沔口、襄陽。而吳之備魏,亦不越於南郡、巴丘、夏口、武昌、皖城、牛渚圻、濡須塢而已。其諸纔得而遽失者,瑣屑不足備存也。 晉 武帝平吳,分爲十九州部:置司隸,治洛陽;兗治廩丘;豫治項;冀治房子;并治晉;青治臨淄;徐治彭城;荊初治襄陽,後治江陵；揚初治壽春，後治建業；涼治武威。分三輔爲雍，治京兆；分隴山之西爲秦，治上邽；益治成都；分巴漢之地爲梁，治南鄭；分滇爲寧，治雲南；幽治涿；分遼東爲平，治昌黎；交治龍編；分合浦之北爲廣，治番禺。蓋亦盡有秦、漢之地焉。其後胡、羯、鮮卑，更迭寇擾，晉之所統，僅有荊、揚。及穆帝時，桓溫平蜀，復梁、益之地。又西入關，至灞上。再北伐，一至洛陽，一至枋頭，而所得郡縣軍旋又失。孝武帝時，苻堅入寇敗還，再復梁、益、青、兗、司、豫之地。既而青、兗陷於慕容德，司、豫陷於姚興，梁、益陷於譙縱，惟江陵、武昌、合肥、壽陽、淮陰常爲晉守。義熙以後，劉裕秉政，北平廣固，西定梁、益，又尅長安，幾至混一。而長安尋爲赫連勃勃所破，未幾而晉祚且改，屬於宋矣。 宋 廢帝滎陽王景和中，武陵以西，復陷于後魏。其所統者二十有二州：揚治建業，南徐治京口，徐治彭城，南兗治廣陵，兗治瑕，南豫治歷陽，豫治汝南，江治潯陽，青治臨淄，冀治歷城，司治義陽，荊治南郡，郢治江夏，雍治襄陽，秦、梁俱治南鄭，益治成都，寧治建寧，廣治南海，交治龍編，越治臨郡。至後魏又南侵淮北，青、冀、徐、兗四州及豫州西境悉復陷没。於是以長淮爲北境，僑立徐州於鍾離，兗州於淮陰，青、冀二州於贛榆，徒寄空名而已。 齊 氏代宋，青治胸山，冀治渦口，豫治壽春，北兗治淮陰，北徐治鍾離，又置巴東治巴。其餘州郡，悉因宋舊。 梁 氏代齊，侯景以河南地降，而有名無實。既而江北之地悉陷高齊，漢川、蜀川没於西魏。 陳 氏比于梁代，土宇彌促。北失淮、淝，僅以長江爲境。大抵梁、陳、周、齊之際，天下三分，梁、陳有江東，宇文據隴、蜀，高氏據河北。其後齊并於周，陳併于隋，天下甫復合爲一，而隋且亂矣。 唐 興，盡平僭亂，貞觀初，分天下爲十道，其後又開伊吾、交河、北庭、安西四鎮，共有州府三百三十二：一曰關內道，領京兆、鳳翔二府，同、華、商、邠、隴、涇、原、渭、武、寧、慶、鄜、坊、延、靈、威、雄、會、鹽、夏、綏、銀、宥、麟、勝、豐二十六州，單于、鎮北、安北三都護府，於古爲雍州之域，漢爲三輔北地、安定上郡及弘農、隴西、五原、雲中、西河之境。二曰河南道，領河南府，汝、陝、虢、滑、鄭、潁、許、陳、蔡、汴、宋、亳、徐、泗、濠、宿、鄆、齊、曹、濮、青、淄、登、萊、棣、兗、海、沂、密二十九州，於古爲兗、豫、青、徐之域，漢爲河南弘農、潁川、汝南、陳留、沛郡、泰山、濟陰、濟南、東萊、齊郡、山陽、東海、琅琊、北海、千乘、東郡及梁、楚、陳、魯、東平、城陽、淮陽、菑川、高密、泗水等國，暨平原、渤海、九江之境。三曰河東道，領河中、太原二府，晉、絳、慈、隰、汾、沁、遼、嵐、憲、石、忻、代、雲、朔、蔚、武、新、潞、澤一十九州，於古爲冀州之域，漢爲河東、太原、上黨、西河、雁門、代郡及鉅鹿、常山、廣平國之境。四曰河北道，領孟、懷、魏、博、相、衛、貝、澶、邢、洺、磁、鎮、冀、深、趙、滄、景、德、定、易、幽、涿、瀛、漠、平、嬀、檀、薊、營二十九州，及安東都護府，於古爲幽、冀二州之域，漢爲河内、渤海、清河、平原、常山、上谷、漁陽、右北平、遼西、涿郡、真定、中山、信都、河間、廣陽等國暨東郡、河東、上黨、鉅鹿之境。五曰山南道，領江陵、興元二府，峽、歸、夔、澧、朗、忠、涪、萬、襄、泌、隨、鄧、均、房、復、郢、金、洋、利、鳳、興、成、文、扶、集、璧、巴、蓬、通、闐、朗、果、渠三十三州，於古爲荊、梁二州之域，漢爲南郡、武陵、巴郡、漢中、南陽及江夏、弘農、武都、廣漢等郡之境。六曰隴右道，領泰、河、渭、鄯、蘭、臨、階、洮、岷、廓、叠、宕、涼、瓜、沙、甘、肅、伊、西一十九州，北庭、安西二都護府，於古爲雍、梁二州之域，漢爲天水、武都、廣漢、武威、金城、張掖、酒泉、燉煌等郡之境。七曰淮南道，領揚、楚、滁、壽、廬、舒、光、蘄、安、黃、申一十二州，於古爲揚州之域，漢爲九江、廬江、江夏等郡，廣陵、六安國及南陽、汝南、臨淮之境。八曰江南道，領潤、昇、常、蘇、湖、杭、睦、越、明、衢、處、婺、溫、台、福、建、泉、汀、漳、宣、歙、池、洪、江、鄂、岳、饒、虔、吉、袁、信、撫、潭、衡、永、道、郴、邵、黔、辰、錦、施、叙、獎、彝、播、思、費、南、溪、溱五十一州，於古爲揚、荊二州之南境，漢爲丹陽、會稽、豫章、廬江、零陵、桂陽等郡，長沙國及牂牁、江夏、南郡之地。九曰劍南道，領成都府，彭、蜀、漢、嘉、嶲、雅、黎、茂、翼、維、戎、姚、松、當、悉、静、柘、恭、保、真、霸、梓、遂、綿、劍、合、龍、普、渝、陵、榮、昌、瀘二十八州，及保寧都護府，於古爲梁州之域，漢爲蜀郡、廣漢、犍爲、牂牁、巴郡之地。十曰嶺南道，領廣、韶、循、潮、康、瀧、端、新、封、潘、眷、勤、羅、辯、高、恩、雷、崖、瓊、振、儋、萬安、邕、澄、賓、潯、巒、欽、貴、龔、象、藤、巖、宜、讓、籠、田、環、桂、梧、賀、連、郴、富、昭、蒙、嚴、融、古、容、思唐、牢、白、順、繡、鬱林、黨、竇、禺、廉、義、陸、峯、愛、驩、長、福、祿、湯、芝、武義、演、武安七十二州，及安南都護府，於古爲揚州之南境，漢爲南海、鬱林、蒼梧、珠崖、儋耳、交阯、合浦、九真、日南等郡之地。其四履，東至安東，西至安西，南至日南，北至單于都護。蓋南北如漢之盛，東稍不及，而西則過之。至于范陽盜起，中國用兵河西，隴右不守，陷於吐蕃。其後隴右雖復，而强藩擅命，唐遂以亡矣。梁初，天下分爲十一，南有吳、浙、荆、湖、閩、漢，西有岐、蜀，北有燕、晉，而朱氏所有七十八州，以爲梁。莊宗初起并、代，取幽、滄，有州三十五，後復取梁、魏、博等州，合五十一州以滅梁。岐王稱臣，又得其七州。同光破蜀，旋復失之，惟得秦、鳳、階、成四州，而營、平二州陷于契丹。其增置之州一，合一百二十三州以爲唐。石氏入立，獻十六州于契丹，而得蜀金州，又增置之州一，合百有九州，以爲晉。劉氏之初，秦、鳳、階、成復入于蜀。隱帝之時，增置之州一，合百有六州以爲漢。郭氏代漢，十州入于劉旻。世宗取秦、鳳、階、成、瀛、莫及淮南十四州，又增置之州五，廢者三，合一百一十八州以爲周。其諸外屬者，强弱相併，得失不常。至於周末，閩已先亡，而在者七國。自江以南二十一州爲南唐，自劍以南及山南西道四十六州爲蜀，自湖南北十州爲楚，自浙東西十三州爲吳越，自嶺南北四十七州爲南漢，自太原以北十州爲北漢，而荆、歸、峽三州爲南平。合中國所有，凡爲二百八十六州，而蠻彝羈縻之地不與焉。宋受周禪，四方僭亂，以次削平。太祖建隆四年，平荆南、湖南。乾德三年，平蜀。開寶四年，平廣南。八年，平江南。計其末年，凡有州軍二百九十七。太宗太平興國三年，

陳洪進納地，錢俶入朝。四年，平太原。十五年，李繼捧來朝。凡得
州軍共三十，疆理幾復漢、唐之舊，其未入職方者，燕雲十六州而已，
尋又併西夏失焉。至道三年，分天下爲十五路：一曰京東路，二曰京
西路，三曰河北路，四曰河東路，五曰陝西路，六曰淮南路，七曰江南
東路，八曰江南西路，九曰荆湖南路，十曰荆湖北路，十有一曰兩浙
路，十有二曰福建路，十有三曰西川路，十有四曰廣南東路，十有五曰
廣南西路。仁宗天聖間，析西川爲四路，曰益州路、梓州路、利州路、
夔州路，共爲十八路。神宗元豐間，又析京東、河北、淮南俱爲東、西
路，京西爲南、北路，陝西爲永興、秦鳳路，共爲二十三路。東南際海，
西盡巴僰，北極三關，東西六千四百八十五里，南北一萬一千六百二
十里。置四京：開封府曰東京，河南府曰西京，應天府曰南京，大名府
曰北京。惟東京立京畿道統之，其三京則仍隸於諸路。京東東西路，
於《禹貢》爲兗、豫、青、徐之域，當虛、危、奎、婁之分，西抵大梁，南極
淮泗，東北至於海。東路，府一：濟南；州七：青、密、沂、登、萊、濰、
淄；軍一：淮陽。西路，府四：應天、襲慶、興仁、東平；州五：徐、濟、
單、濮、拱；軍一：廣濟。京西南北路，蓋《禹貢》冀、豫、荆、兗、梁五州
之域，而豫州之壤爲多，當井、柳、星、張、角、亢、氐之分，東暨汝、潁，
西被陝、貝，南略鄢、郢，北抵河津。南路，府一：襄陽；州七：鄧、隨、
金、房、均、郢、唐；軍一：光化。北路，府四：河南、潁昌、淮寧、順昌；
州五：鄭、滑、孟、蔡、汝；軍一：信陽。河北東西路，蓋《禹貢》兗、冀、
青三州之域，而冀、兗爲多，當昴、畢、東、壁、箕、尾之分，南濱大河，北
際幽朔，東瀕海岱，西壓上黨。東路，府三：大名、開德、河間；州十一：
滄、冀、博、禄、莫、雄、霸、德、濱、恩、青；軍五：德清、保順、永靜、信安、
保定。西路，府四：真定、中山、信都、慶源；州九：相、濬、懷、衛、洺、
深、磁、祁、保；軍六：天威、北平、安肅、永寧、廣信、順安。河東路，蓋
《禹貢》冀、雍二州之域，而冀州爲多，當觜、參之分，其地東際常山，西
控黨項，南盡晉絳，北極雲朔。府三：太原、隆德、平陽；州十四：絳、

澤、代、忻、汾、遼、憲、嵐、石、隰、慈、麟、府、豐；軍八：慶祚、威勝、平定、岢嵐、寧化、火山、保德、晉寧。陝西永興、秦鳳路，蓋《禹貢》雍、梁、冀、豫四州之域，而雍州全得焉，當東井輿鬼之分，西接羌戎，東界潼陝，南抵蜀漢，北際朔方。永興路，府二：京兆、河中；州十五：陝、延、同、華、耀、邠、鄜、解、慶、虢、商、寧、坊、丹、環；軍一：保安。秦鳳路，府一：鳳翔；州十二：秦、涇、熙、隴、成、鳳、岷、渭、原、階、河、蘭；軍三：鎮戎、德順、通遠。淮南東西路，蓋《禹貢》荊、徐、揚、豫四州之域，而揚州爲多。當南斗須女之分，東至於海，西接濉、渙，南濱大江，北界清淮。東路，府一：揚州；州八：亳、宿、楚、海、秦、滁、真、通；軍二：高郵、安東。西路，府一：安慶；州六：濠、光、黃、廬、蘄、和；軍三：六安、無爲、懷遠。江南東西路，蓋《禹貢》揚州之域，當牽牛須女之分，東限七閩，西略夏口，南抵大庾，北際大江。東路，府一：江寧；州七：宣、徽、江、池、饒、信、太平；軍二：南康、廣德。西路，州六：洪、虔、吉、袁、撫、筠；軍四：興國、南安、臨江、建昌。荊湖南北路，蓋《禹貢》荊州之域，當張翼軫之分，東界鄂渚，西接溪洞，南抵五嶺，北連襄漢。南路，州七：潭、衡、道、永、邵、郴、全；軍一：武岡，監一：桂陽。北路，州十：鄂、復、鼎、澧、峽、岳、歸、辰、沅、靖；軍二：荊門、漢陽。兩浙路，蓋《禹貢》揚州之域，當南斗須女之分，東南際海，西控震澤，北又濱于海。東路，州七：越、明、婺、台、溫、處、衢。西路，府二：平江、鎮江；州五：杭、秀、安吉、常、嚴；軍一：江陰。福建路，蓋古閩越之地，其地東南際海，西北多峻嶺，抵江東路。州六：福、建、泉、南劍、汀、漳；軍二：邵武、興化。川峽四路，蓋《禹貢》梁、雍、荊三州之地，而梁州爲多，天文與秦同分，南至荊峽，北控劍棧，西接蠻夷。益州路，府一：成都；州十二：眉、蜀、彭、綿、漢、嘉、卭、簡、黎、雅、茂、威；軍二：永康、石泉；監一：仙井。梓州路，府二：潼川、遂寧；州九：果、資、普、昌、叙、瀘、合、榮、渠；軍三：長寧、懷安、廣安；監一：富順。利州路，府一：興元；州九：利、洋、閬、劍、文、興、蓬、政、巴。夔州路，州十：

夔、黔、施、忠、萬、開、達、涪、恭、珍;軍三:雲安、梁山、南平;監一:大寧。廣南東西路,蓋《禹貢》荊、揚二州之域,當牽牛婺女之分,東南濱大海,西控夷洞,北限五嶺。東路,府一:肇慶;州十四:廣、韶、循、潮、連、梅、南雄、英、賀、封、新、康、南恩、惠。西路,州二十五:桂、容、邕、融、象、昭、梧、藤、龔、潯、柳、貴、宜、賓、橫、化、高、雷、欽、白、鬱林、廉、瓊、平、觀;軍三:昌化、萬安、朱崖。徽宗宣和四年,與元伐金,置燕山府及雲中路,因此挑禍強虜。甫閱三歲,而中原且淪没矣。南渡以後,僅以淮水中流爲界,其土宇促狹,略如東晉而已。然晉如桓温、劉裕猶能屢伸北伐之威,宋殆莫能及焉。元土宇之廣,過於漢、唐,而規制弗立,卒罹尾大不掉之患。我皇明初,沿元制立行中書省於外,以統府、州、縣,州、縣俱屬府,縣又或屬州,州或直隸省。洪武七年,以京畿、應天等府直隸六部,改行省,爲浙江等十二布政司。永樂八年,革北平布政司爲直隸,添設雲南、貴州、交阯三布政司。宣德十年,革交阯布政司。今定爲南、北直隸,十三布政司。北直隸所屬:府八、州一十九、縣一百一十六。曰順天府,領州五:通、涿、霸、薊、昌平。縣二十二:大興、宛平、順義、良鄉、密雲、懷柔、固安、永清、東安、香河,直屬府;三河、武清、漷、寶坻俱屬通州;房山屬涿州;文安、大城、保定屬霸州;玉田、豐潤、遵化、平谷屬薊州。曰保定府,領州三:祁、安、易。縣一十七:清苑、滿城、安肅、定興、新城、唐、博野、慶都、容城、完、蠡、雄,直屬府;深澤、束鹿,屬祁州;高陽、新安,屬安州;淶水屬易州。曰河間府,領州二:景、滄。縣一十六:河間、獻、阜城、肅寧、任丘、交河、青、興濟、静海、寧津,直屬府;吳橋、東光、故城屬景州;南皮、鹽山、慶雲屬滄州。曰真定府,領州五:定、冀、晉、趙、深。縣二十七:真定、井陘、獲鹿、元氏、靈壽、藁城、欒城、無極、平山、阜平,直屬府;新樂、曲陽、行唐,屬定州;南宮、新河、棗强、武邑,屬冀州;安平、饒陽、武强,屬晉州;柏鄉、隆平、高邑、臨城、贊皇、寧晉,屬趙州;衡水,屬深州。曰順德府,領縣九:邢臺、沙河、南和、平鄉、廣宗、鉅鹿、唐山、内丘、任。曰廣平府,領縣九:永年、曲周、肥鄉、雞澤、廣平、邯鄲、成安、威、清河。曰大名府,領州一:開。縣十:元城、大名、南樂、魏、清豐、内黄、濬、滑、東明,直屬府;長垣,屬開州。曰永平府,領州一:灤。縣五:盧龍、遷安、撫寧、昌黎,直屬府;樂亭,屬灤州。曰延慶州,領縣一:永寧。曰保安州。其都司別有分地者曰萬全,領衛十五:萬全左、萬全右、宣府前、宣府左、宣府右、懷安、開平、隆慶左、隆慶右、保安、龍門、保安右、蔚州、永寧、懷來;所七:興和、美峪、廣昌、雲川、長安、龍門、四海。治其地域,東抵山東,南抵河南,西抵山西,北抵沙漠。南直隸,所屬府一十四、州一十七、縣九十五。曰應天府,領縣八:上元、江寧、句容、溧陽、溧水、江浦、六合、高淳。曰鳳陽府,領州五:壽、泗、宿、潁、亳。縣十三:鳳陽、臨淮、懷遠、定遠、五河、虹,直屬府;霍丘、蒙城,屬壽州;盱眙、天長,屬泗州;靈璧,屬宿州;潁上、太和,屬潁州。曰蘇州府,領州一:太倉。縣七:吳、長洲、崑山、常熟、吳江、嘉定,直屬府。崇明,屬太倉州。曰松江府,領縣二:華亭、上海。曰常州府,領縣五:武進、無錫、江陰、宜興、靖江。曰鎮江府,領縣三:丹徒、丹陽、金壇。曰揚州府,領州三:高郵、泰、通。縣七:江都、儀真、泰興,直屬府;興化、寶應,屬高郵州;如皋,屬泰州;海門,屬通州。曰淮安府,領州二:海、邳。縣九:山陽、鹽城、清河、安東、桃源、沭陽,直屬府。贛榆,屬海州;宿遷、睢寧,屬邳州。曰廬州府,領州二:無為、六安。縣六:合肥、舒城、廬江,直屬府;巢,屬無、為州;英山、霍丘,屬六安州。曰安慶府,領縣六:懷寧、桐城、潛山、太湖、宿松、望江。曰太平府,領縣三:當塗、蕪湖、繁昌。曰寧國府,領縣六:宣城、寧國、涇、太平、旌德、南陵。曰池州府,領縣六:貴池、青陽、銅陵、石埭、建德、東流。曰徽州府,領縣六:歙、休寧、婺源、祁門、黟、績溪。曰廣德州,領縣一:建平。曰和州,領縣一:含山。曰滁州,領縣二:全椒、來安。曰徐州,領縣四:豐、沛、蕭、碭山。其地域東抵大海,南抵浙江,西抵湖廣、江西、河南,北抵山東。山西布政司,所屬府四、州二十八、縣七十七。曰太原府,領州六:平定、忻、代、岢嵐、保德、永寧。縣二十二:陽曲、太原、榆次、太谷、祁、徐溝、清源、交城、文水、壽陽、臨、孟、靜樂、河曲,直屬府;樂平,屬平定州;定襄,屬忻州;五臺、繁峙、崞,屬代州;嵐、興,屬岢嵐州;寧鄉,屬永寧州。曰平陽府,領州六:蒲、絳、解、霍、吉、隰。縣二十九:臨汾、襄陵、洪洞、浮山、趙城、太平、岳陽、曲沃、翼城、汾西、蒲,直屬府;臨晉、榮河、猗氏、萬泉、河津,屬蒲州;安邑、夏、聞喜、平陸、芮城,屬解州;稷山、絳、垣曲,屬絳州;靈石,屬霍州;鄉寧,屬吉州;大寧、石樓、永和,屬隰州。曰潞安府,領縣八:長治、長子、屯留、襄垣、潞城、壺關、黎城、平順。曰大同府,領州四:渾源、應、朔、蔚。縣七:大同、懷仁,直屬府;山陰,屬應州;馬邑,屬朔州;廣靈、廣昌、靈丘,屬蔚州。曰汾州,領縣三:孝義、平遙、介休。曰遼州,領縣二:榆社、和順。曰沁州,領縣二:沁源、武鄉。曰澤州,領縣四:高平、陽城、陵川、沁水。其地域,東抵北直隸,南抵河南,西抵陝西,北抵沙漠。山東布政司,所屬府六、州一十五、縣八十九。曰濟南府,領州四:泰安、武定、德、濱。縣二十六:歷城、章丘、鄒平、淄川、長山、新城、齊河、齊東、濟陽、禹城、臨邑、長清、肥城、青城、陵,直屬府;新泰、萊蕪,屬泰安州;陽信、海豐、樂陵、商河,屬武定州;德平、平原,屬德州;利津、霑化、蒲臺,屬濱州。曰兗州府,領州四:濟寧、東平、曹、沂。縣三十三:滋陽、曲阜、寧陽、鄒、泗水、滕、嶧、金鄉、魚臺、單、城父,直屬府;嘉祥、鄆城、鉅野,屬濟寧州;汶上、東阿、平陰、陽穀、壽張,屬東平州;曹、定陶,屬曹州;郯城、費,屬沂州。曰東昌府,領州三:臨清、高唐、濮。縣一十五:聊城、堂邑、博平、茌平、莘、清平、冠,直屬府;館陶、丘,屬臨清州;恩、夏津、武城,屬高唐州;范、觀城、朝城,屬濮州。曰青州府,領州一:莒。縣一十三:益都、臨淄、博興、高苑、樂安、壽光、昌樂、臨朐、安丘、諸城、蒙陰,直屬府;沂水、日照,屬莒州。曰登州府,領州一:寧海。縣七:蓬萊、黃、福山、棲霞、招遠、萊陽,直屬府;文登,屬寧海州。曰萊州府,領州二:平度、膠。縣五:掖,直屬府;濰、昌邑,屬平度州;高密、即墨,屬膠州。其行都司別有分地者,曰遼東,領衛二十:定遼左、右、中、前、後,廣寧左、右、中、前、後屯,鐵嶺、東寧、瀋陽中、海州、盖州、金州、復州、義州、遼海、三萬。又州二:曰安樂、自在。其地域,東抵大海,南抵高麗,西抵南直隸,北抵北直隸。河南布政司,所屬府八、州一十一、縣九十五。曰開封府,領州五:睢、陳、許、鈞、鄭。縣三十二:祥符、陳留、杞、通許、太康、尉氏、洧川、鄢陵、扶溝、中牟、陽武、原武、封丘、延津、蘭陽、儀封,直屬府;考城、柘城,屬睢州;商水、西華、項城、沈丘,屬陳州;臨潁、襄城、郾城、長葛,屬許州;新鄭、密,屬鈞州;滎陽、滎澤、河陰、汜水,屬鄭州。曰歸德府,領縣六:商丘、寧陵、鹿邑、夏邑、永城、虞城。曰彰德府,領州一:磁。縣六:安陽、湯陰、臨漳、林,直屬府;武安、涉,屬磁州。曰衛輝府,領縣六:汲、胙城、新鄉、獲嘉、淇、輝。曰懷慶府,領縣六:河內、濟源、修武、武陟、孟、溫。曰河南府,領州一:陝。縣十三:洛陽、偃師、鞏、孟津、宜陽、登封、永寧、新安、澠池、嵩,直屬府;靈寶、閿鄉、盧氏,屬陝州。曰南陽府,領州二:鄧、裕。縣十一:南陽、鎮平、唐、泌陽、柏鄉、南召,直屬府;内鄉、新野、淅川,屬鄧州;舞陽、葉,屬裕州。曰汝寧府,領州二:光、信陽。縣十一:汝陽、上蔡、新蔡、西平、遂平,直屬府;光山、固始、息、商城,屬光州;羅山、確山,屬信陽州。曰汝州,領縣四:郟、魯山、伊陽、寶豐。其地域,東抵南直隸,南抵湖廣,西抵陝西,北抵北直隸、山西。陝西布政司,所屬府八、州二十二、縣九十四。曰西安府,領州六:同、華、耀、乾、邠、商。縣三十:長安、咸寧、咸陽、興平、涇陽、臨潼、高陵、鄠、藍田、鰲屋、三原,直屬府;朝邑、郃陽、澄城、白水、韓城,屬同州;華陰、渭南、蒲城,屬華州;同官、富平,屬耀州;醴泉、武功、永壽,屬乾州;淳化、三水,屬邠州;洛南、山陽、商南、鎮安,屬商州。曰鳳翔府;領州一:隴。縣七:鳳翔、岐山、寶雞、扶風、郿、麟遊,直屬府;汧陽,屬隴州。曰漢中府,領州二:金、寧羌。縣一十三：南鄭、褒城、城固、洋、西鄉、鳳，直屬府；平利、石泉、洵陽、漢陰、白河，屬金州；略陽、沔，屬寧羌州。曰平涼府，領州三：涇、静寧、固原。縣七：平涼、崇信、華亭、鎮原，直屬府；靈臺，屬涇州；莊浪、隆德，屬静寧州。曰鞏昌府，領州三：秦、階、徽。縣一十四：隴西、安定、會寧、通渭、漳、寧遠、伏羌、西和、成，直屬府；秦安、清水、禮，屬秦州；文，屬階州；兩當，屬徽州。曰臨洮府，領州二：蘭、河。縣三：狄道、渭源，直屬府；金，屬蘭州。曰慶陽府，領州一：寧。縣四：安化、合水、環，直屬府；真寧，屬寧州。曰延安府，領州三：鄜、綏德、葭。縣十六：膚施、安塞、甘泉、安定、保安、宜川、延川、延長，直屬府；洛川、中部、宜君，屬鄜州；青澗、米脂，屬綏德州；吳堡、神木、府谷，屬葭州。曰靈州直隸布政司。其行都司別有分地者，曰甘肅，領衛十二：甘州左、右、中、前、後，永昌、涼州、莊浪、西寧、山丹、肅州、鎮番；千户所三：鎮夷、古浪、高臺。又寧夏鎮，轄寧夏左、右、中、前、後及寧夏護衛等凡七衛。其地域，東抵山西、河南，南抵四川，西抵西番，北抵沙漠。浙江布政司，所屬府十一、州一、縣七十五。曰杭州府，領縣九：錢塘、仁和、海寧、富陽、餘杭、臨安、於潛、新城、昌化。曰嘉興府，領縣七：嘉興、秀水、嘉善、海鹽、平湖、崇德、桐鄉。曰湖州府，領州一：安吉。縣六：烏程、歸安、長興、德清、武康，直屬府；孝豐，屬安吉州。曰嚴州府，領縣六：建德、淳安、桐廬、遂安、壽昌、分水。曰金華府，領縣八：金華、義烏、東陽、永康、蘭谿、武義、浦江、湯溪。曰衢州府，領縣五：西安、龍游、常山、江山、開化。曰處州府，領縣十：麗水、青田、松陽、遂昌、龍泉、縉雲、慶元、雲和、宣平、景寧。曰紹興府，領縣八：山陰、會稽、蕭山、諸暨、餘姚、上虞、嵊、新昌。曰寧波府，領縣五：鄞、慈溪、奉化、定海、象山。曰台州府，領縣六：臨海、黃巖、天台、仙居、寧海、太平。曰溫州府，領縣五：永嘉、瑞安、樂清、平陽、泰順。其地域，東抵大海，南抵福建，西抵江西，北抵南直隸。江西布政司，所屬府一十三、州一、縣七十四。曰南昌府，領州一：寧。縣七：南昌、新建、豐城、進賢、奉新、靖安、武寧。曰饒州府,領縣七:鄱陽、餘干、樂平、浮梁、德興、安仁、萬年。曰廣信府,領縣七:上饒、玉山、弋陽、貴溪、鉛山、永豐、興安。曰南康府,領縣四:星子、都昌、建昌、安義。曰九江府,領縣五:德化、德安、瑞昌、湖口、彭澤。曰建昌府,領縣四:南城、新城、南豐、廣昌。曰撫州府,領縣六:臨川、崇仁、金谿、宜黃、樂安、東鄉。曰臨江府,領縣四:清江、新淦、新喻、峽江。曰吉安府,領縣九:廬陵、泰和、吉水、永豐、安福、龍泉、萬安、永新、永寧。曰瑞州府,領縣三:高安、上高、新昌。曰袁州府,領縣四:宜春、分宜、萍鄉、萬載。曰贛州府,領縣十:贛、雩都、信豐、興國、會昌、安遠、寧都、瑞金、龍南、石城。曰南安府,領縣四:大庾、南康、上猶、崇義。其地域,東抵浙江,南抵福建、廣東,西抵湖廣,北抵南直隸。湖廣布政司及都司所屬,府一十四、州一十六、縣一百六、宣慰司二、宣撫司四、安撫司七、長官司二十五。曰武昌府,領州一:興國。縣九:江夏、武昌、嘉魚、蒲圻、咸寧、崇陽、通城,直屬府;大冶、通山,屬興國州。曰漢陽府,領縣二:漢陽、漢川。曰承天府,領州二:荊門、沔陽。縣五:鍾祥、京山、潛江,直屬府;當陽,屬荊門州;景陵,屬沔陽州。曰德安府,領州一:隨。縣五:安陸、雲夢、應城、孝感,直屬府;應山,屬隨州。曰襄陽府,領州一:均。縣六:襄陽、宜城、南漳、棗陽、穀城、光化。曰黃州府,領州一:蘄。縣七:黃岡、蘄水、羅田、麻城、黃陂,直屬府;廣濟、黃梅,屬蘄州。曰荊州府,領州二:夷陵、歸。縣一十一:江陵、公安、石首、監利、松滋、枝江,直屬府;長陽、宜都、遠安,屬夷陵州;興山、巴東,屬歸州。曰岳州府,領州一:澧。縣七:巴陵、臨湘、華容、平江,直屬府;石門、慈利、安鄉,屬澧州。曰長沙府,領州一:茶陵。縣一十一:長沙、善化、湘潭、湘陰、寧鄉、瀏陽、醴陵、益陽、湘鄉、攸、安化。曰寶慶府,領州一:武岡。縣四:邵陽、新化、城步,直屬府;新寧,屬武岡州。曰衡州府,領州一:桂陽。縣八:衡陽、衡山、耒陽、常寧、安仁、酃,直屬府;臨武、藍山,屬桂陽州。曰常德府,領縣四:武陵、桃源、龍陽、沅江。曰辰州府,領州一:沅。縣六:沅陵、盧溪、辰溪、漵浦,直屬府;黔陽、麻陽,屬沅州。曰永州府,領州一:道。縣六:零陵、祁陽、東安,直屬府;寧遠、永明、江華,屬道州。曰鄖陽府,領縣七:房、竹山、上津、竹溪、鄖西、鄖、保康。曰靖州,領縣三:會同、通道、綏寧。曰郴州,領縣五:永興、宜章、興寧、桂陽、桂東。其土官內屬者,曰永順宣慰司,領長官司六;曰保靖宣慰司,領長官司二;曰施南宣撫司,領安撫司三、長官司九;曰散屯宣撫司,領安撫司二、長官司二;曰忠建宣撫司,領安撫司二、長官司三;曰容美宣撫司,領長官司四。以上四宣撫司,皆施州衛領之。曰桑植安撫司,九溪衛領之。曰六洞長官司,鎮遠衛領之。其地域,東抵江西、南直隸,南抵廣東、西,西抵四川、貴州,北抵河南。四川布政司及都司所屬,府八、軍民府五、州二十、縣一百有五、招討司一、宣慰司一、宣撫司五、安撫司六、長官司二十有九。曰成都府,領州六:簡、崇慶、漢、綿、茂、威。縣二十六:成都、華陽、雙流、溫江、新繁、新都、金堂、仁壽、井研、郫,直屬府;資、內江、灌、彭、崇寧、石泉、安、資陽,屬簡州;新津,屬崇慶州;什邡、綿竹、德陽,屬漢州;彰明、羅江,屬綿州;汶川,屬茂州;保,屬威州。曰保寧府,領州二:巴、劍。縣九:閬中、蒼溪、南部、廣元,直屬府;昭化、通江、南江,屬巴州;梓潼、江油,屬劍州。曰順慶府,領州二:蓬、廣安。縣八:南充、西充,直屬府;營山、儀隴,屬蓬州;渠、大竹、岳池、鄰水,屬廣安州。曰敘州府,領縣十:宜賓、慶符、富順、南溪、長寧、高、珙、戎、筠連、隆昌。曰重慶府,領州三:合、忠、涪。縣一十七:巴、江津、長壽、大足、永川、榮昌、綦江、南川、黔江、安居、璧山,直屬府;銅梁、定遠,屬合州;酆都、墊江,屬忠州;武隆、彭水,屬涪州。曰夔州府,領州一:達。縣十一:奉節、巫山、大昌、大寧、雲陽、萬、開,直屬府;新寧、梁山、建始、東鄉,屬建州。曰馬湖府,領長官司四。曰潼川州,領縣七:射洪、鹽亭、中江、遂寧、蓬溪、安岳、樂至。曰眉州,領縣三:彭山、丹稜、青神。曰嘉定州,領縣六:峨眉、夾江、犍為、榮、威遠、洪雅。曰瀘州,領縣三:納谿、合江、江安。曰雅州,領縣三:名山、榮經、蘆山。曰卭州,領縣二:蒲江、大邑。曰龍安府,曰東川軍民府,曰烏蒙軍民府,曰烏撒軍民府,曰鎮雄軍民府,曰芒部軍民府。其行都司別有分地者,曰建昌,領衛六:建昌、建昌前、會川、鹽井、越嶲、寧番。所八:曰松潘指揮使司,領安撫司四、長官司十七。其土官內屬者曰天全六番招討司,領長官司三。曰播州宣慰司,領安撫司二、長官司六。曰酉陽宣撫司,領長官司二。曰石砫宣撫司。以上二宣撫皆屬重慶府。曰永寧宣撫司,領長官司一。曰龍州宣撫司。曰黎州宣撫司。其地域,東抵湖廣,南抵雲貴,西抵西番,北抵陝西。福建布政司,所屬府八、州一、縣五十七。曰福州府,領縣九:閩、侯官、古田、閩清、長樂、連江、羅源、永福、福清。曰泉州府,領縣七:晉江、南安、惠安、德化、安溪、同安、永春。曰建寧府,領縣八:建安、甌寧、建陽、崇安、浦城、政和、松溪、壽寧。曰延平府,領縣七:南平、將樂、沙、尤溪、大田、順昌、永安。曰汀州府,領縣八:長汀、寧化、上杭、武平、清流、連城、歸化、永定。曰興化府,領縣二:莆田、仙遊。曰邵武府,領縣四:邵武、光澤、泰寧、建寧。曰漳州府,領縣十:龍溪、漳浦、龍巖、南靖、長泰、漳平、詔安、平和、海澄、寧洋。曰福寧州,領縣二:福安、寧德。其地域,東南俱抵大海,西抵廣東,北抵江西、浙江。廣東布政司,所屬府十、州七、縣七十二。曰廣州府,州一:連。縣十四:南海、番禺、順德、東莞、增城、香山、新會、清遠、從化、龍門、新寧、三水,直屬府;陽山、連山,屬連州。曰韶州府,領縣六:曲江、樂昌、仁化、乳源、翁源、英德。曰南雄府,領縣二:保昌、始興。曰惠州府,領縣八:歸善、博羅、海豐、河源、龍川、長樂、興寧、和平。曰潮州府,領縣十:海陽、潮陽、揭陽、程鄉、饒平、平遠、惠來、澄海、普寧、大埔。曰肇慶府,領州一:德慶。縣十二:高要、四會、新興、陽春、陽江、高明,直屬府;瀧水、封川、開建、恩平、廣寧,屬德慶州。曰高州府,領州一:化。縣五:茂名、電白、信宜,直屬府;吳川、石城,屬化州。曰廉州府,

領州一：欽。縣三：合浦、石康，直屬府；靈山，屬欽州。曰雷州府，領
縣三：海康、遂溪、徐聞。曰瓊州府，領州三：儋、萬、崖。縣十：瓊山、
澄邁、臨高、定安、文昌、會同、樂會，直屬府；昌化，屬儋州；陵水，屬萬
州；感恩，屬崖州。其地域，東南俱抵大海，西抵廣西，北抵江西、湖
廣、福建。廣西布政司，所屬府十一、州四十六、縣五十二、長官司三。
曰桂林府，領州一：全。縣八：臨桂、興安、靈川、陽朔、永福、義寧、古
田，直屬府；灌陽，屬全州。曰柳州府，領州二：象、賓。縣十：高平、
洛容、羅城、柳城、懷遠、融、來賓，直屬府；武宣，屬象州；遷江、上林，
屬賓州。曰慶遠府，領州三：南丹、東蘭、那地。縣六：宜山、天河、思
恩、河池、忻城，直屬府；荔波，屬南丹州。曰平樂府，領州一：永安。
縣六：平樂、恭城、富川、賀、荔浦、修仁。曰梧州府，領州一：鬱林。
縣九：蒼梧、藤、容、岑溪、懷集，直屬府；博白、北流、陸川、興業，屬鬱
林州。曰潯州府，領州一：武靖。縣三：桂平、平南、貴。曰南寧府，
領州一：橫。縣三：宣化、武緣，直屬府；永淳，屬橫州。曰太平府，領
州十五：大平、思城、安平、養和、萬承、左、全茗、鎮遠、思同、茗盈、龍
英、結安、結倫、都結、上下凍。領縣四：崇善、陀陵、永康、羅陽。曰田
州府，領州四：上隆、恩城、歸化、果、化。縣一：上林。曰思明府，領
州八：上思、忠、祿、西平、思明、上石西、下石西、憑祥。曰思恩軍民
府。曰鎮安府，領州一：歸順。曰泗城州，領縣一：程。曰利州。曰
奉議州。曰向武州，領縣一：富勞。曰都康州。曰龍州。曰江州，領
縣一：羅白。曰思陵州。曰上林長官司。曰安隆長官司。其地域，東
抵湖廣，南抵廣東、安南，西抵雲貴，北抵湖廣。雲南布政司，所屬府
一十四、州三十九、縣三十四、軍民府七、軍民指揮司二、宣慰司八、宣
撫司三、安撫司三、長官司二十二。曰雲南府，領州四：嵩明、晉寧、安
寧、昆陽。縣十：昆明、富民、宜良，直屬府；楊林，屬嵩明州；歸化、呈
貢，屬晉寧州；羅次、祿豐，屬安寧州；三泊、易門，屬昆陽州。曰大理
府，領州三：趙、鄧川、賓川。縣三：太和，直屬府；雲南，屬趙州；浪

穷,屬鄧川州。曰臨安府,領州四:建水、石屏、阿迷、寧。縣四:通海、河西、嶍峨、蒙自。長官司九。曰楚雄府,領州二:南安、鎮南。縣五:楚雄、廣通、定遠、定邊、碾嘉。曰澂江府,領州二:新興、路南。縣四:河陽、江川、陽宗,直屬府;邑市,屬路南州。曰永昌府,領縣二:永平、保山。曰蒙化府,領州一:雲龍。曰景東府。曰廣南府,領州一:富。曰廣西府,領州三:師宗、彌勒、維摩。曰鎮沅府,領長官司一。曰永寧府,領長官司四。曰順寧府。曰曲靖軍民府,領州四:霑益、陸涼、馬龍、羅雄。縣二:南寧、亦佐。曰姚安軍民府,領州一:姚。縣一:大姚。曰鶴慶軍民府,領州二:劍川、順。曰武定軍民府,領州二:和曲、祿勸。縣三:南甸、元謀,屬和曲州;石舊,屬祿勸州。曰尋甸軍民府。曰麗江軍民府,領州四:通安、寶山、蘭、巨津。縣一:臨西,屬巨津州。曰沅江軍民府,領長官司一。曰北勝州。曰瀾滄軍民指揮司,領州一:蒗蕖。曰騰衝軍民指揮司。土官內屬者,宣慰司曰車里,曰木邦,曰孟養,曰緬甸,曰八百大甸,曰老撾,曰東里,曰麓川平緬府,曰孟定,孟艮。宣撫司,曰南甸,曰千崖,曰隴川。州曰威遠,灣甸,鎮康,大候。長官司曰鈕兀,芒市。其地域,東抵廣西,南抵安南,西抵百夷,北抵四川。貴州布政司,所屬府八、州六、縣六、宣慰司一、安撫司一、長官司八十二。曰程番府,領安撫司一、長官司十六。曰思州府,領長官司四。曰思南府,領長官司四,縣二:印江、婺川。曰鎮遠府,領長官司三,縣二:施秉、鎮遠。曰石阡府,領長官司四。曰銅仁府,領長官司六。曰黎平府,領長官司十三,縣一:永從。曰貴州宣慰司,領長官司十。曰都勻府,領州二:獨山、麻哈。縣一:清平。長官司六。曰永寧州,領長官司二。曰鎮寧州,領長官司二。曰安順州,領長官司二。曰普安州。其都司所屬衛一十八,皆各有分地:曰貴州,曰貴州前,曰永寧,曰普定,曰平越,曰烏撒,曰普安,曰赤水,曰威清,曰興隆,曰新添,領長官司五:曰清平,曰平壩,曰安莊,曰龍里,領長官司二;曰安南,曰都勻,領長官司三;曰畢節。其地域東抵湖廣,南抵廣西,西抵雲南,北抵四川。總厥四履之盛,視漢則羨朱崖,視唐則羨南詔,視宋則羨靈夏、燕雲。蓋自唐虞三代以來所僅見者也。好事喜功者,乃往往藉口河套、哈密、安南,欲僥倖其嘗試之説,而竟寡成效,豈知聖主務廣德而不務廣地之義也乎!

封　建

封建尚矣!羲農世遠,無所於考據。傳記所載,黃帝既平蚩尤,乃立左右大監,監於萬國。及 夏 ,禹塗山之會,執玉帛者,亦萬國焉。蓋萬國云者,特舉成數言之,非必其實盈此數,猶萬民云者,亦非必其實止此數也。其後互相吞併,至於 商 湯代夏之初,存者蓋三千餘國。及 武王 伐紂,滅國五十,別建親賢,以藩王室,兄弟之國十有五人,姬姓之國四十人。併舊存者,凡爲一千八百國。其爵禄之班,具於《周禮》與《禮記·王制》者,今可攷而知也。然而二書所載,彼此違異。如《王制》①云:"公一位,侯一位,伯一位,子一位,男一位,凡五等。"而《周禮·大宗伯》②則云:上公九命,侯伯七命,子男五命。是止爲三等也。《王制》云:公侯地方百里,伯七十里,子男五十里,凡三等。而《周禮·大司徒》則云:諸公之地方五百里,諸侯方四百里,諸伯方三百里,諸子方二百里,諸男方百里。是又爲五等也。是故據《王制》則爲列爵惟五,分土惟三;據《周禮》則爲列爵惟三,分土惟五。彼此蓋夐然其不同矣。以《書·武城》證之,則《王制》爲合;然觀其上文云乃"反商政,政由舊",則爵五土三云者,本商之舊制也。蓋武王初有天下而與之約法云耳,至于定制之後,其於商之舊政固有不能必同者矣。夫成湯之世,諸侯爲三千餘國。及其衰也,僅爲一千八百國。此其互相吞併,而强者至於大,弱者至於亡,蓋多有之。周之興也,滅國五十,皆紂黨虐民者耳。其他雖强大過制,而非紂之黨者,既爲異代

---

① 所引數處《王制》,皆出《孟子·萬章》。
② 《大宗伯》應作《典命》。

之事,則武王亦不必於連合而盡削之,以復于百里之舊也。若其新封之國,又必拘于百里,以厠諸舊强國之間,其于理勢且皆不可。是故太公之封於齊也,其地東至于海,西至于河,南至于穆陵,北至于無棣,此豈止於百里者耶?《書‧費誓》云:"魯人三郊三遂。"《左氏》曰:"成國不過半天子之軍。諸侯之大者,三軍可也。"則大國三軍,出于三郊,而三遂副之,固周制然矣。百里之國,提封萬井,以《周禮‧小司徒》凡起徒役毋過家出一人率之,適足三郊三遂七萬五千人之數。其餘公、卿、大夫、王子弟之封邑,與夫士田、牧田、賈田之類,於何所容之?其不止於百里亦明矣。然則《周禮》,周制也;《禮記‧王制》,乃漢文時博士刺六經而作者,亦安知其不以商制誤傳爲周制也?且孟子周人,猶自謂未聞其詳,而況於漢時之博士乎?春秋之世,諸侯之見於經傳者一百六十五國。夫自萬國併而至此,則其終併爲七以一統于秦者,勢固有所必至矣。梁襄王問曰:"天下惡乎定?"而孟子對以定于一,蓋已預知其必至于此也。 秦 始皇既併天下,丞相綰等以爲燕、齊、荆地遠,不爲置王無以鎮之,請立諸子。而始皇因李斯議,以爲天下昔苦戰鬬,緣有侯王;今幸平一,而復置之,是樹兵也。乃分天下爲三十六郡,郡置守尉監,而帝王封建之制至是一切掃地不存矣。秦傳二世,其國遂亡。或者因歸咎於封建之罷,以致宗姓單弱,根本不固,於是儒者之論,是非相持,莫適有定。竊謂帝王之封建,本於適時之宜也。使始皇而居唐、虞、三代之時,則亦必封建而已矣。秦之郡縣,同於適時之宜也。使帝王而當秦之世,則亦必郡縣而已矣。如以帝王爲公,則秦亦爲公,其禄位於天下之賢也;如以秦爲私,則帝王亦爲私,其土地於一姓之人也。若秦之所以速亡者,則以始皇之暴,既異禹、湯,而胡亥之庸,又非啓、誦。雖使將閭、子嬰俱啓千乘,李斯、王綰咸開四履,亦豈能救讎民之瓦解、抗仁主之興運乎! 漢 初,韓、彭、英、盧,皆膺王爵,既而悉以反誅,於是尊王子弟大啓九國,自雁門以東,盡遼陽,爲燕、代。常山以南,太行以東,漸於海,爲齊、趙。穀、泗以往，奄有龜、蒙，爲梁、楚。東帶江、湖，薄會稽，爲荆吳。北界淮瀕，畧廬、衡，爲淮南。波漢之陽，亘九疑，爲長沙。諸侯比境，周匝三垂，其大者跨州兼郡，如齊七十城、吳則五十城、楚則四十城。諸呂之難，齊王舉兵西向，而產、祿震恐，以故平、勃安劉之功，易於反掌，蓋亦賴諸侯王之助焉。然而恃其富強，逆節橫起，故文帝采賈生之議，分齊、趙。景帝用晁錯之計，削吳、楚。武帝施主父之策，下推恩之令，使諸侯得分户邑以封子弟，自是齊分爲七，趙分爲六，梁分爲五，淮南分爲三。皇子始立者，大國不過十餘城，且作左官之律，設附益之法，諸侯王但食租衣税，不與政事，於是不待貶黜而藩國坐自削弱。至於哀、平之際，皆繼體苗裔，親屬疎遠，生於帷墻之中，不爲士民所尊，其勢與富室無異。王莽由此無所顧忌，生其奸心，不降階序，而漢祚已移於新室矣。是其始也，既以假借太過，而滋逆亂之萌；其終也，又以裁抑太甚，而失藩垣之助。蓋所謂兩失之者也。然則亦何取於封建耶？ 東漢 承統，上紹、景、武以來舊制，無所更改。至于 魏 代，王公徒有建國之名，而無受土之實，又禁防壅隔，同於幽囚，非惟失藩垣之勢，抑且虧孔懷之恩。觀於曹冏之書，固可以知典午之篡，亦其陵夷之漸然也。 晉 、 宋 、 齊 、 梁 之制，諸王皆出爲都督、刺史，星羅棊布，各擁強藩，蓋將假以事任，庶收宗子之功，而矯孤立之弊也。然宋、齊一再傳，而後二明帝皆以旁枝入繼大統，猜忮特甚。諸王之爲刺史者，既佐之以長史，復制之以典籤。刺史行事之美惡，莫不係於典籤之口，以至言行舉動不得自專，徵求衣食亦須咨訪，甚則欲除嫌逼者，悉假手於籤帥殲焉，所謂親愛之恩畧無可言者矣。若晉，若梁，則諸王皆以盛年雄材，出當方面，非宋、齊帝子比也。然京師有變，則俱無同獎王室之心，而各有帝制自爲之志。晉賈、趙之難，如冏、如穎、如融、如乂、如越之輩，則縱兵相屠，卒啓戎狄之禍，而神州以之陸沉。梁侯景之亂，如綸、如繹、如紀、如詧之徒，則擁兵不救，坐視君父之危，而天倫以之殄滅。其於急難報仇之義，復奚取焉。蓋世俗之險惡、人心之澆漓，至於此爲已極。而古制之所以不可復行，有由然矣！ 唐 制：皇兄弟、皇子皆封親王，食邑五千户。皇太子男封郡王，其庶姓卿士功業特盛者亦封郡王，食邑三千户。並無官土，其食實封者，但以所封郡邑租調給之。貞觀二年，以蕭瑀言，始議永封裂土之制。李百藥、魏徵等俱極陳其不可，乃止。劉秩《政典》曰：自漢以降，雖封建失道，諸侯猶皆就國。今封建子弟，有其名號，而無國土，空樹官僚，而無涖事，聚居京輦，食租衣税，此國用所以不足也。雖然，郡縣既足爲治，則封建宗室者亦惟以叙親睦之恩而已，其於費用固不當靳。如不度其才器所堪，而皆使之臨民涖政，小則滋爲民患，大則生其逆節。晉、宋、齊、梁之覆轍，可不鑒乎！ 宋 沿唐制，而微有不同。皇子之爲王者，封爵止於其身，而子孫無問嫡庶，不過承廕入仕，爲環衛官，廉車節鉞，以次序遷，如庶姓。官廕子入仕之例，必須歷任年深，齒德俱尊，方特封以王爵，而於父祖所授之爵，亦不復襲。此其恩數，視唐又爲殺焉。然唐、宋之制，凡宗室袒免親以外有過人之才者，皆得應舉入仕，至於典方，面爲宰執，樹勳揚名以追古豪傑者往往有之，而不使有才用不盡之歎。其於親親尊賢之義，抑可謂兩盡矣。

經濟要畧卷二

職　官

　　夫有民則必立之君，有君則必設之佐，蓋與天地而並建者也。觀於天象，則可見矣。是故在紫微則有輔弼，在太微則有將相，在天市則有諸侯之位。帝王之設官也，夫亦欽崇天道，求以康乂民生而已。今以往籍考之，伏羲以龍紀，故爲龍師而龍名。神農以火紀，故爲火師而火名。黃帝以雲紀，故爲雲師而雲名。少昊氏之立也，鳳鳥適至，故以鳥紀，爲鳥師而鳥名，鳳鳥氏爲曆正，玄鳥氏以司分，伯趙氏以司至，青鳥氏以司啓，丹鳥氏以司閉。有五鳩以鳩民：祝鳩氏則司徒也，雎鳩氏則司馬也，鴡鳩氏則司空也，爽鳩氏則司寇也，鶻鳩氏則司事也。五雉爲五工正。九扈爲九農正。自顓頊以來，不能紀遠，乃紀於近，爲民師而命以民事。有五行之官：春官木正曰勾萌，夏官火正曰祝融，秋官金正曰蓐收，冬官水正曰玄冥，中官土正曰后土。唐虞之世，建官惟百。堯命羲、和欽若昊天，敬授人時。分命羲仲宅嵎夷，曰暘谷，寅賓出日，平秩東作。申命羲叔宅南交，平秩南訛，敬致。分命和仲宅西，曰昧谷，寅餞納日，平秩西成。申命和叔宅朔方，曰幽都，平在朔易。允釐百工，庶職咸熙。內有百揆、四岳，外有州牧、侯伯。舜以伯禹作司空，平水土，使宅百揆；棄爲后稷，播百穀；契作司徒，敷五教；皋陶作士，明五刑；垂作共工，利器用；伯益作虞，蕃育草木鳥獸；伯夷作秩宗，典三禮；夔典樂，教胄子，和神人；龍作納言，出納帝命。是爲九官。外肇十有二州，設十有二牧。夏后承統，爰立六卿。設官之數，倍于唐虞。商制：天子建官，先六太，曰大宰、大宗、大史、大祝、大士、大卜，典司六典。天子之五官，曰司徒、司馬、司空、司士、司寇，典司五衆。天子之六府，曰司土、司木、司水、司草、司器、司貨，典司六職。天子之六工，曰土工、金工、石工、木工、獸工、草工，典制六材。五官之長曰伯。邦畿之外，五國以爲屬，屬有長；十國以爲連，連有帥；三十國以爲卒，卒有正；二百一十國以爲州，州有伯。八州八伯各以其屬，屬於天子之老二人，分天下以爲左右，曰二伯。周既代商，爰新制度，董正治官，乃立三公，曰太師、太傅、太保，論道經邦，燮理陰陽。三孤曰少師、少傅、少保，貳公宏化，寅亮天地，以弼一人。天官曰冢宰，掌邦治，統百官，均四海；地官曰司徒，掌邦教，敷五典，擾兆民；春官曰宗伯，掌邦禮，治神人，和上下；夏官曰司馬，掌邦政，統六師，平邦國；秋官曰司寇，掌邦禁，詰姦慝，刑暴亂；冬官曰司空，掌邦土，居四民，時地利。每官爲屬六十，合之爲三百六十屬。至於畿外設官，大率多承商舊。秦兼天下，罷侯置守，内置大尉，主五兵；承相總百揆；又置御史大夫以貳於相。外分三十六郡，郡皆置守、尉、監。漢興，沿秦制，置太尉、丞相、御史大夫，次有九卿，曰太常、光禄、衛尉、宗正、大僕、大理、鴻臚、大司農、少府，分理庶政。武帝改太尉曰大司馬，以大司馬、左右前後將軍、侍中、中常侍、散騎諸吏爲中朝，丞相以下至吏六百石爲外朝。其少府之屬有尚書，職典章奏，雖秩止六百石，實爲華要之任。畿内郡，京兆、馮翊、扶風謂之三輔，有尹，有内史。畿外十三部，郡有守、有尉，國有相，縣有令、丞，其屬皆聽自辟署。丞相歲遣其史分行十三部，謂之刺史。其三輔，則司隸校尉督之。元、成以後，改丞相曰大司徒，御史大夫曰大司空，與大司馬謂之三公。又改刺史曰州牧。光武中興，多沿舊制，而倂省官屬，減費頗多。泊於叔世，事歸尚書，三公之官，備員而已。魏、晉泊南北朝，歷年不永，更制靡常，無足紀者。唐之官制，具於《六典》。有尚書省以統會衆務，舉持綱目；門下省以侍從獻替，規駁非宜；中書省以獻納制册，敷揚宣勞。其長官令僕、侍中，實爲宰相之任。尚書之屬，則有吏、户、禮、兵、刑、工六部，部分四曹。又有秘書省以監録圖書，殿中省以供修膳服，内侍省以承指奉引。是爲六省。又有御史臺以肅清庶僚，九寺、五監以分理群司，六軍、十六衛以嚴其禁禦。京府置牧，餘府州置守，其大府兼領兵馬者則謂之都督，或曰都護。置按察、採訪等使以領州縣，節度、團練等使以督軍事，租庸、轉運、鹽鐵、營田等使以毓財貨。觀其規畫措置，亦足稱一代之制焉。但雖有此制，而武后臨朝，有車載斗量之謡；韋后與政，有斜封墨敕之私。至於肅、代之後，盜起兵興，府庫無蓄積，朝廷專以官爵賞功，諸將出征，皆給空名告身，聽臨事注名，又聽以信牒授人官爵，至有異姓王者。諸軍但以職任相統攝，不復計官資高下。由是官爵輕而貨重，大將軍告身一通纔易一醉。凡應募入軍者一切衣金紫，蓋名器之濫至是極焉。宋朝設官，名號品秩，大率襲用唐舊。然宰相不用三省長官，中書、門下並列於外。又別置中書於禁中，是謂政事堂，與樞密對掌文武大政。天下財賦，悉隸三司。省臺寺監，官無定員，無專職，悉皆出入分涖他務，故三省、六曹、二十四司互以他官典領，雖有正官，非別敕不治本司之事，故尚書、中書令、侍中不與朝政，侍郎、給事不領省職，僕射、尚書、丞郎、郎中、員外居其官不知其職者十常七八。至於官人授受之别，則有官、有職、有差遣。官以寓禄秩，職以待文學之選，而差遣以治内外之事。其次又有階、有勳、有爵。故仕人以登臺閣、陞禁從爲顯宦，而不以官之遲速爲榮滯；以差遣要劇爲貴途，而不以階、勳、爵、邑有無爲輕重。其名實之不相副有如此。自真宗、仁宗以來，議者多以正名爲請，而朝論異同，未遑釐正。神宗元豐初，始命按《唐六典》肇新官制。凡舊日省、臺、寺、監領空名者，一切除去，而易之以階。會明堂禮成，近臣遷秩，即用新制，而省、臺、寺、監之官各還所職。雖未能上擬《周官》，而亦足以近班於唐典焉。其後蔡京當國，率意自用,於是修六尚局,建三衙郎,内侍省職悉做機庭之號,甚至走馬承受升擁使華,黃冠道流亦預朝品,而元豐之制至此復大壞矣！若其以出入更勞爲名,每有既登撲席,復擁郡麾,以致於尊卑位易,監臨勢阻,或因之嫌隙互搆,政體紊亂者,蓋終宋之世,莫能正焉！元設官無法,卒致尾大不掉,淪於亂亡。我朝初仍元制,置中書省,設左右丞相等官,天下政事,皆由之而出。其屬有四部,分治錢穀、禮儀、刑名、營造之務。洪武元年,始置吏、户、禮、兵、刑、工六部,俱正三品,設尚書、侍郎等官,仍屬中書省。十三年,中書省革,罷丞相等官,陞六部爲正二品衙門,與都察院、通政司、大理寺參掌天下庶務,於是中書之政分於六部。永樂初,建北京,總置行部,尋亦分置六部,各稱行在某部。十八年,除行在二字,其舊在南者加"南京"二字。洪熙元年,復稱行在。正統六年,復除"行在"字,其在南者仍加"南京"字,自此爲定制云。吏部正官,尚書一人,左、右侍郎各一人,職掌天下官吏選授、勳封、考課之政令。首領官司務二人。屬官于部四,曰總部、司封、司勳、考功。二十二年改總部爲選部。二十九年又改選部爲文選,司封爲驗封,司勳爲稽勳,考功仍舊,俱稱清吏司。文選清吏司,郎中一人,員外郎一人,主事一人,後添設一人,掌天下文吏班秩品命。稽勳清吏司,郎中一人,員外郎一人,主事一人,掌邦國官人之勳級。驗封清吏司,郎中一人,員外郎一人,主事一人,掌邦國之封爵。考功清吏司,郎中一人,員外郎一人,主事併添設共二人,掌文職官吏之考課。户部正官,尚書一人,左、右侍郎各一人,職掌天下户口田糧之政令。後添設提督倉場侍郎一人。首領官司務二人,照磨所照磨一人,檢校一人。屬官于部四,曰民部、度支部、金部、倉部。二十二年,以事繁,改爲十二部,曰浙江、江西、湖廣、陝西、廣東、山東、福建、北平、河南、山西、四川、廣西,各令清理一布政司户口錢糧等事,仍量其繁簡,帶管直隸府州。每一部内仍分爲民、度、金、倉四科,以領其事。二十九年,改十二部爲十二清吏司。永樂十九年,革北平清吏司,增置雲南、貴州、交趾清吏司。宣德十年,革交趾清吏司,定爲浙江等十三清吏司。浙江清吏司,郎中一人,員外郎一人,主事併添設共四人。江西清吏司,郎中一人,員外郎一人,主事併添設共四人。湖廣清吏司,郎中一人,員外郎一人,主事併添設共四人。陝西清吏司,郎中一人,後添設二人,管延寧糧儲一人,蘭州糧儲一人;員外郎一人,主事併添設共四人。廣東清吏司,郎中一人,員外郎一人,主事併添設共四人。山東清吏司,郎中一人,後添設一人,管遼東糧儲;員外郎一人,主事併添設共四人。福建清吏司,郎中一人,員外郎一人,主事併添設共四人。河南清吏司,郎中一人,員外郎一人,主事併添設共四人。山西清吏司,郎中一人,後添設三人:大同管粮一人,宣府一人,薊州一人;員外郎一人,主事併添設共五人,內一人承運庫辦事。四川清吏司,郎中一人,員外郎一人,主事併添設共四人。廣西清吏司,郎中一人,員外郎一人,主事併添設共四人。雲南清吏司,郎中一人,後添設一人管通州倉糧;員外郎一人,主事併添設共五人,內收放蘇常等府草價銀一人,監督御馬監草場糧料一人。貴州清吏司,郎中一人,後添設二人,管山海糧儲一人,密雲粮儲一人;員外郎一人,主事併添設共四人;所屬衙門寶鈔提舉司提舉一人,抄紙局大使一人,印鈔局大使一人,寶盈庫大使一人、副使一人,廣盈庫大使一人、副使二人,甲、乙、丙、丁、戊字庫大使各一人,副使甲、乙、戊字庫各一人,丙、丁各二人。禮部正官,尚書一人,左、右侍郎各一人,職掌禮儀、祭祀、燕享、貢舉之政令。首領官司務二人,屬官於部四,曰儀部、祠部、膳部、主客部,後改儀部爲儀制,祠部爲祠祭,膳部爲精膳,主客仍舊,俱稱清吏司。儀制清吏司,郎中一人,員外郎一人,主事併添設共二人,掌貳尚書、侍郎舉其儀制而辨其名數。祠祭清吏司,郎中一人,員外郎一人,主事併添設共二人,掌祠祀、享祭、天文、漏刻、廟諱、醫藥、道佛之事。主客清吏司,郎中一人,員外郎一人,主事併添設共三人,掌諸蕃朝貢等事。精膳清吏司,郎中一人,員外郎一人,主事一人，掌邦國牲豆酒膳、辨其品數所屬。衙門行人司，司正一人，左、右司副二人，行人三百四十人，後減爲三十七人。鑄印局大使一人，副使二人。其太常、光禄、鴻臚諸寺，國子、欽天諸監并太醫院，凡事俱從本部轉達焉。兵部正官，尚書一人，左、右侍郎各一人，職掌天下軍衛、武官選授之政，後添設協理京營戎政侍郎一人。首領官司務二人，屬官于部四，曰司馬、職方、駕部、庫部，後改司馬爲武選，駕部爲車駕，庫部爲武庫，職方仍舊，俱稱清吏司。武選清吏司，郎中一人，後添設一人，員外郎一人，後添設一人，主事併添設共四人，掌武官勳禄品命。職方清吏司，郎中一人，後添設一人，員外郎一人，主事併添設共五人，掌天下地圖及城隍、鎮戍、封堠之政。車駕清吏司，郎中一人，後添設一人，員外郎一人，主事併添設共二人，掌邦國鹵簿、儀仗及守衛戎馬、車舡之事。武庫清吏司，郎中一人，員外郎一人，主事併添設共二人，掌邦國戎器、儀仗，辨其出入之數。刑部正官，尚書一人，左、右侍郎各一人，職掌天下刑名及徒隷、勾覆、關禁之政令。首領官司務二人，照磨所照磨、檢校各一人，司獄司司獄六人。屬官于部四，曰憲部、比部、司門部、都官部。洪武二十二年以務繁，改爲浙江、江西、福建、山東、北平、四川、山西、湖廣、廣西、河南、陝西等十二部，各令清理一布政司刑名等事，仍量其煩簡，帶直隷府州，并在京衙門每部仍分憲、比、司、門都官四科，以領其事。凡遇刑名，各照部分送發落。二十九年又改爲十二清吏司。永樂十九年革北平清吏司，增置以下軼。

銓　選

周室之制：興賢則於司徒，養士則於樂正，授官則於司馬。《王制》云：司馬論進士之賢者，以告於王，論定而後官之，任官而後爵之，位定而後禄之。故《周禮》司馬之屬有司士，掌羣臣之版，即後世選部之職也。蓋進士之升於司馬者，與王庶子、卿大夫之子弟，皆隷諸子，以充宿衛,故司馬因而論之,出授官使。授官之後,其會政計治,乃屬於冢宰焉。説者謂冢宰統百官,則司士亦當爲冢宰之屬,是未審古今之沿革,制有不同,不可以一槩論也。漢,郡國所舉孝廉之士,皆隷於光禄勳,爲三署郎,充宿衛,無常員,多或至千人,謂之郎衛。光禄勳於三署中察其久次者,以質樸、淳厚、謙遜、有行四科第之,出授他官,以補缺員,是亦周制司馬論材之遺意。然如張釋之十年不得調,馮唐三世不徙官,蓋未免於淹滯之弊,此則存乎光禄勳之舉職與否也,大抵通塞之任,自昔以爲難矣。後漢之制,選舉於郡國屬尚書功曹,於公府屬東西曹,於天—作中。臺屬吏曹,亦曰選部。自是魏、晉以來,遂以吏部尚書爲鈞衡之任。桓帝時,紀綱隳紊,凡所選用,莫非情故。議者以爲州郡相阿,人情比周,乃制婚姻之家及兩州之人,不得相臨,遂有"參互法"。魏立九品中正,而自晉逮陳,皆承用之。内官吏部尚書,外官州有大中正,郡有小中正,皆掌選舉。凡吏部選用,必下中正,徵其人居及父祖官名。晉武帝時,山濤、王戎相繼爲吏部尚書,皆有知人之鑑,號爲稱職。濤所甄拔人物,各有題目,時稱"山公啓事"。宋武帝時,謝莊以搜才路狹,上表請令大臣各舉所知,以付尚書銓用。不從。帝又不欲重權在下,乃分吏部,置兩尚書,以散其權。裴子野曰:官人之難,尚矣。《周禮》,始於學校,察之州里,然後貢於王庭。其在漢家,州郡積其功能,五府舉爲掾屬,三公參其得失,尚書奏之天子。一人之身,所閱者衆,故能官得其才。魏、晉反是,所失弘多。況今庶僚百位,專委一司,於是澆風遂行,干進務得,不可抑止。官邪國敗,莫能紀綱。假使龍作納言,舜居南面,而欲治致平章,不可必也,況後之官人者哉!孝武雖分曹爲兩,而不能反之於周、漢,朝三暮四,其庸愈乎!魏靈太后時,冀州大中正張彝之子仲瑀奏,銓別選格,排抑武人,不使與清品。於是武人積怒,羽林、虎賁千餘人焚彝第,殺其父子。詔斬其兇渠者八人;餘大赦以安之,仍命武官依資入選。既而官員少,應調者多,選曹無以處之。崔亮爲吏部侍郎,乃奏爲格制,不問賢愚，專以停解月日爲斷。雖復官需此人，停日後者悉不得取，其庸才下品，年月久者則先擢用。時沉滯者，皆稱其能。亮甥劉景安貽書規之，亮答書曰："今武夫崛起，而不解書計，惟可彍弩前驅，指踪捕噬而已。忽令佩組乘軒，求其烹鮮之效，未嘗操刀，而使劅割。又武人至多，官員至少，不可周溥。設令十人共一官，猶無官可授，況人冀一官，何由不怨哉！吾近面執，不宜使武人入選，請賜其爵，厚其祿，而不見從，故權立此格，以停年爲斷耳。"是亮固亦甚不得已以權一時，非謂可以垂世作式也。其後甄琛、元修、王徽等相繼爲吏部尚書，利其便己，踵而行之。自是賢愚同滯。魏之失人，蓋從亮始。及薛琡爲吏部郎中，上言："使選曹惟取年勞，不簡賢否，義均雁行，次若魚貫，勘簿呼名，一吏足矣，數人而用，何謂銓衡！請於積勞之中，其材堪牧人者在先用之限。丞、尉以下，則依資補叙。"不報。自漢以來，州置紀綱，郡置守、丞，縣惟令而已。其餘僚屬，皆官長辟署。至 隋 文帝欲權一於上，始罷州郡之辟，內外一命，悉歸吏曹。自是銓衡事煩，竟無暇於擇人矣。晉劉毅云："一吏部，兩郎中，而欲究鑑人物，何異於以管窺天！"其時州郡猶自辟僚屬，吏部選授尚少也。若使毅居隋時，其發歎又當何如哉！ 唐 制：凡選有文武，文選吏部主之，武選兵部主之，皆爲三銓，尚書、侍郎分主之。凡擇人之法，一曰身，體貌豐偉；二曰言，言辭辯正；三曰書，楷法遒美；四曰判，文理優長。四事皆可取，則先德行；德均以才，才均以勞。五品以上不試，上其名中書門下，訪擇擬奏，下制授之。六品以下，始集而試，觀其書、判；已試而銓，察其身、言；已銓而注，詢其便利而擬。已注而唱，不厭者得反通其辭，厭者爲甲，上於僕射，乃上門下省，給事中讀之，黃門侍郎省之，侍中審之。不審者則駁下，既審然後上聞，主者受旨而奉行焉，皆給以符，謂之告身。選未滿而試文三篇，謂之宏詞；試判三條，謂之拔萃，中者即授官。凡出身秀才，上第，正八品；明經，上第，從九品；進士，甲第，從九品。餘各有差。凡流外及禮部、兵部舉人郎官，得自主之,謂之小選。太宗時因歲旱穀貴,命東人選者集於洛州,謂之東選。高宗上元二年,以嶺南五管、黔中都督府得即任仕人,而官或非其才,乃遣郎官御史爲選補使,謂之南選。惟時入仕者衆,庸愚咸集,有僞主符告而矯爲官者,有承接他名而參選調者。試判之日,或冒名代進,或旁坐假手,或借人外助。雖煩設等級,遞增選限,增譴犯之科,開糾告之令以過之,猶不能禁。知選事侍郎劉祥道上疏曰:"今之選司,取士傷多且濫。每年入流數過一千四百人,是傷多也;雜色入流,不加銓簡,是傷濫也。古之選者,爲官擇人,不聞取人多而官員少也。今官員有數,而入流無限,遂令九流煩總,人隨歲積,實非處置之法。望請釐務,稍清其選。"而朝廷憚於改作,事竟不行。及武后革命,務收人心,乃令吏部大置試官以處之,故當時有車載斗量之謠。中宗時,韋后及太平、安樂公主用事,於側門降斜封墨敕授官,謂之斜封官,凡數千員。内外盈溢,無廳事以居,當時謂之三無坐處,言宰相、御史及員外郎也。韋氏敗,睿宗以宋璟爲吏部尚書,姚元之爲兵部尚書,乃悉奏罷斜封官。未幾,璟、元之罷,崔湜希太平公主意,言罷斜封官,人失其所,而怨積於下,恐有非常之變。遂詔復之。玄宗即位,勵精爲治,制:凡官不歷州縣者,不擬臺省。已而悉集新除縣令於宣政院,親臨問以理人之策,而擢其高第者。開元末,裴光庭爲吏部尚書,始奏用循資格,各以罷官若干選而集,官高者選少,卑者選多,無問能否,選滿即注,限年躡級,無得踰越。非負譴者,皆有陞無降。庸愚沉滯者皆喜,謂之聖書,而才俊之士無不怨嘆。初,吏部歲常集人,其後三數歲一集,選人猥至,文簿紛雜,吏因得爲奸利,士至蹉跌或十數年不得官,而缺員亦累歲不補。德宗貞元初,陸贄爲相,乃懲其弊,命吏部據内外員三分之一,計缺集人,歲以爲常。贄又請令臺省長官得自薦其屬,有不職,坐舉者。帝初許之。或言諸司所舉皆親黨,招賂遺,無實才,帝復詔宰相自擇。贄上疏曰:"國朝之制,庶官五品以上,制敕命之;六品以下,則並旨授。制敕所命者,蓋宰相商議奏可而除拜之也；旨授者，蓋吏部銓材授職，然後上言，詔旨但書可以報而不可否者也。其後舊典失叙，倖臣專朝，舍僉議而重己權，廢公舉而行私意，是以周行庶品，苟不出時宰之意者，則莫致焉。任衆之道益微，進善之途漸隘。臣自揣虛庸，無能上報，惟廣求才之路，使賢者皆得以彙征；啓至公之門，令職司皆得以自達。凡百有司之長兼副貳等官，及兩省供奉之職，并因察舉勞效，須加獎任者，並宰相叙擬以聞。其餘臺省屬僚，請委長官選擇，指陳實才，以狀上聞。一經薦揚，終身保任。得賢則進考增秩，失實則奪俸罰金。亟得則褒升，亟失則黜免。非止搜揚下位，亦可閱試大官，前志所謂達視其所舉者，即此義也。陛下既納臣言而用之，旋聞橫議而止之，又以官長舉人，法非穩便，令臣並自揀擇，不可信任諸司者。伏以宰輔，常制不過數人。人之所知，固有限極，必不能徧諳多士，備閲羣才。若令悉命羣官，理須展轉詢訪，是則變公舉爲私意，易明敭以暗投。倘如議者之言，所舉多有情故，舉於君上，且未絶私，薦於宰臣，安肯無詐。失人之弊，必又甚焉。且所謂臺省長官，即僕射、尚書、左右丞、侍郎及御史大夫、中丞是也。陛下比擇輔相，亦多出於其中。今之宰相，乃往日之臺省長官；今之臺省長官，乃將來之宰臣也。豈有爲長官之時不能舉一二屬吏，居宰臣之位則可擇千百具僚？物議悠悠，其惑斯甚。聖人制事，必度物宜，無求備於一人，無責人以不逮。尊者領其要，卑者任其詳。是以人主擇輔臣，輔臣擇庶長，庶長擇佐僚，將務得人，無易於此。”帝雖嘉之，然卒停薦舉詔。是時德宗猜忌，宰相除官，必反覆參詰乃得下，是以贄因有所畏避而不敢專。要之，長官各舉其屬，付宰相參詳可否而後用之，固不易之法也。若論宰相之所以自任者，則如崔祐甫之數月除官八百員，李吉甫之一疏薦士三十人，亦惟自信其無私而已，又豈可逆探上意而爲之前却哉！ 宋 朝之制，凡入仕，有貢舉、奏蔭、攝署、流外、從軍五等。其内外官皆不涖本職，而但以資歷爲差遣。京朝官則審官院主之，使臣則三班院主之，少卿、監以上、刺史、副率內職,中書、樞密院主之。幕職、令錄以下,謂之選人,判吏部流內銓者主之。凡選人試判三道,考爲三等:二道全通,一道稍次而文翰俱優,爲上;一道全通,二道稍次而文翰稍堪,爲中;三道全次而文翰紕繆,爲下。判上者,超一資;中者,依資;下者,降一資。其後又置審官西院,專領閣門祇候以上諸司差遣。又以川陝、福建、湖廣、廣南八路之官罷任,迎送勞苦,令轉運司立格就注,免其赴選。及改正官制,凡選事皆歸吏部,以審官東院爲尚書左選,流內銓爲侍郎左選,審官西院爲尚書右選,三班院爲侍郎右選。至於常選之外,朝廷又每有公薦,宰府亦時有堂除,而諸授官者又有舉代之法。夫公薦與舉代,是與眾共之之意,若堂除則不過宰相欲自行其私而已,是以京、黼用事,選人有詣堂求注部缺者,但判一"取"字,則雖已注,亦奪與之。其爲壞法,可勝道哉!公薦非保任則私濫易行,必令連坐,則知人之難,堯、舜猶以爲病,況於久而變節者,亦常情所難免也,乃欲以一日之誤知而致爲終身之實累,非惟所舉未必得賢,且并與其舉主之賢棄之,此又拘於法者之過也。要之,百執事舉之,宰相擇其可者用之,臺諫察其否者糾之,人主又以其大公至正之心照臨於上而定其從違焉,又安有不得人之患哉!且自有資格以來,爲吏部者,不復以擇人爲急,而惟以用例爲難,叢雜於前後之殊,把持於吏胥之手。索例而不獲,雖有強明敏健之才不復致議;引例而不當,雖有至公盡理之事不可復伸。故人謂:吏部者,例部也。高宗時,劉珙爲選部員外郎,善摘檢奸弊,一日命汛掃中庭,張幕設案,置令式其中,使選集者得出入繙閱,與吏辯。吏眙睸不能對。當時翕然稱之。愚謂莫若刊正舊例,去其疑似複重,俾歸簡易,凡選人皆印給一本,預令繙閱詳明,則吏莫能欺之,而舞文請賕之弊不懲自息矣。

考　課

唐虞之世,三載考績,三考黜陟幽明,此所以課百官也。五載一巡狩，羣后四朝，敷納以言，明試以功，車服以庸，此所以課諸侯也。至於周室，內則歲終令百官府各正其治，受其會，聽其致事，而詔王廢置。三歲則大計羣吏之治，而誅賞之。外則六年五服一朝；又六年，王乃時巡，考制度於四岳，諸侯各朝於方岳，大明黜陟。百官之課漸密，而諸侯之課漸疎，蓋亦時勢然也。要之三載考績，三考黜陟幽明者，實爲中制矣。若小宰“以六計弊羣吏之治：一曰廉善，二曰廉能，三曰廉敬，四曰廉正，五曰廉法，六曰廉辨”，此則又其本領所在也。漢法：郡國上計，丞相受之，又令刺史以六條察二千石，歲終奏事，舉其殿最。他如武帝時左內史兒寬，以軍發，負租課殿，當免，民恐失之，輸租不絕，課更以最。宣帝時，尹翁歸爲扶風，捕盜課常爲三輔最。韓延壽爲東郡太守，斷獄大減，爲天下最。則完租賦、弭盜賊、息獄訟，蓋亦其所課之條也。元帝時，京房奏考功課吏法，公卿皆以爲其言煩碎，令上下相司不可行，乃以房爲魏郡太守，得以考功法治郡。夫自漢初已有課吏之法，而以課最受賞、課殿獲免者，亦班班具於史冊矣。房別奏之，而公卿以爲煩碎，必其條目猥多，人所不便者也。既不可以通行於天下，又可以偏行於一郡乎？東漢之制，四方兵事功課太尉掌之，民事功課司徒掌之，水土功課司空掌之。時光武明察臨下，不任三公；凡州牧奏舉二千石長吏不任位者，覆案不關三府，便行黜退。朱浮奏曰：“陛下信刺舉之官，輕鼎輔之任，朝廷以使者爲腹心，使者以從事爲耳目，是謂尚書之平，決於百石之吏，故羣下苛刻，各自爲能。兼以私情，容長憎愛，故有罪者心不厭服，無咎者坐被空文，非所以經盛衰、貽後主也。夫百官進退，固宜關於三府，然必公會省臺，協議行之，斯爲當矣。若三府止遣掾吏覆案，則與州牧寄耳目於從事者亦何異乎！”魏明帝時，以士人稱毀是非，混雜難辨，令散騎常侍劉劭作都官考課之法七十二條，以考核百官。其法欲使州郡考士，必由四考，皆有效，然後察舉。或辟公府而親民長吏，轉以功次補郡守，或就而加秩賜爵焉。至於公卿及內職大臣，率考之。事下三府

大議而竟不行。⬜晉⬜武帝泰始初,詔河南尹杜預爲黜陟之課。預奏:
簡書愈煩,則官方愈僞。魏氏考課,即京房之遺意,其文可謂至密。
然由於累細,故歷代不能通也。莫若申唐虞之舊典,委任達官,各考
所統,在官一年以後,每歲言優者一人爲上第,劣者一人爲下第,因計
偕以名聞。如此六載,主者總集,採其六歲處優舉者超用之,六歲處
劣舉者奏免之,其優多劣少者叙遷之,優少劣多者左遷之。在主者准
量輕重,微加降殺,不足復曲以法書也。大略如其父恕所謂用不盡人
雖文具無益之意。夫有治人無治法,誠然矣,然使其人法俱亂,又孰
與立治法以繩亂人乎!要之魏、晉以來,專尚清虛,以勤事爲俗吏,宜
其於課法爲不便。雖以杜征南父子之賢,而猶不免蔽於俗尚也。是
故魏崔鴻有言曰:"近來考格,以三年爲一考,轉一階。貴賤內外萬有
餘人,比肩內轉,雖有善政如龔、黃,儒學如王、鄭,史才如班、馬,文章
如崔、蔡,得一寸一分,必爲常流所扳,選曹亦抑爲一檃,不曾甄拔。
豈非課法不立之弊乎!治功不振,有由然矣!"⬜唐⬜考功,屬吏部。凡百
司之長,歲較其屬功過,差以九等,大合衆而讀之。流內之官,叙以四
善:一曰德義有聞,二曰清慎明著,三曰公平可稱,四曰恪勤匪懈。善
狀之外,有二十七最:一曰獻可替否,拾遺補闕,爲近侍之最;二曰銓
衡人物,擇盡賢良,爲選司之最;三曰揚清激濁,褒貶必當,爲考校之
最;四曰禮制儀式,動合經典,爲禮官之最;五曰音律克諧,不失節奏,
爲樂官之最;六曰決斷不滯,與奪合理,爲判事之最;七曰部統有方,
警守無失,爲宿衛之最;八曰兵士調習,戎裝克備,爲督領之最;九曰
推鞫得情,處斷平允,爲法官之最;十曰讎校精審,明於刊定,爲校正
之最;十一曰承旨敷奏,吐納明敏,爲宣納之最;十二曰訓導有方,生
徒充業,爲學官之最;十三曰賞罰嚴明,攻戰必勝,爲將軍之最;十四
曰禮義興行,肅清所部,爲政教之最;十五曰詳録典正,詞理兼舉,爲
文史之最;十六曰訪察精審,彈舉必當,爲糾正之最;十七曰明於勘
覆,稽失無隱,爲勾檢之最;十八曰職事修理,供承強濟,爲監守之最;

十九曰功課皆充，丁壯無怨，爲役使之最；二十曰耕耨以時，收穫成課，爲屯政之最；二十一曰謹於蓋藏，明於出納，爲倉庫之最；二十二曰推步盈虛，究理精密，爲曆官之最；二十三曰占候醫卜，效驗多著，爲方術之最；二十四曰檢察有方，行旅無壅，爲關津之最；二十五曰市廛弗擾，姦濫不行，爲市司之最；二十六曰牧養肥碩，蕃息滋多，爲牧官之最；二十七曰邊境清肅，城隍修理，爲鎮防之最。一最四善爲上上，一最三善爲上中，一最二善爲上下，無最而有二善爲中上，無最而有一善爲中中，職事粗理、善最不聞爲中下，愛憎任情、處斷乖理爲下上，背公向私、職務廢缺爲下中，居官諂詐、貪濁有狀爲下下。流外官，以行能功過爲四等：清謹公勤爲上，執事無私爲中，不勤其職爲下，貪濁有狀爲下下。考功郎中判京官考，員外判外官考。差京官望高者二人分校之，給事中、中書舍人各一人涖之。若於善最之外，別有可嘉尚，及罪雖成殿而情狀可矜，或不成殿而情狀可責者，省校之日，皆聽考官臨事量定。其爲法亦彬彬具矣。然皆混舉之虛詞，而未嘗責以明注所行之實事，則猶恐其有虛褒之善、枉陷之惡也。盧承慶校外官考，有一人督運遭風失米，承慶考之曰："監運損糧，考中下。"其人容色自若，無言而退。承慶重其雅量，改注曰："非力所及，考中中。"其人既無喜色，亦無愧詞。又改曰："寵辱不驚，考中上。"使校考者皆若承慶其人，則亦何有於不當者乎！有法善矣，法具而又得其人以行之，又善之善者也。中、睿以後，遷除太速，不論課考，多者一二年，少或三五月。人知吏之不久，則不從其吏。吏知遷之不遠，又不盡其職。偷安苟且，脂韋而已，又何暇於宣布風化求恤民瘼哉！宋初承五代舊制，文武常參官各以曹務閑劇爲限，考滿即遷。太祖諭宰相謂非循名責實之道，遂罷歲月叙遷之制，非有勞者未嘗進秩。太宗端拱中，置審官院及考課院。京朝官審官院主之，幕職縣官考課院主之。文臣五年，武臣七年。曾犯贓罪者，則文臣七年，武臣十年，皆得引對磨勘改官。蓋復行序遷之制云。其後以改官猥多，人懷僥倖，慶曆中，范仲淹奏定磨勘保任之法，自朝官至郎中、少卿，皆以六年爲滿，須請望官五人保任始得遷，仍定以歲改百人爲額。及仲淹去位，御史劉元瑜以爲適長奔競，奏罷之。蓋自歷代以來，官職合而爲一，官之遷轉，常與職俱。惟宋則官以寄祿，而別以差遣爲職事，其磨勘初未嘗以之降黜，而但以之改官，是以有猥多之弊，此法使之然也。不知更法，而但欲多其保任，限其額員，常若無可奈何然者，苟於磨勘之時，不止以年月爲勞，必嚴核其功過而升黜並行焉，則人亦豈得徒懷僥倖之私乎？然考課之法，實與久任相倚者也。高宗紹興六年，王弗請令江淮官久任而課其功過。上曰：“朕昔爲元帥時，見州縣官言：在官者以三年爲一任，一年立威信，二年守規矩，三年則務收人情，以爲去計。今止以二年爲一任，雖有葺治之心，亦無暇矣。”遂可其奏。高宗斯言，誠可謂洞見隱情者也。然豈惟江淮，又豈惟州縣哉？陳俊卿嘗言於孝宗曰：“今監司、帥臣，小州換大州，東路易西路，送迎擾擾，內而朝廷百執事，亦往往待日而遷，視所居之官如傳舍。嘗考之太祖朝，魏丕掌作坊十年，劉溫叟爲臺丞十有二年，郭進守山西十有八年；太宗朝劉蒙正掌內藏二十餘年，此祖宗之良法也。望令監司、帥守有政術優異者，或增秩賜金，或待終秩而後遷，使久於其職，察其勤惰而升黜之，庶幾人安其分，而萬事舉矣。”詔三省行之。大抵祖宗立法未嘗不良，而後世擅爲紛更，所以致弊。使宋之子孫去叙遷之制，行久任之法，常如太祖之時，則監司郡縣豈得懷苟且之心，而朝廷亦豈致以改官猥多爲患哉！

田　賦

民非田則無以養生，而非君則無以安其生，是故君授民田，民供君賦，蓋與生人並立者也。三五世遠，無所於考。當堯之時，禹授命敷土，既成厥功，而《禹貢》作焉，觀其則壤而賦之也，冀州：厥土白壤，厥田惟中中，厥賦上上錯。兗州：厥土黑墳，厥田惟中下，厥賦貞，作十有三載乃同。青州：厥土白墳，厥田惟上下，厥賦中上。徐州：厥土赤埴墳，厥田惟上中，厥賦中中。揚州：厥土惟塗泥，厥田惟下下，厥賦下上上錯。荊州：厥土惟塗泥，厥田惟下中，厥賦上下。豫州：厥土惟壤，下土墳壚，厥田惟中上，厥賦錯上中。梁州：厥土青黎，厥田下上，厥賦下中三錯。雍州：厥土黃壤，厥田上上，厥賦中下。則所以等其賦者審矣。其量地而輸之也，五百里甸服：百里賦納總，二百里納銍，三百里納秸服，四百里粟，五百里米。則所以程其力者均矣。孟子曰：「夏后氏五十而貢，殷人七十而助，周人百畝而徹，其實皆什一也。」朱子《集注》云：「夏時一夫授田五十畝，而每夫計其五畝以爲貢。商人始爲井田之制，以六百三十畝之地畫爲九區，區七十畝，中爲公田，其外八家各授一區，但借其力以助耕公田，而不復稅其私田。周時一夫授田百畝，鄉遂用夏之貢法，都鄙用商之助法。耕則通力而作，收則計畝而分，故謂之徹。其實皆什一者，貢法固以十分之一爲常數，惟助法乃是九一，而商制不可攷。周制則公田百畝中以二十畝爲廬舍，一夫所耕公田實計十畝。通私田百畝，爲十一分而取其一，蓋又輕於什一矣。竊料商制亦當如此，而以十四畝爲廬舍，一夫實耕公田七畝，則是亦什一也。」龍子曰：「治地莫善於助，莫不善於貢。」然則通天下之田而井之，要亦無不可者。而周人乃分爲貢、助二法，何也？蓋國中鄉、遂之地，王之六軍寓焉。其什伍之法，不可亂也。《遂人》所謂夫間有遂，遂上有徑；十夫有溝，溝上有畛；百夫有洫，洫上有塗；千夫有澮，澮上有道；萬夫有川，川上有路，以達於畿者是已。是故十夫即二伍之聯，百夫即四兩之卒，居則爲農，出則爲兵，其什伍整然，不可亂矣！野外都鄙之地，卿大夫之采邑在焉，其多取之弊，所當防也。《匠人》所謂九夫爲井，井間深廣各四尺，謂之溝；方十里爲成，成間深廣各八尺，謂之洫；方百里爲同，同間深廣各二尋，謂之澮，以達於川者是已。是故公田以爲官之祿，私田以爲農之養。但借農夫之力，而不取私田之稅，其公私截然不可紊矣！以辨其土

地,則上地,夫一廛,田百畝,萊五十畝;中地,夫一廛,田百畝,萊百
畝;下地,夫一廛,田百畝,萊二百畝,而肥磽以別矣。稽其人民,則上
地家七人,可任也者家三人;中地家六人,可任也者二家五人;下地家
五人,可任也者家二人。而力役以均矣。聯其井邑,則出入相友,守
望相助,疾病相扶持,於是百姓親睦,而風俗以厚矣,所以人給於下,
國富於上,而後世莫之能及者也。考之《春秋》,自宣公初稅畝,則什
取其二,而民以之貧。自成公作丘甲,則四倍其賦,而民以之困。雖
則經界如故,其弊已不可支。逮於戰國,秦孝公用商鞅,開阡陌,廢井
田,而先王所以足國裕民之良法,遂一切掃地不存,於是兼併起,貪鄙
生,強者規田以千數,弱者曾無立錐之居,天下之田悉爲民之所擅,而
人君不復得而主之矣。漢承秦後,減輕田租,十五而稅一。至於文、
景,恭儉節用,又倍減之,自是終漢之世,皆止三十而稅一焉。武帝內
修宮室,外征四夷,其所取以給用者,鹽鐵末利,而田租則勿之益也。
成帝時,用師丹言,定限田法,凡吏民名田俱無過三十頃,期盡三年,
犯者沒入官。時田宅價爲減賤,然丁傅用事,董賢隆貴,皆不便也。
詔書且須後,遂寢不行。夫以三十頃爲限,亦甚寬矣,而貴戚猶弗之
便,亦可以知當時兼併之過制也。王莽篡位,更名天下田曰王田,其
男口不過八而田滿一井者,分餘田與九族、鄉黨,犯令者法至死。制
度又不定,吏緣爲姦,天下嗸嗸然,陷刑者衆。後三年,莽知民愁怨,
乃除其禁。此又違拂人情,而急迫無漸,將以利民,適以害之,蓋後世
徒知慕古而不適時宜者類如此,則足以亡其國而已矣。馬端臨曰:三
代而上,天下非天子之所得私也。自秦廢封建,而始以天下奉一人
矣。三代而上,田產非庶人之所得私也。自秦廢井田,而始捐田產以
與百姓矣。秦於其所當與者取之,所當取者與之,沿襲既久,反古實
難。欲復封建,是自割裂其土宇,以啓紛爭;欲復井田,是強奪民之田
產,以召怨讟。書生之論所以不可行也。後漢章帝建初三年,詔度田
爲三品。時秦彭爲山陽太守,興起稻田數千頃,每於農隙親度頃畝,

分別肥瘠，以三品差之，各有文簿，藏之鄉縣。於是姦吏跼蹐，無所容私。乃上言：宜令天下齊同其制。詔書以其所立條式頒下州縣行之。先是建武十五年，光武以天下墾田多不以實自占，詔州縣檢覆。而刺史、太守多爲巧詐，苟以度田爲名，聚民田中，併度廬屋里落，往往侵刻羸弱，優饒豪右，民情大擾，吏坐度田不實有死者。夫三代之民，有田而後有稅。井田既廢，貧民或有田去而稅存者，此度田所以爲後世之良法也。然必爲郡守者皆秦彭其人斯可矣。否則如建武之時，適以侵刻羸弱而已。苟無治人，雖有治法，何益哉！ 晉武帝平吳之後，置戶調之式：男子一人占田七十畞，女子三十畞，其外丁男課田五十畞，丁女二十畞，次丁男半之，女則不課。丁男之戶，歲輸絹三疋，綿三斤，女及次丁男爲戶者半輸。其諸邊郡或三之二，遠者三之一。蓋課之以田而因取其賦調也。漢法田賦三十而稅一，戶賦二十始傅，人出一算。今晉法如此，則似合二賦而爲一矣。然自井田廢後，至此乃復課民以田，而天下始無無田之民，緣三國兵爭之餘，民少田多，故民常患於田之不能盡耕，而不患於無可耕之田。謂之課者，蓋必欲其承受此田，以出此賦，若官强之然者，亦惟其時之宜而已。 魏孝文太和初，用李安世言，定均田之制。均給天下人田：諸男子十五以上，受露田四十畞，婦人二十畞，奴俾依良。丁所授之田悉倍之，三易之田再倍之，以供耕休及還受之盈縮。初受田者，男夫一人給田二十畞，課種桑榆棗果，皆有代業，終身不還。凡授田恒從其口，有盈者無受無還，不足者受種如法。盈者得賣其盈，不足者得買所不足。不得賣其分，亦不得買過所足。諸地狹之處，有進丁受田而不樂遷者，則以其桑田爲正田分，又不足不給倍田，又不足聽家內人別減分。樂遷者聽逐空荒，不限異州他郡，惟不聽避勞就逸。其地足之處，不得無故而移。諸人有新居者，三口給地一畞，以爲居室。進丁受田，恒從其近。若同時俱受，先貧後富。戶絕者，墟宅、桑榆盡爲公田，以供授受。先給其所親，未授之間，亦借其所親。諸宰人之官，各隨地給公田：刺史十五頃，太守十頃，治中、別駕各八頃，縣令、丞六頃。更代相易，賣者坐如律。此其斟酌人情，順適土宜，自井田以後，法無良於此者。以故周、齊、隋、唐，皆因而加潤澤焉。 唐 制：凡天下丁男十八以上給田一頃，篤疾、廢癃給田四十畝，寡妻、妾三十畝，若爲户者加二十畝，皆以二十畝爲永業，其餘爲口分。永業之田，樹以桑、榆、棗及所宜之木。田多可以足其人者爲寬鄉，少者爲狹鄉，狹鄉授田減寬鄉之半。其地有薄厚，歲一易者倍授之。工商，寬鄉減半，狹鄉不給。凡庶人徙鄉及貧無以葬者，得賣世業田。自狹鄉而徙寬鄉者，得併賣口分，已賣者不復授。死者收之，以授無田者。凡收授皆以歲十一月，授田先貧及有課役者。凡田，鄉有餘以給比鄉，縣有餘以給比縣，州有餘以給比州。凡受田者，丁男歲輸粟二石，謂之租。隨鄉土所出，歲輸絹綾絁各二丈，布加五之一，綿二兩，輸布者，麻三斤，謂之調。用人之力，歲十日，閏加二日，不役者爲絹三尺，謂之庸。有事而加役二十五日免調，三十日租、調皆免。通正役不過五十日。凡水旱蝗蟲爲災，十分損四以上免租，損六以上免租、調，損七以上課役俱免。大畧亦與魏制相出入。但魏時盈者得賣其盈而不得賣過其分，不足者得買所不足而不得買過其所足，則露田、桑田凡在分者均不在賣買之限也。唐則徙鄉及貧無以葬者得賣世業，自狹鄉而徙寬鄉者得併賣口分，而田已賣者不復授，則貧民不能自立者，率不過十年之間便有無田者矣。且秦、漢之時，民但私相賣買，而官置於不問耳。若唐，則賣買者皆須經官，年終彼此除附，是乃官特立法而聽其賣買也，然則何以能使其法之久行乎！以故杜氏《通典》云：雖有此制，其後法令弛壞，兼併之弊，有踰於漢成、哀之間。是魏之法猶能使異代因之，而唐之法乃不能使其子孫守之。雖云法久則弛，亦其立法之初不審之過也。玄宗開元中，宇文融獻策，括籍外羨田、逃户，自占者給復五年，每丁稅錢千五百。諸道所括得客户八十餘萬，田亦稱是。州縣希旨，張虚數，以正田爲羨，編户爲客，歲終籍錢數百萬緡，蓋緣歲久，丁口轉徙，田畝換易，而戶部猶存虛籍，租調無所從徵，此宇文融之論所以立也。若取括出羨田以業客戶，使之抵補虛籍而不收額外之賦，亦庶幾乎救弊之方矣！乃風令郡邑虛張其數，務以多獲爲功，而不恤民之窮困。聚斂之臣，又惡足以論經國之遠猷乎！肅、代以後，天下兵起，人既凋耗，賦更無藝。吏乘其弊，蠶食於人。富人多丁者以宦、學、釋、老得免，貧人無所入則丁存，故課免於上，而賦增於下，是以天下彫瘁，蕩爲浮人，鄉居土著，百不四五。德宗時，楊炎爲相，乃請爲兩稅法。凡百役之費，先度其數，而賦於人，量出制入。戶無主、客，以見居爲簿；人無丁、中，以貧富爲差。不居處而行商者，隨所在州縣稅三十之一，度所取與居者均，使無僥利，其租庸雜徭悉省，而丁額不廢。其田畝之稅，以大曆十四年墾田之數爲定，而均收之。分爲兩限：夏輸無過六月，秋輸無過十一月。置兩稅使以領之。於是天下之民，不土斷而地著，不更版籍而得其虛實。歲斂錢二千五十萬緡、米四百萬斛以供外，錢九百九十餘萬緡、米一千六百餘萬斛以供京師，天下便之。但立法之初，不任土所宜，令輸其所有，乃計綾帛而使輸錢。既而物價愈下，所納愈多，遂致輸一者過二，重爲民困。河南尹齊抗疏論其斃曰：“百姓本出布帛，而稅反配錢，至輸時復取布帛，更爲三估計折，州縣成姦。若定布帛，無估可折。蓋以錢爲稅，則人力竭而有司不之覺。今兩稅出於農人，農人所有，惟布帛而已。用布帛處多，用錢處少，又有皷鑄以資國計，何必取於農人哉！”疏入，不報。夫貨幣輕重之權，操之者人君也。昔也錢輕，而今也錢重，則亦隨時估折，以充賦入，民奚有不便者？乃利於取盈而掩有之，此自行法者之過，非立法者初慮所能及也。宋朝歲賦之類有五：曰公田之賦，官田、屯田、營田民耕而租之者是也；曰民田之賦，百姓各得專之者是也；曰城郭之賦，宅稅、地稅之類是也；曰雜變之賦，牛羊、食鹽、蠶桑之類，隨其所出，變而輸之者是也；曰丁口之賦，計丁率之者是也。其輸有常處，而以有餘補不足，則移此輸彼，移近輸遠，謂之支移。其入有常物,而一時所須,則變而取之,謂之折變。初,太祖、太宗承五代之亂,專務除民疾苦,無名苛細之歛,剗革殆盡,一遇水旱,徭役則蠲除倚閣。倚閣者,凶歲閣不征,需緩後或歲凶,輒復蠲之。故賦入之利,視古爲薄。丁謂嘗曰:二十而稅一者有之,三十而稅一者有之。蓋謂此也。南渡之後,土地日狹,賦入不充,上下相承,競爲苛急。光宗紹熙初,楊萬里上言曰:"民輸苗則以二斛爲一斛;輸絹則正絹之外復有和買,而官實未嘗驗直,又以絹估直而倍折其錢。舊稅畝一錢輸免役一錢,今歲增其額,不知所止。既一倍其粟,數倍其錢,而又有月茶錢、板帳錢,不知其幾倍於祖宗之舊。此猶東南之賦可知者也,至於蜀賦之額外無名者不得而知也。陛下欲薄賦額,當節用度,而後財可積、國可足、賦可減、民可富、邦可寧。不然,臣未知其所終也。"大抵國家財賦常省約於創業之初,而煩費於承平之後,特由其用度之能節與否而已。人君一身,所享幾何?乃以民之脂膏坐耗蠹於佞倖冗食之輩,是亦不可以已者乎!

天下田土總數:

八百四十九萬六千五百二十三頃。

弘治十五年:

總計四百二十二萬八千五十八頃九十二畝零。

官田五十九萬八千四百五十六頃九十二畝零。

民田三百六十二萬九千六百一頃九十七畝零。

人户一千六十五萬二千八百七十户。

口六千五十四萬五千八百二十一口。

唐制:丁男授田一頃,輸粟租二石。今時田一頃,科米三石,計粟二石止舂米一石五斗,比今蓋輕一半。 又災傷損四以上免租,損六以上免租、調,損七以上課役俱免。蓋料五分供官,五分與民供食,不以民食充官租也。今時損十者止免七分,而損三者不免,亦與唐異。

漕 運

古者天子中千里而爲都，其輸將緡使不遠五百里而至，如《禹貢》所載百里賦納總以至於五百里米之類，蓋惟取諸其都内而足矣。其載各州入河之路，則以紀諸侯貢篚之所經，而粟米之輸將不與焉，是故輸者不苦其緡，緡者不傷其費，而遠方之人安。此漕運之法所以五帝三王之時無庸於講也。至於秦併六國，而粟米之賦始及於天下。方其擊匈奴也，使天下飛芻輓粟，起於黄、腫、瑯琊負海之郡，轉輸北河，率三十鍾而致一石，緣其時遠輸肇興，而運道未修，故腳費之煩如此。然止於饋邊餉軍，而都内之供億不與焉。蓋兵休則止，而不以爲國家之額費也。漢興，高帝始漕山東粟以給中都官，然亦歲止數十萬石，其額猶未甚廣。及乎武帝，外伐四夷，内修宫室，歲增漕度四百萬石，及官自糴乃足，後遂益漕至六百萬石，視高帝舊額且不啻什倍之矣。此其無益之費不有可省者乎！然觀其致粟之多如此，苟使腳費如秦之煩，勢必不能，抑亦可以見漕事之有法也，而史志不載，無得而稽焉。昭帝嗣位，恭修節儉，未幾遂減漕三百萬石。元鳳三年，因水災乃敕止四年勿漕。然則講漕法者又不如講節用之爲要也。《唐書》所載漕法頗詳：高祖、太宗之時，用物有節而易贍，水陸漕運歲不過二十萬石而足。自高宗以後，歲漕益多，而功利煩興，民亦罷其弊矣。蓋始於嗇省而終於糜費者，不特漢世爲然也。但漢漕止於山東，而唐遂專倚辦於江淮，至於今則江南居多而兩淮亦少矣。豈古今地理之變有不同歟！唐初，江淮漕至東都，又陸運至陜，以達京師。水行來遠，有風波覆溺之患，率一斛得八斗爲成勞。而陸運至陜三百里，率兩斛計傭錢千。其輸送者，歲以三月至揚州入斗門，四月以後始渡淮入汴，常苦水淺。至六、七月乃出河口，而河水方漲。至八、九月水落，乃得上河入洛。而漕路多梗，船檣阻隘，江南之人不習河事，轉雇篙師、水手，重爲勞費，其得行之日少，阻滯之日多。開元中，裴耀卿始請於河陰置倉,使江南漕舟至河口者輸粟於倉而去,縣官雇舟以分入河洛,又置倉於三門東、西,漕舟輸其東倉,而鑿山八十里陸運以輸西倉,避三門之水險,使江南之舟不入黃河,黃河之舟不入洛口,節級轉運,而舟無停留,物不耗失。凡三歲,漕七百萬石,省陸運傭錢三十萬緡。先是,常以供給不敷,天子爲之歲幸東都以就糧運,當時謂爲逐糧天子。自耀卿主漕,而東幸遂輟云。其後繼者失職,漕事復弛。及代宗時,劉晏爲江淮轉運使,用耀卿之舊法而益修之,即鹽利爲傭傭,隨江、汴、河、渭所宜,分吏督之。江南之運積揚州,汴河之運積河陰,河舩之運積渭口,渭舩之運入太倉,歲轉粟三百一十萬石,無升斗溺者。終唐之世,其職漕有名者,耀卿與晏二人而已。宋都汴京,其漕運分爲四路:江南、淮南、荊湖南北、兩浙東西六路之粟,自淮入汴至京師。陝西之粟,自三門白波轉黃河入汴至京師。陳、蔡之粟,自惠民河至京師。京東之粟,自廣濟河至京師。四路所運,惟汴河爲最重,歲漕至六百萬石,其惠民、廣濟二河,各不過六十萬石而已。初轉般之法,東南六路斗斛各自本州起綱,運至真、楚、泗三州,輸於轉般倉,回舩載鹽以歸。另置汴綱,搬運上京,以發運使領之。卒得番休,逃亡者少,而汴舩不涉江路,無沉溺之患,故京師歲計不缺,而三倉亦常有數年之儲。州郡告歉,則折上等價錢,謂之額斛,而以倉儲代輸京師,謂之代發。復於豐熟以中價收糴,穀賤則官糴,不致傷農。飢歉則納錢,民以爲便。本錢歲增,而兵食有餘,此亦足國裕民之良法也。其後法久而弛,汴綱之操舟者,其奸黠之徒輒賂吏,得徑至富饒郡市賤貨貴,趨京師以牟利。自是江、汴之舟,混合無辨,挽卒有終身不還其家而老死於河路者,籍多空名,漕事以弊,斗斛折欠數多。仁宗皇祐中,發運使許元請復行轉般舊法,而諸路綱舩壞久,未能遽集,且汴舩不得出江,頓失商販之利,挽卒冬休坐食,至有盜毀舩材以自給者。夫於諸路已壞之舩猝令遽造,而汴綱見在之舩休以致壞,凡好作事而不審時宜者,其獘每如此。英宗治平二年,乃詔出汴船三十綱，未幾而皆自出江如故矣。蓋汴船久習江路，故不以出江爲難，而諸路綱卒久安家居，亦不復知有載鹽之利，此其利害之數固未易遽論也。若夫斗斛之集與不集，則存乎發運使之得人與否而已。不得其人而屢變其法，此其所以議論多而成功少歟！至於崇寧之初，蔡京爲相，欲求羨財以供朝廷侈費，用所親故爲發運使，取糴本百萬緡以充貢，得入爲戶部侍郎。自是來者傚尤，時有進獻，而本錢以竭，因之不能增糴，而代發以廢，則轉般爲無用矣，乃用曾孝廣之說，變轉般之舊法爲直達之定規，亦其積漸之勢所必至也。大抵漢、唐都關中，去江、淮爲甚遠，則轉般最爲便民。宋都汴京，去江、淮爲不遠，雖直達要亦無不可者，但取糴本充貢，以至於代發不可復行，兹則所可深惜者也。

元都於燕，既平宋，其轉漕亦多仰給東南。初自浙西涉江入淮，由黃河逆水至中灤站，陸運至淇門，一百八十里入御河，以達于京。既又分汶之西北流至安民山，入清濟故瀆，通江淮漕，經東阿至利津河入海，由海道至直沽。至元二十六年，又用壽張縣尹韓仲暉言，自安民山開河至臨清，凡二百五十里，引汶水抵濟，直屬漳御，度高低，分遠近，建牐以節蓄洩，賜名會通河。時河道初開，岸狹水淺，不能負重，每歲不過運十數萬石。二十九年，又用伯顏言，肇通海運。自平江劉家港至崇明州三沙放洋，向東行，入黑水大洋，取成山轉劉家島，又至登州沙門島，於萊州大洋入界河。當舟行風信有時，自浙西至京師，不過旬日而已。初漕四萬餘石，後累增三百萬餘石，視諸河漕之數所得爲多。然至於風濤漂溺，蓋有人船俱没者焉，此又仁人之所隱也。矧其季世，姑蘇爲張仕誠所據，雖云旬日之程，而亦不可以期必達矣。孰謂海運真爲可恃哉！我國初定鼎金陵，江、浙、淮、湖之粟，四面輳集，故漕法弗講。洪武二十四年，河決原武，漫過安山湖，而元時所開會通河遂淤。及三十年，始開海運，以供遼東軍餉。永樂初，遷都於燕，其運道有二：一由江入海，出直沽口，白河運至通州；一由江入淮，由淮入黃河，至陽武縣陸運，至衛輝府下御河，水運至通州。九年，濟寧州同知潘叔正建議請開會通舊河，乃命工部尚書宋禮起丁夫十餘萬，疏鑿以復故道，引泗、沂、洸、汶諸水畢會于濟寧之南旺湖，而分流于南、北：南至沽頭，爲閘二十有一，而達於河、淮；北至臨清，爲閘十有七，而達於漳御。由是南北河運以通，乃罷海運，壹從内河。計額漕歲爲米四百萬石。初循宋轉般之例，於沿河水次置淮、徐、臨、德四倉，調民夫節級轉運。後改用漕卒，遂令長運至京。方四、五月間，黄河水漲，則牽挽路絶。及六、七月間，閘河水乾，又停閣日久，逮其至京，已及八、九月終。而糧米進倉，且不免爲官攢之阻滯，畢事還家，席未及暖，而公檄又催以兑粮矣。甚或有回船阻凍，不及還家，而徑至兑所，猶有以過期獲罪者焉。於是漕卒終歲在途，勞苦萬狀，蓋有不忍言者。以其費計之，每歲運糧四百萬石，共合用船一萬三千三百三十三隻，卒一十三萬三千三百三十人。月糧之外，又有行粮。正米之外，又有加兑，有脚價。而沿河洪溜閘灞，與撈淺浚泉人夫，又不知其幾也。管洪浚泉有主事，每閘灞各有官，而又有主事以總之。巡河有大臣，而又有郎中以分之。至於總漕，有大臣，而又有總兵，有參將。各船綱司把總有千、百户，而又有指揮。其俸廩又不知其幾也。且運船三年則一修，五年則一造，其軍三民七之料費又不知其幾也。然則國可謂甚費，而兵與民亦可謂甚勞矣！唐人謂費斗錢運斗米，固勞費者有激之言，而要必有近似者。今雖不至是，而往事亦足爲鑒戒也。倘以冗食之人無事而耗蠹之，不亦深可惜哉！愚故謂講漕法者，又不如講節用之爲要也。

天下大總糧舡過洪者，凡一萬二千一百四十三隻。其衛河不過洪者，不在此數。

一曰南京總，旗手衛等共十三衛。

二曰中都留守總，鳳陽衛等共十二衛。

三曰南京總，錦衣衛等共十九衛。

四曰浙江總，杭州衛等共十三衛。嘉靖三十三年，浙、東西分爲二總。

五曰江北直隸總,淮安衛等共八衛。

六曰江南直隸總,鎮江衛等共十一衛。

七曰江北直隸總,揚州衛等共十衛。

八曰江西總,南昌衛等共十二衛。

九曰湖廣總,武昌衛等共十二衛。

十曰遮洋總。水軍龍江廣洋等十三衛。

民運白糧一十八萬八百六十餘石。

錢　幣

天下之物以至無用而權有用者,錢幣是也。夫錢幣,握之非有補於煖也,食之非有補於飽也,然而貿遷不得則不行,民生不得則不遂,國用不得則不給,帝王所以守財物、御人事而平天下之大權也。蓋其來也遠矣。古者以珠玉爲上幣,黃金爲中幣,刀布爲下幣。夫金玉,珍貴難致之物,非世所可通行者也,蓋惟以備充庭之獻、供御府之藏、用爲享祀賓客之需而已。其所通行以權物而利用者,則刀布也。《通典》云:陶唐謂之泉,周人謂之布,齊人、莒人謂之刀。按《周禮》:"外府掌邦布之出入,以共百物,而待邦之用,凡有法者",則周謂之布,信矣,蓋即太公之九府圜法,所謂錢圜函方輕重以銖是也。謂之布者,取宣布之義,如泉之取於流行、刀之取於利用,非布帛之謂也。而班固《食貨志》以爲布於布束於帛,失之矣。自有圜法以來,錢之大小輕重,不知凡幾變,而惟漢之五銖、唐之開元與宋之太平爲得其中,故五銖終兩漢世不廢;而開元、太平至於今尚行之。他如大錢有當五、當十、直百、當千之類,非不可偷行於一時也,然其利彌厚則盜鑄彌衆,錢日多而直亦日減。逮其久也,仍有抑大錢之直以當中錢者矣。小錢有榆莢、荇葉、鵝眼、綖綖之類,亦非不可偷行於一時也,然其質太輕則寶愛者寡,錢愈劣而用愈不行。逮其甚也,仍有銷小錢之銅以鑄中錢者矣。是其初本欲擅饒羨之益,而其後乃竟罹折閱之害,貪近利而忘遠患之過也。是故論鑄錢者,惟孔顗所謂不惜銅、不愛工,乃爲至論。誠使國家不惜銅、不愛工,而所鑄之錢莫不精好也,則盜鑄者以利微而自息,貿易者以利均而樂行,其錢因可以久用而不廢,如開元、太平至於今尚行之,此豈非無窮之大利也哉!或者以爲官鑄費多,欲令民得自鑄,是不知錢幣爲人主之操柄,不可假於人也。賈誼嘗有言曰:鑄錢之情,非殽雜爲巧,則不可得贏,而殽之甚微,爲利甚厚。夫事有召禍,而法有起奸。今令細民操造幣之柄,各隱屏而鑄作,因欲禁其厚利微奸,雖黥罪日報,其勢不止。夫懸法以誘民,使入陷穽,孰積於此!曩禁鑄錢,死罪積下;今放鑄錢,黥罪積下。奸數不勝而法禁數潰,銅使之然也。故銅布於下,其爲禍博矣!今博禍可除,而七福可致也。何謂七福?上收銅弗布,則民不鑄錢,黥罪不積,一矣;僞錢不蕃,民不相疑,二矣;採銅鑄作者反於耕田,三矣;銅畢歸於上,上挾銅積以御輕重,錢輕則以術斂之,重則以術散之,物貨必平,四矣;以作兵器,以假貴臣,多少有制,用別貴賤,五矣;以疏萬貨,以調盈虛,以收奇羨,則官富實而末民困,六矣;制吾棄財,以與匈奴逐爭其民,則敵必懷,七矣。唐玄宗之時,劉秩又有言曰:錢幣者,人主之權。若捨之任人,則上無以御下,下無以事上。其不可一也。夫物賤則傷農,錢賤則傷賈。故善爲國者,觀物之貴賤,而制錢之輕重。錢多而輕,則作法收之使少;錢少而重,則作法布之使輕。輕重之本,必由乎是。奈何其假於人?其不可二也。夫鑄錢不雜以鉛鐵則無利,雜以鉛鐵則惡。不重禁之,不足以懲息,是設陷穽而誘之入。其不可三也。夫許人鑄錢,則人去南畝者眾,而草萊不墾。其不可四也。昔漢文時,吳濞,諸侯也,富埒天子;鄧通,大夫也,財侔王者。此皆鑄錢之所致也。必許其私鑄,是與人利權而捨其柄。其不可五也。秩之言大率多祖誼之意,其於利害之數俱可謂甚明切矣!且鑄錢之數,正不在多。單穆公曰:"古者天降災戾,於是乎量資幣,權輕重,以賑救民。"而《管子》亦曰:湯七年旱,禹九年水,人之無糧,有賣子者。

禹以歷山之金鑄幣，以救人之困。湯以莊山之金鑄幣，贖人之無糧賣子者。是鑄錢本以贍民救乏，非無因而作之者也。若於無事之時而多鑄錢，則錢愈多而直愈輕，物益以重，或反以多錢而仍得少錢之用，徒費無益也。是故何尚之曰：“錢貝之興，以估貨爲本。事在交易，豈假多數？數少則物輕，數多則物重。多少雖異，濟用不殊。”斯言得其情矣！若唐憲宗之時，以錢重物輕，經用屈竭，敕禁民藏錢者不得過五千貫。是乃不探其本而徒狗其末也。夫錢幣之輕重，其歛弛之權，實係乎上者也。錢重而物輕，則歛以其物，而錢之用自足；錢輕而物重，則歛以其錢，而物之價自平。何庸責之於民乎！且買田者志於兼併，故須上之人立法以限其頃畝。蓄錢者志於流通，初不煩上之人立法以教之懋遷也。而限其藏錢，何爲者耶？若夫探本之論，則又惟劉陶之言於漢靈帝者爲至矣！其言曰：“當今之憂，不在於貨，在於民飢。蓋民可百年無貨，不可一日有饑，故食爲最急也。夫欲民生殷阜，在於止役禁奪，則百姓不勞而足。議者不達農殖之本而欲鼓鑄齊貨以救其弊，是猶養魚沸鼎之中，棲鳥烈火之上。水木本魚鳥之所生也，用之不時，必致焦爛。”斯言尤爲人上者所當念也。然而錢幣乃懋遷之本，要不可得而廢。漢元帝時，貢禹請罷鑄錢，租稅祿賜皆以布帛及穀，令百姓一意農桑。議者以爲交易待錢，而布帛不可尺寸分裂。禹議遂寢。魏文帝黃初二年，罷五銖錢，使百姓以穀帛爲市。至明帝世，穀帛用既久，民間巧僞漸多，競濕穀以要利，制薄絹以充貨，雖處以嚴刑，不能禁止。司馬芝等議以爲用錢非徒豐國，亦以省刑，乃更鑄五銖錢。晉安帝元興中，桓玄輔政，議欲廢錢用穀帛。孔琳之議曰：“聖王制無用之貨，以通有用之財，既無耗敗之費，又省運致之難，此錢貨所以嗣功龜貝，歷代不可廢者也。穀帛本充於衣食，今分以爲貨，勞毀於商販之手，耗棄於割截之用，致損實多。且既用錢而遽廢之，則百姓頓亡其利。今既度天下之穀，以周天下之食，或倉庫充溢，或糧靡斗儲，以相資通，則貧者仰富。致之之道，實假於錢。一朝斷之，便爲棄物，是使有錢無糧之人皆坐而饑困也。魏明帝時廢錢四十年矣，以其不便於人，乃舉朝大議，舍穀帛而仍用錢，足明穀帛之弊著於已試者也。"於是玄議亦竟不行。蓋自有圜法以來，至今二千五百餘年，而錢之爲用，相承不廢，雖南宋與金、元嘗用楮幣，而今世又多用銀幣，要之錢終不可廢也。嘗合三者論之，銀之用以質，楮之用以文，而錢則兼乎文質者也。夫有質而無文，則無以表君之權；有文而無質，則無以信民之志。且銀有分折之耗，而楮有昏爛之弊，故惟錢爲可以久行也。原楮之所起，蓋肇於唐末之飛錢與宋初蜀之交子。然但爲券以權錢，而非即以券爲錢也。至於高宗紹興末年，始造會子以代見錢行使。金、元皆因之而易其名，曰交鈔。計方寸之楮，其費不過二三錢，而可以抵千錢之用，雖千里之遠、數萬之緡，但使一夫賚之，刻日可到。此其爲利固甚厚，而爲用亦甚便矣！然其文止虛名而質非實體，亦猶大錢當千直百之類，終不足以示民信而釋羣疑，雖壅滯則有稱提之術，昏爛則有兌換之期，要非可以久行之法也。以故元末之亂，京師料鈔易斗粟不可得，以至於亡，固其勢所必至者耳。貨之弊也，於茲極矣。若夫銀之爲物，自昔蓋惟以之爲寶而不以之爲貨，故漢、唐、宋諸史所載銀之賦甚寡，而銀之用未聞，蓋亦若珠玉、黃金之例藏而不出者也。我朝洪武初制亦惟印造大明寶鈔及鑄洪武通寶錢，與歷代舊錢相兼行使而已，未嘗以銀爲用也。其後鈔壅不行，乃其積漸之勢有不可得而復強者，而銀由此而遂盛行於世。不但民之交易惟銀爲急，而國之賦稅往往亦惟銀是徵焉。然而銀非民之所得私採，亦猶錢非民之所得私鑄也，而以之充賦，舍其所有，徵其所無，則民將何所取辦以應上令乎！且其始徵也，必合散爲總，成錠而輸之。及其出而頒諸人也，復細析而用之。此其銷鎔剪鑿之際，耗費亦頗多矣。然則民間安得不有銀荒之患？且二千五百餘年之間，歷代舊錢之積於世者，殆不啻幾億萬萬也。今以用銀之故，而多委諸無用，豈非坐失太平之貲乎！又銅之所出多而易致，不若銀之難得也。

若盡斂天下之銅以歸於官，而鑄爲一代新錢，與舊錢相兼行使，小用則以錢而免分析之耗，大用則以銀而省運致之難，則銀固一貨也，舊錢亦一貨也，新錢又亦一貨也，而公私受三倍之益矣。此誠今日掌計之所當速講者也。

經濟要畧卷三

學　校

　　虞、夏、商、周之學，其見於《周禮》、《禮記》者，大畧可考矣。如《周禮》則曰：“大司樂掌成均之法，以治建國之學政，而合國之子弟焉。凡有道、有德者使教焉，死則以爲樂祖，祭於瞽宗。”《禮記·王制》則曰：“有虞氏養國老於上庠，養庶老於下庠。夏后氏養國老於東序，養庶老於西序。殷人養國老於右學，養庶老於左學。周人養國老於東膠，養庶老於虞庠。虞庠在國之西郊。”米廩，有虞氏之庠也。序，夏后氏之學也。瞽宗，殷學也。泮宮，周學也。又曰：“天子曰辟雝，諸侯曰泮宮。”《文王世子》則曰：“禮在瞽宗，書在上庠。”“春夏學干戈，秋冬學羽籥”，皆詔之於東序。《學記》則曰：“古之教者，家有塾，黨有庠，術有序，國有學。”此其所舉名號，彼此不同，後之説者亦復紛雜，迄無定論。惟江陵項氏《松滋縣學記》頗爲詳明。其言曰：“學制之可見於書者，自五帝始，其名曰成均。説者曰，以成性也。然則有民斯有教，有教斯有學，自開闢則既然矣。有虞氏始即學以藏米而謂之曰庠，則自其孝養之心發之也。夏后氏以射造士，如《行葦》、騶虞之所言，而命之曰序，則以檢其行也。商人以樂造士，如后夔與《大司樂》之所言，而命之曰學，又曰瞽宗，則以成其德也。學之音則校，校之義則教也，蓋至於商人，先王之所以爲教者備矣。周人修而兼用之，内即近郊並建四學，虞庠在其北，夏序在其東，商校在其西，當代之學居中南面,而三學環之,命之曰膠,又曰辟雝。膠言其地,辟言其象,皆古人假借字也。其外亦以四學之制,參而行之。凡侯國皆立當代之學,曰泮宮。凡鄉皆立虞庠,凡州皆立夏序,凡黨皆立商校,於是四代之學達於天下。"其論國學者無復改評矣。至於鄉學之制,參以《學記》,猶竊有遺論焉。家有塾者,謂二十五家之間,間有里門,其門側之堂謂之塾也。黨有庠者,謂五百家之黨,黨正以時合民而飲酒於學,以正齒位,故取義於養老,而曰庠也。術有序者,術即州也,謂二千五百家之州,州長以時合民,而習射於學,以觀德行,故取義於序賓,而曰序也。鄉學,《禮記》舊無其文,今以《左傳》子產不毀鄉校證之,則周之鄉學,蓋謂之校也。若論其爲教之法,則"大司徒以鄉三物教萬民。一曰六德:知,仁,聖,義,中,和。二曰六行:孝,友,睦,婣,任,恤。三曰六藝:禮,樂,射,御,書,數。"大司樂以樂德教國子,曰中、和、祇、庸、孝、友。以樂語教國子,曰興、道、語、言、諷、誦。以樂舞教國子,曰《雲門》《咸池》《大韶》《大夏》《大濩》《大武》。而一言以蔽之,則孟子曰"皆所以明人倫"也。戰國兵爭,學校廢弛。秦不師古,併與其經籍儒生而焚之坑之,無可言者。漢興,高帝自謂起於馬上,不事詩書,未遑庠序之事。至武帝時,用董仲舒言,始設太學,立五經博士:《易》主田何,《書》主伏生,《詩》兼齊、魯、韓三家,《春秋》主公羊,《禮》主后蒼。各置弟子員。自是海內向風,州有博士,郡有文學掾,長吏辟置,布列郡國,庶幾黨、庠、術、序之意。宣帝論五經於石渠,復立梁丘《易》、大小夏侯《尚書》、穀梁《春秋》博士,增弟子員。至成帝時,員多至千人。光武中興,益崇儒學。建武五年,起太學於洛陽城南,車駕親臨幸焉。更立五經博士,使各以其家法教授。《易》有施、孟、梁丘、京氏。《書》有歐陽、大小夏侯。《詩》有齊、魯、韓。《禮》有大小戴。《春秋》有嚴、顏。凡十四博士,太常差次總領焉。中元元年,又營辟雝。明帝永平二年,臨辟雝,行養老及大射禮。諸儒執經論難於帝前,縉紳之士圜橋門觀聽者,殆億萬計。章帝建初中,大會諸儒於白虎觀,詔高才生受《古文尚書》《毛詩》《穀梁春秋》《左氏春秋》,擢其高第爲講郎,以博存衆家。安帝覽政,薄於藝文,博士倚席不講,生徒相視怠散,學舍鞠爲園蔬。順帝用翟酺言,乃加修飾,自是游學增盛,至三萬餘人。然士多務文華而章句漸疏,儒者之風蓋衰矣。及桓帝時,太學游士,專以標榜相高,公卿以下,莫不畏其貶議,折節下之。三府辟召,常出其門,卒以釀成黨錮之禍。建安末,荐經兵燹,太學、辟雍皆掃蕩無遺。[魏]黃初中,始立太學,制五經課試之法,置《春秋穀梁》博士。而其時中外多事,人懷避就,雖性非解學者,亦多求詣太學。高門子弟恥非其倫,往往不屑就焉。故雖有其名,而無其實;雖設其教,而無其功。[晉]武帝起國子學,立《周易》王氏,《尚書》鄭氏,《古文》孔氏,《毛詩》《周官》《禮記》《論語》《孝經》皆鄭氏,《春秋左傳》杜氏、服氏,各置博士一人,省《儀禮》《公羊》《穀梁春秋》及鄭《易》博士不置。懷、愍之亂,學校隳廢。渡江以後,成帝用祭酒袁瓌言,乃立太學,增生徒,而士大夫習尚老莊,儒術終於不振。[宋]文帝元嘉中,使何尚之立玄學,何承天立史學,謝玄立文學,雷次宗立儒學,凡四學。愚謂史特儒之一端,文乃儒之餘事。矧老莊浮華,又非所以爲教也。夫道一而已矣,天下無二道,又安得有四學哉!以此立學,則亦猶夫漢靈鴻都門學之類耳。[梁]武雖稱雅好儒術,開館宇,招後進,所養士踰千人,而帝之所尊事者,乃寶誌、達摩之流,亦何足以率天下哉!若[隋]文帝減國子生,廢太學及州縣學,固無以論爲也。[唐]制,有國子學,有太學,又有四門學。國子學生三百人,以文武三品以上官子孫爲之。太學生五百人,以五品以上官子孫爲之。四門學生一千三百人,以品官子孫及庶民之俊秀者爲之。此外又有律學、書學、算學,皆隸於國子監。京都學生八十人,上州六十人,中州五十人,下州四十人,京縣五十人,上縣四十人,中縣三十人,下縣二十人。其所習書,以《禮記》《春秋左傳》爲大經,《詩》《周禮》《儀禮》爲中經,《易》《尚書》《春秋公羊》《穀梁傳》爲小經。通二經者,大經、小經各一,若中經二。通三經者，大經、中經、小經各一。通五經者，大經皆通，《孝經》、《論語》皆兼通之。太宗增廣學舍生員，國學之內生員至八千人。天寶以後，學校漸廢，生徒流散。甚則代宗以魚朝恩判國子監事，使熏腐之餘，巍然據章縫之上，此又學校之羞也。宋初，增修國子監學舍，修飾先聖像。然而法制未立，教學無恒，每科塲詔下，品官子弟投牒充太學生者多至千人，隨即秋試召保取解。及科塲罷日，則生徒散歸，學官倚席，但爲游士寄應之所，而無講肄之實。雖則士靡定志，抑亦太學未建而居業之無所也。慶曆四年，始用判國子監王拱辰言，以錫慶院爲太學，而州縣之學亦漸次建立。然觀李泰伯《袁州學記》，則具文而無實者尚多。其時胡瑗爲蘇、湖二州教授，獨以經義及時務爲教，置經義齋，治事齋。經義齋者，擇疏通有器局者居之。治事齋者，人各治一事，又兼一事如水利、邊防之類。弟子以千計，往往多取高第，及爲政，多適於世用。後建太學，有司請下湖學，取其法以爲太學法，遂著爲令。愚謂經義，乃所以治事也。徒窮經而不達於事，則近於腐儒；徒治事而不本於經，則流爲俗吏。苟無胡瑗兼體躬率之意，而欲徒循其法以責其效，其去科舉之習亦何遠哉！神宗元豐二年，頒三舍法令。太學置八十齋，齋容三十人。外舍生二千人，內舍生三百人，上舍生百人。月一私試，歲一公試，補內舍生。三歲一試，補上舍生。彌封、謄録如貢舉法。外舍生入第一、第二等，參以所書行藝與籍者，升內舍。內舍試入優、平二等，參以行藝，升上舍。上舍分三等：俱優爲上，一優一平爲中，俱平若一優一否爲下。上等命以官，中等免禮部試，下等免解試。徽宗崇寧初，建辟雍於城南門外，曰外學。於是用蔡京議，以外學處外舍生，增廣舊額：上舍生爲二百人，內舍生爲六百人，外舍生爲三千人。高宗建炎初，駐蹕臨安，置國子監，以隨駕之士三十六人爲監生。十三年，詔建太學，而舍額頗減於舊。上舍生三十人，內舍生百人，外舍生五百七十人。每三年科舉後，差官鎖院，四方舉人皆得就試，取合格者補之，謂之混補。淳熙後，朝議以爲就試者多，欲爲之限制，乃立待補之法。諸路漕司及州、軍，皆以解額終塲人數爲準，每百人而取六人，起送試補。遠方之人多不就試，則爲他人取其公據代之，冒濫滋甚，慶元中遂罷之。嘉泰二年，復行混補，就試者至三萬七千餘人，分六塲、十八日引試云。大抵後世之學，其所以爲教者，既無古人德行、道藝之實，士之奔趨而來，不過以爲進取之資而已。太學之解額既寬，舍選之恩數又厚，雖欲爲之限制，而利之所誘，誰能止之？然則必如朱子《貢舉私議》之云，庶幾亦可以救其末流之獘也。惟我高皇帝創業之初，首建太學，而州縣之學亦隨遍於天下，其視漢、宋至中葉而甫立者，殆加其萬萬矣！及成祖遷都於北，又立太學，而以兩學並造天下之士，使爲士者得以南北便近就學，而無數千里裹糧之勞，此又自昔之所希有者也。盛哉盛哉！

東漢之末、汴宋之末、南渡之末，太學生頗出位，似有處士橫議之風，皆因國無道揆，不能主張公論於上，以致士心憤鬱，有激而然也。

漢武七博士：《易》楊何，《書》伏生，《詩》齊、韓、魯，《春秋》公羊，《禮》后蒼。漢宣八博士：《易》梁丘，《書》大、小夏侯，《詩》齊、韓、魯，《春秋》穀梁，《禮》后蒼。漢光武十四博士：《易》施、孟、梁丘、京氏，《書》歐陽、大、小夏侯，《詩》齊、韓、魯，《春秋》嚴、顏，《禮》大、小戴。漢明共十八家，加四博士：《古文尚書》《毛詩》《穀梁》《左氏》。晉八博士：《易》王氏，省鄭氏。《書》鄭氏、孔氏。《詩》毛詩、鄭氏。《春秋》左氏、杜氏、服氏，省《公》、《穀》。禮《周官》，鄭氏。《禮記》，鄭氏，省《儀禮》。

經　史

《易》自伏羲始畫八卦，因而重之爲六十四。其時惟有圖而無書也。重卦，鄭玄以爲神農，孫盛以爲禹，司馬遷以爲文王。要之，惟王弼以爲伏羲者近之。蓋八卦以列三才之象，六十四卦以盡萬事之變。重卦不具，猶未見《易》之所爲用也。《周禮》：太卜“掌三易之法：一曰《連山》，二曰《歸藏》，三曰《周易》。其經卦皆八，其別皆六十有四。”注云：《連山》夏《易》，首艮。《歸藏》商《易》，首坤。《周易》首乾，即今所傳《易》是也。卦下辭，文王所繫。爻下辭，周公所繫。彖、象、《繫辭》、上下傳并《文言》《説卦》《序卦》《雜卦》，謂之十翼，乃孔子所作傳也。秦人焚書，《易》以卜筮故存，比之他經，獨無缺逸。《漢志》《易》十二篇，蓋經二傳十，如今東萊呂氏所定古《易》也。初商瞿受《易》於孔子，五傳至漢初，而有田何，其後有楊何、施讎、孟喜、梁丘賀之徒，所學皆祖田氏。楊何最先出，武帝時已立博士。施、孟、梁丘，至宣帝時始立博士。別有焦贛《易》，專説陰陽災異，京房傳之。元帝時，京氏《易》亦立博士。又有費直《易》，其初惟傳民間，後漢馬融、鄭康成皆傳費《易》。費氏興，而田、焦之學遂息。蓋自費氏始引彖、象、《文言》，雜入卦中，而古十二篇之《易》亡。然猶止以彖、象繫於本卦之末，未爲淆亂正經。至魏王弼，乃以彖、象分附各卦爻之下，而經始與傳雜。是古經始變於費氏，而卒大亂於王弼也。弼注上下經，高談玄理，多老莊之遺意。晉韓康伯注《繫辭》《説卦》等篇，其説亦本之王弼，而疎略無據。自漢以來，説《易》者皆泥術數，其談理則自王弼始。唐孔穎達本王弼注及諸儒之疏，而爲《正義》，亦未能大有發明也。然唐、宋皆用之以取士，學者雖別有論著，而其説之行於塲屋者殆數百年。宋伊川程先生《易傳》，專説義理，其言以隨時變易，從道爲主，而推其極致，要於體用一原，顯微無間。既不泥於漢儒之術數，亦不淪於王氏之玄虛。蓋自有《易》以來，深造詳説，洞達天人之奧，而有合於孔子十翼之旨者，惟程氏之書而已。及晦庵朱子，又謂《易》本爲卜筮而作，而程氏專説義理，於其本意若有未盡，乃別爲注釋，謂之《本義》，更著《易學啓蒙》佐之，其意將以補程《傳》之所不足也。竊觀文王、周公所繫卦爻之辭，頗若近於占繇。而孔子所著彖、象之傳，則已專主於義理矣。要之《繫辭》所謂"《易》有聖人之道四，以言者尚其辭，以動者尚其變"，則所以修身也。"以制器者尚其象"，則所以致治也。"以卜筮者尚其占"，乃所以稽疑也。四者不可一缺，而其本固有在矣。我朝洪武十七年定頒科舉格式，《易經》兼用程《傳》及朱子《本義》，誠不易之定論也。但程《傳》用注疏舊本，而《本義》用呂氏所定，古《易》其章句次第，頗有不同。永樂間，纂《易經大全》，以程《傳》爲主，而《本義》附焉，其經文仍用注疏舊本，是也。今坊間專刻《本義》，則經文當依朱子用古《易》，而亦仍《大全》之舊，是以經注間亦有相左者，不如遵照《大全》，兼刻程、朱傳義，以一學者之習可也。矧程《傳》本諸孔翼，而又爲我太祖之所欽定者哉。

《尚書》，上古之書也。三皇之書，謂之《三墳》；五帝之書，謂之《五典》。孔子删《書》，斷自唐虞，終於《秦誓》，凡爲百篇。秦焚書時，伏生爲博士，與孔子末孫惠皆壁藏之。其後兵起流徙，亂定，生求其書，亡數十篇，獨得二十八篇：《堯典》《皋陶謨》《禹貢》《甘誓》《湯誓》《盤庚》《高宗肜日》《西伯戡黎》《微子》《牧誓》《洪範》《金縢》《大誥》《康誥》《酒誥》《梓材》《召誥》《洛誥》《多方》《多士》《立政》《無逸》《君奭》《顧命》《呂刑》《文侯之命》《費誓》《秦誓》是也。後人僞加《泰誓》一篇，故有二十九篇。孝文時，求能治《尚書》者，召伏生，已九十餘。詔遣掌故晁錯往受之。生年老，語澀不可曉，使其女傳言，而又多方言，錯所不能知者十一二，略以意屬讀而已，用隸書寫之。隸者，漢世所通行之字也，故謂之今文。武帝時，孔惠壁藏之書始出，百篇皆在，其字多蝌蚪書，故謂之古文，然頗漫滅。惠孫安國定著其可讀者五十八篇，爲之作傳，會有巫蠱事，不及以聞。伏生書，夏侯建與其姪勝傳之，至宣帝時皆立博士，謂之大、小夏侯之學。後漢有張霸者，僞作《舜典》《九共》《六寶》《肆命》四篇，又以伏生書析其篇第，求合於五十八篇之數，號爲古文《尚書》，以傳於時。終漢世諸巨儒，如馬融、鄭康成輩，皆傳張霸僞書，蓋未有真見古文《尚書》者。至晉元帝時，豫章太守梅賾始上孔安國所傳古文《尚書》，其書以伏生書二十八篇析出《舜典》《益稷》《盤庚》三篇，《康王之誥》爲三十三篇，而多《大禹謨》《五子之歌》《胤征》《仲虺之誥》《湯誥》《伊訓》《太甲》《説命》各三篇，《咸有一德》《泰誓》三篇，《武城》《旅獒》《微子之命》《蔡仲之命》《周官》《君陳》《畢命》《君牙》《冏命》二十五篇，并序，共爲五十九篇，有孔安國傳與序，世皆以爲真孔壁所藏也，而張霸僞書遂止不行。唐貞觀中，孔穎達用安國傳并集南北諸儒之疏，作《尚書正義》，於是大小夏侯所傳伏生之書亦止不行。或疑伏生今文多艱澀，而安國古文反平易，謂爲後人所託，此亦未然。夫觀《書》者，當論其義理，而不當專論其文字，如《伊訓》、《説命》諸篇，義理淵奧，是豈後人所能托也？又《唐·藝文志》有今文《尚書》二十卷，注云：玄宗命學士衛包改古文從今文。蓋漢之所謂古文者，蝌蚪文字；今文者，隸書也。唐之所謂古文者，漢之隸書；而今文者，則唐世所通行之楷書也。此又漢、唐古文、今文之異也。孔穎達《正義》，唐、宋皆用其説以取士，行於塲屋者，蓋數百年。宋諸儒病其未純，多別有論解。朱子謂《尚書》多缺誤，中間頗有難通處，故不及爲集傳，而以其意授門人蔡沈使爲之。二典、三謨，則朱子所嘗是正也。但日月行度，《詩傳》據曆法，謂爲右行，而《書傳》乃以爲左行。然考之天象，《詩傳》審矣。洪武中，定頒科舉格式，《尚書》用蔡傳及古注疏。後纂《大全》，遂壹以蔡氏爲主云。吾鄉儒先金仁山氏《通鑑前編》所引《書》，皆別有注解，其説頗與蔡氏異，學者當互考之，以審其真是之歸可也。

　《詩》三百篇，二《南》及大、小正《雅》《周頌》，皆周公制禮時所定，太師以時存肄用之合樂，而大司成又以之教國子弟者也。其變《風》變《雅》及《魯》《商頌》，初亦領於太師，而其後乃總定於孔子云。太史公謂古詩三千篇，至孔子乃删存其什一。今考變《風》，淫詩猶有存者，則不知其所删什九果爲何等詩也。然如《狸首》、《唐棣》等篇載於

《禮記》《論語》，而經無之，則亦容有放逸者矣。秦火，《詩》《書》同禍，而《詩》猶不失，大凡蓋以歌謠之音口傳相承，故不至泯没也。然淫詩若不足存而存，豈《詩》本缺逸，人以其篇題偶同，因誤取而足之。然歟否歟，皆不可知矣。漢興，詩分爲四家：魯《詩》起於申公，而盛於韋賢；齊《詩》起於轅固生，而盛於匡衡；韓《詩》起於韓嬰，而盛於王吉。武帝時，齊、韓、魯三家並立學官。毛《詩》起於大、小毛公，而盛於徐敖，至平帝時始立學官。後漢鄭衆、賈逵、馬融、鄭康成之徒皆傳毛學。康成因大小毛公萇訓詁傳爲作箋及譜圖，於是毛學盛行，而三家寖微。《詩序》或以爲孔子作，或以爲子夏作；或以大序爲子夏作，小序爲子夏、毛公合作。東漢《儒林傳》又以爲衛宏作。隋《經籍志》則以爲子夏所創，毛公及衛宏加潤益之。今觀大序義理純正，非聖門不能及。小序前後頗相違異，要非一手所成。豈大序作於孔子而子夏述之，小序則子夏所創而毛公、衛宏足成之歟？唐孔穎達本毛詁鄭箋，及引南北諸儒之疏，爲作《正義》。唐、宋皆用之以取士，其説行於塲屋者亦數百年。宋儒雖多有論著，而未爲世之通行。至朱子爲《詩集傳》，自謂釋經於《詩》，獨無遺憾。今自《集傳》既行，而毛、鄭之説皆廢矣。但當其時東萊呂氏實與朱子志同道合，至其說《詩》，則朱子盡闢小序之謬，而呂氏《讀詩記》乃壹以小序爲主，其所見不同如此，又非後學之所能測識也。

《春秋》本魯史也，孔子以其筆削無法、是非失實，因取而修之，以寓一王之法，蓋史外傳心之要典也。維時左丘明、公羊高、穀梁赤並傳之。公、穀所傳主於義，左氏所傳主於事，其經文或有不同，則公、穀以音誤，左氏以文誤，如蔑昧、郿微與厥愁、屈銀之類，則左氏爲正；尹氏、君氏之類，則公、穀爲正。至於公、穀書孔子生，左氏書孔子卒，則皆其所自增加，以寓尊師之意，而非復筆削之舊文矣。漢初，傳《春秋》者有鄒氏、夾氏，皆無書，惟公羊武帝時立於學官，至宣帝時又立穀梁，平帝時又立左氏。然三家各有得失，如左氏詳於事而或失之誣,公羊明於例而或失之亂,穀梁精於義而或失之鑿。至其互相詆排,使聖人修經之旨因而不明,則古今學者之通患也。其爲之注解者,無慮數十家:公羊則何休,穀梁則范甯,左氏則杜預爲獨傳,或以爲後出之故,然亦惟後出者爲勝也。唐孔穎達用左氏傳作《春秋正義》,其後徐彥作《公羊傳疏》,楊勛作《穀梁傳疏》,唐、宋塲屋取士亦皆用其説云。自三家説《春秋》,各守其家法,其有不通,寧言經誤,而不敢指爲傳誤,其獘蓋非一日。至唐啖助、趙匡、陸淳,始考三傳短長,信經以駁傳,以聖人書法,纂而爲例,得其義者十七八,自漢以來爲《春秋》之學者未之能過也。宋世言《春秋》者亦無慮數十家,惟程子之傳,有以發明聖人經世之大法。胡安國之傳,又於尊王賤霸、内夏外夷、恤患復讎之大義,深致意焉。他如泰山孫氏、石氏,專以書法論褒貶;襄陵許氏,專以書法論世變;而清江劉氏,《傳》與《權衡》《意林》三書,臨海葉氏《傳》與《瀹》《考》三書,尤爲精密,皆其卓然名家者也。洪武中,定頒科舉格式,《春秋》兼用公、穀、左氏三傳及胡氏、張洽傳。後纂《大全》,則專以胡氏爲主,蓋以其所取之義關於斯世之大防,尤爲人君、人臣之所當知云。

古禮經有三:曰《周禮》《儀禮》《禮記》。《周禮》所載,皆治天下之大經大法,所謂“經禮三百”是也。《儀禮》所載,乃君大夫士行禮之儀文,略與今世儀注相似,所謂“曲禮三千”是也。至於《禮記》,多孔子與其門人講論立禮之意與行禮之節及用禮之變,若爲《周禮》、《儀禮》二書之義疏也。遭秦焚書,禮廢特甚。漢初,高堂生得《儀禮》十七篇以授瑕丘蕭奮,奮授東海孟卿,卿授后蒼,撰《曲臺記》,傳之弟子戴德、戴聖、慶普。宣帝時,三家並立學官。《禮記》初出於淹中,河間獻王得之,凡二百餘篇。戴德刪其重複,合爲八十五篇,謂之《大戴記》。戴聖又刪大戴之書爲四十六篇,謂之《小戴記》。後馬融傳小戴之書,增《月令》《明堂位》《樂記》三篇,合四十九篇。二書鄭康成皆爲之注,而其中多引讖緯之説。南北諸儒爲之義疏者,則崔靈恩、熊安生、皇甫侃，其最著者也。唐孔穎達爲《禮記正義》，賈公彥爲《儀禮疏》，塲屋取士亦皆用之。然《儀禮》自大儒如韓愈者，亦且病其難讀，蓋習之者鮮矣。洪武中，定頒科舉格式，《禮記》用古注疏。後纂《大全》，則專主陳澔《集説》，然於禮之儀章度數，頗涉疎略。或疑《儀禮》不以取士，似爲缺典。愚謂古今異宜，其間如朝覲、饗食之類，施之於事，多有不合。但令學者傍通，以存三代之餼羊足矣，政不必定之爲專經也。《周禮》相傳爲周公作，實與《書·周官》篇相爲表裏。自周之衰，諸侯多惡其害己，而滅去其籍，以故孟子亞聖，其於班爵禄之制猶不得聞其詳，蓋可見矣，固不待秦火之燔灼也。漢高堂生首傳《儀禮》，而《周禮》之出最後。武帝時，河間獻王得而獻之，入於秘府。成帝時，劉歆校理秘書見之，以爲周公致太平之迹，始得序列，著於《録》《略》，亡其《冬官》一篇，購以千金不得，乃取《考工記》足之。其時諸儒惟有杜子春能通其讀，以傳鄭衆及子興，皆有訓詁。鄭康成又本二鄭之説而爲之注。然自《周禮》之出，世之儒者多疑之。林孝存以爲瀆亂不經之書，何休以爲六國陰謀之書，獨鄭康成知其爲聖法，作七論七難以排衆説，故《周禮》之行始於劉歆，而實成於康成也。魏、晉以來，干寶、王、邵之徒，有爲義疏者，有爲論評者，以及禮帖、禮鈔之類，莫可勝數。至唐賈公彥，又集衆説撰《周禮疏》三十卷。今考《周禮》本書，其大經大法，凡所以經世之精意，信非周公不能及也。然亦有可疑者：六鄉六遂共十五萬家，官吏乃至二萬二千人。十五萬家之所入，何足以給二萬二千之官吏乎？以地官計之，通爲三十萬人，而府史胥徒又所不與，則其衆多又益甚焉，豈其官不必備員而彼此得相兼攝乎？然不可知矣。至於太史、內史掌六典、八法，八則八柄之貳，御史掌書治令，以贊冢宰，宜屬天官，乃屬之春官。大、小行人，司儀掌客，所掌皆朝覲、會同、賓客之禮，事宜屬春官，乃屬之秋官。宰夫掌臣民之復逆矣，則太僕、小臣、御僕之掌復逆，宜屬天官，乃屬之夏官。此猶可委諸錯簡，未必其本書然也。若夫《考工記》，其所言專詳於百工之事，自當別爲一書，乃前世能識古制者所作，而劉歆取之，以足《冬官》之缺，則其謬甚矣。夫司空，居四民，時地利，百工之事豈足以盡其職業乎！宋淳熙中，俞廷椿始著《復古編》，謂司空之篇，實雜出於五官之屬，且因司空之復而五官之譌誤，亦可以類攷。其後王次點作《周官補遺》，而周葵又參二家之說以爲成書，識者蓋有取焉。至於吳澄《周禮考注》謂冬官未嘗亡，而地官之文實亡，則其易置亦太甚矣。夫古者教養政出於一，教即寓於其養之中者也，而以大司徒之職并六遂諸官盡歸於冬官，可乎？是徒知正古之誤，而不知其所自正者，復同歸於誤也。

《孝經》者，孔子與其弟子曾參論孝之言，而參之門人撰輯以爲書也。秦燔書時，河間顏芝藏其書。漢初，芝子貞出之，河間獻王得而上諸朝，江翁、后蒼、翼奉、張禹之徒，皆名其學。凡十八章，世所謂今文也。武帝時，魯共王壞孔子宅，得《孝經》與《尚書》於壁中，以爲秦時孔鮒所藏。昭帝時，魯國三老始以上獻，孔安國爲之傳，凡二十二章，世所謂古文也。劉向典校經籍，實據顏本，以比古文，除其煩惑，以十八章爲定。鄭衆、馬融、鄭玄皆爲之注，專從今文，故古文不得列於學官。至蕭梁時，而安國之本遂亡。隋開皇中，王劭始訪得之，以示河間劉炫，且分“庶人”章爲二、“曾子敢問”章爲三，又多“閨門”一章，合爲二十二章，炫以講於人間。時論者皆疑炫所自作，而古文蓋非復孔氏之舊矣。唐開元間，詔諸儒集議，而司馬貞力非古文，獨主鄭說，於是玄宗遂用今文，親爲之注。復因諸儒議，每章各標其名，如“開宗明義”之類。爲之疏者，元行沖也。至宋邢昺復爲之《正義》，而其說益詳。當時大儒如司馬溫公、范蜀公則皆尊信古文，溫公作《古文指解》，謂《孝經》與《尚書》同出孔壁，世徒知信《尚書》之真，而疑《孝經》之僞，何也？愚謂安國舊本，梁時已亡，則劉炫隋時所得之本，又安知其不爲張霸僞書之類乎？及朱文公作《孝經刊誤》，亦復多從古文，以古文七章今文六章，以前合而爲經，删子曰者二、引書者一、引詩者四，凡五十七字，删"自先王見教"以下六十九字、"以順則逆"以下九十字。凡其章之次第，文之異同，皆用古文爲據。謂經一章者，孔子統論天子、諸侯、大夫、士、庶人之孝，而後人妄分之。其傳十四章，則或者雜引傳記以釋經文者也。今考所定經一章，觀其自天子至於庶人，總結之語，誠爲一時之言不謬矣。但顏芝本出於漢初，已自分章，則又不知其何故也。且古文與今文，增減異同，率不過一二字。詳其文勢，曾不若今文之順。而朱子獨據古文爲之刊誤，又不知其何見也。讀《孝經》者，但務講明孝道，實以修之於身，可矣。其於文字之增減、古本今本之異同，亦何足屑屑留心也哉！

《論語》者，孔子應答弟子時人及弟子相與言而接聞於孔子之語也。當時弟子各記所聞，孔子既没，門人相與輯而論纂，謂之《論語》。程子以爲成於有子、曾子之門人，故其書獨二子以子稱。今觀其首記孔子之言，即以二子之言次之，蓋其尊之亞於夫子，是尤其明驗也。至於閔損、冉求，間亦稱子，豈因其門人所記而失之不革也歟？漢興，爲《論語》者有齊、魯之異：《魯論語》二十篇，傳之者夏侯勝、韋賢、蕭望之、張禹，皆名家；《齊論語》別有《問王》、《知道》凡二十二篇，章句頗多於《魯論》，傳之者王吉、貢禹、宋畸、五鹿充宗，惟王陽名家。又有《古論語》，與古文《尚書》同出孔壁中，章句煩省，與齊、魯論不異，惟分《堯曰》《子張》以下別爲一篇，故有二十一篇。張禹初授《魯論》，後兼講《齊論》，遂合而考之，删其煩惑，除去《齊論》《問王》、《知道》二篇，從《魯論》二十篇爲定，世號"張侯論"。漢末，鄭玄以"張侯論"爲本，參考《古論》、《齊論》，而爲之注。魏何晏復采包咸、周氏、孔安國、馬融、鄭玄、陳群、王肅、周生烈八家之説，爲《論語集解》。其後梁皇侃又引衛瓘、郭象、袁宏、孫綽、范甯凡十三家之説，爲《論語疏》。至宋邢昺，復因其書而刊定之，爲《論語正義》。科場取士，皆遵用之。當時諸儒病何晏之解多雜老莊，而皇侃、邢昺無能是正，往往別有論著，其書無慮數十家。朱子因集其善者二程子、張子、范祖禹、吕希哲、呂大臨、謝良佐、游酢、楊時、侯仲良、尹焞、周孚先等凡十二家，爲《論語集義》，後又刪定爲《集注》，而別著《或問》，以發明其去取之意。朱子平生解書，此爲第一，真可謂無遺憾者矣！

　　孟子始以儒道游於諸侯，思濟斯民，然不肯枉尺直尋，時君咸謂之迂闊，遠於事情，莫能納用其説。於是退而論集所與門人公孫丑、萬章之徒難疑問答，又自撰其法度之言，著書七篇。秦焚經籍，其書號爲諸子，得不泯絶，而傳習者鮮。如《荀子》有《非孟》，王充《論衡》有《刺孟》，殆亦以諸子視之，未知尊信也。漢末趙岐獨好之，始各析上下篇而爲之注。宋孫奭又本趙注而爲之《正義》。然諸儒亦尚有異議者。故司馬溫公有《疑孟》，馮休有《刪孟》。及李泰伯《常語》、鄭厚叔《藝圃折衷》，往往亦有非孟之言。惟二程子最爲尊信，其視之與《論語》、《大學》、《中庸》等。後人因以四者合稱四書，蓋本於程子也。及其門人，亦多有論解。朱子輯之，以爲《集義》，後又刪取其精要，以爲《集注》，亦作《或問》，以發明其取舍之意。其時余隱之有《尊孟辯》，蓋爲溫公及李泰伯、鄭厚叔、蘇東坡輩發也。朱子讀之，而有會於心焉，又爲之衍其精義，補其遺意，而著書以佐之。於是學者益信孟子之本無可疑，而渙然無復有致疑者矣。

　　世所稱六經者，謂《易》《書》《詩》《春秋》《禮》《樂》也。《樂經》久亡，故但謂之五經。唐孔穎達所爲作《正義》是也。然科塲取士，《春秋》有《左氏》《公羊》《穀梁》三傳，《禮》有《周禮》《儀禮》《禮記》三書，孔氏《正義》僅有《左傳》與《禮記》而已，於是併取徐彥《公羊傳疏》、楊勛《穀梁傳疏》，而賈公彥又爲《周禮》、《儀禮》作疏，通謂之九經。至宋，又命邢昺作《孝經》《論語正義》及《爾雅疏》，孫奭作《孟子正義》，通名"十三經注疏"。

　　《爾雅》者，蓋訓詁之書也。凡文字之學有三，曰體製，謂點畫有縱衡曲直之殊也，若《蒼頡》與《説文》《玉篇》之類是已；二曰音韻，謂呼吸有清濁高下之別也，若《四聲譜》與《切韻》之類是已；三曰訓詁，謂稱名有古今雅俗之異也，則《爾雅》與《訓纂》《方言》之類是已。《爾雅》之作，不著撰人姓名。魏張揖上《廣雅表》，言周公制禮，以道天下，著《爾雅》一篇，以釋其義。今俗所傳二篇，或言孔子所增，或言子夏所益，或言叔孫通所補，或言沛郡梁文所考，皆解家所說，先師口傳，疑莫能明也。晉郭璞注《爾雅》，其序亦但稱興於中古、隆於漢世而已。爲之注者，劉歆、樊光、李巡皆名家，而惟郭氏爲稱首。其爲之義疏者，有孫炎、高璉，亦皆淺近。至宋邢昺，奉勅校定，以郭氏爲主，傍採孫炎之疏益之，著《爾雅疏》十卷。夫字義之書，固學者所不可缺，然以班於伏羲、堯、舜、禹、湯、文、武、周公、孔、孟之列，則亦過矣。

古者天子與諸侯之國，皆有史官，掌記時事。夏、殷以上，左史記言，右史記動。而成周之世，則分隸於大小史、內外史之職掌。蓋積累既久，記注完富，然後合而撰之，以成書焉。其體有二：有編年，有紀傳。編年昉於《春秋》，總記一國之政事，而分年以繫之，如《春秋》、《左傳》之類是也。紀傳昉於《尚書》，分紀君臣之行跡，而爲表以貫之，如司馬遷《史記》之類是也。是故欲考一人之始終者，則紀傳爲詳；欲觀一代之治忽者，則編年爲備。蓋編年者，作史之正體；而紀傳，則司馬遷之所創爲者也。自遷作《史記》，而班固又踵爲《漢書》，皆筆力高古。學者多愛尚而誦習之，故記傳盛行而編年殆絕，如《後漢書》《三國志》與晉、宋、齊、梁、陳、隋、唐、五代、宋、遼、金、元諸史，無非遵班、馬之軌轍，莫能易焉。編年自《左傳》後，惟荀悅有《漢紀》，袁宏有《後漢紀》，孫盛有《晉春秋》，柳芳有《唐曆》，然皆未爲全書。至於司馬溫公《資治通鑑》之作，起自周威烈王，下迄五代，而後歷代之事跡皆粲然可考，蓋自有史書以來未有集諸家之大成若此其完備者也！其後朱文公別加筆削之意，修爲《綱目》，則又可以繼孔子《春秋》之後而不當以尋常史書視之矣！自《通鑑綱目》既行，而學者以誦習爲便，於是紀傳之書雖存，苟非好古博雅之君子，莫不病其卷帙之浩繁，鮮有以備充棟之藏者焉。昔嘗誦韓文公鄞侯藏書詩云："鄞侯家多書，架插三萬軸。一一懸牙籤，新若手未觸。”蓋譏其有書而未嘗讀也。如其藏而不能讀，與讀而不能用，則與無書又奚別乎！

《史記》，漢司馬遷撰。遷父談，武帝朝爲太史令。時天下計書皆先上太史，遺文古事莫不畢臻，談乃據《左氏》《國語》《世本》《戰國策》《楚漢春秋》，接其後事，欲撰成一家言，未就而卒。遷紹父職，迺嗣成其志，創爲義例，起自黃帝，迄於漢武帝獲麟之歲，爲十二紀以序帝王，十年表以貫歲月，八書以紀政事，三十世家以序公侯，七十列傳以志士庶。上下三千餘載，凡爲五十二萬六千五百言。其《景武紀》、《禮》《樂》《律書》、《三王世家》《漢興以來將相年表》、《日者》《龜策傳》《靳歙列傳》等十篇，皆有録而無書。元成間，褚少孫補作。揚雄稱遷有良史之才，善序事，辨而不華，質而不俚，其文直，其事核，不虛美，不隱惡，故謂之實録。然而論大道則先黃老而後六經，叙遊俠則退處士而進奸雄，述貨殖則崇貨利而羞貧賤，其是非頗謬於聖人，亦難免乎班固之譏焉。且其紀五帝而遺義、昊，是不稽乎《易》大傳之言也；紀項羽則非《春秋》書楚子之法也；紀吕氏又非《春秋》斥姜氏之意也；述儒林不取游夏之文學，傳循吏不取冉季之政事；而其論夫子也，又不過識會稽之骨、辨羵羊之怪，道楛矢之異，測桓僖之災而已。蘇穎濱《古史》謂其淺陋而不學，疏略而輕信，又豈不誠中其病哉！雖然，述舊易，作古難。六藝之後，有四人焉：撫實而有文采者，左氏也，憑虛而有理致者，莊子也，屈原變《國風》《雅》《頌》而爲《離騷》，司馬遷易編年而爲紀傳。前未有比，後可爲法，苟非豪傑之士，其孰能之！

《古史》，宋蘇轍撰。上觀《詩》《書》，下攷《春秋》及秦、漢雜録，始伏羲，迄秦始皇，爲七紀、十六世家、三十七傳。蓋漢世古文經未出，戰國諸子各自著書，增損故事以自信其説，而司馬遷一切取之，故轍作此，以正其失。朱子曰：近世之言史者，惟此書爲近理。其序言古帝王之必爲善，如水之必寒，火之必熱；其不爲不善，如騶虞之不殺，竊脂之不穀，既非近世論者所能及。而論史遷，以爲淺近而不學，疏略而輕信,亦深中其病。顧其本末有大不相應者,其言曰帝王之道以無爲宗,萬物莫能攖之,此特以老莊之意論聖人,非知聖人之所以爲聖者也。故其爲言空虛無實,而中外首尾不相爲用。其曰晏嬰、叔向之流皆不足以知之,與孔子知之未嘗言、孟子知之而未盡者,皆何事耶! 若但曰以無爲宗,萬物莫能攖之而已,則數子之未知也不足恨,而孔、孟之所知,吾恐其非此之謂也。

《漢書》,班固撰。初太史公作《史記》,自太初以後缺而不録。其後劉向父子及諸好事者若馮商、衛衡、揚雄、史孝山、褚少孫、段繡、韋融,相次撰續,迄於哀、平,猶名《史記》。固父彪欲輯成全書,未就而卒。明帝命固嗣成其志。固以爲唐虞之代,世有典籍,史遷所紀,乃以漢武繼於百王之末,非其義也。故起自高祖,終於王莽之誅,二百三十九年,爲十二帝紀、八年表、十本志、六十九列傳,以爲《漢書》。固既庾死,而《表》與《天文志》有録無書,和帝命其妹昭,就東觀緝成之。范曄稱其書不激詭,不抑抗,贍而不穢,詳而有體,蓋信乎其能以成名也。然而論國體則飾主缺而抑忠臣,叙世教則貴取容而賤直節,述時務則謹詞章而略事實,是以難免乎君子之譏焉。又世之論班、馬二史者,往往右馬而左班。愚謂二子皆豪傑之士,未易抑揚。馬遷創立義例,使百代而下史官不能易其法,學者不能舍其書,蓋繼六經而作者也。然採摭未備,筆削不遑,以故劉知幾稱其多聚舊聞,時插新言。班固承遷之後,飾舊爲新,頗易見巧,以故洪景盧稱其制作之工,如《英》《莖》《咸》《韶》,音節超詣。然而《漢書》所藏固之文章,乃截然如出兩手,豈非潤色者易工而創意者難巧乎? 至於鄭夾漈乃謂其全無學術,專事剽竊,此又不達記事之體而謬於毀人者也。夫記事者,非有所因,則流於杜撰,而不足示信。固之專事剽竊,猶遷之多聚舊聞,體宜爾也。但須删潤,使出一律而已。

《後漢書》,宋范曄撰。初班固撰後漢事,作列傳、載記二十八篇。其後劉珍、劉毅、劉陶、伏無忌等相繼著述東觀,謂之《漢紀》。魏晉以來,謝承、薛瑩、司馬彪、義慶、華嶠、謝沈、袁山松等,皆有論述。至曄乃刪取衆書,以爲一代之作。凡爲十帝紀、八十列傳。初曄令謝儼撰十志,未就而曄誅,儼悉蠟以覆車。梁世劉昭得舊本,因補注爲三十卷。曄嘗自謂諸序論,筆勢放縱,實天下之奇筆,往往不減《過秦》,常以此擬班氏,不但不愧之而已。其自負可謂甚高。而葉水心則又譏其識見有限,體致局弱,欲於班固之上增華積靡,縷貼綺繡,以就篇帙。蓋宋、齊以來,其文體大率如此,不足爲怪。若夫置董宣於酷吏、升蔡琰於列女,此則其識見之大謬者也。

《三國志》,晉陳壽撰。魏四紀二十六傳,蜀十五傳,吳二十傳。其叙事亦頗高簡有法。宋文帝嫌其太略,命裴松之補注,博採群議,分入傳中,其多乃過本書一倍。不知壽已盡取其要而爲書矣,注之所載,乃其棄餘者也。但以魏爲紀,而稱漢、吳曰傳,又改漢曰蜀,此爲大謬。若張南軒《經世紀年》直以昭烈上繼獻帝爲漢,而附吳、魏於下,方乃不易之定論也。吾婺儒先張樞子長因此別撰漢本紀,附以魏、吳載紀,而於漢事必備載,以詳正統,爲《續後漢書》三十卷。然其書不及大行,而學者多未之見,是可惜也。

《晉書》,唐貞觀中以何法盛等十八家晉史未善,詔房玄齡等再加撰次。西晉四帝五十四年,東晉十一帝一百二年,又胡、羯、氐、羌、鮮卑割據中原爲五涼、四燕、三秦、二趙、夏、蜀一十六國,共成帝紀十、志二十、列傳七十、傳紀三十,例定於敬播,而天文、律曆則李淳風專之。因武、宣紀與陸機、王羲之傳論太宗所自爲,故總題曰“御撰”。夾漈鄭氏曰:古者修書出於一人之手,成於一家之學,班、馬之徒是也。至唐修晉、隋書,始用衆手,然亦隨其學術所長授之,未嘗奪人之所能而强人之所不及也。如李淳風、于志寧之徒,則授之以志;如孔穎達、顏師古之徒,則授之以紀傳。以顏、孔博古通今,于、李明於天文、地理、圖籍之學。所以晉、隋二志,高於古今,而隋志尤詳明。

《宋書》,梁沈約撰。十本紀,三十志,六十列傳。以何承天書爲本,旁採徐爰之說,頗爲精詳。或者謂其志兼載魏、晉,失於限斷。然揆以班、馬文體,亦未足爲疵。至於所創符瑞一志,此則其甚贅者。葉水心曰:遷、固書志,論述前代舊章,以經緯當世而漢事自多缺略。至沈約《宋書》,此次漢、魏以來,最爲詳悉。唐人取之,以補晉記,然後歷代故實可得而考。但其體頗煩雜,非復前比,殆成會要矣。

《南齊書》,梁蕭子顯撰。八紀,十一志,四十列傳。南豐曾氏曰:子顯之於斯文,喜自馳騁,其更改破析,刻雕藻繪之變尤多,而其文益下。豈天材固不可強而有耶!

《梁書》,唐姚思廉撰。六本紀,五十列傳。貞觀二年,議者謂梁、陳、周、齊、隋五家史,皆未有成書,於是詔思廉次梁、陳史,令狐德棻次周史,李百藥次齊史,魏徵次隋史。思廉,梁史官察之子也。推其父意,又採謝、吳等所紀,以成此書。

《陳書》,姚思廉撰。六本紀,三十列傳。其父察在陳,嘗次梁、陳史,未成,太宗屬思廉繼其業。於是與《梁書》同時上之。

《魏書》,北齊魏收撰。凡一百三十六卷。隋高祖以其褒貶失實,復命魏澹別撰之,爲九十二卷。後因李延壽《南》《北史》盛行於世,故收澹二書與宋、齊、梁、陳、周、齊諸書,世傳之者罕矣。

《北齊書》,唐李百藥撰。本紀八,列傳四十二。百藥父德林,在隋嘗著齊書紀傳。貞觀初,百藥受命修齊史,遂續成父書,上之。

《周書》,唐令狐德棻等撰。本紀八,列傳四十二。先是周柳虬、隋牛弘各有撰次,率多牴牾。貞觀初,德棻受命,與陳叔達、唐儉、岑文本、崔仁師等共撰成之。

《隋書》,唐魏徵等撰紀傳,顏師古、孔穎達修述,而序論皆徵所自作。其後于志寧、李淳風等,又被命同修梁、陳、齊、周、隋五代之事爲十志,至高宗時上之,詔編入《隋書》,人謂之"五代史志"。其《天文》、《律曆》、《五行》三志,淳風獨作。夾漈鄭氏曰:《隋志》極有倫理,而本末兼明,可以無憾,遷、固以來不及也。正爲班、馬只事虛言,不求典故實跡，所以三代紀綱，至遷八書、固十志，幾於絶緒。雖則文采灑然可喜，求其實用則無有也。觀《隋志》所該南北兩朝五代，紛然錯亂，豈易貫穿。而讀其書則了然如在目，良由當時區處各當其才，所以綱條粲然具舉。

《南》《北史》，各八十卷，唐李延壽撰。延壽父太師，嘗謂宋、齊逮周、隋，分隔南北，南謂北爲索虜，北謂南爲島夷。欲改正，擬《吳越春秋編年》，未就而卒。延壽後預修《晉》《隋》書，因究悉舊事，更依馬遷體，總叙八代，北起魏盡隋一百四十二年，南起宋盡陳七十年，爲南、北二史，删煩補缺，過舊史遠甚。自有延壽之史，而沈約、魏收等所撰皆寖不行。獨缺本志，而《隋書》有之，故《隋書》亦行於世。司馬溫公曰：李延壽之書，亦近世之佳史也。雖於機祥詼嘲小事無所不載，然叙事簡徑，比於南、北正史，無煩冗蕪穢之辭。竊謂陳壽之後，惟延壽可以亞之。

《唐書》，《舊書》五代劉昫撰。《新書》宋歐陽修、宋祁等撰。初吳競撰唐史，起創業，迄開元。韋述因競舊本，更加筆削。于休烈、令狐峘復增緝之。劉昫總競等舊書增損以成，爲帝紀二十，列傳一百五十。然繁略不均，校之實錄，多所缺漏，其是非失實，至以韓愈文章爲大紕繆，識者病焉。宋仁宗嘉祐中，修等奉詔删定，於是修撰紀、志、表，祁撰列傳，凡廢舊傳六十一，增傳三百三十一、志三、表四。書成，表上於朝，曰"其事則增於前，其文則省於舊"。今以其書觀之，殆非虛語。議者謂歐陽永叔學《春秋》，每務褒貶；宋子京通小學，惟刻意文章，如列傳用字奇澀，殆類虬戶銑谿體。此亦好議論者之過。周必大曰："景文之於唐史，删煩爲簡，變今以古，用工既至，尤不苟也。如吳競一傳，具稿者不知其幾。"斯言可謂具眼者矣。

《五代史》，宋歐陽修撰。初開寶中，詔盧多遜、扈蒙、張澹、李昉、穆修等修梁、唐、晉、漢、周書，宰相薛居正監修。書成，歐陽修以爲繁猥失實，重加修定，藏於家。修没後，朝廷聞之，取以付國子監刊行，國史稱其以繼班固，人不以爲過。然不爲韓通立傳，似未免避忌之私，識者有以見作史之難云。

《漢紀》三十卷，後漢荀悦撰。初班固作《漢書》，紀、表、志、傳凡八十萬餘言。獻帝以其文繁，詔悦依《左傳》體，舉要撮總，通比其事，列繫年月，撰爲此編。辭約事該，時稱佳史。其自序曰："立典有五志焉，曰達道義，章法式，通古今，著勳閥，表賢能。"自司馬遷創改《春秋》紀事之體爲本紀、世家、表、志、列傳，而班固因之，至悦始能復古。

《唐曆》四十卷，柳芳撰。初肅宗詔芳與韋述綴緝吳兢唐史，其叙先天以來，筆削多失其當。芳後謫黔中，會高力士同在貶所，因從力士咨開元、天寶及禁中事，識其本末。時舊史送官，不可追刊，乃推衍義類，依編年法，別作此書。其後歐陽修、宋祁修唐紀、志及傳，司馬溫公修《資治通鑑》，掇取四十卷中事幾盡，則其爲書亦可謂不苟矣。

《資治通鑑》，宋司馬光撰。治平中，光嘗約戰國至秦二世，如左氏體，爲《通志》八卷以進。英宗悦之，遂命次歷代君臣事跡，許自辟官屬，借以館閣書籍，在外聽以書局自隨。至元豐七年書成奏御，神宗賜名《資治通鑑》，親爲之序，以冠其首，每編皆識以睿思殿寶章，蓋珍寵之如此。其書起戰國，終五代，上下一千六百三十二年，次爲二百九十四卷。又略舉事目，年經國緯，以備檢閲，別爲《目録》三十卷。參攷異同，俾歸一途，別爲《考異》三十卷。其纂修之法，先命其屬採摭異同，以爲叢目。叢目既成，乃修長編。長編既成，然後删以成書。自始開局至奏御，凡一十有七年，蓋其用功深矣！觀者第目爲編年之法，然一事常用三四處出處纂成，不知是費多少心思，故公自謂平生精力，盡在此書。學者不觀正史精熟，亦未易決《通鑑》之功績也。但其帝曹魏而寇蜀漢，帝朱梁而寇河東，紀武氏之年，黜中宗之號，屈平之不見取，揚雄之反見稱，其予奪之際，蓋有未易以測識者。此朱子《綱目》之所爲作也。

《通鑑綱目》五十九卷，晦菴朱熹撰。其自序曰：温公《通鑑》既成，又撮其精要之語，別爲《目録》三十卷，并上之。晚病本書太詳，《目録》太簡，更著《舉要暦》八十卷，以適厥中。紹興中，胡文定公因公遺稿，修成《舉要補遺暦》若干卷，則其文愈約而事愈備矣。今輒與同志因兩公四書，別爲義例，增損櫽括，以就此書。蓋表歲以首年，而因年以著統；大書以提要，而分注以備言。使歲月之久近，國統之離合，辭事之詳略，議論之異同，通貫曉析，如指諸掌，名曰《通鑑綱目》。自今觀之，書甲子以紀年，則歲周於上而天道以明矣。正統之年大書，無統之年分書，則統正於下，而人道以定矣。綱倣《春秋》，而兼諸史之長，則大綱舉而名分以正矣。目倣左氏，而稽諸儒之粹，則衆目張而鑒戒以昭矣。如書曹操之自立，仍范曄之文也。書耿弇之討賊，本范曄之意也。尊昭烈之正統，習鑿齒之論也。存中宗之紀年，范祖禹之說也。所謂兼諸史之長者，非此類歟！書衛輒之入，取諸胡也。書割地之和，取諸蘇也。書澠池之會，龜山之論也。述博浪之擊，程子之辨也。所謂稽諸儒之粹者，非此類歟！以至揚雄稱莽大夫，誅阿附也。陶潛書晉徵士，表貞節也。書孟軻之去齊，傷吾道之否也。貶仁傑以繫周，著臣道之常也。漢史書幸太學，而改幸曰視，尊師道也。唐史書尚公主，而改尚曰適，正妻道也。凡其創例立法，又何莫而非正紀綱、定名分、遏人欲而存天理者歟。蓋自《春秋》以後，僅有此書而已。

《通鑑前編》二十卷，元金履祥撰。初司馬光作《資治通鑑》，起於威烈王二十三年命韓、趙、魏爲諸侯。其官屬劉恕謂光曷不起於上古？光答以包《春秋》不可，又以經不可續，不敢始於獲麟。恕意以爲缺漏，乃上起三皇五帝，下至周威烈王二十二年，撰成一編，號曰《通鑑外紀》，猶《國語》稱《春秋外傳》也。履祥謂其不本於經而信百家之說，是非頗謬於聖人，不足傳信。自帝堯以上，不經夫子所定，固野而難質。夫子因魯史作《春秋》，王朝列國之事，非有玉帛之使，則魯史不得書，非聖人筆削所加也。況左氏所傳，或缺或誣，凡此類皆不得以避經爲辭。乃因邵氏《皇極經世曆》、胡氏《皇王大紀》之例，損益折衷，一以《尚書》爲主，下及《詩》、《禮》、《春秋》，旁採國史、諸子，表年繫事，斷自唐虞，下接《通鑑》之前，勒爲一書，二十卷，名曰《資治通鑑前編》。凡所引書，悉加訓釋，以裁正之。其微詞奧義，多先儒所未發云。

實錄自唐來有之，其所因者有四：一曰時政記，則宰執朝夕議政、君臣間奏對之語也；二曰起居注，則左右史所記之言動也；三曰日曆，則因時政記、起居注而爲之者也；四曰臣僚墓碑、行狀，則其家之所上也。四者既具，然後總而修之爲實錄焉。近例史官不注起居，宰相不記時政，故日曆亦因之而廢，其修實錄者，則惟據六科所收諸司奏案與差官采到臣僚之行狀、碑誌而已。夫奏案略矣，行狀、碑誌雖於臣僚之事實爲備，然多出於門生故吏之所爲，虛詞溢美，不足取信。然則修實錄者，不其難哉！

貢　舉

周室貢舉之制，其途有三：一曰興賢能。《周禮》：大司徒“以鄉三物教萬民而賓興之”是也。二曰興甿。遂大夫及大比，則興甿以明有功是也。三曰貢士。《禮記·射義》：諸侯貢士於天子，天子與之射於澤宮，中多者得與於祭是也。蓋賢能興於六鄉，甿興於六遂，又使內外諸侯各以時而貢士焉，則取之者周矣。三者之中，尤以興賢能爲重。故《禮經》所載法爲特詳。其教之也，以六德立其本，曰智、仁、聖、義、中、和；以六行驗其實，曰孝、友、睦、婣、任、恤；以六藝達其用，曰禮、樂、射、御、書、數。其考而書之也，閭胥以歲時聚衆，而書其敬敏任恤者。族師以月吉屬民，而書其孝弟睦婣有學者。黨正以四時孟月之吉屬民，而書其德行道藝者。州長以正月之吉屬民，考其德行道藝而勸之，糾其過失而戒之。至於三歲大比，乃考其德行道藝而興其賢者能者。鄉老及鄉大夫帥其吏與其衆寡，以鄉飲酒之禮賓之，而升諸司徒，曰選士。大司徒又論選士之秀者，而升諸樂正，曰俊士。

大樂正又論俊士之秀者升諸學,而教之以樂德、樂語、樂舞焉。升於司徒者,不征於鄉。升於樂正者,不征於司徒,曰造士。樂正又論造士之秀者而升諸司馬,曰進士。夫然後大司馬辨論官材,論定而後官之,使以次第任職焉。蓋所以教之者如此之備,考而書之者如此之詳,興而升之者如此之漸,此所以士勵實學而無慕外之私,官務實舉而無狥情之獘,朝得實用而無曠職之患者也。東遷以後,法度廢弛,貢舉不行,於是游士之風漸次興焉。逮其後也,縱橫之徒,作傾覆之謀搆,而列國遂因之以亡矣。漢興,高祖有勸駕之詔,文帝有孝悌力田、賢良方正之舉,而定制未立,第隨時取人,以充官使而已。至於武帝,因董仲舒對策,然後令郡國舉孝廉,太常選茂材,歲有常額,而又不時舉賢良與直言極諫之士,親策問焉。且其時郡縣長吏皆得辟署僚屬,其朝廷所舉以待用者不過郎從之官與郡縣之長而已。法之初行,人以孝廉名高,莫敢輕舉,故武帝切責郡國有不興孝不舉廉之罰。行之既久,人多狥情,謬舉者衆,故章帝有刺史守相不明真偽之詔,而韋彪亦有士宜以才行爲先,不可純以閥閱之議,是不復覈其孝廉之實,而徒以狥貴游之請故也。於是順帝陽嘉中,左雄奏立限年課試之法,令郡國舉孝廉,限年四十以上,諸生通章句,文史能牋奏,乃得應選。亦不得已而然。蓋與其徒竊虛名而面墻惟煩,又不如文學之士爲達於政理也。觀於《种暠傳》云:暠始爲門下史,時河南尹田歆外甥王諶,名知人。歆謂之曰:“今當舉六孝廉,而多得貴戚書命,不宜相違。欲自用一名士以報國家,爾助我求之。”明日,諶送客大陽郭,遙見暠,還白歆曰:“爲尹得孝廉矣。近洛陽門下史也。”歆笑曰:“當求山澤隱滯,近洛陽吏也?”諶曰:“山澤不必有異士,異士不必在山澤。”歆即召暠於庭,辨詰職事,辭對有序。歆甚知之,召署主簿,辟太尉府,舉高第。夫一郡舉六孝廉,而五狥貴戚之命,其一又止得諸風神辭辨之間,皆不必其有孝廉之實者也。即此而其他可知矣。然則興孝舉廉,固鄉舉里選之遺意,苟行之不得其人,則其得失之數,要未易言也。左雄課試之法，亦虞廷敷納之制，論者惡可以厚非耶！ 魏文帝時，三方鼎峙，士流播遷，四民錯雜，乃用尚書陳羣議，立九品官人之法。州郡皆置中正，以定其選，各取本處人在諸府公卿及省臺郎吏賢而有識鑒者爲之，區別所在人物，定爲九等。其有言行修著，則升進之，或以五升四，以六升五。倘或道義虧缺，則降下之，或自五退六，自六退七。本謂吏部不能審覈天下之士，故委中正，銓第等級，憑之授受，以免乖失。及其弊也，中正任久，愛憎由己，遂計官資以定品格，天下惟以居位者爲貴。 晉武帝時，劉毅上疏曰：九品有八損，而官才有三難。"人物難知，一也；愛憎難防，二也；情僞難明，三也。"今中正之定九品，愛惡隨心，情僞由己。上品無寒門，下品無世族。損政之道一也。一人不審，遂爲坐廢，使是非之論橫於州里，嫌疑之際結於大臣。損政之道二也。推貴異之器，使在九品之下，負戴不肖，越在成人之首。損政之道三也。委以一國之重，而無賞罰之防，使得縱橫，無所忌憚，長壅蔽於邪人之銓。損政之道四也。采聲於臺府，納毀於流言，遂使爲官之人棄近求遠，背本趨末。損政之道五也。雖績之高，還附卑品，無績於官，而獲高叙，是爲抑功實而崇虛名。損政之道六也。凡官不同事，人不同能。以品取人，則非才能之所長；以狀取人，則爲本品之所限。損政之道七也。所下不彰其罪，所上不列其善，人焉得不懈德行而銳於人事。損政之道八也。然而時不能用。自是中正之制，歷南北朝至隋開皇中方罷，而論者往往病之。 梁沈約有言曰：周、漢之道，以智役愚。魏、晉以來，以貴役賤。所論必門戶，所品非賢能。致三公之子，則傲九棘之家；黃散之孫，則輕令長之室。非所以敦宏退讓、勵德興化之道也。 魏韓顯宗有言曰：前代取士，必先正名，故有賢良、方正之稱。今州郡貢察，徒有孝、秀之名，而無孝、秀之實。朝廷但檢其門地，不復彈坐。如此，則自可別貢門地，以叙士人，何必置孝、秀之科乎？愚按魏、晉及南北朝，雖立九品中正之法，其仕進之門，亦惟孝廉、秀才兩科，與兩漢不異。然中正之所以致獎者,則以其寄雌黄於一人之口,所以徇情之私,無由懲革。逮其末流,遂致偏舉門地,而賢能道壅。此法使之然也。隋煬帝始設進士科,而行之不久。唐取士之制,多因隋舊。其大要有二,由學館者曰生徒,由州縣者曰鄉貢,皆升於有司而進退之。其科之目,則有秀才,有明經,有進士。而明經之別,有五經,有三經,有二經,有學究一經,有三禮,有三傳。其外又有三史、明法、明字、明算、開元禮、道舉、童子諸科,此歲貢之常選也。其天子自詔曰制舉,則以待非常之才焉。凡秀才,試方略策五道。明經,先帖文,然後口試經問大義十條,答時務策三道。進士,試時務策五道,帖一大經。高宗永隆初,考功員外郎劉思立言,明經多抄義條,進士惟誦舊策,皆無實材,而有司以人數充第。乃詔自今明經試帖十得六以上,進士試雜文二篇,通文律者,然後試策。於是進士始加試詩賦。開元中,玄宗又以爲進士以聲韻爲宗,多昧古今;明經以帖誦爲功,罕窮旨趣。乃詔明經加大義之條,進士加帖經之數。雖互相損益,求適厥中,要之同歸於虛文而已。故趙匡選舉議曰:進士者,時共貴之,而主司褒貶,實在詩賦,務求巧麗,溺於所習,悉昧本原。欲以獎成後進,難矣。故士林鮮體國之論,九流七略,書籍無窮,而有司徵問,不立程限,故修習之時,但務抄略。比及就試,偶中是期,業無所成,蓋由於此。故當代寡人師之學,徒竭其精華,習不急之業。而當代禮法,無不面墻,及臨人決事,取辦吏胥之口而已。故當官鮮稱職之吏。斯言殆中其病矣。其甚獎者,則薛謙光有言曰:請謁權要,希咳唾之澤;驅馳府寺,冀提攜之恩。故州郡貢士,喧囂於禮闈;選曹授職,諍訟於陛闥。此則士風之大壞,而亦由於朝廷約束之未至也。夫試人以藝,本杜請囑,蓋左雄課試孝廉之初意也,而竟於不免焉,則又不如孝廉之名爲猶愈矣。初,舉人試於考功。開元中,員外郎李昂爲舉人所詆訶,玄宗以員外郎望輕,遂移試於禮部,以侍郎主之。其侍郎親故,則移試考功,謂之別頭。宋朝禮部貢舉,設進士、九經、五經、三禮、《開元禮》、三史、三傳、學究、明法諸科,皆秋取解,冬集禮部,春考試。合格及第者,列名放榜於尚書省。凡進士,試詩、賦、雜文各一篇,策五道,帖《論語》十帖,對《春秋》或《禮記》墨義十條。九經,帖書一百二十帖,對墨義六十條。五經,帖書八十帖,對墨義五十條。三禮,對墨義九十條。三傳,一百一十條。《開元禮》、三史,各三百條。學究,《毛詩》對墨義五十條,《論語》十條,《爾雅》《孝經》共十條,《周易》《尚書》各二十五條。馬端臨謂嘗於呂氏家塾,見呂許公夷簡試卷,有云:"作者七人矣。請以七人之名對。"則對云:"七人,某某也。謹對。"有云:"見有禮於其君者,事之如孝子之養父母也。請以下文對。"則對云:"見無禮於其君者,斥之如鷹鸇之逐鳥雀也。謹對。"有云:"請以注疏對。"則對云:"注疏云云,謹對。"大槩如兒童挑誦之狀。故明經科,自唐以來不甚以爲重也。然九經兼注疏,其卷帖亦頗浩繁,徒令習其句讀而不及其義趣,唐趙匡所謂竭精華於不急之業者,誠至論矣!開寶八年,太祖親試禮部,舉人以王嗣宗爲首,而禮部舉首王式降在第四,因此有省元、殿元之分。唐武后試舉人於殿前,蓋下行考功之事,以邀士譽,非覆試也。後或因事乃試而不以爲常,至是年殿前覆試,遂爲定例矣。神宗熙寧二年,用王安石言,更科舉法,罷明經及諸科進士,罷詩賦,各占治《詩》《書》《易》《周禮》《禮記》各一經,兼以《論語》《孟子》。每試四場,初大經,次兼經,大義凡十道,次論一首,次策三道,禮部試則增二道。中書撰大義式頒行。試義者須通經、有文采,乃爲合格。其法以大義代墨義,既可以觀理趣而不滯於記誦之陋;以論策代詩賦,又可以考實用而不溺於浮華之文。但王安石自以其所撰《三經字說》,頒行學校,使學者誦習,以取利祿,遂致皓首專門,雷同蹈襲,不得盡其博學詳說之功,而務求深造自得之趣,則其拘牽淺陋,去墨義亦無幾矣!至以《春秋》爲斷爛朝報罷之,使仲尼惇典庸禮命德討罪之精義泯絶不行,此又其失之大者也。熙寧十年,始立宗子課試法:凡祖宗袒免親以外,皆許應舉,十人取五,多無過五十人。哲宗元祐二年,尚書省言：近歲承學之士聞見淺陋，辭格卑弱，患在治經者專守一家，不識諸儒傳記之説；爲文者惟知解釋，不通聲律音韻之學。深恐適用之文，從此遂息。兼一經之內，可以爲題者無幾，多其平日所嘗宿爲者。若非議而更之，必且大弊。於是詔羣臣議，更立科試之法。進士試分四塲：第一塲，本經義二道，《論語》《孟子》義各一道；第二塲，賦及律詩各一首；第三塲，論一道；第四塲，子史時務策二道。以《詩》《禮記》《左氏春秋》爲大經，《周禮》《公羊》《穀梁春秋》《儀禮》爲中經，《周易》、《尚書》爲小經。願習二大經者聽，不得偏占中、小兩經。仍禁不得傳習王安石《三經字説》。紹聖元年，又詔：進士罷詩賦，專習經義，并除去《字説》之禁。夫罷詩賦，專用經義論策，安石此舉，實有惇本復古之意，但不當以一家私説，掩蓋先儒，思以易天下而同己，此其蔽也。若慮適用之文因之遂息，則如元祐兼試詩賦，亦無不可。若慮考官有所抑揚經義或因而遂廢，則如紹聖罷詩賦專習經義，亦無不可。但併《字説》之禁除之，此乃黨人之私，非大公之道也。徽宗崇寧三年，詔以三舍法取士，罷州郡科舉。於是貴游子弟多以請求得之。故當時有利貴不利賤、利富不利貧、利少不利老之議。至宣和三年，罷天下三舍法。開封府及諸路並以科舉取士，惟太學仍存三舍，以甄序課試，遇科舉仍自發解。夫以舍法而視科舉，猶有取士於學校之意。然而行之不得其人，則雖孝廉猶弊，而況於舍選乎！是故有治人無治法，斯誠不易之至論也。大抵人君設科目以待天下之士，惟其俊傑者爲能得之。取之以孝廉，孝廉此人也。取之以經義，經義亦此人也。取之以詩賦，詩賦亦此人也。然則舍選、科舉本同，於經義、詩賦之習者，而亦何以大相遠乎。固無用於數紛更焉，可矣。元取人無法，獎出多門。我國家監唐、宋之制而損益之，既分三塲，試其經書義、論策，以觀其窮究義理、博通古今之學，且於二塲加試詔誥、表判，兼存適用之文。其爲法亦可謂詳密矣。但學究一經，此唐、宋明經之最下者，而秀才、進士所不屑由者也。王安石嘗謂初意驅學究爲進士，不

意驅進士爲學究，蓋已不滿於此矣。矧今主司之校文者，偏以初場定
厥去留，謂經書義既工，則論策可以例知，致使士子承風，亦惟經書義
是習，而於論策多不措意，其或併性理、史鑑諸書束而閣之。中才固
自安於簡陋，而英俊者乃致蓄縮而不獲自盡。取人如此，而欲倚之，
以圖濟世之功，不亦難哉！愚意欲請申明立法，科場校文三場，別使
三人校之，彼此不相關會，均在所取者，方爲入式。倘論策不稱，則經
書義雖工，姑惟置之。仍別立制舉一科，以待英俊博聞之士，必其兼
通諸經，旁洽子史，習於古作，如宋蘇軾、轍，孔文仲、武仲兄弟者，聽
大臣從官公同奏薦，不拘有官無官與山林隱逸，俱得應試，使之闡明
聖學，敷陳王道，講論古制，商略時宜，直寫其胸中之蘊，而不以科目
之格式、時俗之忌諱拘之。其中式者，恩數視進士有加，儲之館閣，以
專待講讀、輔弼之選。則庶幾可以盡人材之用，而大責成之以治古之
功業矣。既使英俊之士可無蓄縮之嘆且勵，凡有官者，亦莫不益勤問
學以需大用。雖不必盡酬所志，而於涖政論事，固當與寡聞者不同，
亦豈無小補哉！《易》大傳曰："通其變，使民不倦；神而化之，使民宜
之。"斯乃制法之大要也。

經濟要畧卷四

郊祀志

周室郊祀之禮，《儀禮》不載，而散見於《周官》各屬與《禮記》諸篇者，班班乎亦略具焉，但錯出不倫，觀者猝無端緒。而鄭氏之注又雜以緯書之說，怪誕難憑，以致漢、唐、宋承訛襲謬者，蓋千有餘年。今以《周禮》、《禮記》條而叙之，則古之正禮猶可以攷見也。大抵周制，一歲郊天者有三，而明堂饗帝不與焉。其一冬至大報；其二孟春祈穀；其三孟夏雩祀，而尤以大報爲重。其兆在於南郊之圜丘，爲壇以燔柴，曰泰壇。其主昊天上帝，其配后稷，其從祀則日、月、星、辰、風、雨，凡天神皆與焉。其大報之期以冬至，其日用辛，其玉用四，珪邸以蒼璧，幣如其玉色，其牲用犢二，天帝以蒼，配位以騂，芻之三月而後用之。其獻，用五齊三酒，實於八尊，疏布冪樿酌，其器，用陶匏，其藉用蒲席藁秸。前期十日告於祖，乃卜日於禰。王選士於澤宮，親聽誓命，遂戒於百官百族乃齊，止喪哭者。前祀一日，王乘玉輅，建太常，大馭犯軷，驅之遂適郊。所過清道，設燎燭。王至郊，止于大次。執事省牲鑊、眂滌濯、懸樂器、掃地以待行事。祀之日，宗伯告時告具，王乃脫皮弁服大裘，襲袞戴冕，乘大輅以即祀所。乃迎牲、迎尸，燎以升煙，奠玉帛，薦血腥，進牲體及粢盛，獻齊酒，從以籩豆。其樂用圜鍾之宮，其舞用《雲門》，凡樂六變而禮成。其樂章則《思文》、《生民》、《昊天有成命》。乃燔柴於泰壇。其祈穀以孟春之元日，其大雩別爲壇於南郊之傍,祀以孟夏,用盛樂。若以旱雩,則令司巫、帥巫而舞雩,其樂章春、夏皆歌《噫嘻》,其他皆如冬至大報之儀。此外又有祀五帝及祭地祇之禮,亦於郊而行之,故通謂之郊祀。五帝者,五行之精,分主四時、佐上帝,以成歲功者也。木曰青帝,火曰赤帝,金曰白帝,水曰黑帝,土曰黃帝。其位兆於國之四郊。其祀之期:青帝以立春,配以太皞伏羲氏,從以木正勾萌;赤帝以立夏,配以炎帝神農氏,從以火正祝融;黃帝以季夏土旺之日,配以黃帝軒轅氏,從以土正勾龍;白帝以立秋,配以少昊金天氏,從以金正蓐收;黑帝以立冬,配以顓頊高陽氏,從以水正玄冥。其禮神之玉,以青珪、赤璋、白琥、元璜,各隨其方色用之,幣各如其玉色。其樂,奏黃鍾,歌大呂,其他皆如圜丘大報之儀。地祇之位,兆於北郊澤中之方丘。為坎以埋瘞,曰泰折。其主曰后土大示,其配以后稷,其從祀則五嶽、四海、四瀆、山林、川澤、丘陵、墳衍、原隰,凡土示與焉。其祭之期,以夏之日至。其玉用兩,珪邸以黃琮,牲幣如其玉色。其禮始於薦血腥,終於埋牲幣。其樂用函鍾之宮,其舞用《咸池》,凡樂八變而禮成,其他皆如圜丘祀昊天之儀。若鄭氏注《祭法》“禘嚳而郊稷”,謂禘是祭昊天於圜丘,郊是祭上帝於南郊,分郊、丘為二地,天、帝為二神,且以圜丘祭天為北辰天皇大帝耀魄寶,南郊祭帝為太微五帝座蒼帝靈威仰,謂之感生帝。夫南郊以言其所在之方,圜丘以言其所兆之域,其實一也。以其形體謂之天,以其主宰謂之帝,故《大宗伯》云以禋祀祀昊天上帝,其實亦一也,可以強分而為二乎?且北辰天皇大帝與太微五帝座,特星象耳,論其序猶在日月之次,而謂可以該天體之全乎?又謂地祇有二,曰崑崙,曰神州,而引緯書《括地象》以證其說之所自出。夫祭地則普天下皆舉之,若崑崙特山嶽之高大者,且神州之名,亦無經見。其支離纏繞如此,適以為禮之蔽而已。 秦 不師古,而襲用戎狄之俗,其於祀天之禮尤為不經。襄公作西畤祠白帝;宣公作密畤祠青帝;靈公作上畤祠黃帝,作下畤祠炎帝。其禮用駒四疋,木寓龍木寓馬各一駟,黃犢與羔各四,珪幣各有數,皆生瘞,無俎豆之具。三歲一郊,常以十月上宿郊見。　漢高帝二年,東擊項羽,還入關,問知秦時上帝祠有白、黃、青、赤四。帝曰:"吾聞天帝有五,而今四,何也?"既而曰:"蓋待我而具五耳。"乃立黑帝祠,曰北畤,與秦時通謂之五畤。有司進祠,上不親往。文帝十五年始郊,見雍五畤。又用方士新垣平言,立渭陽五帝廟。武帝元光二年,郊見雍五畤,後常三歲一郊。夫漢至武帝五世矣,高帝、惠、景皆未嘗親郊,文帝僅一親郊而已,武帝始定三歲一郊之禮,然猶襲秦謬也。五年,立太一祠於甘泉,曰泰畤,是後三歲一郊與雍更祠。初,亳人繆忌奏祠太一,曰:"天神貴者太一,佐者五帝。古者天子以春秋祀太一於東南郊。"於是令太祝具其祠於長安。或云五帝太一之佐,宜尊太一在上,而親郊之。是歲因公孫卿言幸雲陽甘泉宮,立太一祠壇,三陔,五帝壇環居其下。帝始郊拜太一。朝朝日,夕夕月,如雍郊禮。按:太一,星也。五帝,五行之神,佐上帝以主四時者也。今以五帝居太一之下,豈亦以爲五帝座之星歟?然則鄭康成執星象以釋天帝,其謬蓋有自來矣。元鼎元年,祠官寬舒等議立后土祠爲五壇澤中,壇一黃犢牢具,已祠盡瘞之。於是天子幸河東汾陰。有男子公孫滂言見汾傍有光如絳,遂立后土祠於汾陰脽上,如寬舒等議。上親望拜,如上帝禮。成帝建始元年,丞相匡衡等奏言:"帝王之事,莫重於郊祀。祭天於南郊,就陽之義也;祭地於北郊,即陰之象也。天子之於天地也,因其所都而合享焉。今郊見皇天,反北之太陰,祠后土,反東之少陽,事與古殊。且雲陽有䜁谷之厄,汾陰有風波之危,非聖主所宜數乘。又郡邑治道供張,吏民煩費,甘泉泰畤、汾陰后土祠宜徙置長安,合於古制。"又言:"雍五畤本因秦故。今既稽古,定天地之大禮,郊見上帝,青、赤、黃、白、黑五方之帝皆畢陳,各有饌位,祭祀備具。其五畤祠不宜復修。"上從之,於是始作長安南北郊,罷甘泉、汾陰祠及雍五畤祠。自漢興至此九帝矣,其祀天祭地之禮始頗稽古立法,稍歸於正。然每歲親郊之制猶未之定也。其後永始二年,因無繼嗣,復甘泉、汾陰祠。綏和二年,以未獲祐,復長安南北郊。建平三年,因哀帝有疾,又復甘泉、汾陰祠。平帝元始五年,大司馬王莽奏請如匡衡議,復南北郊如故。又以不歲事天,未應古制,引《周禮》合樂、分樂之説,改定其禮。歲以孟春正月上辛若丁,天子親合祀天地於南郊,以高帝、高后配。天地位皆南鄉,同席,地在東,共牢而食。高帝、高后配於壇上,西鄉,后在北,亦同席共牢。天地用牲一,燔燎瘞埋用牲一,高帝、高后用牲一。天用牲左,及黍稷燔燎於南郊;地用牲右,及黍稷瘞於北郊。有司歲以冬日至祀天於南郊而望羣陽,夏日至祭地於北郊而望羣陰。兹舉也,有復古者一焉,歲一親郊是也;有變古者二焉,合祭天地及以帝、后並配同席共牢是也。自罷封建,人主之體與古稍殊。有費用之慮則不能數出郊,有肘腋之防則不敢數出郊,是故定爲三歲一郊,而天地更祠,蓋六歲天地始各一親祭也。夫天地之運,寒暑歲易,生成歲終,不歲親祭則於祈報爲缺,此其甚不可者。雖云上下異位,陰陽異氣,然而覆載相須以立極,施受相續以成功,則分祭固爲周禮,合祭亦義起之可從者也。必欲分祭而以三歲更祠爲常,固不如合於一處歲一親祭之爲愈矣。但帝、后並配,同席共牢,至以夫婦判合,僭擬天地,則鄙褻之甚也。曷不譬諸父母爲足以表尊親之義乎!光武中興,制郊兆於洛陽城南七里,如元始故事,爲員壇八陛,中爲重壇,天地位其上,皆南向西上。其外壇上爲五帝座:青帝在甲寅之地,赤帝在丙巳之地,黃帝在丁未之地,白帝在庚辛之地,黑帝在壬癸之地。其外爲壝,重營皆紫,以象紫宮,有四通道以爲門。日月在中營內南道,日在東,月在西,北斗在北道之西,皆別位,不在羣神列中。中營四門,門五十四神,合二百一十六神。外營四門,門一百八神。合四百三十二神,皆背營南向。中營神五星及中官宿、五官、五嶽之屬,外營神二十八宿外官星,雷公、風伯、雨師、先農、四海、四瀆、名山、大川之屬。凡一千一百五十四神。夫元始之制,莽所議定者也。光武誅莽而不易其制,豈非以其合祭者爲近於人、便於事而亦不違於禮也歟？ 魏明帝景初二年，營洛陽圜丘。其時既有郊矣，而又別營圜丘，蓋襲鄭玄之謬也。晉武帝泰始二年，始定郊祀。南郊除五帝座，又併圜方丘於南北郊，蓋用王肅之說也。併郊丘而爲一，是矣，《周禮》於祀五帝蓋屢言之，第不如鄭注威靈仰、赤熛怒、白招拒、叶光紀、含樞紐之云耳。而併除之，是矯枉之過也。唐制：每歲冬日至祀昊天上帝於圜丘，孟春辛日祀感生帝於南郊，孟夏雩祀亦於圜丘，夏日至祭地祇於方丘，孟冬祭神州地祇於北郊，立春日祀青帝於東郊，立夏日祀赤帝於南郊，季夏日祀黃帝亦於南郊，立秋日祀白帝於西郊，立冬日祀黑帝於北郊。夫郊丘一也，既有郊又有丘，何也？天稱昊天上帝，地稱皇地祇，是矣，又有感生帝與神州地祇，何也？蓋自魏、晉以來，鄭學盛行，南方猶兼行王學，北方則專行鄭學而已。周齊郊禮，靡不從鄭。及隋、唐混一，而南北之學始通，於是乃取鄭說之甚謬者罷之，惜猶未能純於從古也。高宗顯慶初，太尉長孫無忌議曰：“據《祀令》及《新禮》，並用鄭玄六天之義，圜丘祀昊天上帝，南郊祀太微感帝，明堂祀太微五天帝。謹按鄭玄此義，惟據緯書，所說六天，皆謂星象，而昊天上帝不屬穹蒼。案：《易》云：‘日月星辰麗乎天，百穀草木麗乎地。’又云：‘在天成象，在地成形。’足明辰象非天，草木非地。且天地各一，是曰兩儀。天尚無二，安得有六？案《天官書》，太微宮有五帝座者，自是五精之神，五星所奉，以其是人主之象，故況之曰帝，如房、心爲天王之象，豈是天乎？又王肅等皆以爲郊即圜丘，圜丘即郊，猶王城、京師，異名同實，符合經典，其義甚明。而今從鄭說，分爲兩祭，圜丘之外，別有南郊。違棄正經，理宜改革。”上從之。於是詔南郊祈穀，孟夏雩祀，明堂大饗皆祀昊天上帝，罷感生帝祠。玄宗天寶元年三月，敕凡所享祀，必在躬親。其皇地祇宜就南郊合祭。是月十八日，親享玄元皇帝廟。十九日，享太廟。二十日，合祭天地於南郊。自後有事圜丘，皆天地合祭。夫天地合祭，以並致其躬親之意，此變古而中乎權者也。然以玄元皇帝廟與太廟南郊三日而連享之,則於專愨之誠皆無所當矣!而杜甫《三大禮賦》,乃盛侈之以爲美談,豈知其適所以爲陋哉!其云凡所享祀,必在躬親,此則不易之至論也! 宋 因唐制,每歲冬至圜丘,正月上辛祈穀,孟夏雩祀,季秋大饗,凡四祭昊天上帝。親祀則併皇地祇位,作壇於國城之南薰門外,依古制,四成、十二陛、三壝。設燎壇於內壝之外丙地,高一丈二尺。外設皇帝更衣大次於壇外東壝東門之外道北,南向。太祖乾德元年十一月甲子,親郊,合祭天地,奉宣祖配。太宗太平興國三年十一月丙申,親郊,奉太祖配。淳化四年,從禮儀使蘇易簡議,奉宣祖、太祖同配神宗。元豐六年冬至,郊祀昊天上帝,以太祖配,始罷合祭,不設皇地祇位。哲宗元祐七年,親郊,詔今歲圜丘,宜依熙寧十年故事,設皇地祇位,以申始見之禮。候親祀北郊,依元豐六年五月八日指揮。是時詔議南北郊典禮,蘇軾主合祭之説,從之者五人;劉安世主分祭之説,從之者四十人。主分祭者,本於《周禮》,而不及三歲一郊,爲踵秦之謬,是欲守禮而未盡者也。主合祭者,因三歲親郊,既爲變禮以從宜,則分祭亦不必拘拘於泥古,是欲隨時而酌禮以通之者也。愚謂合祭猶可以隨時,若歲一親郊則決不可以不從禮,而議者均未之有及也。紹聖元年,詔罷合祭天地。自今因大禮之歲,以夏至之日,躬祭地祇於北郊。然北郊親祠,終帝世未克舉云。夫不度北郊親祠之未能,而遽罷合祭,是亦未得爲詳慮也。蘇軾所謂事天則備,事地則簡,是於父母有隆殺也者,蓋已預斥此矣。高宗建炎二年,祀圜丘,獨祭上帝,而配以太祖,蓋用元豐禮。紹興十三年,郊祀,始設太神、太祇及太祖、太宗配位,自天地至從祀百神凡七百七十有一,蓋用元祐禮。先從元豐而其後又從元祐者,蓋已悟地祇親祠之不能專行,固不若合祭爲足以並致其誠敬耳。論禮於三代之後者,亦惟其時之宜焉可也。如古者污杯而後世罍爵,古者席地而後世卓椅,則亦豈必反今以從古乎!矧天地而父母也,宗廟既可合考妣而同室,豈郊丘獨不可合天地而並位耶!我朝初依周制,祀天於鍾山之陽，祭地於鍾山之陰。洪武十年，因風雨不時，天多災異，太祖高皇帝總覽羣議，親定合祭之禮，採古明堂遺制，即圜丘舊壇建殿，名曰大祀殿，并列合祀六宗四望之神，各築壇以從饗，每歲正月擇日而行禮焉。蓋合南北郊明堂爲一處，併大報、祈穀、宗祀爲一祭，而歲一親行，以致其誠敬之實。其事簡而便，其禮約而該，其誠專而愨，信乎神謨聖制超出於前代萬萬矣！嘉靖九年改定分祭。萬曆三年十一月張居正復議合祭。

宗　廟

周室宗廟之制，具於《禮記》者詳矣。《王制》云：“天子七廟：三昭、三穆，與太祖之廟而七。諸侯五廟：二昭、二穆，與太祖之廟而五。大夫三廟：一昭、一穆，與太祖之廟而三。士一廟。庶人祭於寢。《祭法》云：“王立七廟，一壇，一墠。曰考廟，曰王考廟，曰皇考廟，曰顯考廟，曰祖考廟，皆月祭之。遠廟爲祧，有二祧，享嘗乃止。去祧爲壇，去壇爲墠。壇、墠有禱焉祭之，無禱乃止。去墠爲鬼。諸侯五廟，一壇，一墠。曰考廟，曰王考廟，曰皇考廟，皆月祭之。顯考廟，祖考廟，享嘗乃止。去祖爲壇，去壇爲墠。壇、墠有禱焉祭之，無禱乃止。去墠爲鬼。大夫立三廟，二壇。曰考廟，曰王考廟，曰皇考廟，享嘗乃止。顯考、祖考無廟，有禱焉，爲壇祭之。去壇爲鬼。適士二廟，一壇。曰考廟，曰王考廟，享嘗乃止。顯考無廟，有禱焉，爲壇祭之。去壇爲鬼。官師一廟，曰考廟，王考無廟而祭之。去王考爲鬼。庶士、庶人無廟，死曰鬼。”二説大略相似，然《王制》簡而明矣。據《大傳》云：“別子爲祖，繼別爲宗。”“有百世不遷之宗，有五世則遷之宗。”則大夫之祖廟，蓋亦百世不遷者也，而況於諸侯乎！《祭法》大夫無祖考廟，而謂諸侯去祖爲壇，皆非也。又《喪服小記》云：王者立四廟。觀《商書·咸有一德》篇云：“七世之廟，可以觀德。”則天子七廟，不特周時爲然，蓋自虞至周之所不變者也。是故《虞書》禋於六宗，以見太祖，而《周官》守祧八人，以兼姜嫄之官。鄭康成注《祭法》，因承《小記》之謬，遂以文、武世室爲二祧。夫祧者，遷也；世者，不遷之名也。雖云文世室穆之祧主藏焉，武世室昭之祧主藏焉，强欲以合二而爲一。然《祭法》明曰去祧爲壇，則二祧豈得爲世室乎！且當周公制禮之時，文、武正爲近親，至共王時，文王於世次當祧，而以有功德不遷，乃立文世室。懿王時，武王於世次當祧，而以有功德不遷，乃立武世室。豈得方周公時便預立二世室以擬文、武也？然則世室明當在二祧之外，而周廟於是乎有九矣。善乎王肅之言曰：“周之文、武，受命之主，不遷之廟，權禮所施，非常廟之數。殷之三宗，宗有德而存其廟，亦不以爲世數。凡七廟者，皆不指世室。”又曰：“自上以下，降殺以兩。今使天子、諸侯，並親廟四，則君臣同制、尊卑不別，且名位不同，禮亦異數，況其君臣乎！”其言可謂的當，無容改評矣。若夫祭享之禮，則《周禮·大宗伯》云：“以肆裸獻享先王，以饋食享先王，以祠春享先王，以禴夏享先王，以嘗秋享先王，以烝冬享先王。”肆裸獻與饋食，序於四時之上，似又禮之大者。蓋禘，祫也。禘禮有裸，而大祫謂之合食，則肆裸獻者其大禘，而饋食其大祫歟！《禮記·祭統》又云：“凡四時之祭，春曰礿，夏曰禘，秋曰嘗，冬曰烝。”其春、夏祭名與《周禮》不同。説者以爲夏殷時禮。觀於《詩·天保》云“禴祠烝嘗，于公先王”，則周之時祭無禘名可知。《王制》又云：“天子犆礿、祫禘、祫嘗、祫烝。諸侯礿、犆。禘，一犆一祫。嘗祫，烝祫。”説者謂：犆，各祭於其廟；祫，同祭於其祖。蓋犆所以伸專事之敬，祫所以省禮煩之瀆也。然《王制》所云禘者，時禘也。若《大傳》云“禮，不王不禘。王者禘其祖之所自出，而以其祖配之”，則大禘也，所謂肆裸獻者是也。其云祫者，時祫也，若《公羊傳》云“毀廟之主，陳於太祖；未毀廟之主，皆升而合食於太祖”，則大祫也，所謂饋食者是也。至於裸獻之節，則《周禮》司尊彝云“春祠，夏禴，裸用雞彝、鳥彝”，“其朝踐用兩獻尊，其再獻用兩象尊”，“秋嘗，冬烝，裸用斝彝、黃彝”，“其朝獻用兩著尊，其饋

獻用兩壺尊","凡四時之間祀,追享、朝享,裸用虎彝、蜼彝","其朝踐
用兩大尊,其再獻用兩山尊,皆有罍,諸臣之所酢也。"説者以爲王初
裸,后亞裸,既迎牲而獻腥,曰朝踐。王與后皆獻,尸入室,而獻熟曰
饋食。王與后又皆獻,既食,而王酳尸,曰朝獻,后酳尸曰再獻。於是
諸臣之長進以酳尸。凡爲九獻。其籩豆之數,則籩人職云:"朝事之
籩,其實麷、蕡、黑、白、形鹽、膴、鮑魚、鱐。饋食之籩,其實棗、栗、桃、
乾䕩、榛實。加籩之實,菱、芡、栗脯,菱、芡、桌脯。羞籩之實,糗餌、粉
餈。"醢人職云:"朝事之豆其,實韭菹、醓醢,昌本,麋臡,菁菹、鹿臡,
茆菹、麇臡。饋食之豆,其實葵菹、蠃醢,脾析、蠯醢,蜃、蚳醢,豚拍、
魚醢。加豆之實,芹菹、兔醢,深蒲、醓醢,箔菹、雁醢,筍菹、魚醢。羞
豆之實,酏食、糝食。"禮所可考者,大槩如此。及三山楊氏編《祭禮》,
有未足者,引注疏以足之,於是彬彬乎其備矣。⬚漢⬚承秦焚書之後,古
禮經尚未出,而高祖又性不悦學,稽古禮文之事,多所未遑。至太上
晏駕,始詔郡國立廟。然七廟之制,蓋未嘗具。自是相傳每一帝崩,
則詔郡國立廟,而惠帝因叔孫通言,又立原廟渭北,奉高帝衣冠,月出
遊之。夫有天下而不能事七廟,則於禮爲簡;已立廟矣,而又有原廟,
則於事爲煩。蓋進退皆無所折衷矣。至元帝時,計宗廟在郡國六十
八,合百六十七所,而京師高祖以下至宣帝,與太上、悼考各自居陵傍
立廟,并爲一百七十六。又園中各有寢、便殿,日祭於寢,月祭於廟,
時祭於便殿。寢日四上食,廟歲二十五祠。便殿,歲四祠。又月一游
衣冠。并諸后又各有寢園。凡一歲祠,上食四千四百五十七,用衛士
四萬五千一百九,祝宰樂人萬二千一百四十七,養牲卒不在數中。蓋
由其始慮之不審,故末流之弊至此。於是貢禹言:"古者,天子七廟,
孝惠、孝景廟皆親盡,宜毀。及郡國廟,不應古禮,宜正定。"事下丞相
韋元成等議,尊高帝爲太祖,文帝爲太宗,太上、孝惠廟皆親盡,與諸
郡國廟皆罷,勿復修。後歲餘,上寢疾,夢祖宗譴罷諸郡國廟。詔問
丞相衡,議復之,衡固陳其不可。而上疾連歲久不平,遂令復諸所罷

廟園,皆修祀如故,惟郡國廟遂罷云。按祧遷,古禮也。然以情度之,則在古帝王猶有祀,而況於其祖乎!夫諸侯以厭於天子,則情不得以自伸,其於告遷,猶有辭也。若天子,誰則厭之而以祔孫之?故上遷其祖,存歿之間,且皆有所不安矣。但應祔者,別立新廟,而祖廟不遷,似亦禮之可以義起者也。至於郡國之廟,則誠贅矣。光武中興,立高廟於雒陽,四時祫祀,高帝爲太祖,文帝爲太宗,武帝爲世宗,如舊,餘帝以四時孟月及臘一歲五祀。又立親廟,祀父南頓君至春陵節侯。建武十九年,太僕朱浮奏言:爲人後者爲之子。既事大宗,當降其私親。今禘祫於高廟,陳序昭穆,而春陵四世君臣並列,以卑廁尊,不合禮意。於是尊宣帝號曰中宗,雒陽高廟加祀孝、元凡五帝。成、哀、平三帝主,四時祭於長安故高廟,京兆尹侍祠,南頓君至於節侯,皆就園立廟。南頓君稱皇考廟,鉅鹿都尉稱皇祖考廟,鬱林太宗稱皇曾祖考廟,春陵節侯稱皇高祖考廟,所在郡縣侍祠。及光武崩,明帝更爲起廟,曰世祖廟。其後明、章二帝皆遺詔無起寢廟,藏主於世祖廟室。同堂異室之制,蓋昉於此,而儒者往往非之。愚謂與其世爲一廟,而不免於毀祖以祔孫,則不如但世爲一室,有祔而無毀者之尤愜於人情也。今不非毀廟而非同堂,其亦泥於所聞,而不知反循其情也。夫禮非從天降也,非從地出也,人情之所安者,斯禮而已矣。魏、晉及南北朝,禮未足悉紀也。唐高祖武德初,立太廟於長安,追尊高祖曰宣簡公,曾祖曰懿王,祖曰景皇帝,考曰元皇帝,祔於太廟,歲以四時孟月及臘凡五祀,三年一祫以孟夏,五年一禘以孟冬。太宗貞觀九年,高祖崩,岑文本奏曰:祖鄭玄者,則陳四廟之制;述王肅者,則引七廟之文。是非相持,紛而不定。《春秋穀梁傳》傍及《禮記·王制》、《祭法》、《禮器》、《孔子家語》並云:天子七廟,諸侯五廟。《尚書·咸有一德》曰:"七世之廟,可以觀德。"至於孫卿、孔安國、劉歆、班彪父子、孔昆、虞熹、干寶之徒,商校今古,咸以爲然。故其文曰:天子三昭三穆,與太祖之廟而七。若使違羣經之正説,從累代之疑議,背子雍之篤論,遵康成之舊學,則是天子之禮,下逼人臣,非所謂尊卑有序、名位不同者也。請依晉、宋故事,立親廟六。其祖宗之制,式遵舊典。制從之。於是增修太廟,始崇弘農府君及高祖神主,并舊四室爲六室。其後太宗祔遷弘農府君,高宗祔遷宣皇帝,即宣簡公也。中宗神龍初,太常博士張齊賢建議曰:“始封之君,謂之太祖。太祖之廟,百世不遷,商之玄王,周之后稷是也。但商自玄王以後,十有四代,至湯而有天下。周自后稷,十有七代,至武王而有天下。其間代數既遠,遷廟親廟皆出太祖之後,故得合食有序,尊卑不差。其後漢高受命,無始封之祖,即以高帝爲太祖。魏武創業,文帝受命,亦以武帝爲太祖。晉宣創業,武帝受命,亦以宣帝爲太祖。國家景皇帝始封唐公,實爲太祖。中間代數既近,列在三昭三穆之內,故皇家太廟,惟有六室。今議者或欲立涼武昭王爲始祖,殊爲不可。何者?昔在商、周,稷、契始封。湯、武之興,祚由稷、契。故以爲太祖,即皇家之景皇帝是也。涼武昭王勳業未廣,後主失守,國土不傳,景皇始封,實本明命。今乃捨封唐之盛烈,崇西涼之遠構,求之前古,實乖典禮。魏氏不以曹參爲太祖,晉氏不以殷王印爲太祖,宋氏不以楚元王爲太祖,齊、梁不以蕭何爲太祖,陳、隋不以胡公、楊震爲太祖,則國家安可以梁武昭王爲太祖乎?”“請准敕加太廟爲七室,享宣皇帝以備七代,其始祖不合別有尊崇。”博士劉承慶議曰:“夫太祖以功建,昭穆以親崇。有功百世而不遷,親盡七葉而當毀。或以太祖代淺,廟數非備,更於昭穆之上,遠立合遷之君,曲從七廟之文,深乖迭毀之制。景皇帝濬德基唐,代數猶近,號雖崇於太祖,親尚列於昭穆,且臨六室之位,未伸七廟之尊。是知太廟當六,未合有七。”“宣皇帝既非始祖,又廟無祖宗之號,親盡既遷,其廟不合重立,恐違《王制》之文,不合先朝之旨。光崇六室,不虧古義。”制令宰臣詳定,禮部尚書祝欽明奏,請依張齊賢,以景帝爲太祖;依劉承慶,尊崇六室。從之。及中宗祔而光皇帝不遷,於是太廟始備七室。開元初,睿宗將祔。議者以爲兄弟不相爲後，殷之盤庚不序於陽甲，漢之光武不嗣於孝成。蓋兄弟相代，昭穆位同。至其當遷，不可兼毀二廟。荀卿子曰：有天下者事七世。謂從禰以上也。若傍容兄弟，上毀祖考，則有不得事七世者矣。孝和皇帝有中興之功而無後，宜如殷之陽甲，出爲別廟。於是祔睿宗以繼高宗，別爲中宗立廟於太廟之西。夫魯人躋兄以厭弟，知禮者且以其亂君臣之分爲逆，況於祔弟以黜兄，亦且有君臣之分者乎？其爲非禮甚矣！開元十年，詔宣皇帝復祔於正室，諡爲獻祖，并諡光皇帝爲懿祖，又以中宗還祔太廟，并太祖、世祖、高祖、太宗、高宗、睿宗爲八世九室。夫以中宗還祔太廟，是也；而於太祖之上復祔獻、懿二祖，律以迭毀之禮，殆爲無據。若於德宗之時尊崇高祖、太宗，比於周之文、武，以備九廟，斯其宜也。其後憲、穆、敬、文四宗祔廟，睿、玄、肅、代皆以次遷。至武宗崩，德宗以次當遷，而於世次爲高祖，禮官始覺其非，謂兄弟不相爲後，不得爲昭穆，乃議復祔代宗。而議者言：已祧之主不得復入太廟。禮官曰：“昔晉元、明之世已遷豫章、潁州，後皆復祔，此故事也。”議者又言：廟有定數，而無後之主，當別置廟。禮官曰：“晉武帝時，景、文同廟。廟雖六代，其實七主。至元帝、明帝，廟皆十室，故賀循曰：廟以容主爲限，而無常數也。”乃復祔代宗，而以敬、文、武同爲一代。於是終唐之世，常爲九代十一室焉。宋朝宗廟之制，太廟以奉神主，一歲五享，朔祭而月薦新。五享以宗室諸王，朔祭以太常卿行事景靈宮，以奉塑像。歲四孟享，上親行之。帝后大忌，則宰相行香，僧道作法事，而后妃六宮亦皆繼往天章閣以奉御容。時節朔望、帝后生辰，皆徧薦之，內臣行事。欽先孝思殿亦奉御容，上日焚香。而諸陵之上宮，亦有神御，時節酌獻，如天章閣。每歲寒食及十月朔，宗室內臣各往朝拜。春、秋二仲，太常行園陵。季秋，監察御史檢視，太廟祭以俎豆，景靈宮用牙盤，而天章閣以常饌，用家人之禮。初，太祖既受命，即立太廟，追尊高、曾、祖、禰爲僖、順、翼、宣四祖，凡四室。太祖升祔爲五世五室，太宗升祔，議者以爲父子異昭穆，兄弟昭穆同,乃爲五世六室。真宗升祔爲六世七室,適滿三昭三穆之數。仁宗升祔,增爲八室,以備天子事七廟之禮,然僖祖亦未正東向之位,蓋疑而未定也。英宗升祔,遂遷僖祖,藏於夾室。熙寧五年,中書門下言:本朝自僖祖而上,世次不可知,則僖祖有廟,與商、周契、稷無異。今毁其廟,而藏主於夾室,替祖考之尊,而下祔於子孫,殆非所以順祖宗孝心事亡如存之義。乃復奉僖祖於太廟,而遷順祖藏於夾室。及哲宗當祔,禮官謂與徽宗兄弟,請於太廟增建一室。議久不定,乃權祔於夾室,蓋不欲以哲宗爲世數也。久而自覺其非,崇寧二年,始遷宣祖而祔哲宗於太廟第八室。三年,蔡京秉政,復援王肅說,謂二祧在七世之外,乃增太廟爲十室,奉僖、順、翼、宣四祖咸歸本室焉。此舉蓋猶襲唐開元十年之謬也。紹興中,徽宗祔廟,以與哲宗同爲一世,故無所祧。及欽宗升祔,始祧翼祖。高宗與欽宗同爲一世,亦不祧。由是淳熙末年,太廟祀九世十二室。及阜陵復土,趙汝愚秉政,欲正太祖東向之位,遂祧僖、宣二廟而祔孝宗,別建四祖殿於太廟之西,以奉僖、順、翼、宣四世神主。景靈宮者,真宗大中祥符五年,以聖祖降,作此宮崇奉之。至天聖元年,詔修宮之萬壽殿以奉真宗,榜曰奉真。元豐五年,又於景靈宮作十一殿,凡在京宮觀神御悉皆奉迎入內,自是每一帝則作一殿焉,蓋彷漢原廟與唐之太清宮而爲之者也。景靈宮之禮既隆,而太廟之禮益簡,是故終宋之世,無復有天子親享廟之事矣。孔子曰:"吾不與祭,如不祭。"孰若罷原廟之祭以合諸太廟,而身親涖之,既致必躬之誠,又無禮煩之瀆,豈不爲兩得矣哉!同堂異室,凡繼統之君各祔一室,每加一代,則添一室,斯可以無祧祖祔孫之嫌矣!此萬世不易之定禮也。

兵 制

夫兵也者,毒民之具。而以之誅暴禁亂,不可缺焉,聖王蓋不得已而用之者也。此其制置之法,尤有不得而苟者矣。 周 室之制,寓兵於農。王之六鄉，則六軍寓焉。《大司徒》令民五家爲比，五比二十五家爲閭，四閭百家爲族，五族五百家爲黨，五黨二千五百家爲州，五州萬有二千五百家爲鄉，六鄉合之爲七萬五千家，此所以居民也，而兵實寓於民之中矣。是故《小司徒》："均土地以稽人民而周知其數：上地家七人，可任也者家三人；中地家六人，可任也者二家五人；下地家五人，可任也者家二人。凡起徒役，無過家一人，以其餘爲羨。"於是會其什伍而用之，五人爲伍，即比之所出也。五伍二十五人爲兩，即閭之所出也。四兩百人爲卒，即族之所出也。五卒五百人爲旅，即黨之所出也。五旅二千五百人爲師，即州之所出也。五師萬有二千五百人爲軍，即鄉之所出也。六軍合之爲七萬五千人。此所以籍兵也，而兵實不出於民之外矣。及其有事征行，而統之於大司馬。則伍、兩、卒、旅、軍、師之帥，又皆其比、閭、族、黨、州、鄉之長而已。是以兵不待選即吾民，將不改置即吾吏，六鄉之衆皆折衝禦侮之人，六鄉之官皆敵愾仗節之士。有事則用之於行陣，事已則反之於田里。無招收之煩而數不缺，無廩給之費而食自飽。兵無屯戍之勞，將無握兵之患。此先王之時所以守則固，戰則克，內足衛中國，外足威四夷，豈非制軍之得其道歟！至於六遂，則亦以歲時稽其人民，簡其兵器，大約如六鄉之法，蓋又所以爲六軍之副也。其在都鄙，王子弟所封之國與卿大夫所食之邑，則又因井田以制軍賦。地方一里爲井，井容八家；四井爲邑，四邑爲丘。丘，十六井也，有戎馬一疋，牛三頭。四丘爲甸。甸，六十四井也，有戎馬四疋，甲士三人，步卒七十二人，牛十二頭，將重車者二十五人，干戈備具，是謂乘馬之法。夫六十四井爲五百一十二家，而出車一乘、士卒百人，大約五家而調其一人爲兵，與六鄉家出一人者又爲不同。蓋鄉遂本以置軍而寓之於農，則其所重在於兵也。井田本以業農而因之寓兵，則其所重在於農也，抑亦重內輕外之勢有所當然者耳。若夫王宮宿衛之衆，則有宮伯掌士庶子，授其八次八舍之職事。虎賁氏掌虎士八百人，居則守王宮，舍則守王閑。

國有大故，則守王門。王行，則以什伍先後王而趨。旅賁氏十有六人，掌執戈盾，夾王車，車止則持輪，蓋不專恃乎勇力之士，而又參以士人之選焉。以至大國三軍，出於三郊三遂；次國二軍，出於二郊二遂；小國一軍，出於一郊一遂。其卿大夫之食邑，亦因井田以制軍賦，則皆猶夫王國者也。周衰，諸侯爭強，軍政廢壞，於是晉作州兵，則以一州使出一鄉之兵，而郊遂之法廢矣。魯作丘甲，則以一丘使出一甸之甲，而井賦之法廢矣。若夫齊作內政以寓軍令，三分其國爲二十一鄉：工商之鄉六，士鄉十五。五家爲軌，故五人爲伍，軌長帥之。十軌爲里，故五十人爲小戎，里有司帥之。四里爲連，故二百人爲卒，連長帥之。十連爲鄉，故二千人爲旅，鄉良人帥之。五鄉一帥，故萬人爲一軍，五鄉之帥帥之。公將其一，國子將五鄉焉，高子將五鄉焉。凡三軍教士三萬人、車八百乘，蓋如鄉之法。五鄙制：鄙三十家爲邑，邑有有司。十邑爲卒，卒有卒帥。十卒爲鄉，鄉有鄉帥。三鄉爲縣，縣有縣帥。十縣爲屬，屬有大夫，五屬，故立五大夫，各使治一屬焉。自邑積至屬爲四十五萬家，率九家一兵，得甲五萬九十；家一車，得五千乘，蓋如遂之法。以通國之數而遞征之，率車用六之一，士用十之三，大略依周而變從輕便。然軍旅之政，制於天子者也，而擅爲紛更如此，其無上之漸，豈可長乎！ 漢 興，踵秦置車騎材官於郡國，其在水鄉又有樓船，而京師則有南北軍之屯。凡郡國調兵之制：民年二十三爲正卒，一歲爲衛士，又一歲爲材官、騎士，習射御、騎馳、戰陣，常以秋後講肄課試。郡則都尉，王國則中尉，總而典之。年六十衰老，乃退爲民，就田里。其更戍有三品：有卒更，有踐更，有過更。凡正卒無常人，皆迭爲之，一月一更，是爲卒更。不役者出錢二千入於官，以雇傭者，是爲踐更。天下人皆直戍邊三日，雖丞相〔子〕亦在調中，不可令人人自行三日戍；又行者當自戍三日，不可往便還，因便往一歲一更。諸不行者出錢三百入官，以給戍者，謂之過更。他如發謫徒，則有七科謫、惡少年、亡命、弛刑。選募則有勇敢、伉健之屬。南北軍者，南軍掌衛宮城，衛尉主之；北軍掌衛京城，中尉主之。南軍調諸郡國，而北軍則調之於左右京輔。蓋郡國去京師爲甚遠，民情無適莫，而緩急爲可恃，故以之衛宮城。三輔去京師爲甚邇，民情有閭里、族屬、墳墓之愛，而利害不相棄，故以之衛京城。亦其防微杜漸之深意也。其後武帝更名中尉曰執金吾，增置八校尉：屯騎校尉掌騎士，步兵校尉掌上林苑內屯兵，越騎校尉掌越騎，長水校尉掌長水宣曲胡騎，胡騎校尉掌池陽胡騎，射聲校尉掌待詔射聲者，虎賁校尉掌輕車，又取中尉屬官所謂中壘者進爲中壘校尉，掌北軍壘門內外。有城門校尉掌十二城門屯兵。其宿衛宮殿門户，則有光禄勳，領五官中郎將與車、騎、户三將，并期門、羽林兵皆屬焉。班固撰《漢書》，志刑法而不志兵，蓋取大刑用兵之義，而以兵附刑。然述之不詳，使兵制無從而考。今取其散見於各傳，并他書者類而叙之，其大略可紀如此云。 東漢 光武以幽、冀兵定天下，始於黎陽立營，領兵常千人，以謁者監之，號黎陽營。其後又以扶風都尉在雍縣，因涼州近羌，數犯三輔，將兵衛護園陵，故俗稱雍營。而京師南北軍如故。於北軍則并胡騎、虎賁爲五營，以北軍中候易中壘以監之；於南軍則光禄勳，省車、騎、户三將及羽林令，都尉省旅賁、衛士一丞。初，光武討王莽，實因都試之日勒兵起事，因此遂罷郡國都尉，并職太守，無都試之法。既又罷天下車騎、材官、樓船，悉還民伍，惟更賦如故。然而終不能罷也，以後因事輒復，臨時補置。於是北胡有變，則置度遼營；南蠻或叛，則置象林兵；羌犯三輔，則置長安、雍二尉；鮮卑寇居庸，則置漁陽營。靈帝末年，何進等謀誅宦官，始實西園八校尉，以小黃門蹇碩爲上軍校尉，袁紹爲中軍校尉，鮑鴻爲下軍校尉，曹操爲典軍校尉，趙融爲佐軍校尉，馮芳爲助軍校尉，夏牟爲左校尉，淳于瓊爲右校尉，謂之西園軍，皆領於碩。雖陽示尊寵，實以士人參分其權，且因以刺取其腹心也。於是袁紹竟得以校尉兵盡誅諸宦官。然宦官雖去，而董卓之難作，漢祚且移於曹操矣。府兵之制，起於 西魏 。用蘇綽言，倣《周官》，置六軍，擇民之魁健才力者，盡蠲租調，而刺史以農隙教之，合爲百府。每府一郎將主之，分屬二十四軍，開府各領一軍。大將軍一十二人，每一大將軍統二開府。一柱國主二大將軍。凡柱國六員，衆不滿五萬人。周、齊及隋，皆仍其舊而加潤澤焉。唐興，因之。武德初，始置軍府，以驃騎、車騎兩將軍領之。析關中爲十二道。二年，更以道爲軍，軍置將、副各一人。改驃騎曰統軍，車騎曰別將。太宗貞觀十年，更號統軍爲折衝都尉，別將爲果毅都尉。諸府統曰折衝府。凡天下十道，置府六百三十四，皆以隸諸衛。凡府三等，兵千二百人爲上，千人爲中，八百人爲下。府置折衝都尉一人，左、右果毅都尉各一人。士以三百人爲團，團有校尉。五十人爲隊，隊有正。十人爲火，火有長。凡民二十爲兵，六十而免。其能騎而射者爲越騎，其餘爲步兵。其隸於諸衛也，左、右衛皆領六十府，諸衛領五十至四十，其餘以隸東宮六率。凡發府兵，皆下符契，州刺史與折衝勘契乃發。若全府發，則折衝都尉以下皆行；不盡，則果毅行；少則別將行。當給馬者，與直市之，每疋爲錢二萬五千。凡當爲衛士者番上，兵部以遠近給番，五百里五番，千里七番，一千五百里八番，二千里十番，其外十二番，皆以月上。平時皆安居田畝，其番上京師，不過宿衛而已。若四方有事，則命將以出。事解輒罷，兵散於府，將歸於朝。故士不失業，而將帥無握兵之重。雖不能盡合古法，蓋得其大意焉。自高宗、武后時，天下久不用兵，府兵之法浸壞，番戍更代，多不以時，衛士稍稍亡匿。至先天中，益耗散，宿衛不能給。宰相張說乃請募士以備宿衛，取京兆、蒲、岐、同、華府兵及白丁，而益以潞州長從兵，號長從宿衛，歲一番。明年，更號曰彍騎。自是諸府士益多不補，折衝又積歲不得遷，士人皆恥爲之。天寶後，彍騎之法又稍變廢，諸折衝府至無兵可交。李林甫又請停上下魚書，一切募人爲兵，而六軍衛士皆市人。及安禄山反，皆不能受甲矣。自是而節度之鎮兵盛於外，中尉之禁兵盛於内，交相迫脅，以陵天子，而唐隨以亡，實由於府兵之廢爲之也。節度之兵，其原蓋起於邊將之屯防者。每道有大將一人，曰大都督。永徽以後，大都督帶俸持節者，始謂之節度使。及安禄山以范陽反，而其子慶緒與史思明、朝義父子相繼起，肅宗命郭子儀、李光弼等九節度之兵討平之，其將校以功起行陣，列爲侯王者，皆除節度使，由是藩鎮相望於内地，而天子之號令因以不行。其始爲朝廷患者，號河北三鎮。至於末年，朱全忠以梁兵、李克用以晉兵，更犯京師，而李茂貞、韓建近據岐、華，妄一喜怒，兵已至國門，天子爲殺大臣、罪己悔過而後去。及昭宗用崔胤計，召梁兵誅宦官，宦官劫天子奔岐，梁兵圍之逾年。天下之兵卒無復有勤王者，蓋不久而唐祚竟移於梁矣。禁兵自唐初已有之，高祖始以義兵起太原，天下既定，悉罷歸田里，其願留宿衛者，號"元從禁軍"。及太宗貞觀初，擇善射者爲二番於北門長上，曰"百騎"。武后改爲"千騎"，睿宗又改爲"萬騎"，皆用元功臣子弟統之，不隸中官也。肅宗上元中，以北軍使衛伯玉爲神策軍節度使，鎮陝州，中使魚朝恩爲觀軍容使，監其軍。代宗避吐蕃幸陝，朝恩舉軍迎扈。事平，因以其軍歸禁中自將之。自此浸盛，遂爲天子禁軍，非他軍比。其後中尉白志貞、竇文場、霍仙鳴、王守澄、仇士良、楊復恭、田令孜、劉季述相繼典兵，乘勢專橫，人主廢置，在其掌握。天子不能堪，每欲召外兵除之，而朱全忠乘機構會，遂因之以代唐。向使内釁不萌，則外患亦何由而作哉！甚至五代，則國擅於將，將擅於兵，卒伍所推，則爲人主，而國興焉，非以其得民也。其所廢則爲獨夫，而國亡焉，非以其失民也。蓋至於是，而兵之在天下，非惟不足以止亂，而適足以爲亂。其流弊也極矣！ 宋 承五代之後，内兵沿舊制，置殿前、侍御二司統之，其尤親近扈從者，謂之班直。其外兵，太祖懲藩鎮之獘，欲收其兵權，詔諸州長吏選所部兵强壯者悉送闕下，隸籍殿前，列營京畿之間，謂之禁兵。其諸州須兵防守者，則遣禁兵出戍，謂之駐泊，或謂之屯駐。設總管、鈐轄等官爲之統帥，若有事則以之征討。其原留諸州鎮兵，則謂之廂兵，雖或戍更，然罕教閱，類多給役而已。凡兵皆募人爲之，或選自户籍,或取營伍子弟,或乘凶歲而募飢民,皆先度其人材,次閲走躍,試貼視,然後爲黥面,賜以銀錢衣屨,配隸諸營,而廩食之。大抵唐以前兵調於民,則民有徵發之煩。宋以來兵養於官,則官有廩給之費。其利害之數,大略亦相當也。此外又有鄉兵,如河東、北、陝西有義勇,河東、陝西又有弓箭手,川、陝有壯丁,荆湖有弩手,湖廣有鎗手,蓋因四方有事,禁兵調用不敷,就所在團結鄉民以爲防守者也。又有番兵,則因塞下保寨熟户拔其首領以爲軍主,使自團結其衆,爲我中國藩籬者也。然鄉兵皆農民也,自兵農既分,農出粟以養軍而無爲兵之擾;兵出力以衛民而無爲農之勞,則亦各任其職而已。今鄉兵既欲其粟以贍軍,而又役其身以爲兵,是以一人而兼兵、農之事也,然則農安得而不重困乎!且太祖之取天下也,兵在籍者總三十七萬八千,而禁軍馬步不過十九萬三千,但如是足矣。其後謀國者無術,不知以練兵爲事,而第以增兵爲能,故契丹橫,則增河北之兵;元昊叛,則增河東、陝西之兵。如太宗至道,兵籍總六十萬六千,而禁軍馬步三十五萬八千,則將一倍矣。真宗天禧,兵籍總九十一萬二千,而禁軍馬步四十三萬二千,則已再倍矣。仁宗慶曆,兵籍總一百二十五萬九千,而禁軍馬步八十二萬六千,則不啻三倍矣。于時議者多以養兵爲費,神宗熙寧初,王安石執政,遂議變募兵而行保甲。凡民十家爲一保,選主户一人有幹力者爲保長。五十家爲一大保,選一人爲大保長。十大保爲一都保,選衆所服者爲保正。應主客户兩丁以上,選一人爲保丁。每一大保,夜輪五人警盜。歲於農隙,肄習武事。願上番於巡檢司者,十日一更,疾故者次番代之,月給口糧、薪菜錢,其尉司上番保丁亦如之。夫鄉兵猶於須兵之處募其願者爲之而已,至是則無一處不聚兵,而不論其緩急;無一户不爲兵,而不審其願否。若藉口,《周禮》則鄉遂家七人亦止調其一人爲正卒,餘皆爲羨。如都鄙,則大率五家而出一兵,未有兩丁輒取其一者也。其爲擾民,不已甚乎!以後元祐之初,司馬光秉政,則罷之。紹聖之初,章惇秉政,則復之。一罷一復,更改無常,募兵、民兵,併歸廢弛。及政和之後,禁兵久廢,蒐補往往故爲缺額,而封樁其廩給,以充上供之用,馴致靖康之變,召兵禦虜,其應募者悉皆市井無賴、操瓢行乞之人,一當鐵騎,望風奔潰,而徽、欽連軌以北狩矣。高宗初爲元帥,王旅單寡,既即位,始置御營五軍,以大臣主之。其後張俊稱前軍,駐建康;韓世忠稱後軍,駐鎮江;劉光世稱右軍,駐廬州;岳飛稱左軍,駐鄂州。及酈瓊以劉光世軍叛降偽齊,於是吳玠川陝軍更以右護軍爲號。紹興十一年,三宣撫司罷,乃改其部曲,稱御前駐劄諸軍。南宋之所以能立國於江浙者,大槩亦諸軍擁護之力也。和議既成,文武之臣不復以軍事爲意。觀開禧初,興元都統秦世輔言,本司諸軍缺額頗多。紹興末年管二萬九千餘人,乾道二年以二萬七千人爲額,今止管二萬四千五百餘人,所差發出戍官占實一萬一百四十三人,點閱所部堪披帶者,僅六百三十七人而已。兵政之弛,即興元一路,而其他因可知也。然則國將何所恃以立哉!是故兵政修,則兵不必多,養不必費,而國以之强,以其所養皆其所可用者也。兵政弛,則兵多而祇有虛額,養費而或入私囊,非惟不得精强以壯國勢,抑且徒取耗蠹以困民力矣!此實末世制兵者之通患也。我國家衛兵之法,以世相繼,而伍有定籍,視調兵既省徵發之煩,視募兵且無浮浪之患,實得唐初府兵之遺意。雖則不免廩餉之費,固亦一代之良法也。若更於伍籍中選其丁壯,而無必以長子孫爲拘,庶可以盡其銳精之用,而不至以强弱相參爲病矣。又今所當申明者,不知起自何時,刑法之司誤引損軍之律,而坐重失機之罪,遂致用兵者往往專驅鄉兵以當鋒鏑,而平時所領餉之軍兵,乃置之於弗用。是豈制兵之初意端使之然哉!謹按律文,但謂守邊將帥守備不設,被賊侵入境內,與夫望高巡哨之人失於飛報,以致陷城損軍者耳,非槩謂兩軍對敵者也。矧以陷城、損軍相連爲文,則止於損軍而不及陷城者,固在所未減矣。且鄉兵、軍兵,均此人耳,豈損軍兵者輒坐重辟,而損鄉兵者乃雖多弗問也?又豈制律之初意端使之然哉!此義苟明，則自今凡用兵者，皆不憚於驅使軍兵，共當鋒鏑，而召募鄉兵之費漸次亦可以減除矣。其於利民、利國，豈曰小補之哉！抑考唐、宋與今日兵數之多寡：唐府兵：天下十道，置府六百三十四，上府兵一千二百人，中府千人，下府八百人。通以中數約之，共爲軍兵六十三萬四千人。宋慶曆兵籍，廂、禁、鄉兵總一百二十五萬九千人，此其極多之時也。據今《會典》所載，京師親軍上二十二衛，又十衛，京軍三十八衛，二所，守陵五衛。以原額衛五千、所千人約之，爲軍三十七萬七千人。南京親軍上一十六衛，京軍二十二衛，一所，守陵一衛，約爲軍二十四萬六千人。在外，左府所屬：浙江都司十六衛，三十一所，約爲軍十一萬一千人。山東都司十七衛，十二所，儀衛司四，羣牧所三，約爲軍十萬四千人。遼東都司二十五衛，二所，約爲軍十二萬七千人。共軍三十四萬二千人。右府所屬：陝西都司二十九衛，十六所，儀衛司四，羣牧所三，約爲軍十六萬八千人；行都司十二衛，三所，約爲軍六萬八千人。四川都司十二衛，十一所，儀衛司四，羣牧所一，約爲軍七萬四千人；行都司六，約爲軍八萬三千人。山西都司九衛，七所，儀衛司三，羣牧所二，約爲軍五萬七千人；行都司十四衛，三所，約爲軍七萬三千人。共軍四十七萬人。總計內外軍數共二百七十四萬九千人，而民兵、募兵不與焉。擬之於宋，其兵不啻一倍；擬之於唐，不啻四倍。蓋自古置軍之數，其多未有過此者也。且土官聽調之兵，如湖廣之永順、保靖，四川之天全、酉陽，廣西之思田，所可用者又不知其幾也。盛哉！雖然，兵盛則廩餉之費亦與之俱矣，是可不爲之深計乎！大抵制兵之要，在乎選壯勇、省役占、禁尅剝、時操練、懲退縮、明功賞、擇將領七事而已。壯勇不選，役占不省，則雖多與寡同；尅剝不禁，操練不時，則雖强與弱同；如是而又不擇將領，不懲退縮，不明功賞，同於無兵者也，雖多數，何益哉！或者乃復孜孜於募兵，廩餉無出，則於正糧之外襲用衰世什二之法，行稅畝以困農民，而不計其弊之所終也，是可謂知本乎？

河　防

天下之水，其最大者曰江、淮、河、漢，而其最爲患者，則無如河。蓋其源起自西域吐蕃朵思甘之南，曰星宿海，東北流，分爲九渡，行二十日而至崑崙，又二十餘日始入中國。自貴德、西寧之境，至積石，經河州，東北流至蘭州，北繞朔方上郡，又東出境外，經三受降城、東勝等州，又折東南，出龍門，過河中，抵潼關，東出三門、析津，過虎牢，而後出平壤。其後來也甚遠，其併吞衆水也甚多矣。既無崇山巨磯以爲之防，以故勢益雄放，奔激衝潰，不遵禹跡。自虎牢迤東，距海口二三千里間，恒被其害。方禹之導河也，以爲水性湍悍，難行平地，乃釃二渠以引其河北，載高地，過洚水，至于大陸，又播爲九河，同爲逆河，入于海。按洚水在今信都，大陸在今邢、趙、深三州，皆北直隸之境也。然則禹之導河而北也，蓋已逆知南行之必爲患矣。終虞夏之世，未聞河患，是固神禹之績之遠也。使後世之人因禹績而常修之，不令溢出平地，夫何患焉！至商，而五徙其都，以避決河，則人功不修之過也。自周定王時，河遂南徙，而禹之故道以失。漢孝文時，河決酸棗，東潰金隄，發卒塞之。孝武元光中，又決於瓠子，東南通鉅野，注於淮、泗，塞之輒復壞。歷三十餘歲，歲數不登，而梁、楚間爲尤甚。元封二年，發卒萬人塞之，築宮其上，名曰宣防。後又決於館陶，分爲屯氏河，東北入海，廣深與大河等，故因其自然，不隄塞也。元帝永光中，河決於清河靈鳴犢口，而屯氏河絕。成帝建始四年，又決於東郡金隄。先是，清河都尉馮逡奏言：郡承河上流，土壤輕脆易傷。頃所以無大害者，以屯氏河通、兩川分流也。今屯氏河塞，靈鳴犢口又益不利，獨一川兼受數河之任，雖高增隄防，終不能泄。如有霖雨，旬日不霽，必至盈溢。九河故道今既滅難明，屯氏河新絕未久，其處易浚可復，浚以助大河泄暴水，備非常。不豫修治，北決病四五郡，南決病十餘郡，然後憂之晚矣！事下丞相、御史，以爲方用度不足，可且勿浚。至是大雨水十日，河果大決於館陶及東郡金隄，凡灌四郡三十二縣，壞官亭室廬且四萬餘所。以王延世爲河隄使者治之。延世以竹落長四丈、大九圍，盛以小石，兩船夾載而下之。三十六日，隄成，因改元曰河平。鴻嘉四年，渤海、清河、信都水溢溢，灌縣邑三十一。平陵李尋奏言：議者恒欲求索九河故迹而穿之，今因其自決，可且勿塞，以觀其水勢欲何居之。當稍自成川，挑出沙土，然後順天心而圖之，必有成功，而用財力寡。哀帝即位，河隄使者騎都尉平當奏：按經義，治水有決河浚川，而無隄防壅塞之文。宜博求能浚川疏河者。於是待詔賈讓奏言："治河有上、中、下三策。古者立國居民，經理土地，必遺川澤之分，度水勢所不及。大川無防，小水得入，陂障卑下，以爲汙澤，使秋水多，得有所休息，左右游波，寬緩而不迫。夫土之有川，猶人之有口也。治水而防其川，猶止兒啼而塞其口，豈不遽止？然其死可立而待也。故曰：'善爲川者，決之使導；善爲民者，宣之使言。'蓋隄防之作，近起戰國，壅防百川，各以自利。""今行上策，徙冀州之民當水衝者，決黎陽遮害亭，放河使北入海。西薄大山，東薄金隄，勢不能遠汎濫，期月自定。難者將曰：'若如此，敗壞城郭、田廬、塚墓以萬數，百姓怨恨。'答難曰：'今瀕河十郡，治隄歲費且萬萬，及其大決，所殘無數。如出數年治水之費，以業所徙之民，遵古聖王之法，定山川之位，使神人各處其所而不相奸。且大漢方制萬里，豈其與水争尺寸之地哉！此功一立，河定民安，千載無患，故謂之上策。'若乃多穿漕渠於冀州地，使民得以溉田，分殺水怒，可從淇口以東爲石隄，多張水門。旱則開東方下水門溉冀州田，水則開西方高門分河流。通渠有三利：填淤加肥，禾黍更爲秔稻，轉漕舟船之便。民田適治，河隄亦成，此誠富國安民，興利除害，支數百年，故謂之中策。若乃繕完故隄，增卑倍薄，勞費無已，數逢其害，此最下策。"元始四年，徵能治河者以百數，其大略異者，關並言：河決率常於平原、東郡左右，其地形下而土疏惡。聞禹治河時，本空此土。秦、漢以來，河決南北不過八十里。可空此地，勿以爲官亭民室。韓牧以爲：可曷於《禹貢》九河處，穿爲四、五，宜有益。王横言：河入渤海，地高於韓牧所欲穿處。往者海溢，西南出，浸數百里，九河之地已爲海所漸矣。禹之行河水，本從西山下東北去。《周譜》云定王五年河徙，則今之所行，非禹之所穿也。又秦攻魏，決河灌之，決處遂大，不可復補。宜更開空，使乘西山足東北入海，乃無水災。司空桓譚與其議，爲甄豐言：凡數此者，必有一是。宜詳考驗，皆可豫見，計定然後舉事，費不過數億萬，亦可以事諸浮食無產業者，衣食縣官，而爲之作，乃兩便。議久無定，事竟不行。其後河復決於千乘，而德、棣舊河又播爲八，漢人指以爲太史、馬頰，蓋偶合於禹所治河者。其支流多，而水有所泄，由是迄東都至唐，河不爲患者千數百年。後世言治河者，皆以爲無出賈讓之三策矣。關並所言，即讓之上策也。然無故而自棄其城郭、田廬、塚墓以數萬計，雖使河決爲患，不此烈矣。且其地既空，盜賊或竊據而有之，是又生一患也。矧河流遷徙無常，不可預爲擬度，故昔人謂之神河。如舊決而東北，今決而東南，則所空之地，又未必其果爲河所決處也。以是而爲上策，雖謂之無策，可矣。韓牧所言，即讓之中策也。雖曰水有所分，乃不爲害，然亦必因河流所趨從而浚之，此則所謂禹之治水水之道也。若無故而穿渠，河或乘其所穿而潰，以致爲患，是豈非自召者乎？以是爲中策，雖謂之下策，亦可矣。王横所言，固有是理，但禹迹久湮，而工費浩大，亦非所謂適時之宜者。卒之河播爲八，偶合禹迹，而河因以無患，蓋事勢之適然，豈人力所能及哉！必以是而信其爲中策之效，則厚誣矣！且遇決口，當塞以禦泛濫，則增卑倍薄，功所宜施。雖勞費，固不得而靳也，而何以概斥爲下策乎！自漢末至 宋 仁宗至和二年，河始復決於大名、館陶。李伯昌請自澶州商湖河穿六塔渠入横壠故道，以披其勢。詔發卒三十萬，修六塔河，塞商湖北流，挽河入新河，然河狹不能容，明年復決，水死者數十萬人。此蓋不審地勢而妄作者之過也。夫河水重濁易淤，所謂故道，乃其已淤之棄地也。但浚之，使與決河並行，分其水勢，則決處之患自減矣，而遽塞之，何以能保其不復決乎！漢李尋云："因其自決，可且勿塞，以觀其水勢欲何居之，當稍自成川，挑出沙土，順天心而圖之，必有成功，而用財力寡。"兹乃老成長慮之言也。神宗熙寧十年，河大決於澶州曹村，北流斷絶，河道南徙，東匯於梁山張澤濼，分爲二派：一合南清河入淮，一合北清河入於海。凡灌郡縣四十五，而濮、濟、徐、兗尤甚。自漢武元光中河決瓠子通於淮、泗，及築宣防而河旋北流，至是河復南徙，爲東南之患，然猶南北分受其半也。金之末年，河始自開封衛州決，入渦河，以入於淮。舊河在開封城北四十里，東至虞城，下達濟寧州界。夫江、淮、河、濟，是謂四瀆，而河爲尤大。今乃合二瀆於一川，既無洞庭、彭蠡以爲之瀦，而又無九河以爲之殺，則其爲患亦安得而不甚也哉！蓋是時金北宋南，故縱河使南，而以宋爲壑，非必其水勢之本然也。 元 大德中，河決杞縣蒲口。河北河南道廉訪使尚文建言："長河萬里西來，其勢湍猛，至孟津而下，地平土疏，移徙不常，失禹故道，爲中國患者不知幾千百年矣。自古治河，處得其當，則用力少而患遲；事失其宜，則用力多而患速。今陳留抵睢，南北百有餘里，南岸舊河口十一，已塞者二，自涸者六，通川者三。岸高於水計六七尺，或四五尺。南岸故隄，其水比田高三四尺，或高下等。大抵南高於北約八九尺，防安得不壞，水安得不北也。蒲口今決千有餘步，迅疾東行，得河舊瀆，行二百里，至歸德橫隄下，復合正流。或強湮遏，上決下潰，功不可成。爲今之計，河北郡縣，順水之性，遠築長堤，以禦汎濫。歸德、徐、邳，民避衝潰者，聽從安便。被患之家，宜於河南退灘地內，給付頃畝，以爲永業。異時河決他所者亦如之，亦一時捄荒之良策也。蒲口不塞便。"朝廷從之。會河朔郡縣、山東憲司爭言：不塞則河北桑田盡爲魚鱉之區，塞之便。復從之。明年，蒲口復決。塞河之役，無歲無之。是後水北入復河故道，竟如文言。按此益可以徵河之南行非其水勢之本然矣。尚文之議，既得李尋之遺意，而又兼得其區處之方，此治河者之所當遵行也。至大三年，河南、河北廉訪司言，河至杞縣三汊口，播而爲三，蓋亦有年。其後二汊湮塞，三河之水合而爲一。下流既不通暢，自然上溢爲災。即今水勢趨下，有復梁山、鉅野之意。蓋河性遷徙無常，苟不預防，不出數年，曹、濮、濟、鄆，蒙害必矣。宜妙選知水利之人，專職其事，頻爲巡視，謹其防護。職掌既專，則事功可立。較之河已決溢、民已被害，然後鹵莽修治，以勞民者，不同矣。至正四年夏，久雨，河溢決隄，並河郡邑皆罹其患。水勢北侵安民山，沿入會通、運河。都轉運使者賈魯議，欲疏浚、塞並舉，挽河使東南行，以復宋時入淮故道。丞相脫脫主之，乃以魯爲總領河防使。發民丁十五萬人，自四月至十一月，諸埽諸隄成。於是河南匯於淮，又東入於海。是時元方開會通河運，故驅河使南，以保運道，而河患自此迄爲東南之痼疾。然河功甫就，而汝潁兵起，元且亡矣。此與秦築長城而亡，異事同效。究秦、元之所以致亡者，固非一端，要之不順民情而大役非時，是亦亡之道也。至於賈魯所言治河三法，釃河之流因而導之謂之疏，去河之淤因而深之謂之浚，抑河之暴因而扼之謂之塞，實古今不易之定論，君子亦豈可以人而廢言哉！但須因河之勢爲之，而行其所無事焉耳。其言雖是，而其事實非，斯足以取亡而已矣。洪武二十四年，河決原武之黑陽山，東經開封城北五里，又南行，經項城、潁上、東至、壽州正陽鎮，全入於淮，而故道遂淤。永樂九年，復疏入故道。正統十三年，又決滎陽，東過開封府之西南，自是汴城在河之北矣。又東經陳留，自亳入渦口，經蒙城至懷遠，東北而入於淮。景泰四年，河決張秋。命武功伯徐有貞治而塞之。弘治二年，河漸北徙。初大梁之北爲沁河，東南流入徐西，爲黃河，東流入淮。至是黃河忽溢入沁，合流以北。至六年夏，遂決於黃陵岡，潰張秋隄，奪汶水以入海，運道爲梗。命都御史劉大夏暨平江伯陳銳發軍夫四萬人治之。大夏等合議，以爲上流不治則決口不可塞，於是浚河自孫家渡七十餘里，由陳、潁以入於淮；又浚河自中牟、扶溝二十餘里，由宿遷以達於小河口；又浚賈魯舊河四十餘里，由曹以出於徐。至冬，水且落槽，乃於張秋兩岸，東西築臺立表，貫索綱，聯巨艦，穴而窒之，實以土牛。至決口，去窒艦沉，壓以大埽，合且復決，隨決隨築。決口既塞，繚以石隄，隱然如虹。又隄河三百餘里，運道復通。正德中，河又決於楊家口。當時惟利通舟，不暇他顧，由是支別皆絕，猥灌汶、泗。每歲夏秋，潦水大至，徐、邳之間，大爲民患。嘉靖八年，河決魚臺，灌沛縣之魯橋，閘河淤塞。或議開昭陽湖新河以達沽頭，費且數十萬。既成，始覺湖窊河仰，下流倒灌入湖，而舟竟不通。乃命工部侍郎潘希曾代之。希曾議以沛漕之淤塞，由於黃河之旁衝；黃河之旁衝，由於上流之未疏。於是既浚上流趙皮寨、孫家渡等處以分殺水勢，又於閘河兩岸築長隄以防其奔衝。僅用河夫二萬，不期年功成，河循故道，而民弗知勞。此亦尚文所謂處得其當者也。若不審便利之勢，而妄興難就之功，則河之決也，既爲民患；而河之治也，重爲民困，是豈得爲國家遠慮者乎！大抵黃河之患，虞、夏、商、周之所不免，是其爲策固難乎萬全也。古今言治河者，惟李尋所謂觀水勢者爲得其大意，而賈魯所謂疏、浚、塞並舉者爲盡其事宜。誠能因地勢之高卑，順水性之向背。遇其淤塞，可浚則浚之，以達其流；遇其潰決，可塞則塞之，以遏其衝；遇其支別，可疏則疏之，以披其勢。兼是三者，斟酌而順施之，雖神禹之行水，要亦不過如是而已。舍此而藉口賈讓以求其所謂上策焉者，吾不知其可也。

《永康文獻叢書》已出書目

1　陳亮集　［宋］陳亮 著　鄧廣銘 校點
2　程文德集　［明］程文德 著　程朱昌 程育全 編校
3　吳絳雪集　［清］吳絳雪 撰　章竟成 整理
4　胡長孺集　［元］胡長孺 著　程嶠志 整理
5　樓炤集　［宋］樓炤 著　錢偉彊 編校
6　徐無黨集　林大中集　應孟明集　［宋］徐無黨 等 著　錢偉彊
　　林毅 編校
7　（正德）永康縣志　民國永康縣新志稿　［明］吳宣濟 等 纂修
　　盧敦基 莊國瑞 校點
8　（康熙十一年）永康縣志　［清］徐同倫 等 纂修　盧敦基 校點
9　（康熙三十七年）永康縣志　［清］沈藻 等 纂修　盧敦基 校點
10　（道光）永康縣志　［清］廖重機 應曙霞 等 纂修　盧敦基 校點
11　（光緒）永康縣志　［清］李汝爲 潘樹棠 等 纂修　盧敦基 校點
12　永康縣儒學志　五峰書院志　（民國）永康鄉土志　［清］趙凝錫 等
　　纂修　盧敦基 程朱昌 程育全 校點
13　胡則集　［宋］胡則 著　［清］胡敬 程鳳山 等 輯　胡聯章 整理
14　程正誼集　程子樗言　［明］程正誼 程明試 著　程朱昌 程育全 編校
15　徐德春集　徐德春 著　徐立斌 整理
16　王崇集　［明］王崇 著　李世揚 章竟成 整理
17　太平吕氏文集　［宋］吕皓 等　［明］吕文熒 等　［清］吕堂壽 等 著
　　李鳳立 整理
18　吕公望集　吕公望 著　盧禮陽 邵餘安 編校
19　**應廷育集**　［明］應廷育 著　盧敦基 整理